红色记忆

1921~1949

党史人物珍闻

何立波 ◎ 著

首都经济贸易大学出版社

Capital University of Economics and Business Press

·北京·

序 言

中国共产党已经成立93年了。许多曾经闪耀着光辉的人物已离我们远去。如何留住这些珍贵的记忆,让今天的年轻读者们了解那段峥嵘岁月和光辉历程,是一个值得党史工作者思考的问题。

十余年前,一个偶然的机会,因一个党史刊物的关系,我开始尝试着用纪实的笔法来记叙党史,文章刊载后,受到读者的欢迎,被不少杂志和报纸转载。在研究和写作的过程中,我重点关注的是革命战争年代的红色人物和红色事件。我始终觉得,有了人物、事件和细节,一个完整立体、鲜活生动的历史就会呈现在读者面前。而这样的历史作品,是有吸引力的,是能够让现代的读者理解和接受的。毫无疑问,这对于红色记忆、红色传统的留存和传承是有帮助的,这也是我一直以来研究和创作的方向。

本书由36篇独立的文章组成。文章以人物为中心,围绕人物叙述事件,力求通俗易懂,突出故事性和可读性。在内容上,尽量选择一些在党史上有重要地位却又不为今天读者所熟知的人物和事件。

一家著名历史学术刊物在选择好文章的时候,主要看"四新"——新材料、新观点、新视角、新方法。这虽然是针对学术文章而言的,但是我想,对于随笔类、纪实类历史类作品也不例外。扪心自问,能有一"新",就足以让我知足了。

本书内容丰富,有我党早期重要组织机构和制度的介绍,有革命先烈鲜为人知的活动,有重大事件的揭秘和记述。

本书介绍了建党时期一些鲜为人知的组织,如《恽代英与建党前夕的利群书社》;有反映建党早期党报党刊的文章,如《〈向导〉周报的首任主编蔡和森》;有建党时期鲜为人知的人物——《尼科尔斯基:谜一般的中共一大"第十五人"》等。

本书文章也涉及建党早期和土地革命时期曾一度"叱咤风云"的党的早期领导人和人民军队早期将领,他们如今已淡出人们的视野。如反映湖南建党元勋的

《湖南建党功臣易礼容的百岁人生》以及《被遗忘的遵义会议参加者李卓然》《对红军大会师有重大贡献的神秘"国际代表"张浩》《离开红四方面军总政委岗位之后的陈昌浩》《被历史湮没的红四方面军参谋长李特》《能上能下的红四方面军参谋长倪志亮》,等等。

在那些为共和国建立浴血奋战的人民军队将士中,残疾将军是一个独特的群体。在中华人民共和国的开国将军中,有十位独具风采的独臂(独腿、独目)将军,他们为中国人民的解放事业做出了卓越贡献。毛泽东主席谈及这些开国将军,曾经感慨万千:"中国从古到今,有几个独臂将军呢?旧时代是没有的,只有我们红军部队,才能培养出这样独特的人才。"人民将永远记住他们,历史将永远铭记他们。在中国人民解放事业中负伤残疾的这十位将军,大多数是在没有麻药的条件下截肢,身残后又都克服无数常人难以想象的困难,始终冲杀在革命战争和国家建设的第一线。这些老将军们的生平业绩感人肺腑,品读他们不凡的一生,可以使我们进一步了解党的光荣传统,了解新中国的来之不易。本书所反映的六位将军,就是其中的杰出代表。本书介绍了独臂上将彭绍辉、贺炳炎,独目上将周纯全,无衔"独臂将军"蔡树藩,"独腿将军"钟赤兵,独臂书法家左齐。

中国共产党的司法肇始于红色年代,那些红色司法人物,也让我产生了浓厚的兴趣。《红色政权的首任"最高检察长"何叔衡》,让我们看到了这位中共一大代表的另外一面。在读史的时候,"马锡五审判方式"让我很感兴趣,于是动手查阅了大量资料,才有了《"马锡五审判方式"与马锡五的传奇人生》,绘制了这位传奇司法人物的肖像。陕甘宁边区是中国红色司法的"试验田",于是有了《雷经天:红色政权司法战线的"雷青天"》,有了《人民司法制度的开拓者谢觉哉》。

我还特别关注了那些为革命浴血奋战的巾帼英豪。她们巾帼不让须眉,历经重重磨难,经受生死考验,唱响了一支支催人前进的战歌,谱写了中国革命史上光辉的一页。《红军中唯一的女司令胡筠》《红军时期职务最高的女将领张琴秋》《苏区与红军戏剧的先驱李伯钊》《新中国唯一的开国女将军李贞的情感世界》,描写的就是这些女红军中的佼佼者。她们中有的在血雨腥风中为革命捐躯,有的在共和国建设事业中发挥了突出的作用,成为中国女性的骄傲。

中国革命队伍中的外国人,也是我写作时很感兴趣的内容。《朝鲜籍的中国红军炮兵鼻祖武亭》,让我再次走进这位在抗战时期让日军闻风丧胆的八路军炮兵团团长的风云往事。《参加过长征的朝鲜籍红军指挥员毕士悌》,让我对这位在东征中牺牲的外籍红军将领有了新的认识。《鲜为人知的"铁夫路线"与朝鲜籍省委书记李铁夫》,让我对这位在中国担任过河北省委书记和天津市委书记的铁夫书记有了更深一层的理解。我曾数次到延安,对枣园等窑洞的情景颇为熟悉。《日共领袖野坂参三的延安岁月》,则揭示了这位传奇日共领导人的中共领导人和交往往事,揭示了他延安岁月中鲜为人知的一面。

相信这些故事和人物,会把读者的思绪拉回到那个红色岁月,重温那段火热的战斗生活,让我们深切缅怀逝去的先烈,同时也让我们思考,那段渐渐远去的激情岁月,带给了我们什么,我们又能从中汲取些什么。

最后,非常感谢本书的责任编辑孟岩岭先生。作为伯乐,他给我很大的帮助,在选题策划、写作构思、内容修订等方面都提出了许多宝贵意见,投入了大量心血,这才有了这部作品的问世。

作者

2013 年 6 月

目 录

01

目 录 *02*

目 录 *04*

第一篇

建党先驱

★

最早的一批中共党员

恽代英（1895—1931）

恽代英与建党前夕的利群书社

20世纪初，一大批进步团体雨后春笋般在中国各地涌现。先进的知识分子通过社团的组织形式，探讨救国的问题，寻求治国的良方，掀起了一股追求真理、追求解放的热潮。恽代英创办和建立的利群书社，就是其中的杰出代表。恽代英是湖北新文化运动的先驱，武汉地区"五四"运动的卓越领导人，武汉地区最早的马克思主义传播人之一。他所创办的利群书社从成立的那天起，就致力于在武汉地区传播马克思主义，大量经销马克思主义书籍和进步报刊。新文化运动中，利群书社不但是湖北地区最大、最有影响的一个社团，而且逐步发展成为长江中下游传播马克思主义的一个重要阵地，是武汉地区共产党早期组织的前身。1921年7月中旬，恽代英等以利群书社为核心成立了共产主义小组共存社。在中共"一大"召开后，恽代英号召共存社社员集体加入中国共产党，为党培养了一批人才。

恽代英创办的互助社，是利群书社的前身

五四运动时期，知识分子中广泛流传着"劳工神圣"的口号。受空想社会主义的新村组织、托尔斯泰的泛劳动主义思想以及其他一些小资产阶级思潮的影响，他们产生了"工读主义"或"工学主义"的思想，即按自愿原则结合，实行半工半读的集体生活，消灭体力劳动和脑力劳动的差别；以其为理想社会的雏形，通过广泛的发展和联合，达到改造整个社会的目的。1917年下半年，在全国建立社团

的热潮中,武汉地区诞生了第一个进步团体——互助社,这个社团的创始人就是恽代英。

恽代英是中国共产党的著名活动家和宣传家,是党早期的优秀领导者之一。他没有成为马克思主义者以前,和中国的其他先进分子一样,在茫茫黑夜里探索救国救民的道路。恽代英学的是哲学专业,特别潜心攻读中外哲学著作。20 世纪初叶,在马克思主义传入中国以前,俄国克鲁泡特金的无政府主义"新进化论"对恽代英的影响很大。恽代英祖籍江苏武进,1895 年出生于湖北武昌一个书香之家。恽代英上了新式小学堂,因文才出众被老师誉为"奇男儿",并接触到西洋新学和民主思想,崇拜维新思想家梁启超、谭嗣同。1913 年,恽代英入武昌中华大学预科班学习,1915 年,进入文科中国哲学系学习。这一年,陈独秀主办的《新青年》问世,恽代英读后欢呼这是"传播自由、平等、博爱、互助、劳动的福音",并向其踊跃投稿。1918 年,恽代英从中华大学毕业后,任附中部主任。

1917 年初,恽代英同几位好友组织过一个"我们的俱乐部"小团体,以"巩固交谊共同行乐为宗旨"。他们开展下棋、旅行等活动,规定了不占便宜、不赌博、不嗜酒、不骂人、不欺骗人等戒约。接着,恽代英又发起并组织了"步行会"。这两个小组织偏重娱乐、体育锻炼和道德修养,不带有任何政治色彩,成为恽代英组织团体的初次尝试。恽代英目睹国家外患内祸不断,人民陷于水深火热之中,常感痛心疾首。国难当头,而莘莘学子中,有的消沉悲观,有的颓废堕落,有的因家室妻儿所累不得不苟且偷生。恽代英对此感到焦虑不安,他在思考着如何唤起同学少年的爱国之心,肩负起救国的重任。

1917 年暑假,恽代英和同学梁绍文应武昌青年会的邀请,赴庐山牯岭夏令学生会。他准备仿效武昌青年会的一些做法,在学校里组织发起一个为社会服务的团体,初定名为"好学生社"。这一想法获得许多同学支持,但几次开会商议,由于各人组织团体的目的不同,所以在制定正式规约时,因无法达成一致而无法通过,这让恽代英非常苦闷。10 月 8 日,梁绍文提醒他说,大团体不易成立,可以先在志同道合的同志中组织小团体,恽代英表示赞同。当天晚上,他和梁绍文、冼震和好友黄负生在冼震家开会,决定成立一个小团体互助社,并当场通过了恽代英起草的简章。党的早期活动人物林育南、刘仁静等参加了这个组织。

对于互助社这一定名,恽代英认为所谓"新进化论"就是互助论的意思。他后来曾回忆说:"我们组织这个团体,还不过是一方督促自己学业品性上的进步,一方帮助朋友,有时亦做一点为社会国家的事情,那时候,我们并没有真正主义的信仰。"但在当时特定的历史条件下,互助社的成立表现了一定的进步意义。恽代英虽然受到了克鲁泡特金无政府主义思想的影响,但互助社并不是一个无政府主义团体,恽代英最终也没有成为一个无政府主义者。

恽代英强调互助社社员个人品格的修养。他目睹当时不少同学沉醉于吃喝嫖赌之中,感到十分忧虑。他为互助社制定了"不谈人过失、不失信、不恶待人、不作无益事、不浪费、不轻狂、不染恶嗜好、不骄矜"的戒约八则。社员们经常开会,开展自我反省,检查自己是否做到以上"八不",使"身心受益匪浅"。有一回过江,收票人忘记收船票,恽代英便主动交出船票,并在日记里写道:"颇有喜未欺心。"

1918 年 6 月,互助社办起了启智图书馆,许多青年学生来到这里借阅宣传新思想的刊物。恽代英为了让青年学生了解世界最新政治潮流、思想潮流,在启智图书馆的基础上又组织了书报代售部,向武汉地区广大青年推销进步书刊。《新潮》《新青年》等刊物均托恽代英代售。1918 年 5 月,日本帝国主义以与段祺瑞政府签订的《中日陆军共同防敌军事协定》为根据,出兵东北,中国留日学生和全国青年掀起了反对日本帝国主义、谴责北洋政府卖国行径的爱国浪潮。恽代英和互助社的社员立即发动学生,自己动手连夜油印传单,举行抗议活动。恽代英写了《力行救国论》,揭露帝国主义侵略罪行和反动军阀卖国的勾当,呼吁民众奋起反抗。

互助社在武汉地区学校中有很大的影响,吸引了许多追求真理的青年。成立不到 10 天,林育南、沈光耀参加,年底就发展到 5 组 19 人。互助社的产生和发展,代表着当时的新生力量,反映了青年知识分子追求真理、追求解放的愿望,反映了他们对国家命运的深切关心。互助社是恽代英将革命抱负付诸革命行动的第一步,由此开始,恽代英逐步成为一名坚定的马克思主义者。五四运动时,互助社的成员们在武汉地区进行积极宣传,并做了大量的组织工作,这大大促进了该地区爱国活动的开展。1936 年,毛泽东在陕北接受美国记者埃德加·斯诺的采访中,讲述了自己是如何成为一名坚定的马克思主义者的转变历程。其中提到:"……大约就在这个时候(1917 年),湖北成立了另外一个团体,叫做互助社,同新民学会性质相近。它的许多社员后来也成了共产党人。其中有它的领袖恽代英,在反革命政变中被蒋介石杀害。现在的红军大学校长林彪也是社员……"

恽代英创办利群书社

互助社是恽代英将革命抱负付诸革命行动的第一步。他说:"我们走了第一步,还应该有第二、第三步呀!"随着互助社活动的逐步开展,社员们也感到有必要实行独立自给的共同生活,为改造社会创造条件。然而互助社等早期团体建设活动存在不少弊端,有建立一个新团体的必要。1918年5月2日,恽代英在致舒新城的一封信中,总结了创办互助社等活动所得的十二条教训,为利群书社的创办提供了宝贵的经验。恽代英还受到王光祈"工读互助"思想的启发,王光祈曾写信给恽代英,希望他在武昌也成立工读互助组织,传播新思想。

1918年,恽代英从中华大学毕业后,担任中华大学附中部主任。恽代英这一时期最值得一提的,就是他做了一件在全国开风气之先的事情——在武昌创办利群书社。

当时武汉地区的书店,所出售的书籍,不是图书集成、"二十四史"等古籍,就是商务印书馆和中华书局两家的新式教科书及参考书。武昌横街头是武汉书店集中地,却没有一家出售新文化、新思潮书刊,这给新文化、新思潮的传播带来了极大障碍。1919年秋冬之际,恽代英辞去收入稳定的中华大学中学部主任之职,去创办前途未卜的利群书社。

恽代英同互助社的朋友们商量后,决定以互助社为核心,把武汉地区的辅仁社、黄社、仁社、日新社、健学会社团联合起来,组成一个联合社团,在武汉开展新文化运动事业。受自己的学校创办的书报代售部的启发,恽代英决定办一个和一般书铺不同的新型社,通过贩卖书报赚钱,既可保障最低水平的生活,同时也为大家创造学习的机会。

为了在筹建利群书社时节省费用,恽代英和大家都是自己干活。作为名牌中学教务主任的恽代英穿着窄袖长衫,戴着近视眼镜,扛着旧书架吃力地从街上走过,学校的工友和路人看见了,都很惊奇。恽代英作了榜样,互助社的朋友们,这些在家里平时都很少干活的人,也都跟着干起来。整整忙了两天,书社内部已完全整理就绪。

1920年2月1日,农历正月初一,利群书社在这天正式开始营业。恽代英开办利群书社的目的,并不为赚钱,而在于传播新文化,以"利群助人,服务群众"为宗旨。恽代英拿出个人的 60 元积蓄,添购传播新思想的书籍和杂志。至于营业用具,均是借来的,非常简陋。开业后,售书、送报、做饭以及其他杂务,均由社员自己承担。创办时,参加人有柳野青、李书渠,还有义务前来帮忙的中华大学中学部第八班、第九班的学生近十人。

利群书社租的是武昌横街头 18 号一个旧官僚公寓的前半部,临街一间营业,后面是天井,正屋是一间大厅堂。侧边有两小间,一间做厨房,一间做会客室。利群书社的组织原则是共同劳动,共同生活。书社成员由书社供给食宿,都没有工资。店内卖书的、购书的都是年轻人,大家谈笑风生,兴高采烈。夜晚则是学习时间,每晚有一次生活会,自由发言,或谈心得,或谈志愿,也相互评论优缺点,互相帮助。打打闹闹,开玩笑的事也有,书社的生活生动活泼,兴趣盎然。入夜人多挤着睡,铺板不够时便睡长条凳。

每天一开门,利群书社社员们就等待着读者光顾。2 月 1 日是第一天,卖了 80 文,第二天卖了 40 天,第三天只卖了 20 文。但他们没有泄气,第四天卖了 500 余文,第五天卖了 2 000 余文,“有两串进账了”! 他们高兴了。从此以后,每天都有几串的生意,形势逐渐稳定了。

恽代英把他们创新生活的事,写了报道寄往上海。不久,以恽代英、沈光耀、廖焕星、李书渠、余家菊、郑遵芳、林育南、郑兴焕、萧鸿举、魏以新等 12 人的名义写的《共同生活社会服务》的宣言书,发表在上海《时事新报》副刊《学刊》上。

利群书社以白话文形式出版了自己的刊物——《我们的》和《互助》。《我们的》杂志主要用来报道社员们开展革命活动的情况,《互助》杂志记载社员们试验新生活和开展“社会大辩论”的通信。刊物的发行时间虽然不长,《我们的》发行了 3 期,《互助》仅发行了 1 期,但毕竟是书社自己的刊物,在促进利群书社成员成长的同时,也扩大了利群书社的影响力。

1920 年秋,为了解决进一步发展所需的资金问题,也为了贯彻“走出书社,走向社会”的办社宗旨,恽代英带领社员开办了利群毛巾厂。利群毛巾厂采用半工半读制,利群社友常在这里聚会或食宿,是较为理想的活动场所,并由此筹集了必要的活动经费。

利群书社从成立那天起,就致力于介绍新文化、传播马列主义。书社销售别的书店不易买到的《共产党宣言》《资本论入门》《社会主义史》《蔡子民言行录》《克鲁泡特金思想》《托尔斯泰传》等以及北京、上海等出版的进步刊物《新青年》《共产党》《少年中国》《新潮》《东方杂志》《每周评论》《湘江评论》等。新型书店利群书社成立的消息,很快传遍了武汉三镇,吸引了各界青年慕名前来。

另外,针对穷人买不起书报的情况,恽代英采用了借书的方式,向广大读者借阅马克思主义的相关书报。恽代英认为,"假如一本书可以借给五个人读,就可以发挥五本书的作用,这当然是件大好事"。恽代英的学生吴化之回忆说:"来书社的读者有钱买书的,我们欢迎,穷苦青年没钱买书,同样让他们自由阅读,因为我们办书社的目的并不是为了赚钱,而是为了介绍进步书刊,推广新文化。""有价值的书报,无论销行与否,总须办到,以供给社会多数人乃至少数人的需要。"可以说,利群书社主要目的不在于赢利,而是在于社会服务,赢利只是实现这种目标的手段,是一种物质支持。

由于利群书社销售的都是新书刊,而且可售可租,因而吸引了大量读者。利群书社所在的武汉横街头,顿时热闹起来,书社呈现出一派兴旺景象。恽代英创办的利群书社,很快在全国引起了不小的震动,不少知名人士前来参观访问。仅1920年上半年,就有上海的李汉俊,河南的雷纪堂,湖北的董必武、陈潭秋、萧楚女、施洋,湖南的易礼容、舒新城等人来访。著名律师施洋盛赞恽代英他们为武汉三镇人民造福,愿意义务担任利群书社的法律顾问。《大汉报》记者萧楚女表示决心投到利群书社的麾下,当一名马前卒,同利群书社社员们"并肩战斗,披荆斩棘",去开创宣传新文化的事业。从这天起,恽代英和萧楚女建立了终生不渝的友谊。而在访问利群书社的名人中,最有代表性的,当数毛泽东。

恽代英主持的利群书社,和毛泽东主持的文化书社南北呼应,互相支持

1918年4月,毛泽东等在长沙集合了一批志同道合的进步青年,同样创建了一个"集合同志,创造新环境,为共同活动"的进步青年团体新民学会。随着五四运动的爆发,毛泽东与恽代英之间的联系更加密切了。毛泽东在长沙创办了《湘江评论》,创刊号一出来,他便及时地将刊物寄给武汉的恽代英,请为代售。恽代英则通过互助社兴办的书报贩卖部在武汉等地区大力宣传售卖,使毛泽东所写的《创刊宣言》和《民众的大联合》等文章在武汉进步青年中广为流传,影响甚大,更赢得了恽代英等人对毛泽东的钦佩。

1919 年五四运动前后,追求光明的革命青年为了探索救国救民真理,在全国各地奔走呼号、浴血奋战。正当毛泽东等在湖南开展的反对军阀张敬尧的"驱张运动"声震四方时,恽代英等揭露湖北军阀王占元与之相呼应。当时,毛泽东主编《湘江评论》,并撰写了《民众大联合》等影响深远的文章。恽代英特别推崇并组织了林育南等互助社成员学习讨论;毛泽东在《东方杂志》上读到恽代英的巨篇宏文时深表钦佩,视为知音。毛泽东与恽代英当时虽未谋面,却早就彼此仰慕了。

1919 年末,湖南的"驱张运动"如火如荼,并组织代表团分赴全国各地。以毛泽东为首席代表的一行人在赴京途中路经武汉停留宣传,恽代英与毛泽东在武昌首次相见,彼此感觉相见恨晚、情同手足。听了毛泽东介绍"驱张"斗争情况后,恽代英立即组织人手在武汉三镇张贴《驱张宣言》,以扩大其影响。正在筹建利群书社的恽代英,向毛泽东讲述了自己的具体打算。毛泽东饶有兴趣地听取了介绍,并赞不绝口地说:"这个办法好!"他还表示,返回长沙后也要创办一个类似的书社,希望恽代英大力支持。

1920 年夏,毛泽东等在长沙创办了文化书社。但书社成立伊始,由于缺少知名度,加之与外地出版社的联系很少,因而书社所购图书寥寥无几。毛泽东请恽代英做信用介绍,以便文化书社在向外地订购书刊时和利群书社一样,免去押金。恽代英欣然接受了这一请求,以利群书社作抵押担保,通过积极活动和多方协商,为文化书社购进了大量进步书籍刊物。这件事给毛泽东留下了极深的印象,多年后谈及此事,他还深有感触地说:"恽代英同志是一个极重感情的人。在他身上有一股豪气,助人为乐,服务他人,这种品格十分高尚。"

之后,两个书社的往来更加密切了。恽代英和利群书社成员廖焕星应文化书社的邀请,多次到长沙、衡阳一带开展宣传活动。他们在文化书社的协助下,举办各种形式的读书会、讲演会,大力宣传马克思主义和新思想新文化,猛烈抨击封建黑暗专制,在当地进步青年中产生了很大影响。而文化书社经理易礼容也经常到武昌参加利群书社组织的各类活动,与利群书社成员交流思想,加强联系。1920年秋,在恽代英的要求下,利群书社成员唐际盛、卢斌等人经毛泽东介绍到长沙第一师范二部学习,以提高他们的文化水平。

为了实现躬身实践半工半读、自学成才的目标,恽代英在利群书社的基础上又开办了利群毛巾厂,把半工半读这一创新活动搞得轰轰烈烈,很有成绩。不久,文化书社也效仿利群书社开办了一个织布厂,吸纳了不少进步青年。他们在厂里一边学习一边劳动,体验着一种从未尝试过的新生活。但由于织布厂缺乏技术人员,生产出来的产品质量较差,于是毛泽东请利群毛巾厂派技术人员去帮助他们。恽代英便将掌握织布技术的林育英(张浩)派去协助文化书社办厂,使织布厂在产品质量上有了很大提高。

利群书社和文化书社在互相帮助、互相支持下逐渐发展壮大,成为当时长江中上游宣传马克思主义和新思想新文化的重要阵地,对当地进步青年产生了很大的影响。由于利群书社广为推销全国各地出版的宣传马克思主义和新文化运动的新书籍、新刊物,因而深受进步青年的欢迎。这些进步读物不仅推动了两湖地区以传播马克思主义为中心内容的新文化运动,同时也造就了一批具有初步共产主义思想觉悟的进步青年。毛泽东是我党创始人之一,恽代英在1921年加入中国共产党并成为党早期的重要领导人之一。在长期的革命斗争中,他们在共产主义崇高理想的旗帜下,在争取民族解放的伟大斗争中,互相支持,并肩战斗,结下了深厚的情谊,并升华为最亲密的同志情和战友情。

恽代英到新思潮的中心北京"取经"

利群书社进入稳定发展时期后,恽代英为开阔眼界,学习经验,寻求真理,于1920年4月初去北京,并和去京投考大学的林育南、郑兴焕、沈光耀同行。北京是当时各种思想最活跃的地方,新文化运动尤其是五四运动爆发以后,各种思想的斗争更加激烈。当时,追求真理的各地青年风云际会于北京。湖南的毛泽东,少年中国学会南京分会的王德熙,天津觉悟社的代表周恩来、邓颖超都来过北京。

1918年7月1日,北京最大的社团"少年中国学会"正式成立。1919年9月9日,恽代英给少年中国学会发起人之一王光祈写信,提出入会申请,得到批准。在1920年4月10日举行的少年中国学会常会上,恽代英被公推为该会图书编辑部专员,领导图书出版工作。他埋头写了大量文章,给学会的朋友们写了热情洋溢的信。信中,他批判了当时重文轻实的风气,希望人们理解文学、哲学的真价值,要求学会的朋友们"不要做新政客,不要看风色、争权力"。恽代英怀着满腔热情,寄希望于少年中国学会这个团体。在和李大钊、邓中夏以及马克思学说研究会的许多朋友们交流思想后,他增长了知识,得到了很多启发。同时,他又感到学会存在不少问题。恽代英认为,会员中确实有不少"有力的个人",然而学会本身并不是"有力的团体"。因此,他积极建议,在明年的年会上就这些问题进行一次研究和讨论。

恽代英访问北京的另一目的,也是为办好利群书社"取经"。他参观了北京工读互助团,和其成员施存统、俞秀松、何孟雄等座谈交流。1919 年底,在北京成立的工读互助团,规定了"人人做工,人人读书,各尽所能,各取所需"的原则。而仅几个月后,北京工读互助团已面临解散的窘境,经济上入不敷出,食堂亏损严重,连团体成员的饭都开不出了。团员意见分歧,精神涣散,已经各奔前程、自谋出路去了。恽代英和来京求学的林育南、沈光耀、郑兴焕以及在北京大学就读的刘仁静,共同回顾了他们建立的互助社、利群书社的活动,对当中的成绩和经验教训做了总结。为了求知己,长见识,他们风雨无阻,不辞辛劳,一起去访问交流,研究世界各种思想潮流,探讨未来。在参加了少年中国学会 6 月 19 日的会议之后,恽代英离开北京,返回武汉。

利群书社成立后,又以它为中心,在湖北成立了一批小型进步团体,如求我社、觉悟社、爱智社等,这些社团都成为宣传革命思想,传播马克思主义,组织群众的革命阵地。

利群书社的窘状和恽代英的苦闷

1920 年,恽代英撰写了《怎样创造少年中国》《革命的价值》《未来之梦》《论社会主义》等 20 多篇文章。4 月,恽代英负责编辑"少年中国学会丛书",认为所编丛书"应为社会不可少的书","应为社会急切需要的书"。在他提出的研究书目中,特意把马克思主义放在首位。当年秋,翻译恩格斯《家庭、私有制和国家的起源》中的部分章节,发表于《东方杂志》第 17 卷第 19 期。1921 年 1 月,恽代英受陈独秀之托翻译的考茨基的《阶级争斗》由新青年社作为"新青年丛书"第 8 种出版。该书不仅使利群书社的成员普遍懂得了要推翻黑暗统治,必须搞阶级斗争,而且对毛泽东、周恩来等人的思想向马克思主义转化起了极大的推动作用。

在主持利群书社的同时,恽代英一直把学校作为阵地,以教书为职业从事革命活动。1920 年秋,恽代英接到了安徽宣城省立第四师范学校校长章伯钧的聘书。11 月,他乘船离开武汉,经芜湖赴宣城。恽代英在宣城四师担任教务主任兼教修身、英文的教员,他破除旧的束缚,革新教育,采用在中华大学附中时行之有

效的一套办学方法。他从教育原理和学生特点出发,主张学生自治。在恽代英的
努力下,宣城四师面貌大变,充满了师生互尊互敬的新气象。1921 年 5 月,恽代
英以更高昂的英雄气概投入战斗。他在纪念"五四"、"五七"国耻日的群众大会
上,慷慨激昂地发表演讲。他以朝鲜亡国的惨重教训,激发民众振作起来,投入到
救国运动中。宣城的地方反动势力对恽代英的革命活动恐惧万分,县商会会长朱
洞词和监学唐石亭联名致电安徽省政府,诬指恽代英"组织党羽,煽动学生,图谋
不轨,大逆不道"。安徽省军阀张文生接电后,立即下令通缉恽代英。恽代英闻
讯,被迫离开宣城。行前,许多老师、学生和工友依依不舍地为他挥泪送别。

在赴宣城四师前夕,恽代英就与利群书社的成员对他们共同生活的理想和共
同生活基地的建立,展开了激烈的讨论。恽代英当时在大做"未来之梦",他到宣
城四师的初衷,也是为了开辟实现"未来之梦"新的活动基地。但是旧社会恶势
力的打击,经济的压迫,使他致力于理想的事业接连受到挫折。利群书社因经济
日蹙,难于维持。利群毛巾厂的产品,竞争不过帝国主义现代化机器生产的商品。
恽代英参与组建的平民教育团成立近月余,便被湖北反动当局取缔。工学互助团
也宣告失败。每当想到这些,他不能不感到"怅惘"。

在宣城四师期间,恽代英写了一首《一刹那的感想》的新诗,表述了自己苦闷
的心情:

昨天蓦然地想起来,这魂魄不曾有个地方安放。这飘零的生活,令心中每觉
怅惘。

我待要不努力,眼看见许多天使样的少年,一个个像我样的堕入劫障。

我待要努力,这罪孽深重的人类啊! 又处处的打消了我的力量。

是我对不住人类么? 是人类对不住我么? 我愉快的灵魂,亦似乎感觉痛苦
了。这似乎是我听见了我的灵魂哀唱。

我知道我应该努力,但我应该有更合宜的努力地方。长铗归来乎! 何处是我
的家乡?

令我这一颗柔软的心儿,永远的这样系思怀想!

这首诗,真实地表达了一个追求真理的战士,四处碰壁,一时寻觅不到出路的
苦闷和抑郁的心情。但恽代英没有悲观,更没有失望,追求真理的火焰在心中越
烧越旺。他要用劈天斩地的长剑,去创造美好的未来,找到"更为合宜"的地方,
使它成为自己的"家乡"。

随着革命形势的发展和马克思主义的深入传播,利群书社的许多社员在思想认识上都发生了极大的变化。恽代英也开始感到靠"共同生活"来改造社会的道路是走不通的。1920 年 10 月,恽代英在《互助》杂志第 1 期发表了长文《未来之梦》。他在文中提出"靠共同生活的扩张,把个世界变为社会主义的天国",是典型的空想社会主义思想。恽代英在谈到利群书社的发展时说:"新村主义是错了的","重蹈工读互助团的覆辙,亦决不是法子"。恽代英虽然承认"个人主义的新村错了",但仍幻想避免用革命手段推翻剥削阶级的统治,而希望通过"共同生活的扩张"和在乡村发展教育、实业,从而由经济方面压服资产阶级,使全世界变为"社会主义的天国"。这种空想性在利群书社大多数社员中普遍存在,故有代表性。

1920 年底,陈独秀在与张东荪假社会主义论战时,对恽代英发表的《未来之梦》做了尖锐的批评。"在全社会底一种经济组织生产制度未推翻以前,一个人或一个团体决没有单独改造的余地。试问福利耶以来的新村运动,像北京工读互助团及恽君的未来之梦等类,是否真是痴人说梦?"陈独秀是恽代英崇敬的师友,也是工读互助团的发起人。他对工读互助团认识的觉醒和对《未来之梦》的批评,使恽代英和利群书社的成员受到极大的震动,促使他们从空想中醒悟。

与此同时,刘仁静也从北京给恽代英写了一封长信,批评了他空想的"社会主义天国",指出中国革命要想获得成功,必须走苏俄的道路。1921 初,在芜湖省立五中任教的沈泽民在给恽代英的信中用马克思主义的观点批驳了教育救国论,指出:"教育问题,正如一切问题一样,非把全部社会问题改造好了,是不得会解决的。"4 月,林育南也在北京给恽代英写信,赞成用阶级斗争解决社会问题。6 月,林育南再次写信给恽代英,诚恳地对《未来之梦》中的一些观点提出了批评。他说:"我们的理想是仿佛对的,但审查社会情形和我们的力量,恐怕终久是个'理想',终久是个'梦'呵!"恽代英曾反思这时期的思想:"我记得我以前痴想以为我开办了一个小商店便可以有怎样的发展以至于完全改革社会,于是做了一篇《未来之梦》,打发其狂热……但是事实上证明我只是一个荒谬的空想,一个荒谬的空想,改革社会决不像是这样做下去所能有功效的。"

1921 年 1 月,恽代英和黄负生、刘子通等创办了"以改造湖北教育及社会为宗旨"的《武汉星期评论》。不久,《武汉星期评论》作为马克思学说研究会的公开出版物,积极宣传新文化,传播新思想。此后,该刊成为武汉共产主义小组直接领导的党刊。《武汉星期评论》对于宣传辩证唯物论观点,讲解马克思主义学说,鼓吹改造社会、改革教育、妇女解放,揭露和批判军阀的反动统治,都起了较大的作用,当时在武汉地区特别是在教育界中有较大的影响。

对这一段火热的岁月,董必武后来回忆说:"那时,武汉有一个激进的青年团体,他们有乌托邦和半无政府主义思想,热衷于搞'新农村运动'。这个团体的中心在中华大学,他们创办了一个'利群书社'。他们的领导人是一个才华横溢的青年名叫恽代英。他对学生有很大的影响,是中国早期最优秀的青年领导人之一。这些'新农村人'不相信马克思主义,但是,不久他们就开始讨论马克思主义,并有许多人参加了共产党。"

恽代英把利群书社改组为共产主义小组"共存社"

1921年6月,湖北军阀王占元发动兵变,而此时的利群书社也陷入严重的经营危机中,被迫停业。6月15日,恽代英写信给王光祈,指出工读互助团失败的主要原因不是人的问题,而是"经济压迫",并以利群书社为例:"但以我一年来利群书社的生活,深信都市中作小工业,实有不免受经济压迫的地方。……我们真饱受了经济压迫的况味。"

为了宣传新思想、新文化,教育农民,开通乡村风气,1919年秋,林育南在其堂兄林育英、林洛甫的支持和赞助下,在家乡黄冈回龙山八斗湾兴隆寺创办浚新小学。1921年7月初,武汉各校都已放暑假,为了尽快将新的马克思主义革命团体建立起来,恽代英和林育南等商定,将组织活动的重心由武汉转移至革命基础较好的黄冈,并决定让林育南先行回家乡黄冈进行革命团体的筹建准备工作。浚新小学是一所进步学校,学校的学生都是劳苦大众的孩子。学校进行的是新型教育,学生接受的是进步思想。这样,在林育南、唐际盛等人的组织发动下,浚新小学聚集了一大批进步青年,为新的革命团体的建立准备了组织条件。

7月14日,恽代英从武汉来到黄冈,看到眼前大好的形势,立即同林育南等人商定,召开大会,宣布成立信仰马克思主义的革命新团体。1921年7月16日,成立大会正式在浚新小学开始。出席者有恽代英、萧楚女、林育南、林育英(张

浩）、李求实、乐景钟、李书渠、林洛甫、廖焕星、卢斌（陆沉）、卢春山、郑遵芳等23
名先进青年，长沙文化书社的易礼容也参加了会议。大会由恽代英、林育南、李书
渠担任执行主席，代表们从河南、陕西、安徽、湖南和武汉等地相聚一堂，畅谈了各
地进行革命活动的情况，会议着重讨论了建立革命团体的问题。大会首先商定了
新团体的"主义及宗旨"，经过反复激烈的讨论，最后一致同意将即将成立的团体
取名为"波社"，即效法俄国"波尔什维克"的意思。大会最后通过决议，成立了类
似苏俄布尔什维克式的组织"共存社"。共存社是以"积极切实的准备，通过阶级
争斗、劳农政治实现圆满的人类共存的目的"为宗旨。共存社下设总务股、教育
股、实业股、宣传股。社内分社员和社友，社友有选举权，但不能介绍别人为社员
或社友，为的是"不至于因社友有不健全而失败了社务"。社内事宜，则由社员、
社友公决。委员的人选，由社员、社友民主选举产生。社员、社友必须遵守社内各
项规约。

共存社的宗旨，公开宣布拥护马克思主义，主张用阶级斗争和无产阶级专政
的手段改造社会，在中国实现社会主义。这表明，共存社是一个具有共产主义性
质的革命团体，与互助社、利群书社相比，发生了质的飞跃。这也标志着恽代英等
利群书社的大多数成员的思想，实现了从无政府主义、新村主义向马克思主义的
革命转变。

从互助社到共存社，标志着互助社的成员在思想上发生了根本变化，即清除
了改良主义、空想社会主义的思想残余，接受了马克思主义学说，他们中的大多数
后来加入了中国共产党组织，为党的事业浴血奋战乃至英勇献身。在黄冈成立的
共产主义小组共存社，是中共历史上第一个也是唯一一个建立在乡村的共产主义
小组，在党史上有着重要的地位，但它却鲜为人知。共存社的建立，不仅说明中国
共产党诞生之前黄冈就有了共产主义小组，同时也标志着中国共产党正式诞生之
前，中国农村也已建立了共产主义小组。

1921年八、九月间，林育南在中共武汉临时工委成立后，最先加入了中国共
产党组织。不久，恽代英通过他早已结识的陈独秀，在上海入党。1922年2月，
恽代英和林育南又介绍林育英入党，使其成为中国最早的工人党员之一。1922
年春，共存社宣布取消，绝大多数成员加入中国共产党。

受恽代英的影响，利群书社成员后来大都加入中国共产党并积极投身其领导
的革命事业。如林育英早年辍学在家织布，正是在恽代英的影响下参加利群书

社,在利群书社崭露头角,经受磨炼,成为中共党史上的杰出人物。他还到苏联参加共产国际会议,后肩负重任回国,在同张国焘的斗争中做出了重要贡献,抗战爆发后担任八路军第 129 师首任政治委员。林育南后来成长为中国共产党早期工人运动领导人之一,曾任中华全国总工会秘书长。在恽代英的影响下,萧楚女先后加入利群书社和共存社,大量涉猎马克思主义书刊,初步接受马列主义,逐步摒弃无政府主义,通过革命实践的洗礼,终于成为共产主义战士。早期革命家施洋虽然不是利群书社成员,但是他受恽代英的影响,接受了马克思主义,后加入中国共产党。

恽代英的弟弟恽子强在《回忆二哥恽代英烈士》一文中说:"一九二一年中国共产党诞生后,共存社就自动解散了,代英和许多社员都参加了共产党和社会主义青年团。当时他在四川泸州师范任教务主任,后又到成都高师讲教育学。他在四川极受青年的爱戴,播下了不少的革命种子。"1923 年,恽代英赴沪执教于党创办的上海大学,并于 10 月间同邓中夏一起创办了共青团机关刊物——《中国青年》,其发行量迅速增至 3 万份,成为国内最受欢迎的青年杂志。恽代英在该刊发表过一百多篇文章和几十封通讯。1923 年,恽代英主编的《中国青年》,犹如闪烁在黑暗夜空的启明星,引导了大革命时期整整一代年轻人走上了革命道路。成千上万的青年正是手捧这份杂志并呼唤着"代英"的名字,奔赴黄埔军校,去寻找党团组织。郭沫若曾指出:"在大革命前后的青年学生们,凡是稍微有些进步思想的,不知道恽代英,没有受过他的影响的人,可以说没有。"周恩来曾深情地缅怀恽代英,称其为"中国革命青年的楷模"。1926 年初,恽代英到广州担任黄埔军校政治总教官并兼中共党团书记,在校内与周恩来并列为最受欢迎的演讲人。1928 年秋,恽代英被调到上海,主编中共中央机关刊物《红旗》,后调任中央组织部秘书长,协助部长周恩来工作。1930 年 5 月,恽代英在上海被捕。在狱中,恽代英看到囚粮夹着砂粒和脏东西,便不顾暴露的危险出面领导难友斗争,改善了待遇。不久,恽代英被叛徒出卖而暴露身份,英勇就义。

斯诺在 1936 年采访毛泽东时间:"在你的述说中曾多次谈到恽代英这个人。而我在这几个月的采访中也曾多次听人谈论到他,周恩来就是其中一位。在红军中甚至有人称他为中国的'甘地'。他重视思想品德的修养,情操高尚,从不追求奢华,过着十分清淡的生活。但是,他对马克思主义的信仰则是十分坚定的,而且还似乎对中国早期马克思主义者的思想转变也起了重要作用。不知这样评价是否合适?"毛泽东神情凝重地点点头:"你的评价是正确的。恽代英是一个受人敬重的人,他是全国革命青年的领袖,具有很强的理论水平,是一个非常出色的宣传鼓动家。他目光远大,政治立场坚定,与我也有着十分深厚的友谊。"

尼科尔斯基：谜一般的中共一大 "第十五人"

在上海兴业路76号中共一大会址纪念馆，介绍着1921年参加中国共产党第一次全国代表大会的15位出席者。但是长期只陈列14位出席者的照片，第15位尼科尔斯基却是一块空白。对于中国读者而言，尼科尔斯基是一位神秘人物，一个在中共党史关键时刻出现的重要人物，他是谁派来中国的，他回国后结局如何？直到今天，我们仍对他的情况知之甚少，关于他的身世，长期以来一直湮没在历史的迷雾中。

尼科尔斯基（1898—1943）

尼科尔斯基是谁派来中国的？

1920年3月，经共产国际批准，俄共（布）远东局海参崴支部领导人威廉斯基·西比利亚可夫派遣以维辛斯基（一译维金斯基）为首的俄共（布）小组来华。维辛斯基由此成为共产国际派到中国的第一位使者。维辛斯基认为，应当在中国建立共产党组织。维辛斯基在华期间，约见了"南陈（独秀）北李（大钊）"，直接帮助成立了上海共产主义小组，和陈独秀一道帮助已解散的广东共产主义小组实现重建。1921年1月，维辛斯基回国，随后被共产国际任命为在伊尔库茨克成立的共产国际远东书记处书记，负责与中国、日本、朝鲜等国的革命者取得联系，指导这些国家开展革命运动。

维辛斯基回国后，他的任务由尼科尔斯基接任。尼科尔斯基来华的使命，是和马林一道帮助成立中国共产党。1921年6月3日，共产国际执行委员会委员马林到达上海。与此同时，共产国际远东局书记处代表尼科尔斯基也到达上海。

中共一大代表在回忆中提到了尼科尔斯基,证实他是共产国际远东书记处派来的代表。中共一大代表李达在回忆录中说:"6月初,马林(荷兰人)和尼可洛夫(俄人)(即尼科尔斯基——作者注)由第三国际派到上海来,和我们接谈了之后,他们建议我们应当及早召开全国代表大会,宣告党的成立。于是由我发信给各地党小组,各派代表二人到上海开会……"中共一大代表张国焘也回忆说:"他(指李达——作者注)又提到新近来了两位共产国际的代表,一位名尼科罗夫斯基(即尼科尔斯基——作者注),是助手的地位,不大说话,像是一个老实人;另外一个负主要责任的名叫马林……"另外,一大代表董必武、刘仁静等在其回忆录中也都谈到了共产国际派来两名代表。从一大代表的回忆录中看,多数人都提到尼科尔斯基是共产国际的代表。

荷兰学者弗·梯歇尔曼在《马林政治传记》中写道:"1921年,他与他在上海的合作者俄国人尼可尔斯基一同被任命为伊尔库茨克的书记处成员,这个书记处是共产国际为中国、日本和朝鲜设立的东方局。"苏联学者 K. B. 舍维廖夫在《中国共产党成立史》一文中也写道:"共产国际执委会的代表马林(斯内夫列特)和远东书记处的全权代表尼科尔斯基参加了中国共产党人的会议。"

后来,马林在给共产国际执行局的报告中写道:"据莫斯科给我的通知,1920年8月到1921年3月间,已在伊尔库茨克建立远东书记处。这个书记处负责在日本、朝鲜和中国进行宣传工作。维辛斯基曾在上海工作过。1921年6月书记处又派出尼克尔斯基接替其工作。当我同期到达那里时,便立即取得了同该同志的联系。在那里他同我一直共同工作到1921年12月,几乎每天我们都要会面。"李达也说:"九月间,陈独秀辞去广东教育厅长,回到上海,专任党中央书记,常与马林、尼可洛夫会商。"他还说:"马林和尼可洛夫几乎每星期要约集陈、张和我三人会议一次,听取我们的工作报告。"

马林、尼科尔斯基与李达、李汉俊取得了联系,通过交谈了解到中国共产党筹建的情况,建议"及早召开全国代表大会,宣告党的成立"。随后,李达即开始发信给各地共产主义小组,要求他们各派代表两人到上海开会。

马林和尼科尔斯基,谁是谁的助手

1921年7月23日,中国共产党在上海法租界贝勒路树德里3号(今兴业路

76 号)召开第一次全国代表大会。在会上,马林和尼科尔斯基先后作了讲话。尼科尔斯基对中国共产党的成立表示祝贺,并介绍了俄国十月革命后的形势以及赤色职工国际和共产国际远东局的情况。

参加中共一大时,尼科尔斯基年仅 23 岁。与他同岁的一大代表有济南小组的王尽美,比他年龄小的也只有北京小组的刘仁静(19 岁)和济南小组的邓恩铭(20 岁),其余的代表都比他大。但长期以来,尼科尔斯基却是谜一般的人物。在 20 世纪 80 年代之前,包括中国、苏联及其他国家的学者对这位参加了中共一大的俄国人知之甚少,各种书刊也是语焉不详。尼科尔斯基的由来、身份、去向,是由哪个国际组织派遣的,是否如同许多一大参与者所说的那样,他是马林的助手等问题,始终是含糊不清的。

长期以来,中国学者一直想知道作为中共一大这样重大历史事件参与者的尼科尔斯基的真实身份,但苦于缺乏资料而无果。直到 1986 年,在荷兰发现极为珍贵的"斯内夫列特档案"(斯内夫列特是马林的原名)后,人们才搞清楚了尼科尔斯基的身份。根据"斯内夫列特档案"中马林的手稿,中国学者才知道以下重要事实:

"1921 年 6 月,[共产国际远东]书记处派尼科尔斯基到上海工作,我也同时到达那里。"

"和尼科尔斯基同在上海期间,我只局限于帮助他执行[共产国际远东]书记处交给他的任务,我从来不独立工作,以避免发生组织上的混乱。"

"尼科尔斯基同志从伊尔库茨克接到指令说,党的会议必须有他参加。中国同志不同意这样做,他们不愿有这种监护关系。"

从马林的手稿中,我们知道马林是尼科尔斯基的助手,尼是由共产国际远东局书记处直接派来的。马林颇受列宁器重,身份是共产国际执委,而且是共产国际执行委员会派来的,又是列宁亲自推荐来华的,但是为什么却成为只有 23 岁的尼科尔斯基的助手,其中原因我们不得而知,有待史学家的进一步考证。

但为什么一些中共一大参与者在回忆时都认为尼科尔斯基是马林的助手呢?原因其实并不复杂。首先,1921 年中共一大召开时,马林已经 38 岁了,且是共产国际执行委员会委员,年龄较尼科尔斯基大得多。这给人造成一种误解,似乎年轻的尼科尔斯基是马林的助手。其次,马林精通英语、德语,略通俄语。在中共一大代表中,李达和李汉俊都操一口流利的英语,李汉俊还精通德语。李达此时为上海共产主义小组代理书记,而中共一大又在上海召开,李达和李汉俊作为东道主,担负着为会议提供场地、后勤的任务,与共产国际代表的接触自然多些。另外,李达与李汉俊还担负着代表此时在广东的陈独秀向共产国际代表报告工作的使命。在中共一大上,上海小组实际上承担着中共发起组的责任。

除了是共产国际远东局书记处派来的代表外,尼科尔斯基同时还是赤色职工国际派到中国的代表。出席一大会议的包惠僧,曾数次提到尼科尔斯基是赤色职工国际的代表。他在《共产党第一次全国代表会议前后的回忆》一文中说:"1921年6月间,第三国际派马林为代表,赤色职工国际派李克诺斯基(即尼科尔斯基——作者注)为代表,先到北京。"后来,包惠僧在《中国共产党成立前后的见闻》一文中说:"……第一天的会各地代表及马林和李克诺斯基都出席了,主席是张国焘。第一项议程就是马林的报告。……接着李克诺斯基报告赤色职工国际的工作与任务。"一大代表刘仁静在《回忆党的"一大"》中也说:"当时,共产国际派了两个代表出席了'一大',一个是马林,荷兰人……另一个是尼科尔斯基,是俄国人,搞职工运动的……"

从以上史料我们可以看出,尼科尔斯基不仅是共产国际远东书记处派来中国的代表,而且还是赤色职工国际的代表,他同时肩负着两项使命。不仅如此,中共一大结束后,尼科尔斯基仍在继续为赤色职工国际做工作。他积极参与组织中国劳动组合书记部就是一例。1958年8月14日,包惠僧回忆说:"约在8月初组织工作方面召集我们开会,张国焘传达马林和李克诺斯基的意见:要设立一个领导工人运动的专管机构,定名为中国劳动组合书记部,并拟定了一个中国劳动组合书记部的纲要……"

接着,尼科尔斯基还参与了派遣一批代表出席1922年1月召开的莫斯科会议。曾被尼科尔斯基派到莫斯科开会的张国焘在《我的回忆》中说:"当我向他(尼科尔斯基——作者注)说,我已做好了充分准备,可以马上动身时,他就从自己的写字台的抽屉里取出一张某个商行的公文表格,表面看,这张纸很平常。让我看过后,他说:'这张表就是您的身份证,上面被大头针压有印痕,这是暗号。'他向我详细地讲述了如何秘密地把这张卡片交给所规定好的满洲里的一个理发馆的老板,这个人把我送过边境。"由于有尼科尔斯基给张国焘的这个证件,张国焘才抵达伊尔库茨克,然后到莫斯科出席会议。张国焘回忆说,尼科尔斯基是一位"言简意赅,相貌一般的人……我应该说,他是一位有才能,办事认真,有丰富经验的工作人员"。

档案的惊人发现:尼科尔斯基原来是苏俄派来中国的情报员

由于尼科尔斯基只会俄语,还会一点点英语,与中国代表交流很困难。这样不可避免地就造成了尼科尔斯基这个共产国际主要代表无法直接指导一大,而精通英语的马林却可以与李达、李汉俊自由交谈,尼科尔斯基只能在一旁静静地听着。在一大上,马林一直是用英语讲话的,他的嗓门很高,声如洪钟,经常是滔滔不绝。一位外国学者这样描写马林:"马林与他的带有某种乡土气、比较随和的前任维辛斯基相比,后者谦逊、赢得人心,马林则盛气凌人、指手画脚、固执己见,具有西方人咄咄逼人的性格。"张国焘在《我的回忆》中写道,马林是这样一个人:"这个洋鬼子很骄傲,很难说话,作风与威金斯基(即维辛斯基——作者注)迥然不同……"而年轻的尼科尔斯基由于语言障碍,在会议上很少发言,所以造成代表们对他没有什么印象的情况。

张国焘、马林发言之后,尼科尔斯基向大会宣布了共产国际远东局成立的情况和赤色职工国际将成立的消息,并介绍了俄国革命后的情况。最后,尼科尔斯基建议将这次大会的情况向共产国际远东局书记处拍电报,告知大会的进程。根据尼科尔斯基的建议,大会"决定打电报给伊尔库茨克,告诉他们代表大会的进程"。

中共一大在给共产国际的报告中说:"我们在这里非常高兴地说,希夫廖特同志(即马林——作者注)和尼柯尔斯基(即尼科尔斯基——作者注)同志出席了第一次代表大会,并给我们做了宝贵的指示……尼柯尔斯基同志把成立远东局的情况告诉了我们,并向我们述说了他对俄国的印象。在这个报告以后,根据尼柯尔斯基同志的建议,我们决定打电报给伊尔库茨克,告诉他们代表大会的进程。"

中共一大会议结束后,岁月悠悠,世事沧桑,尼科尔斯基消失在历史烟云中。但是中国的党史研究者,一直没有放弃寻找尼科尔斯基的努力。20世纪80年代,中国有关方面曾通过外交途径,致信当时的苏共中央总书记戈尔巴乔夫,请求帮助寻找。1987年,应中共中央邀请,苏共中央一位书记来华访问。他回到莫斯科之后,给当时的苏共中央马列主义研究院下达了一个任务:找出中共一大参加者尼科尔斯基的生平履历和照片。这个任务落到了著名远东问题专家、苏联科学院远东研究所研究员的 A. И. 卡尔图诺娃博士的头上。她先后在苏联各个档案馆四处查阅,找到了一些和尼科尔斯基有关的档案。1989 年,A. И. 卡尔图诺娃在苏联《远东问题》杂志上公开发表了《尼科尔斯基:一个被遗忘的参加过中共一大的人》。

根据 A. И. 卡尔图诺娃博士的研究成果,对于尼科尔斯基的个人信息,我们仅知道以下的情况:尼科尔斯基,原名涅伊曼—尼科尔斯基·弗拉基米尔·阿勃拉莫维奇,即贝尔格·维克多·亚历山大罗维奇。尼科尔斯基生于 1898 年,卒于 1943 年。1921 年加入俄共(布),曾在远东赤塔商学院读完三年级的大学课程。1919 年到 1920 年在远东共和国人民革命军中服役。1921 年转入共产国际机关行政处工作,当时取名瓦西里或瓦西里耶夫。1921 年到 1925 年在中国东北工作,1926 年从哈巴罗夫斯克转到赤塔。1938 年因托派嫌疑而被捕入狱,1943 年被错杀,终年 45 岁,后平反昭雪。对于这位中共一大的重要参加者在来中国前和离开中国后的情况,了解的基本概况仅到此,并且没有他的照片。这不能不说是一个遗憾。

2006 年,A. И. 卡尔图诺娃博士对尼科尔斯基的研究取得了新的突破。在俄罗斯联邦安全局中央档案馆的帮助下,她找到了有关尼科尔斯基的珍贵档案资料,从而使中共一大参加者尼科尔斯基的真实身份更加翔实和准确了。A. И. 卡尔图诺娃博士在《远东问题》2006 年第 4 期上所发表的《伊曼－尼科尔斯基——中共一大参加者》,给我们提供了一个惊人的信息。中共一大参加者尼科尔斯基的真实身份,其实是一名苏俄情报人员。他从 1921 年到 1923 年在苏俄远东共和国人民革命军情报部服役,然后在第 5 集团军参谋部下属的情报部服役。在来中国参加中共一大期间,他也担负搜集情报的任务。1925 年后,尼科尔斯基长期在苏联国家政治保安总局驻远东边疆区分局工作,1938 年 2 月,被苏联内务部以参加了托洛茨基恐怖组织的间谍破坏活动为由逮捕。1943 年 9 月 21 日,苏联最高法院军事法庭巡回法庭判决尼科尔斯基死刑,并于当天执行。1956 年 11 月 8 日,根据苏联最高法院军事法庭的决议,由于缺少证据,尼科尔斯基被平反昭雪。

与此同时,寻找尼科尔斯基照片一事也有了突破。2007 年 6 月 29 日,俄罗斯远东国立大学历史学教授阿列克赛·布亚科夫在上海参观一大会址纪念馆后,要求见馆领导,称手头持有尼科尔斯基的照片。原来,阿列克赛 2005 年曾经来上海参观过一大会址,对缺乏尼科尔斯基照片深表遗憾。回国后,他向尼科尔斯基工作过的数个边疆地区的档案馆致函查询,均无所获。直到俄罗斯有关方面向他建议,根据尼科尔斯基生平的一些线索,不妨向鄂木斯克州档案馆问讯。两个月后,鄂木斯克州档案馆的回信让他喜出望外。回信中寄来一张光盘,其中有两张照片:一张是尼科尔斯基人事档案封面,另一张是带有尼科尔斯基本人头像的履历表。来信称档案馆中还有尼科尔斯基的几十页文字资料,其本名与化名均有明确记录,其自传中还披露自己去过上海工作。

2007 年 8 月,中共一大会址纪念馆接到蒙古国学者的电话,说他们找到了尼科尔斯基的照片。原来,早在 2001 年,蒙古国人民党的一位负责人来到上海中共一大会址纪念馆参观,也发现了尼科尔斯基照片空缺。回国后,他向蒙古国研究共产国际历史的著名学者达西达瓦询问,能否找到尼科尔斯基的照片。2006 年,达西达瓦三次来到俄罗斯,在与尼科尔斯基可能有关的数家档案馆、博物馆查阅资料,但尼科尔斯基本人的照片却一直未能找到。直到他的朋友拉·博·库尔斯利用工作便利,终在鄂木斯克州档案馆发现了尼科尔斯基的两张照片。2007 年 9 月 12 日,达西达瓦来到上海中共一大会址纪念馆,送交了这两张珍贵的照片。9 月 27 日,上海中共一大会址纪念馆首度正式对公众展出了中俄蒙三国学者共同发现的中共一大"第十五人"尼科尔斯基的照片与真实生平资料。

为中共一大提供会场的湖北人
李书城

李书城（1882—1965）

在中国近现代史上，李书城是一位传奇人物。他 23 岁追随孙中山先生参与筹备和组织同盟会，辛亥革命期间在武昌与黄兴并肩战斗，后又参加孙中山领导的讨袁、护法等战争。1921 年前后，李书城支持和帮助胞弟李汉俊在上海发起建党，中共一大，便是在上海法租界李书城的家中召开的。1949 年，李书城应毛泽东之邀，参加了第一届全国政协会议，出席了开国大典，并出任新中国第一任农业部长。

辛亥革命的见证者

李书城，字晓圆，又名筱垣，1882 年 6 月 24 日出生于湖北潜江县一个农村家庭。1902 年 5 月，李书城赴日本东京弘文书院学习，1904 年春，转入日本陆军士官学校学习。同年 11 月，孙中山、黄兴、李书城在东京相会，商议组织革命大同盟之事。1905 年 8 月 20 日，同盟会成立大会在东京举行。会上，大家签名入盟，李书城在盟约上郑重地签了字。参加同盟会，是李书城革命生涯中的新的一步。1908 年 10 月，李书城以优异的成绩毕业于日本陆军士官学校，回到广西桂林与黄兴取得联系，积极参与革命活动，担任了陆军干部学堂及陆军小学堂的监督，主管教学工作。

1911 年 11 月 2 日，李书城来到武汉参加武昌起义，由黄兴提议他担任中华民国军政府参谋长。11 月 3 日，黎元洪在武昌阅马场举行隆重的登坛拜将仪式，将印信、令旗、令箭授予黄兴和李书城。黄、李二人亲率大军向汉口的守敌进攻，因手下三位将领贻误战机使进攻受挫。武昌起义战斗激烈，体现出革命党人舍身捐躯的英雄气概。

1913 年 3 月，袁世凯策划了刺杀宋教仁事件，这是向革命党人开刀的危险信号。李书城为免遭暗害,一天晚上借送客为名,跳上去上海的火车离开南京。在上海,李书城与孙中山、黄兴等一起会商处理宋案的办法。这时袁世凯到处收买革命党人,派人来上海找到李书城,以任命他为绥远都督或送 8 万元旅费出洋为诱饵,要他离开上海。李书城当场回绝了这些劝诱,表示坚决留在上海与黄兴等人同谋"宋案"的合法解决。7 月 14 日,在李烈钧湖口独立的两天后,李书城随黄兴等赴南京布置讨袁军事,被任命为一等咨议。南京、上海方面的讨袁军队经过激烈战斗,在饷械不支、声援又绝的情况下很快失利。

讨袁战争失败后,李书城遭到袁世凯的通缉,流亡日本。1915 年底,国内讨袁声浪重新高涨。受黄兴的委托,李书城先期归国与各方人士联络筹备讨袁事宜。不久,蔡锷领导的云南起义爆发。1916 年 6 月 6 日,袁世凯病死。1917 年 7 月,为反对段祺瑞政府解散国会、撕毁约法的行径,孙中山由上海到达广州,揭起了护法运动的旗帜。同年 10 月,南北战争爆发。李书城来到湖南前线,组织起一支军队与北军作战。不久,李书城担任湘西边防军督办兼援鄂军总司令。徐世昌任北京政府大总统后,李书城于 1919 年前往广州,出任护法军政府军事委员会委员、遣送敌侨事务局督办兼管理敌侨财产事务局督办。

中共一大在李书城家里召开

护法运动失败后,李书城很是苦闷彷徨。这时,他的胞弟李汉俊从日本留学回来,给他带来了十月革命胜利的消息,使他的精神为之一振。

1920 年,李书城来到上海居住,在法租界内贝勒路树德里 3 号(今兴业路 76 号)买下一处房产。这是一座石库门式的三层楼房,上海中产阶级的典型住宅。楼上是卧室,楼下是客厅。房子不大,却非常幽静。这里是法租界南端,再往南走就是旷地了,行人很少。李书城平时来上海,就住在这里;离开上海时,就由胞弟李汉俊照看。

在中共一大召开前夕,李达当时承担了大量的具体筹划工作。他把安排各地代表来沪食宿、选择开会地点、安全警戒的工作都交给了新婚燕尔的妻子王会悟,她一一接受下来。王会悟在参加上海女界联谊会的活动时,结识了博文女校校长黄绍兰。黄绍兰思想倾向进步,曾在上海女界联谊会的一次会议上,拍案痛骂袁世凯。王会悟考虑到博文女校离大会开会地址不远,行动方便,加之正值暑假,师生都已离校,代表在此住易于保密。于是,经黄绍兰同意后,王会悟便以"北京大学暑期旅行团的名义",租借了博文女校楼上的三间房。租得房间后,王会悟购买芦席铺地。代表们住下后,风趣地说:"很好,凉快!"毛泽东睡在两条板凳架起来的一张单人木板床上,房间很暗,一个人住。据说这是因为他个子很高,爱打呼噜,特给他如此"特殊照顾"。其他代表没有床,都在楼板上打地铺,一人一张席子睡在地板上。至于一大的会址,想到李汉俊的哥哥李书城夫妇在外地避暑,李公馆的房子空着,她就去找李汉俊商量,李汉俊当即满口答应。选定这里为会址还因为,李书城寓所环境僻静,行动方便,加之有李书城的显赫身份作掩护,这里用来开会是再好不过的了。于是,李书城的寓所就成为中国共产党成立的见证。

新中国成立伊始,周恩来在提议李书城出任农业部部长时,丝毫没有忘记这段历史。1951年10月,经勘察确认后,对李书城的寓所进行修缮,辟为上海革命历史纪念第一馆。1958年,按董必武、李书城夫人薛文淑等当事人的意见,对李书城寓所进行了复原修缮与布置。1959年5月,李书城寓所被列为上海市文物保护单位;1961年3月,被列为全国重点文物保护单位。

大革命中掩护了很多革命分子

中共一大召开期间,李书城碰巧不在上海。当时湖北人民不堪忍受北洋军阀王占元的残酷统治,掀起了驱王自治运动。李书城来到湖北,担任了驱王运动的领导人,与孔庚等人前往长沙向赵恒惕请兵"援鄂",并被推为湖北自治军司令。在湘军的配合下,终于摧垮了王占元的军队,将王占元逐出湖北。

1926年初,广东革命政府开始酝酿北伐。李书城奉命到湖南做唐生智、夏斗寅的策反工作,获得成功。北伐开始后,李书城参加北伐军,与北方的冯玉祥取得联系,并向冯玉祥告知南方的胜利消息。在共产国际和中共的帮助下,在李书城等人的影响和督促下,冯玉祥率军南下,与北上的军队胜利会师于河南信阳。不久,李书城被任命为北伐军总司令部顾问,随军北伐。10月,在武汉克复后,李书城在武昌加入了国共合作后的国民党。

1927年4月12日,蒋介石发动反革命政变,大肆屠杀共产党员和革命志士。李书城对蒋介石的倒行逆施极为气愤,他以开国元老身份参加阅马场讨蒋大会,与武汉广大群众一起振臂高呼反蒋口号。7月15日,以汪精卫为首的武汉国民党中央决定实行"分共"。李书城在清党中拒不重新登记,自动脱离了已经反动的国民党组织,乘小船过江离开武昌到汉口避居。8月,湖北省政府改组,李书城被请出来参加改组后的省政府,担任省政府委员兼建设厅厅长,与孔庚、叶琪共同行使主席职权。

在白色恐怖的环境下,李书城利用自己的地位,掩护了一些留在省市政府机关内的共产党员,主持释放了一批被关押的革命分子,并与国民党右派团体"三民社"展开了斗争。1927年冬,蒋系国民党西征军开入武汉。桂系十九军当时驻守武汉,军长胡宗铎、副军长陶钧分别担任武汉卫戍司令。他们继承蒋介石背叛革命的反共立场,首先命令公安局局长逮捕李书城、孔庚,大肆捕杀共产党人,制造白色恐怖。陶钧甚至口出狂言:"宁可错杀三千,不可放走一个!"李书城胞弟李汉俊也被他们枪杀。李书城在被关押的100余天里,只能读佛经。大革命的失败,使李书城心灰意冷,从此学起佛来。在狱中被关押了100多天,经冯玉祥、程潜等出面营救,李书城才于次年3月被释放,随即离汉赴沪。

1932年,李书城回到湖北,重新担任省政府委员兼建设厅厅长。1933年,李书城因拒不批准修筑从武昌通往蒋介石行营所在地青山的公路,被撤去建设厅厅长的职务,改任民政厅厅长。不久,又由于反对在湖北实行保甲连坐制度,李书城被新任省政府主席张群免去民政厅厅长的职务,只担任没有实权的省政府委员。1935年,湖北省通志馆成立,李书城出任馆长,此后14年时间里一直任此闲职。

一位老农般的农业部长

新中国成立后,李书城出任农业部部长。他不负重托,工作出色。他身在北京,心系故乡,关注着故乡的建设和发展,尤其关心故乡的教育事业。

1949年9月21日,李书城以特邀代表的身份出席了中国人民政治协商会议,并当选为第一届全国政协委员。10月19日,中央人民政府举行第三次全体会议,毛泽东主席任命李书城为农业部部长。周恩来总理还提名李书城为政务院财政经济委员会委员。对毛主席的任命和周总理的提名,许多人不理解,为什么任命李书城为农业部部长呢?周恩来总理对比作了解释。他说,李书城是孙中山、黄兴的亲密战友,中国同盟会的主要发起人之一,辛亥武昌首义,他是黄兴的参谋长,以后又参加了护法、讨袁诸役。他早年留学日本,曾任北洋政府陆军部部长,是中国军界的老前辈。武汉解放前夕,他与张难先等人发起和平运动,策动老友程潜发动湖南起义立了大功;他一贯同情支持我党的工作,与中共肝胆相照,荣辱与共。党的一大就是在他家里召开的,他的弟弟李汉俊是一大代表,为中国革命献出了宝贵生命,中国革命能有今天的胜利,多亏了李书城等一大批党外民主人士的支持,饮水思源,吃水不忘挖井人。毛主席和我一致同意任命李书城为农业部部长,这样做照顾了民主党派的各个方面。周恩来又派薄一波找李书城谈话,李书城愉快地接受了任命。年近古稀的李书城走马上任,成为新中国第一任农业部部长。

10月1日,李书城出席了开国大典。10月19日,在政务院举行的第三次会议上,经周总理提议,任命他为农业部部长。作为新中国的第一任农业部部长,摆在李书城面前的是一个千疮百孔的烂摊子。为发展农业,首先要了解中国农村、农业和农民的情况。1950年5月5日,李书城率领中央农业水利视察团先后考察了河南、湖北、湖南、广东、江西、浙江、江苏、山东等省,他发现,农民群众在中国共产党和各级政府的领导下,以高度的生产热情为增产粮棉而积极工作,农村生产力得到解放,老区农民在耕作上普遍地做到了多耕、多锄、多施肥,并积极改进农业技术;新区农民经过反霸减租的斗争,初步地改善了生产条件,生产积极性也提高了。生产困难较多的灾区人民也正在恢复生产。李书城还特地到了河南的黄泛区,他为灾区人民的生产自救热情所感动。

通过调查,李书城更加全面地了解了中国农业的情况,使他在发展农业问题上有了更多的发言权。为了中国的农业,李书城在古稀之年努力学习党有关农业问题的方针政策,学习农业知识,并亲自陪同苏联专家到农村考察。他有时头顶烈日,蹲在田间地头,和农民一起研究如何改良土壤,如何提高单位面积产量。李书城在农村调查时,俨然是一位朴实的老农样子。他在农业部长任内,一直大力提倡奖励农业科学研究,倡导技术革新,并为推进农业机械化和兴修农田水利做了大量的工作。

1956年4月,时任全国人大常委的李书城回到家乡湖北潜江视察,了解家乡的革命和建设情况。他看到了家乡巨大的变化,在县招待所听了当地领导汇报情况后说:"我作为家乡的一员,应该感谢你们。你们的工作再次证明了共产党领导有方,人民力量伟大。"

1963年3月,李书城作为全国政协常委第二次回家乡视察。这次回乡,他专门安排时间去看望了城南中学的师生们,询问他们的学习和生活情况。在观看同学们做完广播体操后,又亲自为师生们表演了一套太极拳,还为城南中学圈定了校园用地。

1965 年 8 月 23 日,李书城因病在北京去世。

中国现代文坛上第一位共产党员 沈雁冰

沈雁冰（茅盾）不是一个职业政治家，不是一个职业革命家，但他却与政治，与中国革命有着不可割裂的紧密关系。他是上海早期共产党组织的成员，是中国第一批共产党员，也是文坛第一个共产党员。大革命失败后，沈雁冰于1928年流亡日本，与党组织失去了联系。此后，沈雁冰便长期以党外人士身份从事党领导的革命文化事业。沈雁冰为中国共产党的成立和大革命做了很多工作，而这些工作长期以来却鲜为人知。

沈雁冰（茅盾）（1896—1981）

中央秘密联络员沈雁冰的神秘女友"钟英"

沈雁冰，笔名茅盾，浙江桐乡人，1913年，考入北京大学预科。1916年8月，进入上海商务印书馆编译所从事翻译和编辑工作。1919年末，沈雁冰开始接触马列主义。就在这时候，他结识了陈独秀。1920年初，陈独秀从北京来到上海，在法租界环龙路老渔阳里2号自己的寓所约见陈望道、李汉俊、李达和沈雁冰。沈雁冰赞同和支持陈独秀在上海继续出版《新青年》杂志，并在白天繁忙的编辑事务后积极为《新青年》撰稿。与此同时，陈独秀、李汉俊、陈望道等开始讨论筹组上海共产党组织的问题。1920年5月左右，陈独秀等人在上海建立了马克思主义研究会，为上海共产党早期党组织的建立奠定了基础。经过一段时间的酝酿，8月左右，首先由陈独秀、李汉俊、李达、俞秀松、陈望道、沈玄庐、施存统等人发起并建立了上海共产党早期组织。大家推选陈独秀为书记，并由陈独秀等人草拟了一个简单的中国共产党党纲草案，以统一大家的思想。

1920年10月，在李汉俊的介绍下，沈雁冰和邵力子等参加了上海共产党早期组织,此后作为一个思想启蒙者和文学活动家进入有组织的革命活动的行列,开始了他的政治生涯。沈雁冰在1957年4月所写的《回忆上海共产主义小组》中说:"小组开会在陈独秀家里。会议不是经常开,主持人多是陈独秀。开会时,有一个苏联人,中国名字叫吴廷康,很年轻,好像是顾问,他是共产国际派来做联络工作的。……小组在当时有个名称,我忘记了,但不叫共产党,也不叫马克思主义研究会。小组没有党章,我记得在嘉兴南湖开会前一两个月,陈独秀叫我翻译《国际通讯》中很简单的《俄国共产党党章》,作为第一次党代表大会的参考。那时候,我觉得有些字不好译,例如'核心'这个名词,现在对它我们很熟悉了,在当时就不知道用什么字译得易懂明了。我们参加小组,没有学习党章,也没有文字上的手续,只有介绍人。小组是秘密的。党成立后,有'社会科学研究会'作为公开活动的场所。"

从上海早期党组织成立到中国共产党正式诞生,沈雁冰为建党做了大量有益的工作。其一,他参与了《新青年》的编辑工作。《新青年》月刊自1920年9月1日起,成为上海党组织机关刊物,以宣传马克思主义为宗旨,一批早期的中国共产主义者都受到其教育和影响。沈雁冰既是《新青年》忠实的读者,又是稿件、译文的提供者和编辑之一。其二,沈雁冰积极支持上海党组织创办培养干部的"外国语学社"。1920年9月,上海早期党组织创办外国语学社,为输送有志青年赴俄国学习作准备。同时,该社以公开办学的形

青年时期的沈雁冰

式掩护上海小组准备建立中国共产党的各种活动。外国语学社欲办图书室,缺钱又缺书,沈雁冰得知后,立即捐出80银元稿费,使办图书室之事很快得以实现。其三,沈雁冰还为上海早期党组织半公开理论刊物《共产党》撰稿和译文。1920年11月7日,在十月革命三周年之际,秘密刊物《共产党》月刊创办,在创刊号首页的《短言》中阐明了在中国建立共产党的主张,第一次在中国树起"共产党大旗"。沈雁冰在

该刊第2期上,发表了《自治运动与社会革命》的评论文章,猛烈抨击当时实际上为军阀和帝国主义列强服务的所谓"省自治运动",指出中国的前途应是走俄国十月革命的道路,进行无产阶级革命。

从《共产党》月刊第2期开始,一个署名"P生"的作者出现在刊物上,频频发表关于共产主义运动方面的重要述评。这个作者是谁?时隔半个多世纪,谁也说不清。20世纪70年代初,日本研究中国现代文学的学者松井博光推测,这个作者有可能是茅盾。上海外国语学院教授姚以恩早年在研究犹太作家肖洛姆·阿莱汉姆时查阅相关资料,发现1921年6月20日的上海《民国日报》"觉悟"副刊上有署名P生的一则关于阿莱汉姆的报道文章,这使他异常兴奋,因为这是他发现的我国最早介绍这位犹太作家的文字。但P生是谁却让他困惑不已,多年寻访始终未能弄清。最后,他想到了茅盾,因为像这类文字出自茅盾的可能性最大。当时茅盾在主编《小说月报》时,就一向注意介绍弱小国家和犹太民族的文学作品,P生很可能是他。1979年,姚以恩致函沈雁冰以求证,沈雁冰回函答复:"P生即是我。"

1921年7月23日,中国共产党第一次全国代表大会召开。上海早期共产党组织成员随之转为中共正式党员,沈雁冰也从此成了中国现代文坛上的第一个共产党员。随着革命形势的发展,党的队伍不断扩大,各地党组织相继成立。党中央和各地党组织间的信件和人员往来日渐频繁。陈独秀的住所老渔阳里在1921年冬曾为法租界巡捕房查抄,陈独秀也同时被捕。后来陈独秀虽被释放,但老渔阳里的寓所显然已不能作为党组织活动和联络地点了。当时,沈雁冰在商务印书馆编辑《小说月报》,有固定的职业。党中央认为他可以以此作掩护,为党中央做通讯联络工作,就任命沈雁冰为中央联络员,组织关系隶属于中央工作人员支部。

从此,外地党组织给中央的信都经过沈雁冰的手转交。外地到上海找党中央的同志也先与沈雁冰接头联系后,再安排与中央见面。当时外地寄给中央的信大多寄往沈雁冰工作的商务印书馆编译所,信上写"沈雁冰先生转陈仲甫先生台启"、"沈雁冰先生转钟英小姐玉展"。陈仲甫就是中央书记陈独秀,"钟英"是"中央"的谐音。沈雁冰在回忆录中这样写道:"党中央因为我在商务印书馆编辑《小说月报》是个很好的掩护,就派我为直属中央的联络员,暂时我就编入中央工作人员的一个支部,外地给中央的信件都寄给我,外封面写我的名字,另有内封则写'钟英'('中央'之谐音)。我则每日汇总送到中央。"关于这个"钟英小姐",曾引起了沈雁冰同事们的猜测和议论。他们怀疑"钟英小姐"是沈雁冰的女友,但又为什么这位女朋友有这么多的来信呢? 好奇的同事从沈雁冰那里得不到答案。当时已经成为沈雁冰编辑《小说月报》助手的郑振铎出于好奇,也为了开玩笑,私拆了沈雁冰的一封信。他一看大吃一惊,原来那是中共福州地委致中央的报告。他意识到,"钟英"原来就是"中央"的谐音。郑振铎是一个正直的知识分子,对此事他守口如瓶,未加泄露。

沈雁冰是上海党组织和"五卅"罢工的领导人之一

沈雁冰除了担任中央联络员外,还在党的教育宣传、发展党团员和培养干部等方面做了许多卓有成效的工作。1922 年初,党中央派徐梅坤携带中央局书记陈独秀的亲笔介绍信,到商务印书馆与沈雁冰接洽,共同研究和开展发展党员、团员等工作。经沈雁冰和徐梅坤考察、帮助、教育和介绍,商务印书馆职工董亦湘、糜文浩、杨贤江、黄玉衡(女)等先后加入中国共产党。此后,闸北有了第一批工人党团员。1922 年 7 月后,沈雁冰先后担任中共上海地委执行委员、宣传委员、国民运动委员,还同向警予一起负责上海妇女运动的领导工作。

中国共产党成立后不久,创办了平民女学和上海大学。平民女学创办于 1921 年末,是一所培养党的妇女运动骨干的学校。上海大学的教师多是共产党人,邓中夏是总务长,瞿秋白是教务长兼社会学系主任,蔡和森、恽代英、萧楚女、任弼时、杨贤江、张太雷、陈望道等担任教师。沈雁冰在这两所学校都担任过教学任务,在平民女学教授英文,在上海大学讲授小说研究、希腊神话。沈雁冰虽然不是教师出身,但他能以自己的文学专长,把课讲得深入浅出,从容自如,深受学生的欢迎。后来成为我国文坛著名女作家的丁玲,曾经是这两所学校的学生,听过沈雁冰的课。她回忆说,"我喜欢沈雁冰先生讲的《奥德赛》《伊利亚特》这些远古的、异族的极为离奇又极为美丽的故事,我从这些故事里产生过许多幻想,我去翻欧洲的历史、欧洲的地理,把它们拿来和我们自己民族的远古的故事作比较","他那时给我的印象是一个会讲故事的人","他从来不讲课外的闲话……我以为不打扰他最好"。

中共"三大"之后,上海党组织有了发展。原上海地方执行委员会除了管理上海外,还兼管江浙两省党的工作,称为上海地方兼区执委会,沈雁冰成了新选出的五个执行委员之一。邓中夏担任执委会委员长,沈雁冰担任国民运动委员,负责与国民党合作,发动社会各阶层进步力量参加革命等统战工作。为了推动这项工作,上海地方执行委员会成立了国民运动委员会,沈雁冰担任委员长,林伯渠、张太雷、张国焘、杨贤江等担任委员。沈雁冰担任上海地方兼区执委会领导工作一直到1924年春。后来,邵力子邀沈雁冰去主编《民国日报》副刊《社会写真》。沈雁冰为此向上海地方兼区执委会提了辞呈,经批准后才离开了上海地方兼区执委会的领导岗位。沈雁冰用自己的话来说这段时间的工作:"过去白天搞文学(指在商务编译所办事),晚上搞政治,现在却连白天都要搞政治了。"

离开上海地方兼区执委会后,沈雁冰接受党的安排,参加和领导了罢工斗争。1925年,"五卅"反帝运动在上海爆发。沈雁冰根据党的决定,参加了6月1日开始的全市工人罢工、商人罢市、学生罢课的"三罢"斗争。6月3日,沈雁冰与商务印书馆编译所同仁郑振铎等创办、主编《公理日报》,向全市人民报道"五卅"惨案的真相和上海各界民众参加"五卅"大罢工的情况。之后,沈雁冰又与共产党员董亦湘、杨贤江、丁晓光、侯绍裘等30多人,发起成立"上海教职员同志会",号召和动员全市教职员工投身"五卅"运动,扩大反帝联合阵线。

1925年8月,党组织决定发动上海商务印书馆工人为主体的印刷工人大罢工。8月下旬,根据党的指示,沈雁冰与徐梅坤、陈云、王景云等10多人组成中共临时党团,领导发动商务印书馆工人大罢工。8月22日,商务印书馆罢工开始,3 000多职工先后加入罢工行列。沈雁冰还是公开领导罢工的"罢工中央委员会"13名委员之一,负责整理、起草《罢工宣言》和与资方谈判的《复工条件》,与资方进行面对面的谈判斗争。8月26日,罢工取得完全胜利。8月28日上午,商务印书馆全体职工在东方图书馆广场召开庆祝大会,沈雁冰报告了罢工谈判经过,解释协议内容,宣布罢工胜利,受到工友们的热烈欢呼。

沈雁冰曾是毛泽东的秘书

1924年初,国民党第一次全国代表大会在广州召开。1925年3月12日,孙中山在北京逝世,国民党右派势力猖獗起来。右派"西山会议派"夺取了位于上海环龙路44号的国民党上海执行部,改作他们的中央总部,公开宣布开除已加入国民党的共产党员,恽代英、沈雁冰等均在被开除之列。为了反击国民党右派的进攻,恽代英和沈雁冰接受中共中央命令,筹组两党合作的国民党上海特别市党部,恽代英为主任委员兼组织部长,沈雁冰是宣传部长。

为了解决"西山会议派"的问题,1926年初,国民党第二次全国代表大会在广州召开,沈雁冰和恽代英等五人代表上海参加。国民党"二大"结束,沈雁冰奉命留在广州工作,担任毛泽东的秘书。当时,汪精卫是国民政府主席,又是国民党中央宣传部长,忙不过来,请毛泽东代任宣传部长。毛泽东也忙,当时正筹备第六届农民运动讲习所,所以把沈雁冰留下来任秘书。当时国民党各部均无副部长,秘书相当于部长助理,负责日常事务。这样,沈雁冰住进了东山庙前西街38号毛泽东的寓所,与萧楚女同屋。

1926年3月18日,蒋介石发动了"中山舰事件"。为了打击反革命势力,党中央在新形势下,作了新的部署,沈雁冰奉命调回上海工作。离粤之前,毛泽东交给沈雁冰两项任务:一是在上海办一个国民党中执会领导下的党报《国民日报》,替代已被右派把持的《民国日报》;二是代理原由恽代英负责的国民党中央宣传部上海交通局主任的职务。沈雁冰回到上海后,即任中共上海区委委员,负责国民党方面的工作。1926年冬,革命形势有了进展,北伐军克复了武汉以后,武汉成为大革命时期革命力量的中心。这时,沈雁冰又接到了中共中央新的任命,到中央军事政治学校(即黄埔军校)武汉分校任政治教官。沈雁冰把抽象的哲学概念、政治问题讲得深入浅出,形象生动,很受学员欢迎。黄埔军校武汉分校创办初期,没有桌椅,没有固定的教室,上课时,教官大多站在桌上讲,学生围在周围听。沈雁冰做政治教育工作之所以驾轻就熟,得益于之前的工作经验。沈雁冰还经常带黄埔军校武汉分校女生上街宣传。正如他后来在其小说《动摇》中所写的那样:"秀才初次去出征,不带男兵带女兵。"

1927年4月初,沈雁冰根据党中央决定,出任《汉口民国日报》主编,董必武任社长,毛泽东任总经理。当时的武汉既是革命力量的中心,又是各种政治势力斗争的旋涡。面对敌人的挑战,沈雁冰撰写了《巩固后方》一文,作为《汉口民国日报》的社论。5月21日,长沙又发生了"马日事变"。沈雁冰立即连续发表四篇社论,猛烈抨击了反动势力的反革命罪行,声援了工农群众的革命斗争。在反动势力的煽动下,当时不少人认为"工农运动过了火",党内也出现了关于农民运动是"糟得很"还是"好得很"的分歧。沈雁冰为此在《汉口民国日报》上又发表了《整理革命势力》一文,旗帜鲜明地支持了以毛泽东为代表的关于农民运动的主张,支持了蓬勃发展的农民运动。从4月到6月的三个月的时间里,沈雁冰写了近40篇战斗檄文,发表在《汉口民国日报》上,平均不到三天就有篇文章见报,对推动工农运动、发展革命力量和打击反革命势力起了鼓手和号角的作用。

恢复党籍,沈雁冰一生未了的心愿

1927年8月下旬,沈雁冰在汉口法租界隐藏了半个月后,在党组织的安排下,几经周折,回到了上海,蛰居在上海景云里11号半的三楼家里,足不出户。回上海后,沈雁冰隐居了大约十个月。不能会客,不能参加活动,和党组织失去了联系,苦闷、烦恼、迷惘缠绕着沈雁冰的整个心灵。就像一个经历了长时间的鏖战后在战壕中作短暂休息的战士,他在回顾,他在探索。虽然离开了疾速变化的革命斗争生活,但往日斗争生活的画面一幕幕地重现在他的眼前,让他不能忘却。在探索的苦闷中,沈雁冰拿起了笔。1927年9月,沈雁冰开始他以大革命时期为背景的第一部小说《幻灭》(三部曲《蚀》的第一部)的写作。从此,他在党的领导下,在革命文化战线的文学创作领域里开始了新的征程。第一部小说《幻灭》在《小说月报》上发表时,沈雁冰使用了"茅盾"这个笔名。1928年7月,沈雁冰化名方保宗,流亡日本。从此,他与中国共产党党组织失去了联系。

1930年4月5日,沈雁冰从日本回到了上海,加入了左翼作家联盟。他曾向中国共产党地下组织提出,希望恢复组织生活,但是没有得到批准。沈雁冰和鲁迅站在一起,为左翼作家联盟做了许多工作。1940年,沈雁冰受新疆军阀盛世才迫害,带着一家从迪化回到延安。在得到毛泽东热情接见的时候,沈雁冰郑重提出,希望恢复党组织生活。毛泽东了解沈雁冰的情况,但他认为,根据工作的需要,作为一位著名作家,沈雁冰留在党外对革命事业更加有利。新中国成立后,沈雁冰担任政务院文化部部长职务,主编《人民文学》杂志。"文化大革命"结束后,沈雁冰担任全国文联名誉主席、中国作家协会主席。

1981年3月14日,沈雁冰病重,他在医院的病床上提出想坐起来给中央写信要求恢复党籍,他说这是他长久以来的心愿。儿子韦韬(原名沈霜)委婉地告诉他:你现在坐不起来了,没有力气。你口述,我记录好了。当韦韬笔录完毕,给他读了之后,沈雁冰点了点头,硬是挣扎着要起身签名。他勉强握起笔,郑重地在致党中央和致中国作协的两封信上颤抖地分别签署上了"沈雁冰"、"茅盾"五个字,但是他嘱咐韦韬要在他死后递交。沈雁冰喃喃地说:"我死了,反正什么也不知道了,那时如蒙追认,将是我一生的荣耀。"为什么沈雁冰要求将这两份遗书一定在他死后递交中央呢? 据韦韬说:前一年夏天,父亲住院时,曾有老朋友在探视期间向他提及此事,认为他应该重新提出申请入党。父亲表示说:我是在党的早期困难时期加入党并同党一起度过困难的,现在我们的党胜利了,我就不必要提这个问题了,去和党分享荣誉。后来,还是韦韬向父亲介绍,现在由于林彪、"四人帮"的严重破坏,许多年轻人中间产生了信仰危机。父亲听后镇定地说:"唔,这样啊。如果是这样,我现在倒是要考虑入党的事。"从此,他又萌发了这一信念,直至生命危急时刻,坚定而鲜明地表达了自己终生的理想信念。

　　1981 年 3 月 27 日,沈雁冰走完了 85 年的人生路程。3 月 31 日,中共中央迅速作出"恢复沈雁冰中国共产党党籍,党龄从 1921 年算起"的决定。4 月 10 日,在举行沈雁冰同志遗体告别仪式时,他的遗体上醒目地覆盖着一面中国共产党党旗。

施存统（1899—1970）

中共上海发起组发起人施存统的起伏人生

1920 年 6 月，中国共产党上海发起组成立，陈独秀、施存统（施复亮）、俞秀松、李汉俊、陈公培 5 人成为发起人。他们决定成立共产党，并初步定名为社会共产党，施存统由此成为中国共产党最早的党员之一。作为负责人的施存统领导了东京共产党早期组织的组建工作，成为中国共产党的创始人之一。1922 年 5 月 5 日，施存统在中国社会主义青年团第一次全国代表大会上当选团中央书记，成为团中央第一任书记。然而在大革命失败后，作为中国共产党创始人之一、团中央首任书记的施存统却在政治舞台上销声匿迹了，成为历史的遗憾。

与陈独秀一起创建共产党，是中共最早的五名党员之一

1899 年冬，施存统出生在浙江金华金东区叶村。施家世代务农，施存统 6 岁时就随父亲一起参加农业劳动。施存统的母亲徐氏出身于"书香门第"，对施存统影响极大。他 9 岁时入私塾读书，期间熟读儒家经典的"四书五经"，15 岁那年转入金华长山小学读书，他学习刻苦勤奋，尤其是作文成绩特别出众，在学校里一直名列前茅。1917 年，在舅父的资助下，他考取了著名的浙江省立第一师范学校。浙江省立第一师范学校与毛泽东就读的湖南省立第一师范学校被称为中国近现代史上最著名的两所师范学校，被誉为"两个一师"。当时在浙江一师任教的陈望道后来回忆说："五四"时期在全国范围内，"高等学校以北大最活跃，在中等学校，则要算是湖南第一师范和杭州第一师范了"。当时，浙江一师在刘大白、

陈望道、夏丏尊、李次九等所谓新派教员的影响下,废文言文,教白话文,迅速把新文化运动的精神带入课堂。

刚进浙江一师学习不久,受新文化运动的影响,施存统开始阅读进步书刊,特别是陈独秀创办的《新青年》杂志,让他受益匪浅。1919年,北京发生"五四"学生运动。"五四"时期,施存统在杭州设立了"书报销售部",代销《新青年》《星期评论》等杂志。这一时期,发生了名震全国的"非孝"事件,让施存统"声名大振"。所谓"非孝"事件,是指杭州进步学生杂志《浙江新潮》第2号(1911年11月)刊登施存统《非孝》一文而引起的轩然大波。这是"五四"反儒教精神高涨时期的重大事件之一。在《非孝》一文中,施存统讲述了自己作为一名"五四"青年的足迹。从他的思想轨迹来看,对于亲眼看到受封建积习束缚的家母之悲哀的他来说,无政府主义具有很大的魅力,因而愿意接受它。刊登在《浙江新潮》上的《非孝》一文,成为那些反对进步的浙江一师校长经亨颐及浙江一师守旧派的最好攻击材料。学校内外视《非孝》为大逆不道之文的呼声高涨,事件发展至围绕经亨颐的去留问题而形成新旧两派的对立,进而扩大为1920年"浙江一师风潮"。北京政府于1919年12月2日下达对《浙江新潮》杂志的禁发令,最终导致《浙江新潮》不得不于第2期停刊。

离开浙江一师后,施存统到北京参加工读互助团。1920年3月,工读互助团解散,施存统回到上海。经过浙江一师老师沈玄庐的介绍,施存统和浙江一师同学俞秀松进了《星期评论》社工作,一同住在星期评论社,在这里,施存统由俞秀松介绍,认识了戴季陶,又由戴季陶介绍认识了大名鼎鼎的陈独秀。戴季陶与陈独秀都很欣赏这个写《非孝》的勇敢的年轻人。1920年4月,维辛斯基受俄共(布)远东局海参崴分局外国处的派遣,第一次来到中国。不久,陈独秀在上海发起成立了"马克思主义研究会",成员包括陈独秀、施存统、俞秀松、杨明斋、戴季陶、李汉俊、沈玄庐、陈望道共8人。戴季陶负责起草了党纲,施存统、俞秀松、沈玄庐参与了党纲的讨论和修改。

1920年6月,陈独秀、施存统、俞秀松、李汉俊、陈公培5人在上海老渔阳里2号陈独秀寓所开会,决定成立共产党,并初步定名为社会共产党,这5个人成为中国共产党历史上最早的一批党员。施存统后来回忆说:大家公推陈独秀为负责人,共同起草了党纲,共十几条。那时,施存统和陈公培正准备出国留学,他们就各自抄了一份,准备把这些带到国外去。施存统是中国共产党当之无愧的创始人之一。

领导创建旅日共产党早期组织

1920年6月20日,在戴季陶的资助下,施存统从上海赴日学习。旅日期间,施存统看到许多在国内被列为禁书的书籍,广泛涉猎马克思主义理论书籍。日本共产主义研究者河上肇对他影响深远。河上肇曾说过一句话:"要想飞到天上去,只有发明了飞机才有可能,否则是空想。"这让施存统明白了要想达到理想社会,必须先有物质基础,否则就是空想。在日本,施存统的马克思主义理论水平有了很大的提高。

1921年8月14日,施存统在《新青年》第九卷第四号上发表题为《马克思共产主义》一文,主张"遵守马克思主义根本原则",不应把马克思主义看成"是一个死板的模型"。文中说:"马克思主义全部理论,都是拿产业发达的国家材料做根据的,所以他有些话,不能适应于产业幼稚的国家。但我以为我们研究一种学说一种主义,决不应当'囫轮吞枣'、'食古不化',应当把那种主义那种说法精髓取出。"

留日期间,施存统经常与上海的陈独秀、李达保持通信联系,商讨建党的有关问题。陈独秀、李达还介绍施存统与在日本鹿儿岛第七高等学校读书的周佛海联系,建立中国共产党日本小组,陈独秀还指定施存统为该小组的负责人。旅日共产党早期组织刚成立时,发展缓慢,到中共"一大"前成员只有施存统与周佛海二人。上海发起组的李达、李汉俊致信施存统,要求派代表参加中共"一大"。施存统和周佛海二人就互相推选对方担任代表,因为周佛海已多年没有回国了,最后决定由周佛海代表旅日共产党早期组织出席中共"一大"。

中共"一大"后,在施存统的领导下,旅日共产党小组成员发展到10多个人,成员多数是留学预备生,其中包括后来成为著名农民运动领袖的彭湃。1921年8月,共产国际召开远东各国共产党及民族革命团体第一次代表大会。因为当时日本与苏联没有邦交,所以就不能派苏联人去日本,共产国际派张太雷来到了东京,经施存统介绍,与日本共产党员取得了联系。由于上海的梅景九等无政府主义者给施存统寄来无政府主义杂志《自由》,施存统赴日后的一举一动便在日本警察的监视之下了。1921年1月,日本警视厅查明施存统是"极端排斥儒教否认忠孝论"的《非孝》一文的作者,便格外"关注"他。1921 年 4 月 23 日,日本警方报告说,施存统近来"与我国社会主义者堺利彦、高津正道、山崎今朝弥等交往,翻译与他们著述有关的社会主义宣传杂志及其他印刷品,然后介绍给中国内地人"。1921 年 12 月,施存统与部分日本共产党员一起被捕。在东京监狱里关了 10 多天后,1921 年 12 月 27 日,日本内务大臣下令,将施存统驱逐出境,遣送回国。

当选青年团中央第一任书记

1920 年 8 月 22 日,受陈独秀的委托,由施存统的同乡好友俞秀松主持成立上海社会主义青年团,简称 SY,俞秀松任书记。上海社会主义青年团成立之初,共产党员不管年龄大小,都要参加进去,所以连陈独秀、李达都参加了。1921 年 3 月,在上海成立了中国社会主义青年团临时中央执行委员会,俞秀松任临时书记。同年 3 月 29 日,俞秀松奉命赴苏俄,代表中国党、团组织出席共产国际召开的有关会议,随后青年团的工作陷于停顿。

1922 年 1 月,施存统从日本回到上海。不久,中央局书记陈独秀指派施存统负责团临时中央局,全力以赴进行共青团组织整顿、发展和筹建团的"一大"工作,同时兼顾上海青年团的工作。1922 年 5 月 5 日,中国社会主义青年团"一大"在广州召开。大会上还决定了团的纲领,选举俞秀松、蔡和森、张太雷等为团中央委员,施存统当选为团中央书记。

1922 年年底,团中央随着党中央由上海迁到北京,在北京南池子附近的小巷里办公。此时,全国已经有将近 3 000 名团员,作为团中央书记的施存统常驻中央工作,还担任团中央的机关报《先驱》的主编,并亲自为《先驱》撰写评论文章。当时青年团的经费很少,施存统是不拿薪金的,只领取一部分稿费。最后连写稿的时间也没有了,每月就只领 30 元生活费。而当时的团中央也只有施存统一个人拿薪水,机关报《先驱》从约稿、写稿、编辑,到校对、跑印刷厂,也都由他一个人完成。

当时,党中央和团中央的关系非常密切,党中央开会,施存统有时代表团中央出席。团中央开会时,陈独秀也常来参加。1923 年 8 月,中国社会主义青年团第二次全国代表大会在南京召开,出席会议的代表共 30 名左右,有湖北省林育南、北京的刘仁静、邓中夏,此外还有瞿秋白、恽代英等。因为施存统患严重的神经衰弱症,在会上他力辞团中央的一切职务。后经大会讨论,同意了施存统的请求,施存统于是离开了团中央。

任上海大学社会学系主任,收获女生芳心

施存统离开团中央后,于1923年秋来到上海大学社会学系任教,并于1924年10月担任系主任。在上海大学,施存统的课讲得十分精彩,博得了大多数学生的青睐。后来成为著名作家的丁玲,当时是上海大学的学生,对施存统就非常崇拜。施存统以他渊博的学识、崇高的修养赢得了学生的尊敬,也赢得了女学生钟复光的芳心。

钟复光是重庆江津人,生于1903年。1919年,16岁的钟复光考入重庆四川省立第二女子师范学校。1923年,经邓中夏介绍,钟复光考入上海大学。1924年,向警予和邓中夏介绍钟复光加入了中国共产党。1925年秋,钟复光因病住院。这时,施存统闯进了钟复光的感情世界,他开始给钟复光写信,谈理想、谈人生、谈社会,他们之间的交往开始多了起来,相互有了更深的了解。钟复光对他提出了"如何创造自己,如何有益社会"的问题,施存统对此特地刻了一枚"复光复亮"的图章进行了回答。为了表达对钟复光的爱,施存统特将自己的名字改为施复亮,并作了一首打油诗——"复光复亮,宗旨一样。携手并肩,还怕哪桩?"这首诗表现出了钟、施二人高尚纯洁的爱情与大无畏的革命斗争精神相结合的品格,两人高尚纯洁的爱情,一时被传为佳话。1926年春天,27岁的施复亮与23岁的钟复光正式结为夫妻。二人从此相伴终生,共生有一女二子。幼子是人民音乐家施光南,生于1941年,卒于1990年。

1926年,国民革命军开始北伐,施复亮遭军阀孙传芳的通缉,党组织安排施复亮奔赴广州。在广州,施复亮先后在黄埔军校、广州农民运动讲习所讲授政治经济学。1927年2月,党组织又调施复亮和钟复光夫妇到武汉中央军校工作,施复亮在中央军事政治学校任教官,这时已经做了母亲的钟复光任女生大队政治指导员。在这里,钟复光培养出赵一曼、胡筠、游曦等女英烈和聂荣臻元帅夫人张瑞华等巾帼栋梁。后来中央军校学生与农民运动讲习所学员奉命被改编为中央独立师,由恽代英任党代表,施复亮任政治部主任,钟复光则忙于积极创办工人夜校和平民学校。

大革命失败后的学者生涯

1927 年,蒋介石、汪精卫集团相继叛变革命,白色恐怖笼罩全国。施复亮对革命前途抱悲观态度,觉得共产党前途无望。他在思想上既反对国民党的屠杀政策,也不赞同共产党的暴动。经过激烈的思想斗争后,施复亮写了《悲痛的自白》刊登在 1927 年 8 月 30 日的《中央日报》副刊上,公开声明脱离共产党。因为施复亮在第一次国共合作时期,积极响应党的号召,就是共产党员以个人的身份加入国民党,所以施复亮还是国民党党员。在《悲痛的自白》中,施复亮宣布不退出国民党。施复亮退出共产党后,有一段时间,他的思想是很矛盾的,他曾经幻想通过改变国民党的做法,恢复孙中山的三大政策,一度参加过国民党的改组派,后终因意见不合而退出。施复亮对国民党绝望了,决心埋头做一个书呆子。这样,施复亮从政坛退到了书斋里。1941 年,施复亮失业,一家人度日艰难。当时他的小儿子施光南还不满 1 岁,有人就劝告他投靠国民党,去当个参议员,被施复亮严词拒绝。他义正词严地答道:"宁可饿肚皮,不投蒋介石",这表明了他宁死也不和国民党同流合污的坚决态度。

1929 年初,施复亮与许德珩、李达等人组成一个社团,取名"本社",意思是"不忘马列主义之本"的意思。可是不久,"本社"就分化了,一部分人加入第三党,施复亮与一部分人参加陈公博主持的革命评论社,他还与陈公博相约革命评论社不骂共产党,只能帮共产党。可不久,陈公博骂了两次共产党,施复亮就退出了革命评论社。

1929 年到 1936 年间,施复亮编著了《资本论大纲》《经济科学大纲》《社会意识学大纲》《唯物史观经济史》《现代唯物论》《社会进化论》《苏俄政治制度》等 20 余种译著,这些书有的是他一个人译的,有的是与陈望道等人共译的。这时,他的夫人钟复光也跟随他学日文,协助他一起翻译多种日文进步书籍。在当时白色恐怖弥漫下的中国,这些书经常遭到查禁,施复亮赖以生活的稿费、版税收入自然很微薄。为节约一家人的日用开支,施复亮曾同妻子钟复光回到浙江金华老家住了一年半。但他的这些书籍为传播马克思主义,宣传社会主义革命起到了很大的作用,并帮助许多青年走上了革命的道路。

1931 年"九一八"事变爆发前,施复亮在北平师范大学、北平大学、民国大学教授《资本论》。"九一八"事变后,已经回到书斋里的施复亮再次开始关心政治,他在北平公开演讲,撰写文章宣传抗日救国,不少学生纷纷去他任教的民国大学听他演讲。有一次施复亮在北平大学风雨操场演讲,场地容纳不下,不少人爬上墙头树上听讲。因为思想激进,施复亮曾经是国民党北平市党部欲逮捕的五大教授之一,因为学生提前报信,施复亮才得以逃脱。因为遭国民党通缉,1933年,在冯玉祥的资助下,施复亮赴日本读书,半年后又回到浙江金华老家读书、译书。1935年春,冯玉祥聘请施复亮到泰山讲学。1936年春,施复亮在上海与人筹办了进化书局,出版了不少进步书籍。1937年抗日战争全面爆发,施复亮投身抗战。上海沦陷后,施复亮与叶澄波商议,把进化书局迁到大后方昆明,改名为民生印刷厂。1940年,民生印刷厂迁到重庆,改名为南方印刷馆,施复亮任总编辑。在重庆,施复亮经常同中共领导人往来,还得到周恩来的很多帮助。抗战胜利后,毛泽东赴重庆谈判期间,还接见了施复亮等民主人士。1946年2月10日,在重庆较场口举行了陪都各界庆祝政治协商会议成功大会,国民党特务大打出手,制造了较场口血案。血案中,主席团成员施复亮遭拳打脚踢并被推到台下。当时郭沫若、李公朴等人也受了伤,但施复亮伤势最重。在重庆的周恩来、邓颖超亲自去看望他,这让施复亮感动万分。在医院的病床上,施复亮口授,钟复光笔录,写下了《愤怒的控诉》一文,并发表在《新华日报》上。为施复亮的安全考虑,周恩来让施复亮和新华社的同志一起离开重庆去上海。

新中国成立后,作为民主人士的施复亮被任命为劳动部副部长,部长是李立三。虽然施复亮的生活条件有了很大的改善,但他仍然保持农民的本色。他的一双皮鞋穿了20年,一件毛巾布衬衣,补了好几种颜色的补丁,朋友们都笑他可以上台唱叫花子戏了。他对子女们要求也很严格,让他们都穿自己和夫人的旧衣衫。施复亮的一日三餐也十分简单,烟酒不沾,也不喝茶,只喝白开水,多余的钱用于储蓄。一旦公益事业需要,他马上慷慨解囊。

1954年,施复亮辞去劳动部副部长的职务,担任全国人大第一、二、三届常务委员,同时担任全国政协常务委员。1970年11月,施复亮病逝。1992年,钟复光病逝。钟复光生前曾多次嘱咐儿女,要把自己的骨灰和丈夫施复亮的骨灰一起运回丈夫的故土浙江金华叶村安葬,后经中央统战部批准,1992年5月4日,在浙江金华市金东区叶村村北1公里外的骑龙殿岗上,为施复亮、钟复光夫妇举行了隆重的骨灰入土安葬仪式。

被遗忘的中共建党元勋谭平山

在近代中国革命史上,谭平山是著名的民主革命家,是一位杰出的具有马克思主义信仰的爱国主义者和政治活动家。他经历过从辛亥革命到中华人民共和国成立的整整一个历史时期,是中国共产党最早的党员之一,也是广东共产党组织的主要创建人之一,曾任广东共产党支部书记。在中国共产党的创建和第一次国内革命战争时期,谭平山为党的建立和发展做出过历史性的贡献。在中共早期党史上,曾有"南谭北李中陈"的说法,把谭平山和陈独秀、李大钊相提并论,这也反映出谭平山在创建中国共产党的过程中所起的历史作用和所做出的历史贡献。然而由于谭平山1927年被错误地开除党籍,造成了他在此后的中共党史上销声匿迹了。

谭平山(1886—1956)

在北大,谭平山接受了马克思主义

谭平山1886年9月28日生于广东省高明县明城新元村。谭平山家从事小手工业,生活清贫。谭平山幼时生长在农村家庭,由于家境贫寒,并目睹了乡亲们受封建统治阶级的残酷压迫和剥削,人世间的种种不平,对他后来从政变革有一定的影响。1898年,12岁的谭平山在本地读完私塾后,进入东洲书院学习。1904年,谭平山从东洲书院毕业,考进肇庆广肇罗实业中学读书。1908年,其兄谭干祥遵照父亲一定要供平山继续读书,以"振发家声"的遗嘱,借贷支持谭平山进广州两广优级师范学校就读。

1909 年,谭平山加入了孙中山领导的同盟会,积极参加反对清朝封建统治的斗争,投身于资产阶级民主革命的洪流。1911 年辛亥革命后,他被选为广东省临时议会议员,后加入国民党,并任雷州中学校长。在校期间,谭平山的学问和人品给师生们留下了深刻的印象,有"彬彬君子"的美称。辛亥革命曾给中国人民带来一线希望的闪光,但乌云很快又笼罩了神州大地。在北洋军阀的反动统治下,中华民族的苦难有增无减。1917 年,为了继续寻求救国救民的真理,31 岁的谭平山辞去了雷州中学校长职务,考入北京大学文学院学习哲学。当时的北京是全国新文化运动的中心,而北京大学乃是新文化运动开展最为活跃的地方。这里聚集了蔡元培、陈独秀、李大钊等一大批先进人物。同时,陈独秀还把《新青年》编辑部从上海迁到北京大学,使《新青年》成为团结进步知识分子的旗帜。

谭平山进入北京大学后,如饥似渴地尽情研究西方各种思想,研究马克思主义。他满怀激情,投身于当时轰轰烈烈的新文化运动,紧密地团结在《新青年》这面反封建文化、提倡民主与科学的旗帜之下。为抨击旧制度,宣传新思想,他和北大的同学傅斯年、罗家伦、康白情等人发起成立"新潮社"。为了与《新青年》杂志相呼应,他们主编出版了《新潮》月刊。在《新潮》月刊上,谭平山先后发表了《哲学对于科学宗教之关系论》《"德谟克拉西"之四面观》《劳动问题之解决》《现代民治主义的精神》等文章,为提倡新文化运动不遗余力。在此期间,他还参加了北京大学哲学研究会和新闻研究会以及李大钊发起组织的马克思主义研究会。在理论上,他孜孜不倦地学习马克思主义理论,思考、研究苏俄革命的成就和经验。在实际行动中,谭平山积极参加反帝反封建斗争。1919 年 5 月,伟大的"五四"反帝爱国运动在北京首先爆发,北京大学是"五四"运动的中心,谭平山积极参加。他参加了 5 月 3 日晚在北京大学法科礼堂召开的大会,会议决定在 5 月 4 日齐集天安门开大会。会后举行示威游行,谭平山参加了天安门广场的集会和游示威,还参加了当天痛打章宗祥,怒斥陆宗舆,火烧赵家楼曹汝霖住宅的斗争。在这场斗争中,谭平山曾"光荣"地被北京反动军警逮捕关押。在社会舆论的广泛支持下,经过全市师生的坚决斗争,谭平山和其他被捕学生终于被释放。释放后,谭平山到处宣传在被关押期间,北京各届人民群众对他们的关心,并感慨万分地告诉别人说:"正义的事业是一定会胜利的,正义的事业也一定会有群众的支持。"实际斗争教育了谭平山,他为正义事业奋斗的决心更大了。

为了扩大宣传和影响,谭平山与同学谭植棠、陈公博等编辑出版了《政衡》杂志,热情地宣传十月社会主义革命,介绍马克思主义,研究中国社会问题。在《政衡》杂志上,他先后发表了《武力统一和口头护法》《中国政党问题及今后组织政党的方针》《根本的革新政治的第一步》《我之改造农村的主张》《我国官僚式的外交》等重要文章和时评。如果说谭平山在《新潮》月刊上发表的文章是在反帝反封建的革命洪流中高呼、呐喊、击水推舟,那么他在《政衡》杂志上发表的文章却是在反帝反封建的具体问题上开始从理论上进行研究和探讨。这一时期的谭平山,对于马克思主义理论和中国社会问题的研究,还属于早期阶段,但他一开始就着重从实际出发,根据中国国情,初步提出了农民问题的见解,确实难能可贵。谭平山关于农民问题的论述,对后来我党中国新民主主义革命基本思想的探索有一定的价值。

在广东宣传马克思主义,为建党奠定思想基础

1920 年 7 月,谭平山从北京大学毕业后回到广州,应聘于广东高等师范学校任哲学教授。谭平山在北大读书期间就十分关心广东新文化运动的情况,不断地把当时北京地区最新出版的进步书籍、报刊以及传单,包括他自己编辑的《政衡》寄往广东,寄给他的弟弟谭辉谦和同乡谭天度,并写信向他们介绍北京新文化运动的开展情况。

回到广州后,谭平山通过亲身的调查和了解,深感广东的运动潮流没有北京那么高涨。因此,他一方面积极深入到青年学生群众中去,宣传"五四"精神,传播马列主义。另一方面,他意识到广东那么平静不行,要设法搞起来。如果要把运动深入下去,需要先办个刊物,搞运动没有一个得力的宣传工具是不行的。经过短期的筹备,同年10月间,谭平山与谭植棠、陈公博创办了《广东群报》,并具体负责新闻编辑,报道各国工人运动和共产党活动等情况。《广东群报》是当时广州报刊中最先用语体文的报刊。它既是宣传新文化的刊物,也是宣传社会主义的刊物。它的创刊号明确宣布:创办《广东群报》的目的"就是主张改造社会"。谭平山在创刊号发表了《对于文化宣传的我见》一文,指出必须铲除旧制度、旧思想、旧礼俗和各种落后偏见等阻碍中华民族进步的障碍,去掉民族的保守性,培养民族的理解力和判断力,"以全民幸福为最高理想"。文章又一次强调,中国是农业人口占多数的农业国,解决农民问题"较为实际""较为要紧"。《广东群报》的创

办，迅速得到社会各界的拥护和欢迎，并得到他们的高度评价。不少青年逐步围绕在它周围，工会、学生会、妇女会等进步团体相继成立，推动着广东各地群众运动的发展。作为"五四"运动后广东地区宣传马克思主义阵地的《广东群报》，确实给广东的运动增添了力量，为广东地区马克思主义的进一步传播起到了重要作用。

1920年12月，陈独秀应陈炯明的邀请，接任广东省教育委员会委员长的职务。陈独秀是上海党组织的负责人，上海党组织在当时实际上起了临时中央的作用。他的来到，对帮助和推进广东建党起到了积极作用。陈独秀和谭平山、谭植棠、陈公博等，既是师生关系，又是"五四"运动的积极参加者，他们之间的关系一直颇为密切。所以他们会面后，即商谈有关建立党组织的问题。为此，谭平山等人与陈独秀紧密合作，进一步扩大社会主义和马克思主义的宣传。1921年2月13日，他们创办了《劳动与妇女》周刊，谭平山任该刊的编辑。这个刊物面向广大劳动妇女，揭露封建制度强加给劳动妇女的种种枷锁，号召中国妇女们组织起来，参加革命运动。他们还先后到理发工会、广东公立政法学校、广东省教育会、广东省立女子师范学校、广东女界联合会等基层单位发表演讲，通俗讲解社会主义知识，分析批判工团主义、行会社会主义等各种非马克思主义，说明"中国只能采用俄国布尔什维克的共产主义"。

这些活动都取得了一定的效果，开拓了人们的视野，提高了人们对马克思主义的认识。这里要特别指出的是，正当马克思主义在中国广泛传播并与中国工人运动日益结合，中国革命的领导者、工人阶级自己的政党中国共产党即将诞生之时，各种反马克思主义思潮相继而来，攻击马克思主义，掀起一场论战。首先是资产阶级右翼代表胡适鼓吹改良主义，接着就是地主买办资产阶级代表张东荪、梁启超贩卖反动的"基尔特社会主义"。他们叫嚷马克思主义不适合中国国情，反对无产阶级革命，宣扬资产阶级的改良和所谓劳资协调。与此同时，以黄凌霜、区声白为代表的无政府主义者，也宣扬"无政府共产主义"，反对暴力革命，反对无产阶级专政，主张所谓"绝对自由"。

面对反马克思主义思潮一次又一次的挑战，早期的马克思主义者李大钊、陈独秀、李达等勇敢地进行迎击，他们先后发表了大量文章，对反马克思主义的种种谬论进行驳斥和批判。在广东，谭平山与陈独秀等一起积极投入这场大论战。《广东群报》《劳动与妇女》成为当时论战的主要战场之一，连续登载了大量的反击文章。谭平山先后发表了《今日工人团体应有的责任》《万国庆祝声中我们中国劳动界的鏖战声》等文,对反马克思主义的改良主义、基尔特社会主义和无政府主义进行无情地抨击和有力地批判。

创建广东共产党组织,担任广东共产党支部书记

在马克思主义与反马克思主义思潮的论战中,谭平山态度明确,行动积极。尤其在广东地区,他起到了积极作用。和全国各地一样,通过三次大论战,广东地区的早期马克思主义者的理论水平有了很大的提高,马克思主义阵地得到了进一步扩大,这为广东党组织的建立进一步奠定了思想基础。随着马克思主义的广泛传播,马克思主义与工人运动的日益结合,建立广东共产党组织的条件日臻成熟。那么,应该怎样来建党呢? 谭平山认为,马克思主义产生于欧洲工业国,和中国的国势情形有所不同,因此对他学说的内容,也要从实际上略有变更,才能适应于中国。因此他提出,我们所建的政党应当与马克思主义结合,党的政纲应以中国为对象,应按照我国现在的情势,发挥我国的特长以补救我国的短处,尤为要紧。如我国是农业国,当以"劳农政策"为根本政策。谭平山还指出,今后的政党当与国内平民为友,铲除国内所有的特殊阶级;今后政党当与世界平民为友,共同推翻世界资本主义。确切地说,广东的第一个马克思主义组织广东共产主义小组,建立于 1921 年 3 月,它是在陈独秀的积极帮助,以及谭平山等具体策划和活动下建立起来的。

在此以前,俄国人米诺尔和别斯林来到广州,曾筹划建立共产党组织。为此,他们会同梁冰弦、区声白、刘石心、黄尊生、谭祖荫、梁一余等七个无政府主义者,成立了一个有九个执行委员的小组。这个小组实质上是一个无政府主义组织,并不是无产阶级的政党组织。当时这些无政府主义者在广东有很大的地盘,把持着一部分工会,很有欺骗性。因此,在广东建立无产阶级政党的任务显得更为复杂和艰巨。

1920 年底,陈独秀应陈炯明的邀请到广州担任广东省教育委员会委员长,并协助广东党组织开展工作。陈独秀为广东党组织草拟了一份纲领,提出无产阶级专政条文,无政府主义者不同意,经过争论以后,退出了党组织。陈独秀与谭平山、陈公博、谭植棠又重新建立了广东的共产党组织,稍后又正式称为广东共产党

支部,陈公博负责组织工作,谭植棠负责宣传工作,谭平山任书记。不久,谭平山又兼任中国劳动组合书记部南方分部主任,负责组织和发动南方工人运动。

广东共产党支部建立后,使广州和广东的共产主义运动走上了更加健康发展的道路。曾来中国参加过当时中国革命活动的苏俄人葛萨廖夫这样评价广州共产党组织的成立:"也许可以说,广州小组的成立,写下了中国共产党历史的第一页第一行。"

1921年6月,广东共产党支部开会研究派谁去上海出席中共"一大",参加会议的有陈独秀、谭平山、陈公博、谭植棠、刘尔崧、包惠僧和谭天度等人。会上,陈独秀指定陈公博和包惠僧去参加"一大",并交代包惠僧会后返武汉工作。

1921年7月,中国共产党在上海召开了第一次全国代表大会。党的"一大"的召开,标志着全国性统一的无产阶级政党的建立。根据党的"一大"会议精神,广东正式成立了中国共产党广东支部,以谭平山为书记,陈公博、谭植棠分任组织和宣传工作。随后,党中央在上海成立了中国劳动组合书记部,作为领导工人运动的总机关,以张国焘为主任。在广东设立南方分部,由谭平山兼主任。

谭平山从旧民主主义者逐步转变为相信马克思主义。他在广东积极宣传马克思主义,发展党团组织,开展工人运动。1923年3月,谭平山在新成立的广东社会主义青年团大会上致辞,明确宣布:"本团的组织,纯以马克思主义做中心思想,因为我们确信马克思主义有改造社会的能力。"谭平山在广东的这一系列活动,对于推动南方马克思主义的传播与党团组织的建立和发展起了积极作用,因而他自己也获得了一定的声望,当年就流行着这样的说法,即"南谭(平山)北李(大钊)中间陈(独秀)"。当然,将谭平山提到与李大钊、陈独秀同等的地位不一定恰当,但从某种程度上反映了谭平山的影响和作用。

积极投身大革命,孙中山称赞"谭平山又太负责任了"

广东党组织建立后,以《广东群报》作为党的机关报,进一步以大量的篇幅宣传马克思、列宁的理论,介绍国际共产主义运动和国内工人阶级运动的情况,还长篇连载马克思和列宁的传记。在广东党组织的积极影响和推动下,广东工人运动掀起了一个高潮。到1921年4月,广州成立的工会就有31个,广州市的工人罢工斗争就有8宗。尤其可贵的是,广东党组织的成员,在这个时期的活动中,已经有一些同志深入到工农群众中去,进行调查研究和宣传组织工作。如为了在产业工人中宣传马克思主义,他们在当时受无政府主义影响较深的机器工会开办"机器工人夜校",由谭平山任校长兼董事长。夜校除了学习国文、算术、历史、地理等文化课之外,还结合当时斗争实际学习马列主义理论和介绍各种群众运动的情况,以提高广大工人的文化水平和政治思想觉悟。他们的工作效果,对以后党在广东地区的工作开展是具有意义的。

谭平山担任广东支部书记和南方分部主任后,在广东积极开展工人斗争,发展组织工会。在1921年11月至12月发生的广州土洋木工人、车衣工人、广三铁路工人、纸业工人等罢工和1922年1月发生的香港海员工人大罢工等斗争中,他都发挥了积极的领导作用,对推动工人运动的进一步发展起了一定的作用。

随着形势的变化,尤其是由于反帝反封建革命斗争的深入发展,需要中国国民党和中国共产党携手合作,以对付两党共同的敌人——帝国主义和封建军阀。谭平山是国共合作政策的积极拥护者和执行者,在促进、维护国共两党合作方面做了大量的工作。

1922年9月,孙中山就开始了改组国民党的工作。9月4日,召开了有共产党人参加的63人的改组会议,并且指定包括陈独秀在内的9人,组成起草委员会。为贯彻执行中共中央的决定,谭平山为帮助国民党改组做了大量的宣传和组织工作。

1923年6月,中国共产党在广州举行第三次全国代表大会。以谭平山为首的广东党组织,为这次代表大会的召开做了大量的筹备工作。出席这次大会的有李大钊、陈独秀、瞿秋白、毛泽东、蔡和森等30余人。这次大会决定实行国共合作,以推动国民革命运动的发展;同时决定中国共产党党员和社会主义青年团团员以个人身份加入国民党,同时保持政治上和组织上的独立性。谭平山积极拥护和支持这一正确的决定。大会选举产生了第三届中央委员会,谭平山被选为中共中央委员、中央局委员。会后不久,中央机关从广州迁往上海,谭平山被任命为中央驻粤委员。中共广东区委成立后,谭平山被选为区委书记。他在广州积极贯彻执行党的第三次全国代表大会决议,协助孙中山改组国民党,推动国共合作革命统一战线的建立。

不久,谭平山与陈独秀等被孙中山任命为大元帅府大本营宣传委员会委员。孙中山指定谭平山与廖仲恺、林森、孙科、邓泽如等九人为国民党临时中央执行委员会委员,李大钊和许崇清等五人为候补执行委员,谭平山还任该委员会书记兼组织委员。从此,谭平山直接参与筹划改组国民党的工作。

1924年1月20日,中国国民党第一次全国代表大会在广州高等师范礼堂举行。共产党员李大钊、谭平山、林伯渠、瞿秋白、毛泽东等出席这次大会。大会正式确定了孙中山"联俄、联共、扶助农工"的三大政策,和共产党员、社会主义青年团员以个人身份加入国民党的决定。共产党员李大钊、谭平山、于树德和国民党要员廖仲恺、于右任、谭延铠等,当选国民党中央执行委员,林伯渠、瞿秋白、毛泽东等被选为候补中央执行委员。1月31日,孙中山主持召开国民党第一届中央执行委员和监察委员会议,推举谭平山、廖仲恺、戴季陶三人为中央执行委员会常委。谭平山被任命为国民党中央组织部长,与廖仲恺、戴季陶三人主持中央秘书处日常的具体工作。从此,谭平山成了国民党内举足轻重的要人,他和国民党左派领袖廖仲恺密切合作,互相支持。廖仲恺支持谭平山的工作,信任和依靠共产党员,他兼任国民党中央工人部长,放手让工人部秘书、共产党员冯菊坡大胆工作。谭平山也通过中共广东区委,动员和组织共产党员、青年团员支持廖仲恺等国民党左派的工作。何香凝在《我的回忆》一文中就讲到:"谭平山当时也是中共的负责人之一,他和廖仲恺关系是很密切的,中国共产党对开展农工部的工作,是给了很大的支持和帮助的。"

由于谭平山在国民党内与廖仲恺等为代表的左派紧密合作,互相支持,因而使广东革命运动得到迅速发展,国民党内右派分子反共反人民的伎俩,也一时未能得逞。孙中山称赞谭平山的工作认真负责,并拿他和右派分子谢英伯对比说:"谢英伯这班人太不负责任,谭平山又太负责任了",陈独秀认为"这真是知言"。

被错误开除党籍,成为谭平山一生最大的不幸

1927年的南昌起义失败后,周恩来等一批中共领导人受到处分,其中谭平山受到的处分最重。11月1日,中共广东省委在给中央临时政治局的报告中提出:"对于此次失败应负特别责任之平山、国焘同志,省委认为平山应即开除党籍,国焘同志应受留党察看之处分,如此才能树立党的威信及政治纪律之维持。"这一处置得到了共产国际代表的支持。1927年11月,临时中央政治局扩大会议错误地开除了谭平山的党籍。临时中央政治局在通过的《政治纪律决议案》中指出:"谭

平山同志自第五次大会后当任国民政府农政部长一直到南昌暴动前后的行动与主张,完全反对土地革命的政策。其行动更多离开党而自由行动,最著者如当今年七月武汉国民党及政府开始排共之际,曾秘密与邓演达等联络,主张取消中国C.P.而另组织第三党,并向知识分子同志中作反对中央另组第三党之宣传,同时忽视党的决议,不得中央许可私向汪精卫请假,在请假呈请书内复大骂农运之棘手;与汪精卫代表陈春圃谈话,更大骂本党中央及农运。最后中央政治局决定其赴莫,亦未遵命前去。及至九江、南昌,更充分发展其个人行动。在九江,因为他和贺龙谈话之投机和贺可反张,便在负责同志会议中,鼓动不管中央不管党而自干的反党空气,至南昌仍继续其第三党的宣传;在同志中、在国民党员中、其后在革命委员会中更多先做而后通知或者不通知前委的举动,其于屠杀豪绅和没收等政策,亦时妨碍其行动。这些表示都是违背党组织的行动,应即开除党籍。"

谭平山知道中央政治局扩大会议对他的处分后,极为愤怒,认为中央临时政治局不应该不给他一个辩护的机会。不久,他便在上海《申报》上登载了一个公开声明,宣布脱离中国共产党。这成为他一生中最大的不幸。作为广东共产党组织的创始人,连党籍都丢了,谭平山的心情十分痛苦,正如他自己所说的:"像一个在大海中航行失去了指南针的小船一样的痛苦。"此后,谭平山曾提出重新加入中国共产党,但是由于种种原因未能实现。周恩来后来说:《政治纪律决议案》对谭平山所作的处分,在"今人看来,这个处分是不完全适当的。如果给他别的处分或送他到莫斯科去,是会好些的"。

1948年初,谭平山在香港参与组织成立国民党革命委员会,并任中央常委。新中国成立后,谭平山任中央人民政府委员、政务院政务委员、政务院人民监察委员会(监察部前身)主任委员等职。1956年2月,谭平山病情已相当严重,依然抱病参加民革三届一中全会,并且做了热情的发言。在这次会上,谭平山当选民革中央副主席。1956年4月2日,谭平山在北京逝世。他是经历了旧民主主义革命、新民主主义革命、社会主义革命漫长岁月的革命老人,他的逝世令人叹惋,他的一生令人尊敬。

徘徊于政治和学术之间的中共创始人之一张申府

张申府（1893—1986）

张申府是中国最早的马克思主义者之一和中共创始人之一，与李大钊、陈独秀一道从事中国共产党早期的建党活动，他是北京共产党早期组织创始人之一，巴黎中共早期组织、中共旅欧支部主要负责人，是周恩来、朱德的入党介绍人，并推荐周恩来到黄埔军校工作。然而张申府 1924 年却负气退党，此后致力于教学和研究，成为与冯友兰、金岳霖等齐名的哲学家。张申府前半生徘徊于政治和学术之间，积极活跃在中国的政治和学术舞台上。新中国成立以后，张申府却遭冷遇，连工作都成问题，在周恩来的帮助下才得以在北京图书馆工作，后被打为右派，默默无闻，直到 1986 年病逝。曾经风云一时的先驱式的学术和政治名人张申府，淡出历史舞台，其知名度甚至不及他的弟弟张岱年，历史仿佛在他身上失去了记忆。张申府的境遇，其中既有他鲜明而独特的个性因素，又有着复杂多变的社会因素。在张申府坎坷曲折的人生中，折射出了中国现代知识分子的艰难命运。

张申府是协助陈独秀、李大钊建党的重要助手

张申府，名崧年，1893 年 6 月 15 日生于河北献县小垛庄。父亲是清末进士，曾任翰林院编修，后当选国会议员。张申府早年在家乡读私塾，接受的是传统的

儒家思想教育。他 14 岁时到北京求学,以优异的成绩考入北平顺天高等学堂中学班。1912 年夏,张申府考入北京高等师范学堂附属中学班。1914 年,考入北京大学哲学系学习(不久转入数学系)。1917 年,张申府在北大毕业,留校做助教,教逻辑和数学,三年后担任讲师。

张申府自视甚高,对如何救国救民有许多新思想新理念。他组织了一个学术组织,成为论坛的主将,很快锋芒毕露,撰写了一系列介绍新思想、新科学的文章,引起北大文科学长陈独秀的注意,并逐渐与陈独秀相知相熟。张申府早在 1916 年便与李大钊相识,在李大钊 1918 年出任北大图书馆主任后于授课之余到图书馆帮助李大钊做些图书管理工作。在北大,张申府与李大钊志同道合,关系日益密切。在李大钊的领导下,北大图书馆成为了当时研究和传播马克思主义的中心。这也使得张申府耳濡目染,成长为一名马克思主义的积极研究者和传播者。张申府曾说:"这时陈独秀任北大文科学长,常去李(大钊)处闲谈,我亦与之熟识了。后一同办《每周评论》。陈独秀对我影响较大。陈有一次散发传单被捕,关在警察厅,半月后获释,我们一起到他家欢迎。"1918 年冬,陈独秀、李大钊和张申府经过商讨,决定创办一个新刊物《每周评论》。张申府在晚年仍对当时的情况记忆犹新:《每周评论》"初办时,集稿校印等具体工作,完全是由守常和我负实际责任"。《每周评论》是继《新青年》之后新文化运动的另一重要阵地,被认为是新文化运动从文化"启蒙"转向政治"救亡"的重要标志。

毛泽东在北大旁听时,曾在图书馆负责过图书登录工作,与"上司"张申府相识。张申府曾让毛泽东重新抄写图书目录。张申府是这样记述的:"我在北京大学图书馆已是助教了,毛润之来馆做见习书记,月薪八元。一次我拿了一份书目交给他缮写,写完后一看,全部写错了,只好又退给他重写。"毛泽东曾在多个场合提起这段经历:"我的职位低微,大家都不理我。我的工作中有一项是登记来图书馆读报的人的姓名,可是对他们大多数人来说,我这个人是不存在的。"张申府似乎对此不以为然:"解放之后,他(毛泽东)到处说'张申府的老板面色很难看'。因为他忘不了我有一次要他重新再填写一叠图书卡片。"

北京大学在蔡元培 1917 年担任校长后,由于实行"兼容并包,思想自由"的办学方针,顿时气象一新。张申府对哲学、政治、社会、人生等重大问题很有兴趣,他首次向国人介绍了罗素、罗曼·罗兰等西方进步思想家,先后在《新青年》等杂志上翻译了罗素的多篇文章,并撰文评述其哲学思想,在当时曾有广泛的影响。张申府对英国哲学家罗素著作的翻译介绍起了关键作用,被誉为"中国的罗素哲学专家"。这样,张申府的思想在儒家传统思想之中又融入了西方文化的因素,而走向中西融合。他曾骄傲地写道:"有些现代的新学说新人物都是我第一个介绍到中国来。有些名字也是我第一个翻译的,后来都流行了。特别是罗曼·罗兰、罗丹、罗纳、巴比塞、伊本讷兹,等等都是。以后大大同情中国的罗素尤其是一个。这是我对于国家的一种贡献,我深自引为光荣。"

1919 年的"五四"运动促进了新文化运动的蓬勃开展,也推动了许多进步团体的活动和发展。在此前后,张申府参加了少年中国学会、新潮社的活动,还认识了天津觉悟社的刘清扬、周恩来、邓颖超等进步青年。1920 年 8 月,周恩来、刘清扬等觉悟社成员 11 人赴北京。觉悟社邀请少年中国学会、人道社、曙光社和青年互助团的代表,在北京郊外的陶然亭召开茶话会。李大钊、张申府、周恩来等分别在会上讲了话,会后五团体共同发表了《改造联合宣言》和《约章》。张申府后来回忆说:"我和周总理认识,是在 1920 年 8 月的陶然亭聚会上,总理代表觉悟社,我和李大钊代表的是少年中国学会。"张申府与周恩来、刘清扬的交往,始自此时。

最早酝酿在中国建立共产党的是陈独秀和李大钊,但张申府也在中国共产党建立过程中发挥了重要作用。1920 年 2 月,为躲避北洋军阀的迫害,陈独秀离开北京去上海。在护送陈独秀离京途中,李大钊和张申府商讨了在中国建立共产党的问题。随后,李大钊、张申府与陈独秀开始通信商量组织共产党。不久,经共产国际批准,俄共(布)远东局海参崴分局派出全权代表维辛斯基等人来华,了解五四运动后中国革命运动发展的情况和能否组建共产党组织的问题。维辛斯基先到北京,经北大俄籍教员柏烈伟介绍,会见了李大钊和张申府。然后,又经李大钊介绍,维辛斯基前往上海会见了陈独秀。在北京和上海,维辛斯基通过召开座谈会,深入了解情况后,认为中国已经具备建立共产党的条件,并对陈独秀和李大钊、张申府的建党工作给予了帮助。

在维辛斯基的推动下,陈独秀加快了建党工作的步伐。1920 年 6 月,陈独秀在上海同李汉俊、俞秀松等人开会商议,决定成立共产党组织,围绕着是用"社会党"还是用"共产党"命名的问题,陈独秀拿不定主意,就写信给张申府,并让其告诉李大钊,征求二人意见。关于党的名称,张申府曾说:"当时我们还很幼稚,虽然认为名以'共产党'为最好,但又不敢作最后决定,后来维辛斯基说:还是叫共产党。我们都同意了。"中国共产党的名称确定以后,陈独秀和李大钊加快了建党进程。当时,在北京只有李大钊和张申府两名党员。他们一致认为,必须尽快成立党的组织,发展壮大党员队伍。对这段经历,张申府曾说:"1920 年 8 月创党,北京有李大钊和我两人,第三个要发展的就是刘清扬,她曾和张国焘代表全国学联到南洋募捐。暑期回来,我和李大钊在北京图书馆主任室和刘谈话,希望发展她入党,刘不同意,张国焘同意入党,因此第三个党员是张国焘。"1920 年 10 月,北京共产党早期组织在北京大学图书馆李大钊的办公室正式成立,当时取名为"共产党小组"。北京共产党小组的最初成员就是李大钊、张申府和张国焘三人,张申府由此成为中国共产党的重要创始人之一,号称"中共北方第二号党员"。

介绍周恩来入党,成为张申府一生津津乐道的事情

第一次世界大战后,中法人士为加强文化交流组织了华法教育会,倡议中国学生赴法勤工俭学。1919 年"五四"运动之后,逐渐形成了勤工俭学运动的高潮。李石曾、吴稚晖等人在法国巴黎筹办了一所里昂中法大学,张申府应聘前往教授逻辑,1920 年底到达法国巴黎。1920 年 11 月赴法之前,张申府曾赴上海探望陈独秀。陈独秀委派张申府在欧洲发展党的组织,吸收中国留学生入党。

旅法期间,张申府做了一件令他一生津津乐道的事情,那就是成立巴黎中共早期组织(有的称巴黎共产主义小组),介绍周恩来入党。1921 年初,张申府先介绍一同赴法的刘清扬入党。1921 年春,张申府和刘清扬共同介绍赴法勤工俭学的周恩来入党。张申府认为,周恩来卓越超群,气度非凡,头脑冷静,思维缜密,是一位具有远见卓识的学生领袖。据张申府说,当时介绍刘清扬和周恩来入党的程序很简单,他只写一封信给在上海的陈独秀就可以了,因为"我来欧洲的时候,陈独秀已给我全权负责招收党员。他认识我,对我信任。若我觉得某个人对我们适合,我就写信给他。所以,周恩来和刘清扬入党,就是凭我一封信而已,这也是巴黎中共小组在 1921 年的创立经过"。周恩来 1962 年在广州会议上谈到自己这一人生转折点时说:"我感谢刘清扬和张申府,是他们两人介绍我入党的。"

随后,赵世炎、陈公培持陈独秀的信到巴黎,与张申府建立联系。这样,张申府、周恩来、刘清扬、赵世炎、陈公培五人在巴黎成立了共产党早期组织,张申府担任负责人,它与国内的七个共产党早期组织,共同发起成立了中国共产党。1921 年 7 月,中共"一大"召开,因为来不及通知巴黎共产党组织,所以它没有派代表参

加。1921 年 7 月中国共产党成立前夕，张申府在巴黎为《新青年》杂志写了一篇文章《说实话》，在"一大"召开前夕发表，其中讲道："吾以为很有组织一个'实话党'的必要。这个党要从心理上，从形成这种心理的人间关系上，毁掉不说实话的因缘。"张申府终生都在始终不渝地讲实话，任何时候、任何情况下都决不屈从于任何权威。

1922 年初，里昂中法大学负责人吴稚晖拒收勤工俭学的中国留学生入学，留法学生表示抗议，张申府支持学生的举动并辞去教授之职。由于巴黎物价较高，生活日益艰难，张申府与刘清扬、周恩来一同转往德国柏林，和在德国入党的中共党员熊雄、张伯简等会合，成立中共旅德小组。1922 年 6 月，旅欧中共党员发展到 10 名，其中留法 2 人，留德 8 人。1922 年秋冬，根据中共中央的指示，在旅法党组织和旅德党组织统一组成中国共产党旅欧支部，张申府任书记。

张申府还介绍朱德入党，成就了后来的"红军之父"。在德国期间，张申府与周恩来遇到了在国内入党未果的朱德。周恩来向张申府介绍了朱德的特别经历，张申府同意做朱德的入党介绍人。张申府同意朱德入党，主要是认为朱德几次找他要求进步，态度很诚恳。张申府认为，朱德过去是军人，但他抛弃了优裕生活到欧洲寻求新的革命道路。朱德谦虚诚恳，热情很高。张申府多年后引以为傲地写道："朱德向我叙述了自己的曲折经历并委婉地表示了入党的要求。他的革命愿望是强烈的，对党十分忠诚，对同志也是一样，特别是他事事走在前头。许多时候，大家坐在一起说话，他却悄悄地忙着做事或是忙着做饭了。不久我和周恩来一起介绍朱德同志加入了中国共产党。"按照当时的党章，由于朱德不是工人，他要入党，最后须上报中共中央批准。当陈独秀收到张申府介绍朱德入党的信时，同意了朱德的入党申请。多年以后，张申府回忆说："后来我回国，一天晚上到当时党总部，对陈独秀详细谈了介绍朱德入党的经过，他完全同意。"

张申府参加革命，是儒家入世传统对世情危局的一种承担，这种救世意识，是张申府个人意识和气质的选择，而非政治的需要，所以这种承担，并不影响他对学术的追求。事实上，不敏于政治斗争的张申府热衷思想讨论多于革命具体行动。在欧洲时，张申府虽为旅欧支部书记，但历来重于思想指导，轻视具体实践，他将支部烦琐的事务，交给更为能干和精力充沛的周恩来去处理。中共旅欧支部成员郑超麟回忆说：张申府"一手指挥周恩来，另一手指挥赵世炎，再由此指挥整个组织"。

"宁折不弯",负气退党,成为张申府一生中的第一个重大败笔

1923 年年底,张申府经请示党中央后,离开德国,经莫斯科回国。到北京后,他本拟再回北大教书,但为胡适等所拒。经李大钊介绍,张申府到了广州。当时孙中山在中国共产党的帮助下改组国民党,确定"联俄、联共、扶助农工"的三大政策,开创了国共合作的新局面。为了培养革命军事人才,孙中山在广州筹办了黄埔军校。张申府参加了筹建工作,并被任命为军校政治部副主任,同时受聘在广东大学(中山大学前身)担任教授兼图书馆馆长。31 岁的张申府,由此成为中国共产党在黄埔军校任职之第一人。

负责黄埔军校实际筹办工作的廖仲恺、戴季陶,希望张申府推荐一些海外留学生到黄埔军校任职。张申府首先想到的是周恩来。据张申府说:"当时,廖仲恺同志在黄埔军校负责实际筹备工作,后担任军校党代表。戴季陶是政治部主任。他们对我非常热情,常请我吃饭,谈军校工作。谈话间,他们希望我能推荐一些在国外学习的优秀学生到黄埔军校来。于是我开了一个十五人的名单给廖仲恺,名单上第一名就是周恩来,记得还有周佛海等人。我告诉他们:周恩来人才出众,但是个穷学生,希望能汇些路费给他。他们当即表示没有问题。"张申府到黄埔军校工作不久,对校长蒋介石的飞扬跋扈、刚愎自用非常不满,不久便离开黄埔军校。而张申府结束暑假回到广州后,国民党右派、广东大学校长邹鲁却不再续聘张申府。

1921 年中共"一大"以后,中国共产党逐渐成为一个革命政党,并建立了民主集中制原则,不再是之前的共产主义研究性质的团体。张申府 1923 年冬回国后,观念仍停留在之前的"自由组合"上,无法接受作为一个遵守铁的纪律的共产党员。1925 年 1 月,中共"四大"在上海召开,张申府参加了会议。会议围绕共产党员加入国民党的问题发生了激烈的争论。张申府坚决反对共产党加入国民党,遭到蔡和森等人的讥笑,认为是幼稚幻想。张申府后来说:"当时那种轻蔑的态度,使我感到极端难堪。"张申府怒不可遏,一气之下表示要退党。之前,李达、陈公博曾因反对与国民党合作而退党、脱党。"四大"之后,张申府来到北京,李大钊、赵世炎都劝他不要脱党,然而他坚持退党,这成为他一生的一大转折点。张申府说,这件事"成了我头脑中的一个疙瘩,越想越感到不合适。由于小资产阶级的习性

未除，不能在党内奋斗争取，竟然错误地决定自己退出，造成一生大错”。张申府认为，自己的性格是“宁折不弯”，“赞成我的是多数的我就干，赞成我的是少数我就滚蛋”。正是张申府身上这种自由主义知识分子的性格，让其做出了退党的决定，从此离开了中国共产党。在脱党一年多以后的1926年3月14日，张申府在《京报》副刊上发表了一篇《自白》，此文很能说明他的秉性和处事风格。他写道：“我不会否认：我是一个共产主义者，我脱离共产党因为我觉着我不适宜集体生活。我是无政府主义者，是罗素的信徒。没有人可以破坏我的决心，批判性思想是我的避难之地。”

退党后的张申府主要以教学和翻译著述为生，先后在暨南大学、大陆大学、大厦大学、中国大学、北京大学、清华大学任教。1931年，张申府被清华大学聘为哲学教授，讲授逻辑与西洋哲学史。张申府和清华大学哲学系教授冯友兰、金岳霖、邓以蛰都特别注重逻辑课，被称为“数理逻辑派”，并称“四大金刚”。在清华任教时期，是张申府在学术界名望最高的时期。当时一本《近三十年中国思想史》，曾将张申府列为专章，与康有为、梁启超、胡适、冯友兰并称。

1931年“九一八”事变后，张申府利用课堂批评国民党的不抵抗政策，宣传爱国思想，投身于抗日救亡运动。1936年1月，北平文化界救国会成立，张申府被推选为大会主席团成员和救国会的执行委员，后又担任华北各界救国会的负责人。张申府的爱国行动，引起国民党当局的不安。1936年2月，张申府被捕入狱，直至同年5月才经冯玉祥保释和社会各界的声援营救获释，但他在回到清华大学不久即被学校解聘。

情感经历颇为复杂：旧式婚姻、革命爱情、婚外恋、师生恋

张申府极为推崇罗素式的独立精神，他的一生，是激进且不断追求变化和个性的。张申府曾经这样评价自己：“一生中从未正式完成过学业，总是从一班跳到另一班；及到后来，又从一个哲学科目跳到另一个哲学科目；从一个女人跳到另一个女人；从一个政治活动跳到另一个政治活动。”张申府在“文化大革命”中所写的材料中承认自己有“三好”——好名、好书、好女人。1980年，87岁的张申府仍然对采访者坦言：“我有三个弱点，这就是我终生追求的三个爱好：书本、女人和名誉。20年代我刻了一个章，就是刻了这三好。这三好我从没有放弃。爱女人给

我的麻烦就更多,像刘清扬和其他女人。这三好确实使我难为情,但我不能自拔,没有办法。到现在我还是这样。"为了这"三好",张申府付出了不少代价。

张申府的一生,经历了多段婚姻和感情生活。1911 年,张申府回乡结婚。他与结发妻子朱惠侬虽是旧式婚姻,但两人感情笃厚。1914 年,朱惠侬在生产时不幸染病死去。张申府曾说:"如果她不是过早逝世,我不会再找其他女人。"1915年春,张申府根据父母的安排开始了第二次结婚。在这次婚姻中,妻子给张申府生育了一双儿女。张申府这样评价这段婚姻:"这新娘完全没有吸引力,非常愚笨。就在这个时候我开始大量阅读罗素,我觉得他关于婚姻自由和性自由的观点十分有意思。他救了我。我是谬论的受害者。我知道谬论,像谎话一样,只是推理错误的结果。倘若查出了错误假设的所在,那就有希望。到了 1919 年五四运动以及我遇到刘清扬的时候,我就推论出中国传统的婚姻制度正是这样的一个错误假设。像罗素一样,我爱上了逻辑,并向婚姻制度宣战。"

1917 年秋,张申府从陈独秀、李大钊那里听说了天津觉悟社成员刘清扬,知道她是觉悟社里有名的才女,也是一位极具鼓动力的街头演说家。1920 年 12月,张申府和刘清扬等人一起乘船赴法,漫长的旅途让本已互有好感的两人坠入爱河。张申府晚年曾沾沾自喜地说:"我们同船去法国的时候,是她先向我首先示爱","可能我们快了一点","在上船前,我已另有女友。我不知道我的感情为什么转变得这样快。在女人方面,我真像罗素。"1921 年 1 月,张申府和刘清扬在法国开始同居,共同生活。1923 年冬,刘清扬随张申府回国后,参加了邓颖超等人领导的天津妇女进步团体女星社,创办《妇女日报》,并担任报社总经理,后任全国国民会议促成会常委、国民党北京特别市党部执行委员会委员、妇女部长,国民党中央妇女部训练股股长、国民党中央妇女高级干部训练班班主任、汉口市国民党党部妇女部部长等职。1927 年大革命失败后,刘清扬退出了国民党。由于正怀身孕,为躲避国民党反动派的白色恐怖,刘清扬也脱离了共产党,相夫教子。针对社会上沸沸扬扬的关于自己与刘清扬关系的议论,张申府振振有词地辩道:"我和刘清扬的关系并非什么新鲜的事情。今天只有在中国才不能够承认一个已结婚的人还可以有爱人……我的意见是,性交、结婚和爱情是三桩不同的事儿……所以,所有这些什么'同居丈夫'、'同居妻子'的起哄都是无聊透顶。"

1928 年后,张申府先后发表了《性的艺术同性的自由》《妇女与革命》《男女的相喻》等文章,语出惊人,提倡性的自由而反对恋爱。1930 年秋季,张申府出版了他的第一本哲学小书《所思》,是关于自由(包括性自由)、妇女解放、社会革命的文集。北京第一女子学校的校长孙荪荃读后非常感兴趣,两人慢慢交往起来。张申府在生活上亦步亦趋地模仿罗素,不断地制造风流韵事。到1935年"一二·九"运动期间,张申府和孙荪荃的关系已经非常亲密了。刘清扬非常生气,张申府则自我辩驳说,这是刘清扬的嫉妒心在作祟,两人暂时分开了。

抗战爆发后,张申府来到重庆,编辑《战时文化》刊物,他曾教过的女学生董桂生担任其秘书。董桂生在学生时代就崇拜张申府,如今在一起工作,渐由崇拜而生爱慕,两人开始同居生活。孙荪荃知悉后勃然大怒,写信给张申府痛斥其不忠。张申府经过考虑,决定与孙荪荃分手。

张申府毕竟是知识分子,他和女学生的恋情,受到社会的非议。因无法忍受社会的压力,张申府忍痛把董桂生嫁于自己的一位学生。张申府心痛不已,他在给董桂生的信中说:"桂生,我现在出去了,不得与你面说,但有几句话总还愿能早点儿达到你的耳边。我不敢说过去我对你怎样,但我想到过去这三个月里你对我的种种好处,于公于私种种替我设想,给我的种种帮助……想到这些,我实在不能忍这样的结局!"1944年,刘清扬在重庆经张澜介绍加入民盟,翌年当选民盟中央执行委员兼民盟中央妇女委员会主任。1944年,张申府主动与同在重庆的刘清扬握手言和,他们重又走到了一起。

三千元稿酬的《呼吁和平》,决定了张申府遭受冷遇的后半生

脱离共产党后,张申府加入了民主党派阵营。1928年他在上海参与组织中国国民党临时行动委员会(农工民主党前身),1937年5月与吴承仕、张友渔等在北平成立新启蒙学会,1942年参与创建中国民主政团同盟(后改名为中国民主同盟)。抗战胜利初期,张申府和民盟其他领导人罗隆基、章伯钧、沈钧儒、黄炎培、张君劢等人一起出现在中国政治舞台上。此后,张申府依然忙碌于民主、和平、统一事业中。

1948年10月,正当解放军在东北战场上取得势如破竹的胜利之时,张申府却昧于时局,大唱反调。1948年10月28日,张申府在储安平主编的《观察》杂志1948年第9期上发表《呼吁和平》的文章,提倡"划江而治"。他说:"我们现在最要紧的事,消极地说,就是打破现状;积极地说,就是恢复和平。假使战事还不设

法结束，和平还不速谋恢复，必致全国人，至少东北人与华北人，或至少在东北华北大城市住的人，都不得活，国家更将丧失了元气，丢尽了脸。"这篇文章让张申府获得了 3 000 元的稿酬，解了他生活的燃眉之急。正如他后来对人所说的："我写这篇文章，赚了 3 000 元。您要知道，当时这是一笔不少的收入。教授们那时都断粮断饷，吃饭是一个问题。储安平，《观察》杂志的主编，当时是很著名、很受尊敬的人物，他向我索稿，我怎能拒绝？他的杂志是当时民主刊物中销路最广的，同时一交稿就有稿费。我大概是他稿酬最高的作者之一。"

但张申府的这篇文章，显然有悖于中国共产党"宜将剩勇追穷寇"的战略意图，引起了民盟高层和共产党的不满。民盟领导人公开批评张申府"有违民盟的政治主张"，国民党方面也说张申府"扰乱民心"，查封了《新观察》杂志。1948 年 11 月 15 日，民盟在香港开会，决定开除张申府的盟籍。同年 12 月 16 日，《人民日报》发表"民盟发表时局声明，重申为民主奋斗决心"的报道，副题为"痛斥叛徒张申府等卖身投靠"。12 月 26 日，《人民日报》刊登了刘清扬的一则离婚启事，标题为"张申府背叛民主为虎作伥，刘清扬严予指责"。消息说，刘清扬致函民盟沈钧儒和章伯钧，对张申府的思想堕落及其背叛人民的立场，表达无比愤慨，表示她要与张申府断绝一切公私关系，并带领子女离开张申府。这篇文章让张申府四面楚歌，为共产党、国民党、民盟三方所不欢迎。《呼吁和平》这篇文章，成为张申府政治生涯的一个转折点。1949 年 3 月，张申府写信给周恩来，说明当时的情形，表示自己太不会搞政治了，以后再也不从事政治活动了。1953 年，他还就此事写了一份检讨，登在《北京日报》上。这篇文章对于张申府的一生产生了重大影响，甚至可以说决定了他后半生的道路。如果没有这篇文章，以张申府的学识、资历和他与中共领导人的交往（他是周恩来、朱德的入党介绍人），他的命运不会终止在一个图书馆研究员的位置上。

新中国成立以后，张申府一度失业。后来在周恩来总理及北京市市长彭真的关怀下，他被安排在北京图书馆工作，重新开始了读书、写作生活。然而在 1957 年的反右运动中，张申府再次中标。1957 年 4 月 27 日，张申府在《光明日报》发表了一篇文章《发扬五四精神，放！》，大声呼吁思想解放、百家争鸣，结果被划为右派。"文化大革命"中，他再次受到冲击，直至中共十一届三中全会后才获彻底平反，后任第五、第六届全国政协委员。

张申府晚年深居简出，很少外出参加活动，潜心研究、翻译工作。他一生最大的爱好就是读书、藏书，晚年常常跑书店，见到喜欢的书，总是千方百计买下来。书斋中的张申府远离喧嚣，彻底淡出了人们的视野。章乃器的儿子章立凡曾于20世纪80年代初拜访过张申府。他在回忆文章中写道："儒雅、恬淡，是我对老人的第一印象。他端坐在书桌前一张旧转椅里，一头灰白的头发向后梳着，虽然多年没有教书，但仍保持着教授风度。书桌上堆满了书，周围的空间大部分也被书籍占据，其中主要是线装书，还有一些硬皮的外文旧书。房子古老而结实，但多年没有修缮，堆积着一层尘垢，所有的家具也都是旧的，整个环境的色调趋于灰褐色，很符合他的'出土文物'身份。"

1986年6月，张申府逝世。张申府的一生，可谓起伏跌宕，丰富多彩。在他身上，既体现着传统知识分子"国家兴亡，匹夫有责""我以我血荐轩辕"的责任心，又闪现着西方哲学家"崇尚独立精神""以言议政、以言参政"的使命感。希腊神殿铭刻的哲学箴言，只有简单几个字——"认识你自己"。纵观张申府的一生，学者或哲学家是对他最合适的身份定位。从总体上看，张申府是一个学术型的理想主义者，是怀着传统的"学而优则仕"的愿望的现代学者。儒家入世主义思想的影响，使他对政治有着过高的热情；但宁折不弯的性格和知识分子固有的清高孤傲，又使他缺少政治家所不可或缺的妥协和灵活，结果他在现实政治中处处受挫，在政治与学术间挣扎和徘徊。适合学术研究却情牵政治，身在政治中却又迷恋学术。著名历史学家周谷城曾说："如果张申府能够研究学问，那么在学术上的建树恐怕会超过他的弟弟——著名哲学家张岱年。"张申府在政治和学术间的徘徊不定，导致他的人生悲剧。在近代许多知识分子身上，都有张申府的影子，这反映了社会转型时期知识分子群体的矛盾心理。但无论是作为一个学者，还是作为一位政治活动家，张申府都是不该被遗忘的。

湖南建党功臣易礼容的百岁人生

在中共早期党史上,易礼容是一位重要人物。他 1919 年加入新民学会,1920 年与毛泽东、何叔衡等创办长沙文化书社,1921 年参与在湖南建立共产党组织的活动,和毛泽东、何叔衡同为湖南第一个党组织——中共湖南党支部"三人小组"成员,是湖南最早的共产党员之一。易礼容 1926 年 3 月任湖南省农民协会委员长,1927 年 4 月在中共"五大"上当选中央委员。马日事变后,易礼容曾任中共湖南省委军委书记、代理省委书记、省委书记。大革命失败后,易礼容脱离了党组织关系,长期从事教育事业,担任过中国劳动协会书记长,从事抗日民主活动。新中国成立后,易礼容担任中华全国总工会执行委员会常务委员兼劳动保护部部长,1952 年任全国政协常委会副秘书长,曾担任第五、六、七届全国政协常委。易礼容 1997 年去世,享年一百岁(实际 99 岁,按照中国传统说法是百岁)。

易礼容(1898—1997)

与毛泽东一起创办文化书社,易任经理,毛任特别交涉员

易礼容,字润生,号韵珊,1898 年 4 月生于湖南湘乡县新研铺文家滩一个农民家庭。易礼容自幼勤奋好学,聪颖过人,过目不忘,深受师长和朋辈赏识。1908 年,易礼容考入湘乡县立东山高等小学堂。1911 年秋,考入湘乡驻省中学堂。1916 年秋,易礼容转入湖南商业专门学校学习,任商校学生会会长,并任湖南学生联合会评议部主任。

易礼容在湘乡驻省中学堂念书时即与同年考入该校的毛泽东相识,受毛泽东的影响很大,从此追随毛泽东从事革命活动。他们俩结下了很深的友谊,有着共同的理想和人生追求。

1918 年 4 月,毛泽东和蔡和森等人成立了进步青年社团组织——新民学会。1919 年 6 月,易礼容加入新民学会,成为新民学会的一员主将。1936 年,毛泽东在陕北接受美国记者斯诺采访时,还将易礼容列为新民学会八名主要代表之一。五四运动爆发后,毛泽东全力投入《湘江评论》的编辑工作。预约的稿子常不能收齐,他只好代笔补白。那时正是酷暑时节,蚊叮虫咬,一般人不胜其苦,而毛泽东总是挥汗疾书,常至夜半。一天上午,易礼容来找毛泽东,他还未睡醒。易礼容掀开蚊帐,不料惊动了一群臭虫。易礼容后来回忆说:"它们在他用作枕头的暗黄色线装书上乱窜,每一只都显得肚皮饱满。"

1919 年北京五四运动发生后,湖南的学生积极响应。受学生运动的影响,各界联合会等组织也相继成立,形成声势浩大的爱国运动。5 月 25 日,张国基、易礼容、彭璜等 20 余名各校学生代表会集长沙楚怡小学,毛泽东向他们介绍了邓中夏后,便由邓中夏通报北京学生运动情况。会议最后决定:成立新的湖南学生联合会,发动学生总罢课。三天后,湖南学生联合会正式成立。6 月 3 日,在湖南学联的组织下,长沙 20 所学校学生统一罢课,并向北京政府提出了拒绝巴黎和约、废除一切不平等条约等六项要求。

湖南督军张敬尧对湖南学生运动又恨又怕,力图严密控制局势,继则暴力镇压,悍然下令解散学生联合会,封闭《湘江评论》。毛泽东以新民学会会员为骨干,领导学生对倒行逆施、反动气焰十分嚣张的张敬尧进行了针锋相对的斗争,争取全国舆论对"驱张"的支持和同情,造成举国一致的浩大声势。在以学生为主的湖南各界发动的"驱张"运动中,毛泽东、彭璜和易礼容是三名主要发动者。1919 年夏,易礼容带领湖南商专同学 30 余人转学进入武汉明德大学,在武汉组织旅鄂湖南学生联合会作为"驱张"据点,得到在湖北的湘籍学生及恽代英主办的利群书社的积极支持。同年冬,易礼容掌握了张敬尧的部属张宗昌购买鸦片烟种子的罪证后,亲自去北京。他同正在北京从事"驱张"活动的毛泽东商议,除把情况向万国禁烟会与湘籍议会议员通报外,还和湖南请愿团代表向政务院总理靳云鹏请愿,要求撤换张敬尧与张宗昌。在湖南与其他各地人民的持续斗争以及湖南国民军的逼迫下,张敬尧一伙终于在 1920 年 6 月被逐出湖南。

1920 年 6 月,易礼容从武昌给毛泽东写来一封信,直率地谈了他对新民学会活动的一些看法。易礼容认为,包括"驱张"在内的"这两年的运动,效力还不十分大",今后"要预备充分的能力"。易礼容建议"回到湖南去,采取一种最和平、最永久的法子,造成一个好环境,锻炼一班好同志",这样才能实行自己的主张。毛泽东很重视易礼容的这封信,将它收入新民学会会员通信集,并亲笔写了 800 多字的按语。毛泽东对自己倾全力投入的"驱张"运动作了反思:"驱张运动只是简单的反抗张敬尧这个太令人过意不下去的强权者",但"驱张""也是达到根本改造的一种手段。"毛泽东认为,易礼容所说的结合同志"自然十分要紧,惟我们的结合,是一种互助的结合,人格要公开,目的要共同"。

不久,若有所思的毛泽东来到武汉明德大学,找到易礼容,易礼容恳切地说:"润之,莫读书了,回去干我们的事业去。要改造社会,先从宣传新文化、传播马克思主义做起。"毛泽东一回到长沙,即联络何叔衡等创议筹办长沙文化书社,得到湖南社会一些上层人士的赞同。马克思主义在湖南传播的形式有多种,其中影响最大、传播最迅速、持续时间最长的是文化书社。

1920 年 8 月 2 日,毛泽东、何叔衡、彭璜、易礼容等 17 人在长沙楚怡小学召开发起人会议。会上推选毛泽东、彭璜、易礼容为筹备员,并通过书社的《组织大纲》。毛泽东等人租了长沙潮宗街湘雅医学专门学校的三间房子,作为文化书社的社址,还请刚刚就任湖南督军的谭延闿写了招牌。9 月 9 日,文化书社在长沙潮宗街正式开业,易礼容任经理,毛泽东任书社特别交涉员,负责制订书社发展计划,并与全国各有关方面交涉订购书报杂志。书社后来迁至贡院西街(今中山东路),1926 年 7 月又迁至水风井。文化书社在长沙城内的许多学校如第一师范、楚怡学校等设立了书报贩卖部,聘请了义务推销员。书社同时重视各地发行网的建设,陆续成立了平江、浏西、衡阳、宁乡、宝庆、武冈、溆浦、岳阳、嘉禾 9 个分社。

文化书社努力扩大营业范围,先后和省外六七十个单位发生业务往来。文化书社经营的书刊,如《新俄国之研究》《劳农政府与中国》《马克思资本论入门》《社会主义史》等译著,以及上海共产主义小组编辑的刊物《劳动界》,都体现了毛泽东追求的"新文化"的希望之光。这些书刊都很畅销,社里总是供不应求,反映出当时湖南社会对介绍新思潮的出版物的迫切需求。文化书社社址,后来事实上也成了湖南共产主义小组对内对外的秘密联络机关。1927 年 7 月 15 日,文化书社被国民党当局的武装警察搜查、捣毁,8 月 7 日被国民党湖南省政府下令查封。

书社继任经理李庠、会计许文亮被捕入狱,惨遭敌人杀害。

毛泽东、何叔衡和易礼容,组成了湖南第一个党支部的"三人小组"

1921 年夏,毛泽东在出席中共"一大"后回到长沙,找到易礼容,谈了在上海开会的情况。两人靠在前坪的竹篱笆上,毛泽东对易礼容说:"我们要成立共产党了,你也要来。"同年 10 月,毛泽东、何叔衡、易礼容同陈子博、彭平之等几个青年一起商议,决定建立湖南自己的党组织。湖南省第一个共产党支部就这样在他们的讨论中诞生了。大家推选毛泽东为支部书记,何叔衡和易礼容为支部委员,这个党支部被称为"三人小组"。

中共湖南党支部成立后,毛泽东着手在工人和学生中发展党员,建立党的基层组织。为了接近工人,他脱下长衫,换上粗布短褂,赤脚穿了草鞋,到工人聚集的地方去,同他们做朋友。他先后在第一纱厂、电灯公司、造币厂、黑冶炼厂,以及泥木、缝纫、印刷等行业中吸收一些先进分子入党。在学生中,首先是在自修大学、第一师范、商业专门学校、第一中学、甲种工业学校等基础较好的学校发展党员,有的学校还建立了支部。毛泽东还两次到衡阳省立第三师范建立党支部,两次到安源煤矿了解情况。1922 年 2 月,成立了中共安源支部,由李立三任书记,是湖南党组织领导的最早的产业工人党支部。夏曦、郭亮、陈昌、夏明翰、蒋先云、毛泽民、黄静源、杨开慧等,都是在这个时期入党的。到 1922 年 5 月,湖南(包括江西萍乡安源)已有中共党员 30 人。毛泽东和何叔衡在中共湖南支部的基础上建立了中共湘区委员会,毛泽东任书记,委员有何叔衡、易礼容、李立三等,后来增加郭亮。区委机关仍设在清水塘二十二号。毛泽东、杨开慧夫妇,易礼容、许文煊夫妇都住在清水塘。毛泽东住东边的前房,既是卧室又是办公的地方。西边的后房同吃饭的后厅相连,是个开会的场所,湘区委的会议大都在这里召开。

1922 年 5 月,易礼容代表湖南工人出席广州召开的第一次全国劳动代表大会,同部分代表在越秀楼谒见了孙中山先生,又同陈子博一起代表湖南社会主义青年团出席在广州召开的中国第一次社会主义青年团代表大会。从 1922 年到 1927 年,易礼容在毛泽东的领导下,以很大精力投身到湖南工农革命运动中,并担任新成立的泥木工会秘书。在 1922 年 10 月 23 日争取营业自主权及调高工资的罢工爆发后,易礼容和毛泽东先后任首席谈判代表。经过持续两个月的激烈交锋,在长沙其他行业万余工人的声援下,罢工终于获得全面胜利。

1922 年末,易礼容奉党组织之命去湘赣边境的安源,创建安源路矿工人消费合作社,易礼容任总经理,协助李立三、刘少奇领导安源工人运动及路矿工人罢工斗争,取得胜利。此时,湖南常宁水口山铅锌矿 3 000 多工人也兴起了工潮,派人到安源请求支援。毛泽东决定派易礼容偕同安源工人俱乐部的蒋先石等人前往常宁。易礼容和蒋先石在水口山铅锌矿工人领袖刘东生、谢怀德等原有工作的基础上,迅速成立铅锌矿工人俱乐部,由于领导得力,斗争坚决,铅锌矿工人的罢工赢得了胜利。长沙、安源和水口山三次斗争的成功,奠定了中共湖南省组织的坚实基础,提高了它在省内及全国的声望。

拒绝打倒陈独秀,易礼容被撤职

1923 年 4 月,毛泽东离开湖南到上海参加党中央的工作,中共湘区委员会书记的职务由李维汉接替,委员有何叔衡、郭亮、李隆郅、易礼容。1923 年 11 月 20 日,湘江学校成立时,毛泽东、何叔衡、李维汉、易礼容、罗宗翰等担任学校董事会董事。

1927 年 4 月,毛泽东和易礼容都参加了在汉口召开的中共"五大"。毛泽东在大会上发言,批评了陈独秀的右倾错误,并向大会提出了迅速开展土地革命、大力武装农民、建立农村革命根据地的提案,但未被通过。大会选举时,易礼容被选为正式中央委员。当他从候选名单上看到毛泽东只是候补中委时,断然将选票退还给大会主席团成员之一的李维汉,并说:"润之(毛泽东)无论如何比我强,这个候选名单不公道,我不参加投票。"随后,他退出了选举会场。

1927 年 5 月上旬,中共湘区委员会改称中共湖南省委,夏曦任省委书记,省委委员有何叔衡、郭亮、易礼容、杨福涛、陈佑魁等 11 人。5 月 21 日,即"马日事变"发生当天,夏曦以到武汉向中央汇报为名出走,省委开会推举郭亮为书记,主持日常工作。"马日事变"后,湖南省委与各地党组织遭到严重破坏。6 月 24 日,中央派毛泽东回湖南任省委书记,指定了 19 人组成的新省委,委员包括夏明翰、易礼容、何资深、彭公达、罗章龙等。7 月初,中央召毛泽东回武汉,中共湖南省委书记一职由易礼容暂代。随后,中央复信湖南省委,告湖南省委负责人以及常委会重新审查,决定易礼容为省委书记。

党的总书记陈独秀在易礼容离开武汉前,专门找他谈话,对易礼容说:"中央政治局开会,决定你回湖南负责。"易礼容临危受命,潜回长沙城,立即找到谢觉哉等得力干部,着手恢复党组织。在国民党疯狂搜捕共产党人的白色恐怖下,易礼容三两天换个地方,有时化装成工人、卖菜的农民、卖豆腐的小贩,偶尔也化装成阔绰绅士,机警应变。在一次包围易礼容住宅时,他不在家,逮走了他最小的内弟许文杰。许文杰当时是共青团员,在被押赴刑场的过程中,他不断高呼"共产党万岁",牺牲时年仅16岁。

8月4日,共产国际代表罗明那兹派代表纽曼等两名苏联人来到长沙,在麻园岭苏俄领事馆召集湖南省委负责人开会,要省委的同志签字,表示要打倒陈独秀。易礼容、夏明翰、罗章龙都不同意签字,认为陈独秀虽有错误,但共产国际也有责任。易礼容等反问纽曼等人:"为什么要打倒陈独秀?难道要由陈独秀一个人负责?当时'国际'有指示,要求中共中央不能和蒋介石、汪精卫分裂。'国际'代表就无责任?"由于易礼容他们果断地拒绝了这一非分要求,会议不欢而散。纽曼等人回武汉后,在八七会议上就说湖南省委是"代表地主阶级"的。毛泽东在会上驳斥说:"临时省委是在血淋淋的前线和敌人斗争,你们在租界开会,说风凉话。"

在八七会议上,中央决定在湘、鄂、赣、粤四省发动秋收暴动。会后,中央临时政治局决定两位政治局候补委员毛泽东、彭公达回湖南传达会议精神,并全权负责改组湖南省委,指定彭公达为新的省委书记。8月16日,湖南省委在长沙沈家大屋召开会议,对省委进行改组,新省委由彭公达、毛泽东、易礼容、夏明翰、贺尔康、毛福轩、向钧、谢觉哉、何资深9人组成。8月18日,省委选举彭公达、毛泽东、何资深3人为省委常委。8月30日,湖南省委常委开会决定了秋收暴动的最后计划,并成立起义的领导机构:一是由各军事负责人组成的党的前敌委员会,毛泽东为书记;一是由各县党组织负责人组成的行动委员会,易礼容为书记。毛泽东在此之后就去搞秋收起义了。

1927年11月,中共中央在上海召开扩大会议,由于湖南省委未执行当时中央攻打长沙的"左"倾冒险命令,彭公达、毛泽东、易礼容、夏明翰等均被免职,任命王一飞为省委书记。易礼容要求离开长沙去追随毛泽东参加秋收起义。王一飞表示同意,说湖南省委会给他发路费30元,但若中央责问此事,责任完全自负。在取得了王一飞的同意后,易礼容立即做了准备。因当时特务军警搜查甚严,直到 1928 年春节期间,趁军警特务防范松懈,易礼容和许文煊才带着儿女来到安源,他们找到交通员,送信给正在宁冈茅坪整军的毛泽东。毛泽东收到信后,立即给易礼容写了回信,邀请易礼容去他那里担任行动委员会书记。

正当易礼容准备去茅坪时,接到湖南省委转来的中共中央的两次电报,第二封调他任中共长江局秘书长,第一封调他任中共江苏省委委员兼农民部部长。中央还说毛泽东是搞军事冒险,不要去他那里,应独立工作。易礼容想向中央陈述意见,但这时湖南省委机关遭到破坏,王一飞牺牲,已无法同中央联系。易礼容设法再次捎信给毛泽东,告知中央的决定,征求他的意见。毛泽东回信要易礼容遵从中央命令,还说:"他们不要我们,但我们还是要他们。"易礼容决定担任中共江苏省委委员兼农民部部长,他将妻女安排在长沙跟他的岳母隐居下来,只身赴江苏省委机关所在地上海寻找党组织。

毛泽东没有忘记易礼容

1928 年 3 月,易礼容从江西安源经九江、南京、镇江等地赴上海。这时易礼容已是国民党通缉的 157 名共产党人中的第 13 名,由于去江苏路上时间长,险情屡屡发生,沿途多次被特务发现。在轮船上英、美水手及南京海关职员的援助下,易礼容才得以脱险。因缺路费,他不得已在江苏教了几个月小学。等到达上海时,已是 1929 年初了。由于路上耽搁过久,失去了同党组织的联系,易礼容已无法就任中共江苏省委委员兼农民部部长。由于叛徒告密,易礼容在上海难以立足,于 1929 年 9 月来到日本。1931 年九一八事变前夕,易礼容返回上海,仍然过着困苦的逃亡生活,艰难度日。1934 年,易礼容开始在国统区谋职。他明确表示:只做正面性质的(指抗日性质的工作),不做反面性质工作(指特务情报工作)。

在上海,易礼容认识了朱学范,并成为终生的挚友。朱学范是中国劳工运动的领袖之一,知名的工会活动家。他自 1925 年起即投身劳工运动,先后参加了反帝爱国的五卅运动、上海邮局的罢工斗争和上海工人第三次武装起义。在 1932 年"一·二八"上海抗战期间,易礼容组织邮工救护队,深入火线抢救伤员。在 1937 年"八·一三"上海淞沪保卫战中,易礼容率领上海工人武装别动队参加抗战。从 1934 年至 1937 年,易礼容先后出任朱学范当班主任的上海市总工会工运人员训练班的教务长、朱学范当总队长的上海市工人勇进队的参谋长、朱学范主管的私立民立中学的教务主任、潘公展任社长的"上海革命青年力社"的总干事。易礼容在上海工作时,利用职务之便联络保护了一批共产党员及进步分子。共产党员王凌波出狱后,曾在易礼容处居住数月才返回延安。后来任八路军一二九师政委的张浩(林育英),曾住法租界霞飞坊,也得到过易礼容的掩护和帮助。

1937 年淞沪抗战爆发,上海形势危急,易礼容于 1938 年初取道香港回到湖南。当时,张治中任湖南省主席,潘公展任省政府秘书长,易礼容任省政府秘书。长沙大火后,易礼容于 1939 年初前往重庆,任三民主义研究会专员、国民党中央社会部工人科科长。

1940 年初,易礼容又回到湖南,在衡山乡村师范任职。衡山乡村师范是著名平民教育家晏阳初先生创办的。1941 年 2 月,晏阳初把衡山乡村师范迁至武冈,改名湖南省立第六师范(也称武冈乡村师范),易礼容继续在该处任职,兼教国文。他在两所师范前后待了两年多,很受学生欢迎。由于易礼容在学校倡导自主学风,省教育厅长朱经农下令不许他在湖南执教。1943 年春,易礼容再赴重庆,开始在朱学范领导的中国劳动协会工作。在同年举行的中国劳动协会第四届年会上,易礼容被选为常务理事,任书记长。他积极配合朱学范理事长的行动,加强同解放区工会的团结,逐步改变了中国劳动协会的结构与面貌。

1928 年后,由于复杂的客观原因,易礼容脱离了党组织。毛泽东自从带领秋收起义部队转战江西以后,就一直努力与易礼容联系。他曾派准备返回湖南治伤的工农革命军第一军第一师参谋处长陈树华(新中国成立后任全国政协文史专员)与易礼容联系。毛泽东反复叮嘱陈树华:"你到望麓园去,找到许老太婆(易礼容的岳母),赖在那里不走,一天,两天,十天半月,以至一月两月,一定要找到易礼容,向他汇报部队战斗经过和现在的情况。"后来,毛泽东也始终没有忘记易礼容这位与他一起奋斗多年的老朋友,多方打听他的下落。1936 年,当从有关方面获悉易礼容的情况时,毛泽东十分高兴,以"杨子任"的笔名,于 1936 年 8 月 14 日致信易礼容。毛泽东"子任"的名字,是他在湘乡和长沙读书时使用过的,意思是"足以拯救中华民族为自己的崇高责任"。后来,毛泽东用"子任"这个名字发表过多篇文章。1936 年,毛泽东在延安时给分别了 10 年、在国民党统治区的老同学易礼容写信,还特地使用了"杨子任"的名字,后人分析起来,其意深焉。毛泽东不仅是为了故人免得因与他这个共产党的领导人物的关系而遭迫害,也表达了以拯救民族为己任的共勉,同时也表达了他和已故妻子杨开慧对他们共同尊敬的师长杨昌济先生无限怀念的深情。由于战乱,易礼容并没有收到这封信。新中国成立后,易礼容才读到该信,他遗憾地说:"当年我若收到这封信,可能早就会去找毛主席的。"毛泽东在信中称呼他"韵珊"。易礼容无限感慨,他说"润生和韵珊是我的乳名。这种叫法只有儿时在家乡才能听到,外面很少有人知晓。稍大一点后改成现名,再没有人这样叫了。毛泽东同志这样亲昵地称呼我,真使我喜出望外,惊奇不已"。

1945 年 9 月,毛泽东在重庆谈判期间,听说易礼容也在重庆,就让人安排见见易礼容。毛泽东一起接见了朱学范和易礼容,对他们从事的工会工作给予高度评价。毛泽东称赞说:"你们工作得很好,我支持你们。"毛泽东还再次约见易礼容、许文煊夫妇叙旧。许文煊向毛泽东诉说与党组织失去联系的痛苦,要求带二女儿易达美去延安,回到党的怀抱。毛泽东当即同意。1946 年 2 月,她们母女乘周恩来返延安的飞机来到延安。

新中国成立后,易礼容主要在工会和政协工作

抗日战争胜利后,易礼容参加反内战、反独裁的民主运动。国民党反动派视他为眼中钉,对易礼容相继发出逮捕令及通缉令。1946 年 8 月,易礼容离开重庆,辗转川、黔、桂、粤四省,历尽艰辛,终于逃脱国民党反动政府的通缉,于同年 11 月上旬抵达香港。此时,已在香港的朱学范与易礼容商议后,将中国劳协总部迁至香港。1948 年 2 月,朱学范赴东北解放区的哈尔滨,筹备第六次全国劳动大会。易礼容则在香港建立劳协领导机构。由于受国民党政府通缉,环境复杂,易礼容始终保持高度警惕,处于半秘密状态,尽量少公开露面,避免提供口实被国民党引渡。他住在九龙深水埗北河街一家杂货铺的楼上,这里地处小闹市,行人众多,便于掩护。易礼容不断召集内地部分劳协骨干去港工作或在港短期轮训;恢复《中国工人》(丛刊)的出版;指导劳协干部开展反对国民党反动派发动内战、迫害工人的斗争。这批骨干积极联系当地劳协会员及工人积极分子,为护厂护矿、迎接解放,做了不少有益的工作,有的人还英勇献出了自己的生命。

1949 年 4 月 21 日,李立三陪朱学范到北平香山会晤了刘少奇。刘少奇一见朱学范,就详细询问劳动协会还有哪些人在香港,哪些人在国民党统治区。当刘

少奇知道易礼容还在香港时,他连声说:"那叫他快点来吧,来吧,来参加新中国建设嘛!"不久,中央统战部发电报给易礼容,邀他到北平。5月,易礼容从香港回到北平,参加新政协筹备会。毛泽东没有忘记这位早年与他一起同甘苦、共患难的老战友。易礼容到北平不久,毛泽东就给易礼容发去请柬,邀他们夫妇去中南海怀仁堂观看京剧大师程砚秋演出的京剧《锁麟囊》。7月,全国总工会在北平召开工作会议,毛泽东在北京饭店接见会议代表并同大家一起吃饭。入座时,毛泽东站在桌边,环顾四周,首先问:"礼容同志来了没有?"

1949年9月,易礼容作为中华全国总工会代表出席中国人民政治协商会议,当选为政协第一届全国委员会委员,以后调任政协副秘书长。从第一届至他去世前的最后一届(第八届),都是全国政协委员或常务委员。他积极投身新中国的工会和人民政协工作,为巩固和扩大中国共产党的爱国统一战线做出了很大的贡献。

"文化大革命"期间,易礼容受到残酷迫害。1968年11月5日,易礼容被关入秦城监狱,遭受非人的折磨。但易礼容始终采取实事求是的态度,不肯陷害好人。入狱时易礼容已年满70岁。1978年,邓小平、胡耀邦主持工作后,易礼容的冤案得到彻底平反。易礼容出狱时已是77岁高龄,整天忙于写历史证明材料,给许多人洗清不白之冤,帮助落实政策;关心革命烈士后代,如郭亮、唐升超、张太雷等人的儿女,为他们排忧解难。

1988年5月是新民学会成立70周年,易礼容回顾历史,感慨万千,挥笔写了两首诗。其中一首这样写道:"岳麓今何样,湘江口夜流。此山与此水,曾伴两英豪。革命传火种,学会是良媒。要改造世界,要改造中国。"易礼容为"两英豪"作自注:"是指毛泽东、蔡和森。"他衷心称颂毛泽东与蔡和森为"两英豪",可见毛泽东在他心中的地位。

1995年4月30日,在人民大会堂,党和国家领导人胡锦涛、尉健行、吴邦国、倪志福、罗干、钱正英等亲切接见了参加全国总工会七十周年纪念活动的部分老工会工作者,并合影留念。易礼容当时已经97岁了,听力视力已很差,身体衰弱,行动亦较困难。家人担心他的身体,劝他别参加了,但他坚持要去。坐在轮椅上的易礼容,由儿子易荷生推着参加了会议。这是他生前最后一次参加的政治活动。党和国家领导人亲切同老工会工作者合影,易礼容珍惜作为一个老工会工作者的荣誉,生前经常抚摸这张照片,爱不释手。

晚年的易礼容,在老朋友病逝时总是会很伤感。他与朱学范建立了半个世纪的友谊,感情笃厚。为中国革命、建设与和平统一事业奋斗了一生的中国共产党的挚友朱学范,1996年1月7日溘然长逝。噩耗传来,易礼容泪流满面,仰天长叹:"忧容谢世","何太不幸!"

1997年3月28日,易礼容走完了他漫长的99年人生旅途,在北京医院逝世。4月10日,在八宝山革命公墓举行了易礼容遗体告别仪式。

第二篇

英才陨落

★

过早牺牲的党的早期领导人

蔡和森（1895—1931）

《向导》周报的首任主编蔡和森

　　蔡和森是中国共产党早期的卓越领导人，著名理论家和宣传家，是中共最早的党员之一，曾担任中共第五届、第六届中央政治局常委、中央宣传部部长。邓小平曾说过："蔡和森同志是我党早期的卓越领导人之一，他对中国革命做出了重大的贡献，中国人民永远记着他。"在蔡和森的革命生涯中，理论宣传占有重要地位。1922年9月，第一份中共中央机关报《向导》周报创刊。从此，蔡和森的名字就和《向导》紧密相连。蔡和森是《向导》首任主编，主持《向导》办报的多一半时间。蔡和森办《向导》的开创之功，永载史册。

办宣传马克思主义的报纸，是蔡和森的夙愿

　　蔡和森，字润寰，曾用名蔡林彬，1895年出生于湖南湘乡县一个破落的小官吏家庭。1913年，蔡和森考入长沙铁路专门学校，后转入湖南一师学习。蔡和森读书用功，到了废寝忘食的程度，以才学出众著称。1918年，蔡和森与毛泽东等创办了新民学会。会内同仁当时评价说："林彬是思想家，润之是实践家。"1918年，蔡和森来到北京，组织留法勤工俭学，结识了李大钊并得到很多教益。他参加了五四运动后，于1919年末赴法国。在法国，蔡和森受到马克思主义的影响，成为坚定的马克思主义者。1921年10月，蔡和森、李立三、陈毅等留法勤工俭学学生104人因"占领里昂中法大学"斗争，被法国当局强行遣送回国。蔡和森到上海后，1921年年底，经陈独秀、陈公培介绍，正式加入了中国共产党，并留在党中央从事党的理论宣传工作。在1922年7月的中共"二大"上，蔡和森和陈独秀、邓中

夏、张国焘、高君宇一起当选中央执行委员会委员。

亲手创办一种传播马克思主义的报纸,是蔡和森多年来的愿望。1920 年 9 月 16 日,蔡和森在法国写信给毛泽东,讨论组建中国共产党的问题时,将创办"一种有力的出版物",即将出版无产阶级机关报列为重要的组织步骤。

1922 年 5 月,中国社会主义青年团中央机构建立,北京团组织创办的《先驱》改组成为团中央的第一个机关报。在团的"一大"上,蔡和森当选为团中央执行委员,并一度担任《先驱》主编,主编了《先驱》第 8,9,10 期。因为有了与毛泽东一起参与发起《湘江评论》和主编《先驱》的经历,蔡和森积累了一定的办报经验。

1922 年 7 月,中共"二大"专门讨论了党报宣传问题。蔡和森被推选为大会宣言起草委员会成员之一,与陈独秀、张国焘共同起草大会的政治宣言。在中共"二大"上,蔡和森接替李达负责党的宣传工作。1922 年 8 月,中共中央执行委员会在杭州西湖举行会议。共产国际代表马林建议中共中央办一份中央机关报,得到中央的赞同,并决定由蔡和森担任主编,负责筹办工作。蔡和森满腔热忱地接受了任务,并建议中央办一份日报宣传国民革命。但共产国际代表马林认为,年轻的中国共产党能力不足,当时也不应该办这样大的机关报,而且很容易引起敌人的注意,只应办一个周报。中央接受了马林的建议,决定创办《向导》周报,作为中共中央的政治机关报,由蔡和森担任主编。

经过蔡和森、陈独秀等人的积极筹备,1922 年 9 月 13 日,《向导》在上海创刊发行。周报每星期三出版,十六开四版,以政论、时评为主。1923 年,党中央对党团中央机关报刊做了宣传上的界定,规定《向导》是"国内外时事的批评宣传机关"。1925 年 1 月中共"四大"后,中央决定蔡和森不再兼管宣传工作,专职主编《向导》周报。蔡和森主编《向导》的时间最长,从 1922 年 9 月到 1925 年 10 月蔡和森离任主编,有近 3 年的时间。如果从蔡和森实际在位负责的工作时间来看,有 2 年零 8 个月的时间,超过了《向导》办报近 5 年时间的一半。蔡和森卓有成效的工作,推动了《向导》的发展,为后继者的工作奠定了坚实的基础。

为办好《向导》,蔡和森宵衣旰食地工作着

蔡和森担任《向导》主编后,一方面,积极和陈独秀、马林等人协商,制定了该报的宣传宗旨和编辑方针。另一方面,他领导编辑部为《向导》精心设计了丰富

多彩的栏目。同时,他广泛约稿,认真审稿,迅速刊登。

对于蔡和森来说,担任《向导》主编最头疼的是经费问题。当时《向导》的经费来源有两个渠道,第一个渠道是共产国际提供的经费,这是最主要的途径,经费也相对稳定。当年负责《向导》出版发行的徐梅坤(中共"三大"候补中央委员)1979年回忆说:"办《向导》的经费来源主要是马林从共产国际拿出钱办的,我们自己的党费非常少。"第二渠道是《向导》周报向社会募捐、党员缴纳的党费、党员捐助等经费,数量有限而且很不稳定。《向导》周报常向社会各界特别是向读者群进行募捐。蔡和森曾向共产国际驻华代表维辛斯基和苏俄派驻国民党的政治顾问鲍罗廷反映过《向导》的经费困难问题,但是并未得到解决,依然每年只给200元左右。蔡和森明确指出:"出版《向导》的全部问题,现在不在于政治上的镇压,因为现在中国没有一种力量,无论是帝国主义或是军阀,能够封闭《向导》,问题只在于经费。"经费问题始终是困扰《向导》周报的最大问题。

由于反动派的干扰和破坏,《向导》编辑部难以正常开展工作,不得不经常搬家。因为交不起上海高昂的房租,编辑部办公场所十分简陋。有一次,蔡和森带领编辑部人员搬到一座僻静的破庙里。编辑部在庙堂正中的台子上,用篾席隔出一间房,作为办公室和卧室。《向导》周报的编辑工作人员很少,许多具体工作实际上都由蔡和森一人承担。在蔡和森担任《向导》主编期间,主编了116期报纸,超过了《向导》总共201期的半数。他不仅要写稿、组稿、改稿,还要做编排、校对等工作。为了保证《向导》能按时出版,蔡和森夜以继日地工作,深夜疲倦不堪时,不脱鞋子,和衣躺在床上休息一会,醒来又立即伏案工作。

《向导》从一开始,出版发行工作就受到军阀政府和租界的封杀。1922年9月在上海创刊后,总发行所设在上海老西门肇浜路兰发里三号,在一家名叫光明印刷厂的小厂印刷。后来,光明印刷厂破产,《向导》便改在租界里一家规模较大的明星印刷厂印刷。尽管《向导》是在租界印刷厂秘密印刷发行的,但租界当局还是以各种手段侦知了《向导》的情况,查封了十余次。《向导》被迫不断迁移地址,并采取各种伪装手法掩人耳目,继续秘密出版发行。1922年10月,当《向导》在上海仅仅出版了四五期的时候,就被租界工部局查封了。从1922年10月第6期起,《向导》被迫北迁北京。新民学会会员罗章龙当时在北京大学文学系学习,他后来回忆了《向导》在北京印行的基本情况:"有一天和森告诉我,《向导》在上海发行阻力很大,总发行通讯处已迁到了北京。"依当时邮政总局的规定,任何刊物都要填写主编人的真实姓名、地址和身份,才能作为新闻报刊交邮局发行。蔡和森找到罗章龙,以他的名义向邮局办理了发行登记手续。北洋军阀政府对《向导》同样采取了封杀的态度,邮局常没收《向导》。在北京办报时期,印刷和发行更是充满危险和困难。报社把印刷厂设在偏僻的小巷,并以承揽市民活计为掩护。他们还经常搬迁编辑部,来和敌人周旋、"捉迷藏"。与北方军阀一丘之貉,南方的军阀也封杀《向导》。1922 年 11 月,蔡和森在《向导》第 8 期上发表了《国人应当共弃的陈炯明》一文。文章认为,陈炯明是"民主革命最可怕最反动的叛徒","人人得而诛之"。对此,广东军阀陈炯明怀恨在心,派警察搜查了销售《向导》的广州昌兴街新青年社书店,没收了《向导》周报。

1923 年 4 月,依照共产国际的指示,中共中央南迁广州,《向导》随迁至广州昌兴街 28 号编辑出版。《向导》在广州虽然公开发行,但其独立批评的办报方针受到国民党方面的牵制,后又迁至杭州出版。不久,《向导》又迁回地处上海英租界的上海大学编辑出版。《向导》在上海出版的时间最长,超过其存在的 5 年时间的一半以上。

经过蔡和森等人宵衣旰食地努力,《向导》的影响越来越大。1923 年 11 月,中共中央在一份报告中指出,在党所创办的《前锋》月刊、《新青年》季刊和《向导》周报三种报刊中,《向导》"在社会上稍有影响"。1925 年 1 月,中共"四大"充分肯定了《向导》通过几年的奋斗,终于"得立在舆论的指导地位"。中共"四大"通过的《对于宣传工作之议决案》认为,党的宣传工作有重新整顿的必要,重新明确了各党报的职能,确定《向导》是"党政策之指导机关,今后内容关于政策的解释当力求详细,文字当力求浅显"。

蔡和森很注意培养青年编辑,郑超麟是最为突出的一位。1922 年,郑超麟与周恩来、陈延年等留法学生组建了"旅欧少年共产党",后转入莫斯科东方大学学习。郑超麟 1924 年 9 月从莫斯科回国后,被分配到中央宣传部担任秘书,具体工作是做《向导》的编辑和校对工作。《向导》周报从第 86 期到第 184 期编辑部迁到武汉之前,近百期都是郑超麟负责编辑和校对的。蔡和森重视培养郑超麟等年轻人,让他们写一些文章,评论一些重要的问题。但是对于大的政治问题,郑超麟一开始还不敢写文章。通过磨炼,郑超麟的编辑水平和写作水平均有了很大的提高,后来甚至在蔡和森离开《向导》后独当一面。1925 年 6 月,蔡和森去北京西山疗养,中央宣传部主任(部长)彭述之又因病住院。郑超麟后来曾回忆说,当时

"只有独秀和秋白二人写文章,他们把文章交来,便什么都不管,于是编辑责任落在我头上,缺少的篇幅由我翻译外国文章,或自写些不相干的东西凑足"。后来,彭述之出院,但是也很少过问《向导》的编务工作。再后来,郑超麟把《向导》编好,就直接送给印刷厂,也不交彭述之审查。郑超麟还自豪地说:"《向导》在上海出版的最后一期,还是我编的",而且"回国后没有哪一期不是我校对的"。

在蔡和森担任《向导》主编时期,毛泽东还参加了编辑部的工作。在1923年到1924年的一年时间里,在上海担任中央局秘书的毛泽东和蔡和森住在上海闸北一栋楼房里,共同编辑《向导》周报。毛泽东不仅撰写稿件,还参加编辑工作。

蔡和森在《向导》宣传"打倒帝国主义",被胡适等人讥笑为海外奇谈

在《向导》周报创办初期,因为报社人员少,陈独秀、蔡和森、高君宇、瞿秋白等人不得不身兼数任。他们既是中央领导,又是《向导》周报的编辑和主要撰稿人。陈独秀在《向导》发表文章最多,多达266篇。蔡和森发表了130多篇文章,还用"本报同人"、"记者"等名字发表了不少文章,共计156篇,仅次于陈独秀。

通过《向导》,蔡和森为党的理论宣传工作做出了重大贡献。中共"二大"提出了"消除内乱,打倒军阀,建设国内和平;推翻国际帝国主义的压迫,达到中华民族完全独立"的民主革命纲领。蔡和森通过《向导》周报,不遗余力地宣传"打倒帝国主义""打倒军阀"的口号。"帝国主义"和"军阀"都是外来名词,不为当时一般民众所接受和了解,甚至被胡适等人讥讽为海外奇谈。1922年6月,蔡和森为党中央起草了《中国共产党对于时局的主张》,并发表在6月20日出版的团中央机关刊物《先驱》第9期上,指出中国祸乱的根本原因在于帝国主义和封建军阀,因此中国的民主革命是以反帝反封建为内容的。这是中共第一次在报刊上公开喊出"打倒国际帝国主义"的口号。蔡和森这里旗帜鲜明地公开中共的政治立场,批判了喧嚣一时的"武力统一""联省自治""好人政府主义"等反动的政治主张。

1922年10月,胡适在《努力》周报上发表了《国际的中国》一文,说"打倒帝国主义"的口号,"很像乡下人谈海外奇闻,几乎全无事实上的根据"。他说帝国主义都是希望中国"和平统一"的,对中国没有"恶意","现在的中国已没有很大的国际侵略的危险了"。为此,胡适奉劝《向导》周报实在没有必要在这个时候牵涉

国际帝国主义的问题。针对胡适的错误言论，除了陈独秀等撰写文章进行反驳外，蔡和森也撰写了《目下时局与国际帝国主义》《请看外国帝国主义在中国捣些什么鬼》等文章予以驳斥。在蔡和森的领导下，《向导》经过两年多的大力宣传，使一度被视为"海外奇谈"的"打倒帝国主义""打倒军阀"的口号广为流传，深入人心，甚至成为国民党部分左派与一些进步商人都在使用的最流行的口号。1925年3月，蔡和森宣布："现在这种海外奇谈竟成为普遍全中国的政治常识"了。蔡和森曾说过，《向导》所宣传的一切都没有离开这个口号。曾任中共中央政治局常委、中央宣传部部长的李立三指出："我们还记得和森同志等在《向导》上，开始提出'打倒帝国主义'口号的时候，甚至胡适之先生忙以他的学者态度讥笑这一口号为不通。然而就是这一口号推动了而且正在推动中国千百万群众起来进行革命斗争。"

为了加强编读之间的联系，蔡和森在《向导》第3,4期连续以"本报启事"名义表明了编辑部欢迎读者评价《向导》的开明态度："读者诸君，对于本报的主张如赐批评，不论赞成反对一概在本报发表。"由于《向导》的这种开门办报的开明态度，《向导》的读者很快有了回应。广州一位名叫陈复的读者致信《向导》说："我读了贵报，对于你们的主张非常赞成；而且很相信贵报是我们四百兆同胞的救命符。"这位读者非常赞成《向导》提出的打倒军阀和打倒帝国主义的主张，认为只有这样，大家才能"过'人'的生活"。

当然，蔡和森主编的《向导》也存在某些缺点。由于它注重理论宣传，文字艰难晦涩，所以一度不为普通工农读者所理解。《向导》周报曾刊登一封名叫"冬原"的读者来信。冬原以家乡的情形为例说明农民不仅看不懂《向导》，也买不起《向导》，并指责《向导》与其说是给无产阶级看的东西，还不如说是给资产阶级看的东西："如贵刊者，实在是给资产阶级看的东西，我们苦人不但看不懂，买也买不起了。所以我要问你们：你们是希望资产阶级觉悟让步，而尽量地给他们《向导》看呢？还是主张无产阶级起来革命而尽量地给他们《向导》看呢？……里面虽写着'工人、农民、兵士们！起来！起（来）！'等话，但我老实告诉你们……他们买一块豆腐要吃惊，更说不到买《向导》了。因为《向导》究竟是废纸，包油条的废纸。他们并没有听着你们叫；他们也未曾看着《向导》这样东西的。你们的文字太深了……你们那些'列宁'、'马克思'、'实际'、'封建'、'军阀'，他们确实看不懂，比较看得懂的，是'共产'两字，你们想，这是多么恐怖的'共产'！所以你们现在既不瞎想帝国主义让步,却偏偏又要受过很好的教育的朋友才能看得懂的东西,需要革命而不知革命为何物者却偏偏不能给他看懂。这是一个什么的向导?"但在蔡和森等人看来,《向导》是宣传革命理论的,自然不能太"通俗"了。这也说明,蔡和森主编的《向导》定位的读者群,并不是工人和农民等社会下层群众,而是有一定知识和文化的青年学生和知识分子。

在中国共产党内,论述"纸老虎"问题最深刻全面的是毛泽东。但毛泽东并不是第一个提出"纸老虎"概念的领导人,蔡和森才是党内提出"纸老虎"概念的第一人。第一次国共合作前,国民党内存在着严重的恐帝思想,对如火如荼的反帝爱国运动不敢出面领导。1922年9月20日,蔡和森在《向导》第2期上发表《武力统一与联省自论——军阀专政与军阀割据》的文章,批评一些只知空发议论貌似强大的政治家或政论家时,第一次使用了"纸老虎"的概念。1922年12月,蔡和森在《向导》第13期发表《革命中的希腊》一文,指出:"戳穿了的纸老虎是吓不住民众势力之发展的。"1924年10月,蔡和森在《向导》第88期上发表《商团击败后广州政府的地位》一文,说英帝国主义支持的商团是"反革命的纸老虎,经十五日那一日的恶战便完全戳穿了"。在这里,他明确地把帝国主义和反动派看成是经不起群众及其武装打击的"纸老虎"。

蔡和森主编的《向导》大力宣传孙中山的"三大政策",使其一度成为最流行的口号。无论是什么团体开会,都要议决拥护三大政策;无论什么刊物出版,都看得见拥护"三大政策"。在大会场中的演说和口号里最容易听见的,就是拥护"三大政策"。在标语和传单上最容易看见的,也唯有"三大政策"。一个口号能产生如此大的轰动效应,难怪当时国民党人认为中共的宣传口号具有一种无形的魔力。

身体透支,家庭破裂,蔡和森不得不离开一手创办的《向导》周报

1925年10月,根据中央安排,蔡和森赴莫斯科参加共产国际执委会第六次扩大会议,并担任中共驻共产国际代表。中央宣传部主任彭述之接任《向导》主编。从此,蔡和森离开了《向导》,也极少再在《向导》上发表文章。

在中共早期领导人中,蔡和森是一位特别艰苦勤奋的领导人,堪称一位"工作狂",工作起来常常废寝忘食。与蔡和森一起工作好几年的张国焘曾说:"和他一

起生活是一件苦事。"然而,对革命事业过于执著的追求、奉献,致使蔡和森的身体严重透支。与蔡和森一同工作过的许多领导、同事对他的这种不顾身体健康而忘我工作的艰苦奋斗精神,十分钦佩。张国焘称赞他"是中共初期一个工作特别艰苦的同志",有时"他会整天不讲话,埋头阅读和写作",甚至在深夜"蔡和森还在那里写文章看稿子"。罗章龙回忆1923年他和蔡和森、毛泽东等人在上海一起工作生活的情景时说:"和森的身体虽然瘦弱,哮喘病也经常发作,但他不顾自己的身体,总是夜以继日地工作。他能整天坐在房子里埋头阅读或写作","他在《向导》周报上发表的那么多文章,就是这样刻苦认真地写出来的"。

蔡和森长期伏案工作,过度劳累,更应该注意劳逸结合,听从家人或者朋友的劝告,注意休息养病。可是,偏偏蔡和森又是一个性情偏执的人,从不听人劝告好好养病,从而导致其身体健康每况愈下。张国焘曾回忆说,蔡和森"患有严重的气喘病,病发的时候,呼吸急促得像一座扇火的风箱,呼呼作响"。1925年6月,蔡和森因哮喘病发作,不得不去北京西山疗养。

比身体透支对蔡和森打击更大的,是妻子向警予的婚外情。蔡和森和向警予的婚姻曾经被称为"向蔡同盟",成为共产党人爱情与婚姻的楷模。蔡和森与向警予的爱情,萌发于赴法国勤工俭学的巨型邮轮上。1919年底,蔡和森、向警予、蔡畅等50多人乘坐"盎特莱蓬"号法国邮轮从上海起航前往法国,蔡和森和向警予在旅途中坠入爱河。1920年5月,蔡和森和向警予在法国小城蒙达尼举行婚礼。两人的结合堪称完美,令人艳羡,几十名中国留学生为这一对志同道合的新人送上了温馨的祝福。婚礼中,蔡和森和向警予分别朗诵了两人在恋爱过程中互赠的诗歌,使婚礼气氛达

向警予

到高潮。不久,他们将这些诗作结集出版,题目为《向上同盟》,分别赠送给亲朋好友。萧子升在看完诗集后,幽默地对他们说:"你们两位都是我最好的朋友,我深深地祝福你们,并献给你们四个字——'向下同盟'。这是你们书的名称,我只

不过改换了一个字而已。"随后,人们把他们的结合称为"向蔡同盟"。

1921年底,蔡和森回国,在上海加入中国共产党。1922年1月,向警予也离法回国。1922年初,向警予加入中国共产党,成为最早的女共产党员之一。但是向蔡浪漫的爱情后面也隐藏着危机。五四新女性向警予性情活泼,崇尚妇女解放和个性自由。但婚后的向警予还是受到了旧式礼教的一些束缚,处处压抑自己,不苟言笑。她也反对工作和生活中其他人的谈情说笑,被同事们送了个"老祖母""女中墨子"的绰号。婚后,轰轰烈烈的恋爱成为往事,柴米油盐成为不可避免要面对的现实,向蔡两人之间没有了距离美,双方的缺点直接暴露在对方面前。蔡和森在生活上不拘小节,甚至不讲卫生。《向导》编辑郑超麟曾说:"蔡和森不洗脸、不理发,是所谓'囚首垢面而谈马克思主义的新王安石'。"但作为人父人夫,他并未完全尽到责任。蔡和森身体不好,从小就患哮喘,长期咳嗽,每天还坚持工作。蔡和森经常边咳嗽边哮喘,持续到半夜,让周围的人实难入睡。他生活又没有规律,看书写作着了迷,便忘了吃饭睡觉,思考问题时又习惯于在屋里来回踱步,邻居在夜间也总听到他那双破旧的皮鞋在地板上不住作响。向警予后来与他分手,重要原因也在于生活习惯不合。

向警予好胜心极强,也是一位事业至上的革命女性。她不善持家,蔡和森也无固定收入,以至于家庭有时发生断炊之事。为解决蔡和森家的生活困难,李大钊曾给胡适写信,说"和森很穷,专待此(按:蔡和森著的《俄国社会革命史》一书的稿酬)以为糊口"。向蔡两人都是职业革命家,他们都忽略了婚前婚后自己角色的变化,危机不可避免地产生了。

1925年初,一个叫彭述之的男人的出现,让内心苦闷的向警予重新燃起了压抑已久的爱情之火。彭述之曾化名张次南,1894年出生于湖南省邵阳隆回县,曾留学莫斯科东方大学,回国后任上海大学教授,《新青年》主编。1925年1月举行的中共"四大"选举陈独秀、彭述之、张国焘、蔡和森、瞿秋白五人为中央局委员。陈独秀任党的总书记兼中央组织部主任,彭述之任中央宣传部主任,张国焘任中央工农部主任,蔡和森、瞿秋白为宣传部委员。1925年6月,蔡和森到北京疗养。由于彭述之代表中央兼管中央妇委,和中央妇委书记向警予的接触机会渐渐多了,由此进入了向警予的生活。与蔡和森相比,彭述之才华横溢、风流倜傥,很注意生活细节和衣着外表,也更懂得体贴女人,比羸弱多病的蔡和森更加具有吸引力。特别是蔡和森离开上海后,彭述之在生活上对向警予更是给予了无微不至的照顾,这让在蔡和森那里感受不到家庭温暖的向警予十分感动。向警予对彭述之产生了好感,主动表示了爱意。三个月后,蔡和森与陈独秀一道返回上海。蔡和森先给向警予去信,告知自己到上海的日期,但是向警予并未去车站迎接。到家里以后,向警予却躲到楼上,没有出来。向警予忧心忡忡,蔡和森问她有什么心事,但向警予一开始并未说明真相,只是说所自己正在构思一篇文章。几天后,向警予向蔡和森坦白了自己与彭述之的事情。

妻子移情别恋,是对蔡和森的一个沉重打击。蔡和森把向警予和彭述之的恋情提交到了中央局会议上讨论,以此来挽救自己的婚姻。陈独秀刚宣布中央局会议散会时,蔡和森忽然站起来,说他还有一个问题请大家讨论。他说:"警予同志和述之同志发生了恋爱……"陈独秀、瞿秋白、张国焘等与会者瞠目结舌,一时说不出话来。陈独秀最后说:"这要看警予同志自己决定。"向警予只是哭,一句话也不肯说。陈独秀问向警予:"你究竟是爱述之呢,还是爱和森呢?"向警予还是抽泣不语。陈独秀又问:"你不爱和森了么?"向警予还是沉默。散会后,向警予斥责蔡和森说:"你太自私自利了。你分明晓得中央会站在你方面,你才提出问题来讨论。"蔡和森无语,没有辩解。晚饭后,蔡和森不上自己住的三楼去,在客堂间踱方步。《向导》编辑郑超麟当时也在客堂。蔡和森说:"超麟,我的心同刀割了一般。"郑超麟提议同他看电影去,蔡和森答应了,而此前蔡和森是从来不看电影或京戏的。

无论真相如何,向蔡之间的裂痕公开却是肯定了的。中央局会议批评了彭述之破坏别人家庭的行为。但向警予、彭述之的婚外恋风波,不仅大大地伤害了蔡和森的感情,败坏了向警予的形象,而且影响到中央领导的威信和团结。为了挽救向蔡同盟,1925年10月,党中央派蔡和森和向警予等人到莫斯科参加共产国际执委会第六次扩大会议。会后,蔡和森担任中国共产党驻共产国际代表,留在莫斯科,向警予进入莫斯科中山大学学习。虽然党中央尽力挽救向蔡两人的婚姻,但是中央的苦心没有奏效,向警予与蔡和森最终在莫斯科分手。一段堪称经典的革命爱情,最后无奈地画上了句号。

"向蔡同盟"解体,蔡和森根据党中央安排离开中国而赴莫斯科工作,直到1927年3月才回国。从此,蔡和森彻底离开了《向导》主编一职。如果没有婚姻的变故,中央也不会让蔡和森和向警予离开中国远赴莫斯科,他就可能一直担任《向导》主编直到最后一刻。

在苏联期间,蔡和森仍然十分关心《向导》。1926 年 2 月,他在递交给共产国际的《关于中国共产党的组织和党内生活向共产国际的报告》中,专门介绍了《向导》周报的办报历史、骄人的成绩、存在的问题及其如何发展等问题,成为《向导》研究的一份宝贵资料。

"《向导》的功绩,正是和森同志在中国革命中表现的极大的功绩"

在彭述之担任主编以后,蔡和森很少在《向导》上发表文章,《向导》一度改变了编辑方向,对农民运动和北伐战争不支持、不拥护,使《向导》在群众中的威信受到削弱。

1927 年 1 月,共产国际决定派蔡和森、谭平山回国参加中共"五大"的筹备工作。4 月 20 日,蔡和森来到武汉,住在回民街中共中央宣传部机关。随即,蔡和森在中共"五大"上当选为中央政治局委员、常委,中央宣传部部长,代表中央管理《向导》周报。此时,《向导》主编彭述之因为在大革命后期坚持陈独秀的右倾机会主义观点,受到党内许多领导同志的严肃批评,日益孤立。周恩来提出,彭述之不能再担任中央委员,至少不能担任《向导》主编。随后,瞿秋白接替彭述之担任《向导》主编。

在武汉停留的 4 个多月里,由于蔡和森工作繁忙,身体每况愈下,没有给《向导》撰文。7 月 2 日,蔡和森病情恶化,住进医院。面对形势日益恶化的大革命,他心急如焚。在瞿秋白担任主编时期,瞿秋白、蔡和森等人在《向导》发表了一系列文章,一定程度上纠正了《向导》在彭述之负责时期所发生的右的偏向。7 月 8 日,蔡和森在《向导》上发表了自己在该报上的最后一篇文章——《国家统一与革命势力的联合》。7 月 18 日,《向导》出版了第 201 期,全文刊载了《中国共产党中央委员会对时局宣言》,宣布停刊。1927 年 9 月,瞿秋白准备恢复《向导》。郑超麟建议不必恢复《向导》,而另外出版一份刊物《布尔塞维克》,得到瞿秋白的赞同。1927 年 10 月,《布尔塞维克》正式创刊出版,蔡和森参与了其编辑工作。

1931 年 3 月,蔡和森前往香港开展革命工作。同年 6 月 10 日,香港海员举行一次重要会议,蔡和森谢绝了好友的劝阻,冒着生命危险前往参加,不幸被捕。在狱中,国民党反动派对他施行了种种酷行,蔡和森横眉冷对,毫不畏惧。敌人的残酷折磨丝毫无损于蔡和森的坚强意志,他们终于灭绝人性地下了毒手……

　　在中国共产党早期报刊中，《向导》是持续最久的机关报刊，也是当时中国新闻界影响最大的报刊之一。《向导》制定和坚持了自己的宣传宗旨和编辑方针，形成了不同于其他党报党刊和其他社会报刊的独特风格，在社会上产生了极其广泛的影响。读者赞扬《向导》的创办是中国"两千年来历史上破天荒的荣誉作业"，称赞《向导》是当时中国新闻界中"真敢替受压迫的工农阶级呼冤而确能指示民众以革命大路的"唯一报纸，把《向导》看作是"黑暗的中国社会的一盏明灯"。1923 年 12 月，在北京大学成立二十五周年纪念日举办的民意测验中，《向导》获得各界读者爱读票 220 票，名列全国周刊第一名。

　　蔡和森是《向导》的首任主编，人们称赞《向导》的同时，自然联想到了蔡和森，称赞蔡和森。共产国际代表马林多次称赞主编《向导》的蔡和森，在读者中"影响很大，是很好的编辑"。1935 年，李立三在莫斯科说："《向导》在中国革命中起到了极大的领导作用，从数千份扩展到十万余份"，"和森同志的名字是与《向导》不可分离的……《向导》的功绩，正是和森同志在中国革命中表现的极大的功绩。"1979 年，当年与蔡和森一同工作过的罗章龙回忆说："他所写的文章观点鲜明、文笔酣畅，宣传鼓动作用很大。在我们这一辈人中，只要一提到《向导》，就自然地把它与和森的名字联系在一起。他的贡献之大、影响之深，就可想而知了。"2005 年 3 月 20 日是蔡和森同志诞辰 110 周年，中共中央在人民大会堂举行纪念座谈会。时任中共中央政治局常委、书记处书记、国家副主席的曾庆红出席座谈会并发表重要讲话，他在讲话中对蔡和森给予了高度评价："他主编的党中央机关报《向导》周报被誉为四万万苦难同胞思想上的'向导'。"

第一位牺牲的政治局常委罗亦农

罗亦农（1902—1928）

　　罗亦农是中国共产党早期著名的政治活动家和卓越的领导人，先后担任过中共上海（江浙）区委书记，中共江西省委书记，中共湖北省委书记，中共中央长江局书记，中央组织局主任，临时中央政治局委员、常委，是当时最年轻的政治局常委。他参与领导的上海工人三次武装起义，是大革命时期中国工人阶级的一次壮举，在中国革命史上谱写了令人瞩目的光辉篇章。1928年4月，罗亦农在上海被捕并英勇就义，成为为中国革命而牺牲的中共中央政治局常委中最年轻的一位。由于过早的牺牲，使得今天不少读者对于罗亦农比较陌生，不了解其光辉的革命事迹。

中国共产党第一位党校校长

　　罗亦农，1902生于湖南湘潭。1916年考入教会办的湘潭益智学校，1917年年底因厌恶学校的神学教育退学回家。1919年6月，罗亦农离家赴上海求学，先在一所中学念书，后为生活所迫到一家小报馆当校对工人。在此期间，他阅读了一些宣传马克思主义的报刊文章，并经陈独秀介绍参加过沪滨工读互助团的活动。1920年8月，上海共产主义小组创办了外语学社，罗亦农到该社学习，并加入了社会主义青年团。1921年5月，罗亦农受中共上海发起组的派遣，和刘少奇、任弼时等一起，到莫斯科东方劳动者共产主义大学（简称东方大学）学习。临行前，他从上海回湘潭探亲，告诉家里人"世界要变"，"我要到俄国去找一条出路"，并为家人留下一张字条，上写："铲除恶势力。罗觉（按：即罗亦农）"。

　　1921年10月，东方大学正式开学，罗亦农等首批中国学员组成中国班。中国班第一批学员,包括刘少奇、罗亦农、任弼时、肖劲光、曹靖华、彭述之等人,罗亦农被大家推举为中国班的负责人。1921年冬,罗亦农由团员转为中国共产党党员,并被推选为中共旅莫(斯科)支部书记。中共旅莫支部承担着为中国革命培养领导骨干的特殊任务,中共早期著名活动家中不少人在这里接受过严格的训练。同年,罗亦农介绍刘少奇转为中国共产党党员。1923年3月,王若飞、陈延年、赵世炎等一批青年骨干也从法国来到莫斯科东方大学。根据队伍壮大的情况,东方大学组成了中国语言组。罗亦农因成绩优异,组织能力强,被任命为中国语言组书记。从此,他便担负起一批又一批赴苏俄学习的中国同学的组织工作,并兼任中国班的唯物论教授和翻译。1924年1月,罗亦农与瞿秋白一道出席在莫斯科召开的远东各国共产党及民族革命团体第一次代表大会。1924年夏,罗亦农介绍前来莫斯科出席国际运输工人大会的中国代表林伟民加入中国共产党,使其成为中国第一位海员共产党员。

　　1925年1月,中共旅莫支部接到陈独秀的来信,信中说:由于国内形势的发展,"急需得力同志能负责指导独当一面者",中央决定罗亦农、王若飞等七人回国工作。3月12日,罗亦农从莫斯科动身,4月中旬到达上海。鉴于广州和北京在大革命时期的重要地位,1925年5月8日,中央局又决定在北京和广州分别组成临时委员会,以便代表中央局就近指导当地的一切实际工作。根据中央的决定,中央驻粤临时委员会以谭平山、陈延年、周恩来、罗亦农、鲍罗廷五人为委员,同时指定罗亦农主持粤区党校工作;中央驻北京临时委员会由李大钊主持,委员有赵世炎、陈乔年等人。这样,罗亦农便成为受党中央委派筹办党校的第一人。由于罗亦农在广州只工作了不到5个月,而期间广东政治局势瞬息万变,革命运动波澜壮阔,需要粤区党组织倾全力去应对、谋划和领导。从1925年5月下旬到10月初,虽然罗亦农以中央驻粤临时委员会委员身份肩负着筹办党校的使命,但由于革命任务繁忙,他没有机会完成在广东筹建党的第一所党校的使命。

　　1924年5月,中共中央执行委员会扩大会议在党的历史上第一次提出建立党校的主张。1925年10月,罗亦农以广东代表名义出席了党中央在北京召开的扩大会议。会后,应李大钊的要求,中央决定派罗亦农主持北方区委党校工作。1925年10月,我党第一所党校由北京区委正式创办,罗亦农担任校长,教员有赵世炎、陈乔年等。中共北方区委党校是中国共产党最早举办的一所党校。第一期学员近百人,来自北方区委所辖各地党团骨干。党校校址设在北京鼓楼北大街一条偏僻胡同里的一所四合院内,南屋正厅敞开的三间房为教室,东耳房一间为校长罗亦农的办公室兼宿舍,西耳房为文书室和图书室,东西厢房各三间为学员宿舍。党校对外公开名称是"北京职业补习学校",并向北京市教育局申请了注册。李大钊出席了开学典礼,并发表了重要演说。开学后,罗亦农讲政治经济学常识、历史唯物主义和世界革命史,赵世炎讲列宁主义、殖民地半殖民地民族解放斗争、共产党在民主革命时期的任务、职工运动和农民运动,陈乔年讲马克思的阶级斗争学说、党的建设和世界革命形势、国际工运,萧子璋讲共青团的任务和学生运动,刘伯庄讲国共合作统一战线问题。第一期学员经过3个多月学习后结业。由于北京的政治环境日趋恶化,北方区委党校没有能按原计划长期办下去。这期党校办了近三个月,时间虽短,收效却很大,为全国特别是为北方区培养了一批得力干部。罗亦农的理论水平和杰出的组织才能,也给人们留下了深刻的印象。

上海工人武装起义的重要领导人

1925年12月至1927年4月,罗亦农任中共上海区委(又称江浙区委)书记。他是我党第一个提出举行工人武装起义的领导人,也是我党第一个提出由党独立领导武装工作的领导人,更是第一个提出建立工人与小资产阶级联合政权的领导人。

罗亦农从就任中共上海区委书记伊始,便在区委会上提出:要采取坚决进攻的策略,从组织发动工人群众开展经济罢工入手,深入发动群众,恢复党团工会组织,培训党团工会干部,积聚以工人为首的革命力量,并在此基础上,积极准备工人武装起义,推翻封建军阀统治,建立民主政治。罗亦农的意见,得到了赵世炎、汪寿华等上海区委领导的赞同和支持。由此,在上海和浙江地区的恢复整顿组织,聚集革命力量,培训党团工会干部等工作迅速展开。为了提高党团工会各级领导干部的理论水平和工作能力,区委从1926年2月起连续举办了6期为期一个月的干部培训班,由罗亦农主持干部培训班,并主讲马列主义基本理论知识和当前之形势和任务,扩大了党的组织。1926年5月,中共上海区委决定成立由罗亦农兼主席的军事委员会,加强和扩大纠察队,实行军事训练。9月,北伐军在两湖战场取得了决定性胜利。根据这一形势的发展,9月3日,罗亦农在中共上海区委主席团会议上提出:上海应举行武装起义,并实行"人民自治"。这就是上海三次工人武装起义的最早提出。此后,上海党组织正式开始了武装起义的准备工作,并且由罗亦农担任起义秘密总指挥。10 月 23 日,上海区委决定当晚 12 时正式举行武装起义。但因资产阶级的代表虞洽卿在临事时的退缩,使起义推迟到第二天凌晨 3 点才举行,并且很快失败了。

为了总结经验教训,在罗亦农主持下,中共上海区委于起义失败的当天下午和 25 日举行临时主席团会议,讨论起义的善后工作及继续问题。罗亦农在会上指出:要进一步争取群众,增强自信力,加强政治宣传和军事训练及准备。他还代表区委军事特别委员总结了前段工作,检讨了在掌握情况和部署、联络方面的一些问题,分析了政治形势,强调不能因暂时的挫折而丧失信心,要更加坚定,加紧工作,准备再次举行起义。为了落实工人纠察队的建设,罗亦农到数十个工厂工会进行指导。为了挑选可靠而又熟悉军事技术的教官,他找具备军事知识、会使用枪械的党员及打入保卫团的党员谈话,布置工作任务。为了准备起义所需的军火,他把李强等好几个具有专门技术的大学生和工匠调到身边,组织研制炸药和手榴弹。为了安排武装训练的秘密据点,他常常在街头巷尾穿行。有一次,罗亦农去一个工人纠察队秘密训练点检查工作。凌晨 1 时,他忽然"失踪"了。与他同去的赵世炎正准备派人分头寻找时,一位工人纠察队员在楼梯边发现了他。原来,由于过度劳累,罗亦农倒在楼梯边睡着了。

1927 年 2 月 13 日,北伐军攻占杭州。15 日,中共中央召开紧急会议,决定在北伐军到达松江时,上海工人举行总同盟罢工,并组织第二次武装起义。2 月 22 日,上海工人在罗亦农为首的上海区委的领导下,正式举行第二次武装起义。各区工人纠察队袭击了敌人的岗哨,夺取枪支,冲破军警警戒线,进攻警署,闸北、南市发生巷战。但这次暴动也由于敌我力量悬殊,时机选择不当,总指挥部与各区之间失去联系等原因又失败了。

两次武装起义的失败,并没有使罗亦农、赵世炎、汪寿华等领导人灰心丧气。2 月 23 日,中共中央和上海区委召开联席会议,决定要扩大武装组织,准备第三次武装起义。为了加强对武装起义的领导,中央和上海区委联合成立了党的特别委员会(简称特委会),特委会以陈独秀为首,成员有罗亦农、周恩来等 8 人,整个起义工作在特委会的领导下进行。陈独秀、罗亦农、周恩来、赵世炎、汪寿华是特委核心成员,在紧急情况时,负责整个武装起义的指挥。这样,特委会的成立标志着党建立起对武装起义的绝对领导。

1927年3月21日，罗亦农代表上海区委宣布了当天中午12时举行全市总罢工，并立即举行武装起义。这样，上海80万工人正式进入有组织的同盟总罢工和武装起义。起义的总指挥部设在闸北区商务印书馆职工医院里，由周恩来、罗亦农、赵世炎三人负责具体指挥，但这个指挥部须接受党中央陈独秀的指挥。周恩来、罗亦农、赵世炎三人的具体分工是：周恩来负责战斗最为艰苦又是起义成功与否的关键的闸北地区的指挥，赵世炎赴市南区指挥，罗亦农留总指挥部，负责传达中央陈独秀的指示及负责南北两区的协调与联络。战斗进行到22日下午4点多钟的时候，全市的战斗除闸北火车站外，已全部结束。但闸北火车站不仅有奉鲁军的指挥部，配备较强的武器装备，而且还有帝国主义的军队，配合奉鲁联军对我方进攻。陈独秀得知这一消息后，提出要工人纠察队撤出战斗，并派郑超麟把这一命令传达给了起义总指挥部。罗亦农听了这一命令后，对整个上海内外的环境做了分析，对敌我力量进行正确评估后，拒绝接受和传达这一命令，使起义得以继续进行。至下午6时，起义结束，上海工人第三次武装起义取得了完全胜利。据参加过上海工人第三次武装起义的商务印书馆工人、新中国成立后任云南省副省长的刘披云回忆："我那时在上海大学学习，是学生总会的人，学生的任务是给工人纠察队送茶送水，但更重要的是准备在起义后用上海学习总会的名义，号召宣传召开市民大会，选举上海市临时革命政府。这样，我作为学生代表，就跟着罗亦农转了。罗亦农很善于做统一战线工作，他和国民党上层人物打交道时，坚持无产阶级领导权，运用争取多数，孤立少数，从而最后战胜少数右派的策略原则，显示了很高的政治水平和斗争艺术。"

3月22日，上海市民代表大会在上海九亩地新舞台召开。大会产生了上海特别市临时政府，罗亦农当选临时政府委员，3月29日举行了就职典礼。上海工人三次武装起义，不论其成功或失败，在中国共产党的历史上都有着极为重要的地位。在这次起义过程中，罗亦农做出了突出的贡献。1928年7月，周恩来在党的"六大"的《军事报告》中谈到这件事时指出：对上海工人第三次起义"最后五分钟的决心"，陈独秀、彭述之等人"是动摇的"，而在"上海的江苏省委"（按：指中共上海区委，1927年4月改为江苏省委）和"军事的指挥者"，"对于这次暴动是没有一点动摇"，并热烈地称赞罗亦农"真是上海暴动的创造者"。

1927年4月6日，中共上海区委召开活动分子会议，罗亦农作《目前时局与我们的策略》报告。4月12日，蒋介石发动了"四·一二"反革命政变，总工会被封，纠察队被缴械,共产党员和革命群众大批被逮捕、被杀害。罗亦农同区委同志一起通过紧张的讨论研究,决定再次组织总同盟罢工,发动工会、学生会、商会、妇女会等社会团体发表宣言、通电,强烈抗议国民党新军阀的反革命暴行。4月16日,李立三、陈延年、罗亦农、周恩来、赵世炎等一起讨论了上海地区的工作。会后,他们联名向党中央发出了一封紧急意见书,历数蒋介石的反革命暴行,呼吁迅速出师讨伐蒋介石。这次会后不久,罗亦农奉命去武汉。一天清晨,赵世炎送罗亦农离开上海,握别之时,两位年轻的共产主义战士互道珍重,互相鼓励,他们坚信,黑暗终将过去,胜利一定属于人民。

担任湖北省委书记,领导了湖北秋收起义

八七会议是中国共产党历史上的一次重要会议,是中国革命斗争由大革命失败到土地革命兴起的历史转折点。罗亦农作为中共中央委员、中共湖北省委书记参加了八七会议,并在八七会议中被选为临时中央政治局委员。罗亦农对八七会议的召开、八七会议决议形成、贯彻落实八七会议精神都发挥了重要作用。

1927年7月15日,以汪精卫为首的武汉国民党中央公开叛变革命,正式同共产党决裂,持续三年多的轰轰烈烈的大革命失败。蒋、汪合流,在帝国主义、封建势力和买办资产阶级的支持下,建立由国民党新军阀专政的反革命政权,对共产党人和革命人民进行了疯狂镇压。大革命的失败,客观上是帝国主义、封建主义的力量强大和国民党背叛革命,主观上则是中国共产党领导人陈独秀在大革命的后期犯了右倾机会主义错误。中国革命应该如何发展的问题摆在了中国共产党领导机关和每个共产党人的面前。1927年5月,罗亦农调任中共江西执委(省委)书记,并于7月17日接替张太雷担任中共湖北省委书记。罗亦农领导中共湖北省委根据当时形势和湖北的实际情况,决定采取进攻的政策,并拟发动一个总同盟罢工。罗亦农和省委农民部部长任旭根据大革命时期全省各地中国共产党组织发展情况、农民运动的状况,拟订了一个计划,并提出派五百人到乡下去工作。

在大革命失败后,中共中央领导机关和每一个共产党人对中国革命如何发展都处于探索时期。罗亦农将湖北秋收暴动计划报送到设在武汉的中共中央时,中央有几位负责同志还犹豫,表示怀疑。经过再次讨论之后,大家才同意了湖北秋

收暴动计划。湖北秋收暴动计划的确定,对中共中央决定发动秋收起义发挥了一定的促进作用。当时,在武汉代行中共中央政治局职务的五人临时中央常务委员会主要决定了三件事情:第一,决定在7月底召开中央紧急会议,由瞿秋白、张太雷、李维汉负责筹备工作;第二,同意举行南昌起义,派李立三、邓中夏、谭平山、恽代英等一部分中央负责干部前往江西;第三,决定发动秋收起义。

关于发动秋收起义是中央紧急会议必须决定的主要内容之一。罗亦农亲自拟订的湖北秋收起义计划,对暴动的目的、暴动时共产党的领导、暴动的直接指挥、暴动的主要力量、暴动的主要地区都作了详细的说明和安排。中共中央在讨论罗亦农上报的湖北秋收暴动计划时,认真分析了湖北秋收暴动的可能性和可行性,并从中得到启发,认识到"农民暴动"是开展土地革命,使工人农民夺得政权的"唯一方法",遂决定在革命基础比较好的湘鄂粤赣四省发动农民秋收起义。8月3日,中央发出了《中共中央关于湘鄂粤赣四省农民秋收暴动大纲》,正式确立了秋收起义计划。这表明,中共中央已经开始实行新的路线,决定武装反抗国民党反动派。以罗亦农为首的中共湖北省委,对中央决定发动秋收起义起了有力的推动作用。

1927年8月7日,中国共产党在汉口召开中央紧急会议。会议总结了大革命失败的教训,批评了大革命后期陈独秀的右倾机会主义错误,讨论了当时党的工作任务,确定实行土地革命和武装反抗国民党反动派的总方针,决定在湘鄂赣粤四省举行秋收暴动。湖北的代表都同意罗亦农对中共中央领导人陈独秀右倾机会主义的批评,接受罗亦农关于要武装反抗国民党反动派,开展秋收起义的思想。毛泽东、邓中夏、蔡和森、罗亦农、任弼时等先后发言,尖锐地批判了陈独秀的右倾投降主义。毛泽东批评了陈独秀领导下的党中央反对解决农民土地问题和不做军事工作的错误,提出政权是由枪杆子取得的。罗亦农在发言中大力支持毛泽东的正确意见,批评我们党不注意夺取政权的武装,提出现在要用武装斗争反抗国民党反动派,并批评共产国际派到中国指导革命的人员不懂得中国革命,共产国际对此要负责任。

在八七会议上,罗亦农当选为临时中央政治局委员,成为中共中央领导机关的九名成员之一。在8月9日临时中央政治局第一次会议推选常委时,蔡和森、王荷波、毛泽东、李维汉均力主罗亦农加入常委。后因湖北工作的特殊重要,中央认为,"鄂省在此严重时期换书记是非常错误的……亦离鄂省委为不可能",决定罗亦农仍任湖北省委书记,但"事实上仍可参加常委"。最后,由瞿秋白、苏兆征、李维汉组成了中央临时政治局常委。

8月4日,罗亦农同任弼时、任旭拟订《湖北省秋收暴动计划》。8月中旬,中共中央决定两湖暴动以湖南为中心,先取得武长铁路、岳州和长沙,断绝两湖关系,完成湖南暴动再联合发动广东、湖北暴动。据此,罗亦农重新修订了湖北秋收起义计划,决定以鄂南为中心,一方面援助湖南,一方面引起湖北全省普遍的暴动。接着,他亲赴鄂南布置暴动准备工作。9月上旬,罗亦农再赴鄂南指导暴动事宜。接着,他指导了鄂东、鄂中、鄂西、鄂北、沿京汉铁路及襄枣六区暴动事宜,并在各区成立暴动特委会,由特委会具体指挥各区的暴动事宜。从7月至9月各区暴动前夕,罗亦农为首的中共湖北省委共派出400多人赴各区指挥与参与暴动事宜。9月上旬,湖北秋收起义正式爆发。在湖北东北部的孝感、麻城、黄安等地,有数万农民参加武装起义,其中黄安的农民占领黄安县城30余日。但整个湖北秋收暴动跟湖南的秋收暴动一样,因具体的组织和领导不得力,很快被反动派镇压。

从8月3日以后至12月11日之前,湘鄂赣粤境内由各省省委和各地特委、县委领导的有一定规模和影响的秋收起义湖北总计17次,湖南总计16次,江西总计8次,广东总计10次。在四省秋收起义中,罗亦农等领导的湖北爆发起义的次数最多。在四省秋收起义过程中,唯有湖北形成了中央、省、区一以贯之的完整计划体系,其中以《两湖暴动计划决议案》、《湖北省秋收暴动计划》、《鄂南秋收暴动计划》最为典型。湖北秋收暴动虽然失败了,但是有力地打击了鄂南各地的反动统治,而且其中的黄麻起义还促成了鄂豫皖边的红色割据,为我党培养了李先念等一批领导农村武装起义的人才,同时也为党在农村开展武装斗争工作积累了经验,在湖北农村发展了一批党员,为后来党在湖北农村的工作播下了革命的种子。湖北秋收起义虽然失败了,但罗亦农善于总结经验教训,从斗争的实践中提出了工农武装割据的思想。1927年10月,罗亦农在总结暴动失败的教训时指出,长江局的第一个最大任务便是坚决地发展"土地革命"和"普遍地发展游击战争与没收地主的土地及杀戮土豪劣绅等工作"。"可以攻城或占据某几县为农民革命的根据地"时,"应当坚决地领导这许多农民攻城或占据几县为农民革命的根据地,并创造一独立割据的局面","建立工农政权,实行土地革命"。当时,全国各地正纷纷组织夺取中心城市的暴动,罗亦农提出此观点,极富前瞻性。虽然,后来他因到中央机关工作,这一观点没有得到展开,但实属难能可贵。

所谓的"罗亦农事件"

1927 年 9 月下旬,中共中央离汉迁沪,并决定在武汉成立中共中央长江局,领导长江中上游湖北、湖南、江西、四川、安徽、陕西七省的工作,由罗亦农担任书记。10 月 1 日,中共中央发出成立长江局的通知。10 月 2 日,罗亦农主持召开长江局会议,正式成立长江局。此后,由罗亦农专门负责长江局的工作,湖北省委书记由陈乔年接任(三个星期后,陈乔年因工作病倒,长江局委员、湖北省委农民部部长任旭代理湖北省委书记)。

1927 年 10 月下旬,长江流域爆发了国民党新军阀李宗仁与唐生智之间的宁汉战争。双方在湖北、安徽边境展开激战。10 月底,中央临时政治局召开常委会议,认为当前的革命潮流是高涨的,中国革命的客观条件已经具备,党应当汇合各种暴动发展成为总暴动。在湖北党内,围绕是否举行武汉暴动,产生了意见分歧。10 月下旬,湖北省主席唐生智所部战败,纷纷向武汉退缩。10 月 26 日,中共湖北省委召开第八次常委会议,提出"暴动打倒唐生智""暴动建立苏维埃政权"等口号,决定利用军阀混战的有利时机,立即发动城乡特别是武汉三镇的武装暴动。28 日,长江局书记罗亦农从长沙返回武汉,根据他巡视两湖的情况,认为党的主观力量和技术准备严重不足,现在首要的工作是准备暴动而不是立即暴动。30 日,湖北省委常委会取消了立即暴动的计划,强调党的主要责任是领导群众通过艰苦、扎实的工作准备将来的暴动。11 月 1 日,共青团长江局、湖北省委召开联席会议,邀请罗亦农参加。

11 月 4 日,罗亦农和湖北省委代理书记任旭离汉赴沪,参加 11 月中央临时政治局扩大会议。在这次临时中央政治局扩大会议上,周恩来、罗亦农被补选为政治局常委,罗亦农还担任中央组织局主任(中央组织局之下包括了中央组织部、宣传部等各部和秘书处,它把中央各部合起来,统一工作,以减轻政治局的日常行政工作,相当于现在的书记处)。这样,新的政治局常委会由瞿秋白、苏兆征、李维汉、周恩来、罗亦农组成。与此同时,宁汉战争形势发生了戏剧性的变化。12 日下午,唐生智集团全线溃败,唐生智宣布下野,武汉处于真空状态。但因为主观力量准备不足,武汉三镇没有开展大的暴动。

11 月中央临时政治局扩大会议后,中共中央为贯彻会议精神,决定利用宁汉战争中唐生智军队全面溃败之机发动两湖暴动,命令湖北省委在最短时间内组织全省工、农、兵联合暴动,夺取政权,开创一省或几省首先胜利的局面。会议为便于领导各地的武装暴动,在通过的组织问题决议案中,规定自中央至地方实行巡视员制度。长江局撤销,罗亦农改任中央两湖巡视员,到两湖地区布置暴动工作;任旭仍回湖北主持工作。

11 月中旬,共青团长江局书记刘昌群和共青团湖北省委书记韩光汉到上海出席共青团中央扩大会议。12 月 3 日,刘、韩联名给团中央和党中央写报告,控告罗亦农和湖北省委常委"临时畏缩不前","犯了极严重的机会主义错误","要求中央彻底查究"。瞿秋白等人接到刘昌群、韩光汉的报告后进行了紧急商量,于12 月 5 日做出三项决定:第一,停止原长江局书记、中央两湖巡视员罗亦农的职权;第二,停止湖北省委常委职权,听候查办;第三,组成以苏兆征为书记,贺昌、郭亮为委员的中央湖北特别委员会,前往武汉查处,并在省委改组期间代行省委职权。中央决定查处罗亦农和湖北省委的重要依据仅仅是刘、韩的报告。这就使中央的查处决定显得依据不足,而此后中央湖北特委会的过激做法,更使中央陷入被动。12 月 9 日,中央湖北特委会到达武汉,宣布停止罗亦农中央巡视员职权,并代替省委召开了扩大会议,还取消了省委同志在扩大会上的发言权。特委会还请求中央批准开除罗亦农、陈乔年(湖北省委书记)中央委员的资格。

在 12 月 9 日中央特委会到武汉宣布停止罗亦农职权后,罗亦农表示不服。12 日,他向中央特委提交了申诉书,进行辩解。13 日,中央特委会让罗亦农乘船离开武汉。16 日,罗亦农到达上海。在向瞿秋白、李维汉等中央常委当面申诉后,他又于 21 日向中央递交了《罗亦农对于湖北问题的答辩》。与罗亦农一起受到停职检查的陈乔年、任旭和黄五一(省委常委兼省总工会秘书长)等人,也于12 月 12 日向中央特委会提交了申诉报告。12 月 31 日,陈乔年、任旭和黄五一联名向中央临时政治局提交了《对中央湖北特委查办省委常委和省委扩大会的意见》。1928 年 1 月 10 日,他们又向中央提交了《陈乔年、任旭、黄五一对湖北问题的总答辩》。此外,湖北党的部分地方特委领导也纷纷给中央写报告反映情况。他们的报告、申诉和答辩主要围绕着刘昌群、韩光汉报告的"指控"和中央湖北特委收集到的"问题"进行。

罗亦农及湖北省委领导的申诉和答辩,引起了以瞿秋白为首的中央临时政治局的重视。瞿秋白觉得问题很严重，他于 12 月 16 日在听取完罗亦农口头申诉后的当天，即与其他中央领导同志商量并决定：写信给中央湖北特委会，让湖北省委扩大会议主席团（至多三人）及苏兆征等人来上海解决问题；审查期间，罗亦农仍须出席中央会议。12 月 18 日，瞿秋白等以中共中央的名义发出《致湖北特委信》，批评中央特委会的处事方式，认为它"大失中央近所提倡的讨论政策须民主化的精神"。12 月 24 日，瞿秋白等人召开政治局会议，讨论了湖北党内的争论问题。会议肯定了唐生智崩溃时，武汉不能举行夺取政权的总暴动的意见，并认为罗亦农对于湖北的政治指导没有犯机会主义的错误。会议还决定由瞿秋白、李维汉、任弼时三人负责与争执双方人员谈话，听取各种意见。临时中央政治局会议确认罗亦农在湖北工作的政治指导是正确的，仍由罗亦农担任中央政治局常委兼中央组织局主任。

为了对湖北党内争执问题做出明确表态，以平息湖北党内纷争，1928 年 1 月 1 日，中共中央发出《告湖北同志书》，指出刘昌群、韩光汉等同志主张武汉暴动"不仅是一个错误且系玩弄暴动"，并肯定长江局及罗亦农停止暴动的决定"是对的，是正确的指导"。两天后，瞿秋白、罗亦农等出席中央临时政治局会议，并通过《关于湖北党内问题的决议》，再次认为湖北省委和团省委"马上暴动"的倾向是错误的，长江局反对马上暴动是对的；但认为长江局估量唐生智的崩溃时间有误，对两湖工作没有做出进一步的指导，也"不是一种寻常的错误"；另外，决定取消中共湖北省委扩大会议关于开除罗亦农中央委员的建议。1 月 8 日，政治局常委会议决定，由李维汉去两湖巡视，同时决定应无条件恢复罗亦农的工作及在同志中的威信。此外，对陈乔年等人也做出了相应的处理。到此为止，"罗亦农事件"得到了妥善解决。

罗亦农及时制止武汉暴动是正确的，是经过深思熟虑和有充分的客观事实作为依据的。但是，1927 年 11 月召开的中共中央临时政治局扩大会议的决议案断言"现时全中国的状况是直接革命的形势"，据此确定了实行全国武装暴动的总策略。在"左"倾盲动主义的错误方针指导之下，罗亦农果断停止武汉暴动的正确决定反被认为是"临时畏缩不前"，"犯了极严重之机会主义的错误"。罗亦农顶着巨大的压力，怀着对党的无限忠诚，旗帜鲜明地与"左"倾盲动主义作坚决的斗争，坚持自己的正确观点，其坚持真理的精神是难能可贵的。

在这场被称为"罗亦农事件"的党内分歧解决后，也快过新年了。罗亦农心情舒畅,准备和未婚妻李哲时(时任中共湖北省委妇委会委员、省妇协负责人,新中国成立后更名李文宜,曾任劳动部办公厅副主任、民盟中央副主席)结婚。1928年元旦这天,瞿秋白、杨之华夫妇,周恩来、邓颖超夫妇,李富春、蔡畅夫妇等人,还有王若飞及中央秘书处的同志们都来了。大家向罗亦农和李哲时贺喜,气氛十分融洽。王若飞还学着李哲时的话说:"胜会难再。"革命者有情,而革命是无情的。罗亦农和李哲时的新婚日子过了没有多久,噩运就降临了。1928年4月,罗亦农从武汉回到上海,每天忙于工作,新的住处还没有找好,李哲时只好又回上海美专住校去了。4月8日,罗亦农为李哲时叫了辆黄包车,付了车钱。李哲时上车后,回头望了他一眼。不料,这一别竟成了永别……

"慷慨登车去,相期一节全"

1928年4月15日上午,罗亦农在自己的住处被捕。罗亦农的被捕,是中共中央自武汉迁回上海后所遭受的第一次重大挫折。周恩来得知罗亦农被捕的消息后,立即通知中央特科负责人顾顺章,命令他负责组织营救,并照顾好罗亦农的新婚妻子李哲时。

罗亦农被捕后,中央特科曾经考虑用巨款买通敌人,争取释放,但后来放弃了这一计划。周恩来便又找到中央特科,共同制订行动方案,只待罗亦农由租界巡捕房向淞沪警备司令部引渡时,武装劫救。中央特科拟用伪装送葬的方式营救罗亦农,将枪支藏在棺材里,并让李哲时披麻戴孝,作为死者的家属随伪装送葬队伍的人走在棺材后面,等到囚车经过时大家一齐行动,把罗亦农救下来。应该说,中央特科的计划是可行的。只是租界巡捕房已经知道了罗亦农的身份,提前引渡,于4月8日将罗亦农送往龙华国民党淞沪警备司令部。在狱中,面对敌人的严刑拷打与威逼利诱,罗亦农始终坚贞不屈。在劝降失败后,蒋介石下令将罗亦农枪决。从罗亦农被捕到牺牲,前后只有六天时间,中央特科的营救未能成功。

4月21日下午2时,关押罗亦农的牢门打开了。罗亦农神情自若,毫无惧色,安详地跨出牢门,走向刑场。罗亦农牺牲时年仅26岁,成为第一位牺牲的中央政治局常委。4月22日的《申报》报道说:临刑前的罗亦农"身穿直贡呢马褂,灰色哔叽长袍,衣冠甚为整齐","态度仍极从容,并书遗嘱一纸"。"慷慨登车去,相期一节全。残躯何足惜,大敌正当前。"这是罗亦农写给同志们的绝命诗。5月30

日,中共中央理论刊物《布尔塞维克》第 20 期以卷首语的形式沉痛哀悼罗亦农的壮烈牺牲,号召"中国无产阶级牢记住他的领袖",学习"罗亦农同志的热烈的革命精神",并为他"报仇"。根据周恩来的指示,中央特科最后查出,和罗亦农同住在一栋楼上的何家兴、贺稚华夫妇,是出卖罗亦农的叛徒。原来何家兴、贺稚华来到上海后,始终难以适应中共地下党组织严格的纪律和行动要求,大上海醉生梦死的夜生活让他们沉迷不已。一有机会,他们就私自外出,不是在舞厅里玩得很晚,就是在酒吧里喝得烂醉,罗亦农批评过他们几次,他们便对罗亦农怀恨在心,伺机进行报复。

在中央特科调查清楚何家兴、贺稚华夫妇罪行后,周恩来决定由陈赓带领行动科("红队")除掉叛徒。1928 年 4 月 25 日凌晨,陈赓带领红队队员闯进何家兴夫妇住的法租界蒲石路 178 号二楼。何家兴被当场击毙,贺稚华额上被击一枪,钻进床下装死得以逃生,事后被送到广慈医院治疗。在此期间,中央特科又布置人去医院处置她,但由于敌人防范很严,无法下手。何家兴、贺稚华夫妇遇袭的消息又一次轰动了上海。

党和人民没有忘记罗亦农。2002 年 5 月 17 日,中共中央组织部、中共中央党史研究室、中共上海市委、中共湖南省委在人民大会堂举行纪念罗亦农同志 100 周年诞辰座谈会。时任全国人大常委会委员长的李鹏,时任国家副主席的胡锦涛出席并发表讲话。李鹏说,今天我们在这里举行座谈会,纪念罗亦农同志诞辰一百周年,就是要缅怀他为中国人民解放事业和党的建设做出的卓越贡献,学习、继承和发扬他的革命精神。胡锦涛说,罗亦农同志是中国共产党早期的重要领导人之一,是杰出的无产阶级革命家、著名的工人运动领袖。他的一生虽然短暂,但他的英名永载中国共产党和中国革命的史册。2009 年 9 月,罗亦农被评为一百位为新中国成立做出突出贡献的英雄模范之一,其英名彪炳史册。

张太雷：两段婚姻一世情

张太雷是中国共产党早期的重要领导人之一，是中国共产主义青年团的创始人之一和青年运动的卓越领导人，是广州起义的主要领导人。张太雷在广州起义战场上壮烈牺牲时，年仅29岁。瞿秋白在《悼张太雷同志》一文中说："他的坚决与耐苦是一般同志所知道的"；"他死时，觉着对于中国工农民众的努力和负责；他死时，还是希望自己的鲜血，将要是中国苏维埃革命胜利之渊泉。"张太雷作为中国共产党早期的政治家、活动家和宣传家，中国社会主义青年团创始人之一，为中国革命呕心沥血，受到人们的尊敬。在他29岁的短暂生命中，经历了两段不同寻常的婚姻，满载他所有的情与爱。

张太雷(1898—1927)

"愿化作震碎旧世界惊雷"

张太雷1898年6月17日出生在江苏常州。常州城里有三杰，瞿秋白、恽代英、张太雷，他们都是五四运动时期的热血青年，都是我党早期的领导人，都为改变中国的革命事业壮烈牺牲。因家境贫寒，张太雷受亲友资助，少年时期就读于西郊小学堂，毕业后考入常州府中学堂。1915年秋，张太雷以优异成绩考入北京大学，后转入天津北洋大学，1919年五四运动中，张太雷成为天津爱国学生的重要领袖之一，北洋大学毕业后，他毅然走上了革命的道路。1920年，张太雷加入了北京共产主义小组，成为中国共产党最早的党员之一。

从1921年春开始，张太雷先后赴苏联莫斯科东方大学学习，任共产国际远东书记处中国科书记、青年共产国际执委会委员等。1924年春，张太雷回国担任团中央总书记,出席党的"四大"并当选为候补中央委员,同时兼任中共广东区委委员、宣传部长等职。1926年3月和5月,蒋介石先后制造了"中山舰事件",提出"整理党务案",排斥和打击共产党人,破坏国共合作的革命统一战线。张太雷赞同毛泽东、陈延年等人进行回击的主张,并提议把工农武装起来,组织十万工农群众,以武装反对蒋介石的进攻。

1927年4月,国民党蒋介石背叛革命,发动"四一二"反革命政变,轰轰烈烈的大革命遭到失败。在中国革命的紧急关头,张太雷先后出席党的"五大"和八七紧急会议,当选为中央委员、中央政治局候补委员。在汪精卫"七一五"反共前夕,中共临时中央政治局7月12日在汉口召开会议,由鲍罗廷主持会议。根据6月底共产国际关于中共中央改组的指示,改组中央政治局,由张国焘、周恩来、李维汉、张太雷、李立三五人组成临时中央政治局常务委员会,代行中央政治局职权,停止了陈独秀的领导职务。

八七会议后,中央派张太雷到广东工作,担任中共广东省委书记兼广东省委军委书记、中共中央南方局书记兼南方局军委委员。8月下旬,张太雷到广东研究制订广东全省的暴动计划,并决定成立暴动领导机构,同时改组了广东省委。9月,张太雷到潮州汕头一带组织群众接应南昌起义军。11月,他到上海中共中央参加制订广州起义计划,下旬,回到广州主持武装起义准备工作,组建了广州起义指挥机构"革命军事委员会",担任总指挥。张太雷接连组织召开省委会议和工农兵代表会议,研究确定起义时间、行动部署、政纲、宣言以及起义后建立苏维埃政府等事宜。正当准备工作紧张进行之时,起义消息泄露。张太雷当机立断,于12月10日召开省委紧急会议,决定提前一天起义。12月11日凌晨,国民革命军第四军教导团全部、警卫团一部和广州工人赤卫队七个联队以及市郊部分农民武装,联合举行武装起义。经过几个小时的激战,起义军占领广州绝大部分市区。在张太雷的主持下,成立了广州苏维埃政府,张太雷任代理主席、人民海陆军委员。这是党通过暴动建立的第一个城市苏维埃政权。

广州起义引起帝国主义和国民党反动当局的极度恐慌,他们联合起来镇压起义。由于敌我力量悬殊,虽经起义军民浴血奋战,但是到12日下午,起义武装已经难以与敌军抗衡,敌军攻占了起义军的重要阵地,并分兵直扑起义军总指挥部。张太雷闻讯,立即乘车赶赴前线指挥战斗。车行至广州市大北直街附近,遭到敌人伏击,他身中三弹倒在插着红旗的敞篷汽车里,壮烈牺牲。张太雷为中国革命献出了 29 岁的年轻生命,用自己的热血和青春实践了他年少时立下的"愿化作震碎旧世界惊雷"的誓言。他卓越的才华、无畏的精神、卓著的功勋,永远值得人们怀念。瞿秋白在《悼张太雷同志》一文中说:"他的坚决与耐苦是一般同志所知道的";"他死时,觉着对于中国工农民众的努力和负责;他死时,还是希望自己的鲜血,将要是中国苏维埃革命胜利之渊泉。"张太雷作为中国共产党早期的政治家、活动家和宣传家,中国社会主义青年团创始人之一,为中国革命呕心沥血,受到人们的尊敬。

贤妻良母陆静华

陆静华是张太雷的第一个妻子,1898 年 7 月 26 日生于常州南门外,幼年父母去世,叔父将其抚养成人。1918 年,正在北洋大学读书的张太雷,为了使独居的母亲有个照应,遵从母命,利用暑假返乡与陆静华结婚。陆静华为人厚道,性格温柔、随和,巧的是同太雷同年同月出生。成婚后,他们租住在南门外子和里三号。张太雷也只有寒暑假才能回家团聚,平时由陆静华照料母亲薛氏。

张太雷与陆静华结婚,虽然是奉母亲之命,但他们之间还是有感情基础的。张太雷在 1921 年初第一次赴苏联前给陆静华写信,描绘了自己的理想和追求,鼓励她学文化、学刺绣。张太雷还在信中畅谈了对未来的憧憬:"我希望我回来的时候,我学得很好,你也学得很好,那时我们多快活呵,那时我们应大家互相庆祝了。"1926 年,张太雷在广州与王一知生活在一起,他给陆静华写信,为她替他代孝表示感激。

1920 年陆静华生下长女张西屏,1922 年生次女张西蕾,1923 年生儿子张一阳。1921 年春,张太雷派往苏俄伊尔库茨克共产国际远东书记处工作。因时间紧迫,他

张太雷与妻子陆静华的合影

来不及回家告别,只好写了一封长达 2 000 多字的家信寄给妻子陆静华,把他对

母亲和爱妻的思念之情、他对革命的抱负和对今后的期望,全都在这封信中倾诉出来。信中说:"我立志要到外国去求一点高深学问,谋自己独立的生活。"这"高深学问",自然指的是学习研究马克思主义,到苏俄去投身国际共产主义运动。但在当时反动政府统治之下,这些革命工作都是秘密的,不能在信中明说,只好含糊其辞,让妻子陆静华去领悟。张太雷知道,正直善良的母亲和妻子最蔑视那些吃喝嫖赌、娶妾做坏事的富人子弟。他认为从这个问题说起,她们要容易理解些,所以他在信中说:"我先前本也有做官发财的心念,想等明年去考高等文官考试。但我现在觉悟:富贵是一种害人的东西,做了官,发了财,难保我的道德不坏。""你也看见多少做官发财的人们多嫖赌娶妾,唯有求得高深的学问,既可以自己独立谋生,不要依靠他人,心境自然也就安定。又可以保持我清洁的身体、高尚的道德。不至于像那些做官的发财的人一样嫖赌娶妾做坏事。"张太雷信中的这些话,充分说明了他干革命不是为了做官发财,而是要做一个有高深学问、有高尚道德的人。

张太雷还在信中用了很长的篇幅,详细而具体地要求妻子用心学习文化知识,多看书报杂志,学习刺绣和图画,学好了就可以自主,比较那种只做男子的附属品,要荣耀得多。在信中,他充满深情地说:"希望我回来的时候,我学得很好,你也学得很好,那时我们多快活呵!"张太雷对母亲十分孝顺,在信中特别关照陆静华要妥善安排好家庭的经济生活,"母亲年老应当吃好一点,穿好一点。你可劝劝母亲说不要过省。不然我在外如何安心呢"?"我们现离开是暂时的,是要想谋将来永远幸福。"

张太雷的这封家信,充满了一个革命者对亲人的真挚感情。为了革命、为了共产主义事业,张太雷怀着对祖国、对亲人的深深眷恋,毅然踏上了前途莫测的艰险征程,去谋将来的永远幸福。张太雷的这封家信,是一件珍贵的革命文物,现保存在中国国家博物馆。

1924年8月,张太雷从莫斯科回国,在上海中共中央机关工作。9月的一个夜晚,他回到了常州老家。陆静华抱着八个多月的儿子,后面跟着四岁的女儿西屏和一岁半的女儿西蕾,惊喜地迎接久别的丈夫。儿子出世时,张太雷还在苏联。因为是冬至那天生的,张太雷写信说"冬至一阳生",就叫"一阳"吧。张太雷抱过还未见过面的儿子,情不自禁地亲吻着。张太雷还把特意买的几幅精美的湘绣送给陆静华,让她感到非常欣喜。这一次,张太雷把陆静华和孩子们都接到了上海,住在慕尔鸣路中共中央机关内。当时正逢国共合作相对稳定时期,陆静华带着三个孩子在上海居住,度过了她婚后最快乐的半年时光。

此时,张太雷任候补中央委员、团中央总书记、《向导》杂志的编委、《民国日报》的主笔,工作十分繁忙。张太雷为这两份报刊及团刊撰写了大量文章,常常工作到深夜才下班。同时,他还经常去上海大学授课。工作虽多,但他干起来好像一点儿也不费力,总是神采奕奕,毫无倦色。陆静华看着张太雷天天闪进闪出忙碌地工作,第一次对自己男人的追求和事业有了些许了解。

这时,在共产党人和国民党左派的共同努力下,广东革命根据地巩固了,工农运动蓬勃发展。但是国民党右派却蠢蠢欲动,不断"检举"、"弹劾"共产党,企图破坏国共合作,帝国主义也在背后煽风点火。孙中山很生气,警告他们说:"反对共产党即是反对共产主义,反对共产主义即反对本党之民生主义,便即是破坏纪律,照党章应当革除党籍及枪毙!"他还告诫全党在联共问题上"以后不得再起暗潮"。然而,还是不断有人捣鬼。张太雷连续写文章揭露国民党右派。这些文字短小精悍,一针见血,有很强的理论性和战斗力。每当他夜晚在家赶写文章时,陆静华总是早早把孩子哄睡了,自己在一旁做针线,默默地陪伴。张太雷是党内有名的宣传家,每晚都在煤油灯下写文章。当他工作劳累休息时,陆静华便悄悄端来一杯清香的茶,或者一碗可口的夜宵。这是他们一生中短暂而温馨的一段生活。

1925 年 1 月 11 日,中共"四大"在上海召开,提出了无产阶级领导权和农民同盟军的问题,动员各方面准备迎接大革命的高潮。中央局决定由张太雷分工负责青年团的工作。1 月 26 日,张太雷主持召开了团的"三大"。会议决定,中国社会主义青年团改名为中国共产主义青年团,张太雷当选为团中央总书记。不久,张太雷接到家信,说母亲病了。张太雷只好送陆静华母子回常州照顾母亲。在这段日子里,陆静华听到、看到、学习了不少新鲜知识,对张太雷所做的事情和他本人更加了解了。她非常喜欢丈夫身边的朋友和同志,认为他们都是和丈夫一样的好人。临别当晚,陆静华为张太雷收拾东西。她叮嘱说:"你好好去忙工作吧,家里一切有我,只管放心好了!"张太雷深情地紧紧把妻子拥在怀里。谁能想到,这一别竟是他们的永诀。此后,陆静华开始了艰难的奔波生活。在之后的 20 余年里,陆静华一人用单薄的身体支撑了全家的生计。尤其是在两年后婆婆病重瘫痪,她不仅要照顾瘫痪在床的婆婆,还要养育三个孩子。陆静华整天为生计而奔波,能借的地方借了,能当的物件当了。穷困潦倒的生活,使陆静华日夜愁眉苦脸,天天在苦难中挣扎,家里也失去了往日的欢乐。

作为张太雷的夫人,陆静华为张太雷家奉献了青春和一生,塑造了一个孝敬老人、教子相夫的传统女性形象。

张太雷父子:两代烈士,满门忠烈

对于张太雷的牺牲,陆静华一无所知。直到 1928 年初,她才收到上海地下党的一封信,说张太雷病重,要她去上海一趟。陆静华到了上海,才知道了事情的真相。组织上想让陆静华带着孩子去苏联,可是陆静华考虑到瘫痪的婆婆,谢绝了组织的安排,只拿了一些救济款就回到了常州。后来,他们一家人与中共上海地下组织的联系中断,党组织的接济也随之中断,一家人的日子在常人难以想象的情况下过得极其困苦。张太雷的牺牲对陆静华而言是一个巨大的打击,但她却表现出少有的坚强,强忍悲痛告诉孩子说,今后不许问父亲的有关情况,如果有人问起就说他早就去世了。陆静华把痛苦埋葬在自己一个人的心底,勇敢地挑起上有老下有小的生活重担。

新中国成立后,作为我党早期领导人的遗属,陆静华受到党和政府的关怀,参加了社会主义改造和社会主义建设,先后任常州市妇联副主任,市五届政协常委,市烈军属协进会主任,江苏省四届、常州市六届人大代表。新中国成立国初期,她还作为老根据地代表团成员被邀到京参加国庆观礼,受到毛主席、周总理等接见。陆静华对新中国成立后的生活和工作很是满足,虽然自己的地位变了,但是她那种淳朴善良和助人的心没有变,工作中处处为人着想,十分受人尊敬。"文化大革命"开始后,陆静华受到迫害。1968 年 6 月 23 日,陆静华含冤自缢身亡,终年 71 岁。1978年,陆静华平反昭雪,9 月 14 日在常州文化宫举行骨灰安放仪式,其骨灰现存放在常州烈士陵园。

张太雷牺牲时,长女张西屏才 7 岁。1937 年,张西屏从江苏省立苏州女子师范毕业,在常州担任小学教师。1940 年,周恩来指示陈毅派人与陆静华进行联系,准备把陆静华一家接到延安去。因为张太雷的母亲病重,一家人无法去延安。这时,张西屏又让弟弟张一阳参加了新四军,自己又失去了一次参加革命的机会,她留在家中陪伴母亲,照顾重病在床的祖母。新中国成立后,张西屏在常州市三中任教。1968 年 6 月 23 日,张西屏随母亲含冤自尽。1978 年,陆静华、张西屏母女被平反昭雪。

张太雷去世时,张西蕾只有 5 岁。1938 年 9 月,张西蕾来到皖南泾县新四军军部,得到周恩来、叶挺、项英和陈毅的亲切接见。周恩来与她的父亲张太雷是好朋友,周恩来拉着张西蕾的手,说:"看！她长得多像她父亲啊！"新中国成立以后,张西蕾担任化工设计院党委副书记、化工部科技局副局长、化工科技研究总院副院长。

张一阳出生于 1923 年 11 月。1938 年春天,周恩来在皖南新四军军部指示陈毅把张太雷的家人接到延安去。1939 年春,陈毅派人来到常州,把张一阳接到新四军军部。因为是烈士的后代,项英、陈毅本想把他安排在机关工作,但张一阳自己要求到基层去锻炼,后被分配到三支队教导连当政治干事。在 1941 年的皖南事变中,张一阳壮烈牺牲。张西蕾为了不让常州家中的母亲伤心,就一直没有把弟弟牺牲的消息告诉家里。新中国成立之初,陆静华被邀请到北京参加国庆观礼时,工作人员介绍陆静华"她们家是两代烈士"时,她才知道自己的儿子早在八年前就已经牺牲了。

王一知:张太雷的事业伴侣

1925 年,党派张太雷去广州任广州国民政府苏联顾问鲍罗廷的助手,和王一知共同生活,开始了他的第二段婚姻。

王一知,原名杨代诚,1901 年出生于湖南芷江一个典型的书香门第的封建家庭。父亲杨凤笙曾与民国时期国务总理熊希龄是少年时期的同窗好友。后来留学日本,回国后,熊希龄任国务总理时,杨凤笙被邀担任国务院主事,辞官后回家乡芷江县城仍以教书为生。他虽受过东洋高等文化教育,但仍是满脑子三纲五常、男尊女卑的封建礼教思想。王一知 14 岁时冲破封建家庭的樊笼,只身赴湖南桃源县省立第二女子师范学校就读。王剑虹、丁玲是她同学。1919 年,在五四运动鼓舞下,17 岁的王一知投身革命洪流。1921 年从师范毕业后,王一知在向警予创办的淑浦小学任教。1922 年,王一知到上海平民女校半工半读班学习,接触了陈独秀、李达、张太雷、沈雁冰等革命者。

此后,一件极平常的小事,把少女王一知的心和张太雷紧紧拴在一起。1922 年秋,正当王一知和几个女生因为付不出饭钱而饿肚子时,在宿舍看见地板上放着一个包,包上面附有一张字条,写着:"这套衣服你们拿去当了吧。"字条没有署名。她们打开一看,细心的王一知一眼就看出,那是张太雷经常穿在身上的一套西装。当时,党内领导同志的生活非常艰苦,都穿长袍。张太雷曾去苏联参加国际会议,在旧货铺上买了两套西装,这是其中一套。对当时的张太雷来说,这套西装算是最值钱的财产了。从此,王一知余暇之时总会想起一个人。他,就是知识渊博、精明潇洒而又非常关心体贴人的张太雷。在她的心海里,悄悄地荡起爱情的涟漪。1922年下半年,王一知在张太雷的帮助下,加入了中国共产党。

在1925年张太雷到广州后不久,原在团中央妇委任干事的王一知也从上海调来广东,在广东区委宣传部工作,同时兼任鲍罗廷公馆翻译室的工作。因为她也懂英文,那里人手不够。这是她第三次和张太雷在一起相处了,以前是在平民女校和上海大学学习期间有过交往。故友重逢,同志相聚,两人都非常高兴。一个是富有理想、忠于革命的老师,一个是勤奋好学、不断进取的学生,二人相敬相重,互帮互助。张太雷鼓励她写文章、作讲演,投身到当前的火热斗争中去。张太雷语重心长地对她讲:"笔杆和舌头是我们革命者政治斗争的武器,应该不断地运用。不写不讲是不对的! 在这个时候,群众多么希望我们写和讲啊! 我们也有条件写和讲。"王一知缺乏信心:"我文章写不好,演讲不擅长。""世上无难事,只要肯练就行。你在平民女校和上海大学都学习过,一定能行。我们共同商量,互相切磋吧!"张太雷鼓励她说。

在省港大罢工期间,需要党员到工人中去做宣传鼓动工作,鼓舞罢工工人的斗志,坚定斗争胜利的信心。那时在东校场开大会时,东边设一个演讲台,西边设一个演讲台,都需要人去做演说,谈形势、讲政策。苏兆征、邓中夏时常去讲,张太雷也去讲,鲍罗廷有时也去讲。张太雷也让王一知去讲。每次去群众大会讲演之前,张太雷对她的讲演内容都要仔细研究,加以修改,进行指点,有时还要给她进行演讲示范,让她做好充分的准备,以期取得成功。他们还把参加演讲说成是"上阵",每次"上阵"回来,张太雷总要风趣地问她:"这一仗打得怎样?"王一知有时说:"打败了!"张太雷鼓励她说:"不要怕,下次上阵前再准备充分一些。"王一知有时会说:"还可以。"张太雷这时就会高兴地笑着说:"你看,我说对了吧! 世上无难事,只要肯练就行,向你祝贺!"两个人相视而笑,共享成功的喜悦。

同时,王一知还主编了一份面向妇女群众的《光明》周刊。在第一、二期上,邓颖超、蔡畅等都发表了文章。王一知也写了许多文章,宣传革命道理,鼓励广大妇女参加革命。

王一知还在工作之余,主动为张太雷料理生活琐事,有时还去看张太雷与胡志明练射击,他们的关系越来越密切。不久,王一知便搬到鲍(罗廷)公馆与张太雷同住。几个月后,张太雷给陆静华写了一封信,信中说:"……我本来是要和你过一辈子的,但时事艰难,道路阻隔,我公务缠身,无法回家,现在又遇见了她(指王一知——笔者注)……我不会忘了你,母亲那里我没法侍奉,请代我尽孝,我会永远感激你的……"

1927年4月,党中央任命张太雷为中共湖北省委书记,张太雷到此结束了担任长达两年之久的鲍罗廷翻译的工作。不久,上海发生了"四·一二"反革命政变,接着长沙发生了"马日事变",汪精卫也公开反共。在中国革命的紧急关头,张太雷先后出席党的"五大"和八七会议,先后当选为中央委员、中央政治局候补委员、改组后的中央政治局临时常委会委员。在八七会议后选举产生的中共临时中央政治局举行的第一次会议上,张太雷主动提出去广东工作。会议经讨论研究,同意张太雷的请求,派他去广东担任中共广东省委书记。

此时,王一知已怀孕,张太雷叮嘱她设法回到上海去生孩子。到上海后,王一知先寄居在一个朋友家里,几个月后才租到房子。在搬家的第二天,王一知就生下了他和张太雷唯一的孩子张知春。过了几天,张太雷忽然从广州回到上海参加党中央的会议。张太雷这次回到上海只停留了20来天,每天下班后都体贴入微地呵护照顾着妻子。

11月19日,是儿子张知春满月的前一天,张太雷为了庆祝知春满月,也是为了和同志们告别,特地在家里办了一桌简朴的"满月酒",邀请了周恩来、邓颖超、瞿秋白等同志来家中聚餐,畅叙别情。席间,瞿秋白向张太雷同志敬酒:"我的同乡、兄弟,敬你一杯酒,祝你这次出征旗开得胜。"张太雷接过酒杯一饮而尽,然后答话:"我的老乡、同学,谢谢你的祝贺,我这次去广东一定要充分发动工农,进行暴动,把张发奎赶出广东!"接着,周恩来也捧起酒杯向张太雷敬酒:"我们也是老战友、大同乡,敬你一杯酒,祝你广州暴动马到成功。"邓颖超也站立起来,举杯接着说:"我要说的话恩来代表我说了,请你饮酒吧!"张太雷和他俩碰着杯说:"谢谢你们夫妻两人的祝酒,这次出征一定要把革命红旗插遍广州城!"说完,他将酒喝了个杯底朝天。大家尽兴而饮,开怀畅谈,夜深方散。

张太雷睡得虽晚,但是翌日早晨四点多钟就起了床。王一知几次要起床相送,都被张太雷拦住。他自己提起箱子,轻轻打开房门,迈着坚实的步子走出门去。张太雷穿着马裤,悄然消失在夜色中。王一知做梦也没想到,张太雷这次匆匆离开,竟与她和孩子成了永别。

张太雷：王一知一生永远的怀念

1927年12月12日下午,广州起义总指挥张太雷在战斗中遭敌人伏击,不幸壮烈牺牲,时年29岁。张太雷牺牲后,王一知精神上受到极大的打击。党中央给予她亲切关怀和照顾,瞿秋白、周恩来、刘少奇等领导同志常常来看望她,帮助她安排生活。王一知一直在白区工作,先在上海,后又转移到重庆做党的地下工作。1945年8月底,毛泽东、周恩来赴重庆参加谈判,王一知非常渴望见到毛主席和周恩来副主席。一天晚上,一辆汽车把王一知等接到红岩,毛泽东、周恩来分别亲切地接见了他们。王一知向毛主席恳求,希望到延安去锻炼和改造,毛泽东鼓励她安心在白区工作。周恩来在接见王一知时,表扬了她在上海电台工作表现非常突出,希望她继续做党的地下工作。王一知听后只好不再坚持自己的意见,安心继续留在白区,尽心尽责做好党的地下工作。

因为地下工作危险,王一知把她与张太雷的孩子张知春送回了湖南老家寄养。后来,中共地下党组织给张太雷的原配夫人陆静华送救济金的时候,询问陆静华是否愿意抚养张知春,陆静华认为张知春是张太雷的骨血,表示同意接受。但因时局动荡,护送张知春回常州的交通员牺牲,所以张知春没有能回到常州,最后在北平慈幼园寄养。1938年初,周恩来亲自指示把张知春接到延安。1939年,张知春和一批中共高级领导人的孩子一起被送到苏联国际儿童院。1945年高中毕业后,张知春考入莫斯科钢铁学院,1947年底转入莫斯科大学物理系学习,1952年考上研究生,毕业后被分配在苏联科学院某研究所工作。1965年,在周恩来的关怀下,张知春被接回国,在四机部第十五研究所工作。"文化大革命"开始后,他受到冲击,被打成苏联特务,被送进精神病院。粉碎"四人帮"后,在邓小平的亲自过问下,张知春从精神病收容所被接出来并做了妥善的安置。2008年10月5日,张知春在北京病逝,享年81岁。

1949年上海解放不久,王一知奉命接管吴淞中学,任校长兼党支部书记,在吴淞中学复课、培养人才方面做了不少工作。在她的鼓励下,吴淞中学有数以百计的莘莘学子投笔从戎,走上了革命道路。1950 年后,王一知调任北京京华中学、北京 101 中学任校长兼党支部书记。王一知在新中国成立后成为著名教育家,致力于中学教育三十年,桃李满天下,李铁映、伍绍祖、施光南等曾是她的学生。1991 年 12 月 6 日,王一知因病去世,终年 89 岁。

张太雷是王一知一生永远的怀念。1979 年春,她到过常州寻访张太雷的足迹。王一知著有《五四运动引导我走向革命》和《回忆太雷》。王一知与张太雷在一起生活了两年多时间,他们是真正的自由相爱。她给张太雷事业的支持、生活的照顾和精神的愉悦,是典型的革命伴侣。王一知是一个有思想、有主见的新女性,她的一生是富有传奇色彩的一生。她受幼年时期的影响,内心特别钟爱教育,所以后来她不求官、不求名、不求利,用自己的毕生精力来完成过去没有完成的夙愿,不愧为一个充满激情、积极能干、永不停步的时代新女性。

中共早期重要军事领导人杨殷

在我党早期革命史上,杨殷是一个重要人物,曾任中共中央政治局候补常委。杨殷还是我党早期一位重要军事领导人,曾担任过中央军事部(中央军委)部长。1929年,在彭湃和杨殷牺牲后,中共中央为了纪念他们,把苏区的军校命名为"彭杨军事学校"。2005年6月7日,中央电视台和各大媒体在"永远的丰碑"栏目中以"工农革命的领袖"为题,专门介绍了杨殷的光辉事迹。

杨殷(1892—1929)

从一名"杀手"到党内"卢俊义"

1892年8月12日,杨殷出生于广东香山县翠亨村的一户华侨家庭。杨殷的堂叔杨鹤龄是孙中山的同学,和孙中山关系密切。受堂叔的影响,杨殷从小就对孙中山非常敬仰。1911年3月,杨殷加入了同盟会,做秘密联络工作,来往于澳门、香港、广州、香山等地以及南洋一带联络同志和会党,收集情况,传送情报。他为革命而奔走,与三合会、洪门等绿林好汉广交朋友,团结各方力量。辛亥革命成功推翻了清王朝,结束了中国两千多年的封建帝制,建立了共和制,但胜利果实却被袁世凯窃取。

中华民国成立后,第一届国会正式定于1913年4月8日在北京开幕。在当选各省的国会议员中,国民党籍的占半数以上。这引起了袁世凯的惊慌,决心派人刺杀国民党重要领导人宋教仁。3月20日晚,宋教仁应袁世凯之邀离开上海前往北京,结果被人刺杀,壮烈牺牲,这让杨殷十分气愤。杨殷少年时学过少林拳术,常随孙中山出入。1914年,杨殷得知袁世凯的心腹爪牙、上海镇守使郑汝成参与指使暴徒杀害宋教仁,便决心效法荆轲,行刺郑汝成,替宋教仁报仇。一天,当杨殷获悉郑汝成外出的消息后,便携带炸弹扮作路人在路边等待。当郑汝成趾高气扬地招摇过市时,杨殷从怀中掏出炸弹掷向郑汝成,将其炸伤落马。杨殷趁着混乱进入附近的一间理发店,若无其事地让理发师替他剪头发,巧妙机智地避过了军警的搜捕和追查。尽管郑汝成并未被炸死,但是此举给袁世凯在上海的忠实爪牙以沉重打击,替革命党人出了一口气,受到大家的高度称赞。从此,杨殷在革命党人中声望鹊起。

1917年9月,在南方桂、滇军阀势力的拥戴下,孙中山在广州建立了中华民国护法军政府,被举为大元帅。杨殷在大元帅府参军处任副官,积极参加护法斗争。1918年5月,孙中山因受军政府内桂系军阀的挟制而被迫辞职,杨殷也愤然离开了大元帅府参军处。1919年初,杨殷在广州西关盐务稽核处任师爷。杨殷十分同情贫苦大众,经常来到码头了解工人的困苦境遇,这使得他的思想感情逐渐发生变化。

"五四"运动爆发后,各种社会思潮在广东广泛传播,杨殷在街上买到了《共产主义ABC》《共产党宣言》等书籍,便如饥似渴地读起来。他被共产主义吸引住了,又跑到书店买了《社会主义政治经济学》《资本论》等,开始认真研究起马列主义来。同年夏天的一个中午,杨殷的两位朋友杨章甫和梁复然来找杨殷。他们发现杨殷躺在卧椅上睡着了,身边放着《社会主义政治经济学》一书。两人不约相视而笑:"想不到'帝国主义'的高级师爷也关心起马克思主义来了,真是怪事!"杨殷醒来后对他们解释说:"这是本好书哇!你们也该看看,真是开卷有益。要救中国,非此不可。明天,我把书送给你们看。"杨章甫和梁复然应答道:"好,好。"翌日,三人来到茶楼聚会,杨殷把书带到茶楼送给杨章甫和梁复然。席间,他还提到:"中国的革命问题,国民党是无法解决的,只有共产党领导,走十月革命的道路,才是中国的出路。我相信,广东一定有共产党组织,我想认识他们……"可是,杨殷哪里知道,与自己坐在一起的这两个人正是他苦苦寻找的中国共产党党员。

事后,杨章甫、梁复然向中共广东区委主要负责人谭平山汇报了杨殷的政治表现和为人。谭平山说:"这样看来,杨殷的思想是倾向进步的,他真是个不简单的人物啊,请你们与他联系,负责对他进行帮助教育。"杨殷总结了辛亥革命失败的沉痛教训,认识到国民党是没有办法解决中国革命问题的,只有走俄国的道路才有办法。经过党组织的教育,杨殷的觉悟迅速提高,很快确立了为工人阶级和劳苦大众的解放而奋斗的信念。

1922年秋,由杨章甫、梁复然介绍,杨殷参加了中国共产党。入党后的杨殷,为了专心致志为党工作,毅然辞去了待遇优厚的盐务稽核处师爷的职务。那时,杨殷不仅薪水高,而且家里也很富,有楼房、地产。党内有的同志见到他后戏谑地说:"瞧,我们把卢俊义拉来了。"杨殷家财富有,对党的事业无限忠诚,为了帮助党解决活动经费的困难,就把家里的几幢楼房和故乡的田产都卖了,还把已故妻子留给他的纪念品及珠宝、首饰都一起捐给了组织,作为革命经费。为了专心做好党的工作,他把两个年幼的子女交给亲朋抚养,表现了对党、对无产阶级革命事业的无限忠诚。

"是中国历史上最有名的广东省港大罢工的领导者"

1923年10月1日,杨殷当选中国国民党广州市第四区分部委员,兼任秘书。党组织考虑到杨殷过去在同盟会中和工人有较广泛而密切的联系,有较高的威信,决定让他在广州开展工人运动。杨殷与刘尔崧、周文雍等同志首先被派到石井兵工厂开展工作。杨殷等人通过斗争,赶走了国民党右派出身的石井兵工厂厂长马超俊,在工人骨干中发展了第一批党员,建立了党组织。

为了广泛开展工人运动,党组织又派杨殷到佛山、顺德等地组织各行业工会,发展党员,培养骨干。杨殷还深入各工会基层,在工人群众中进行宣传教育和组织工作,逐步使广州工人运动趋于统一。1924年5月1日,广州各行业工会联合召开了广州工人代表大会,决定设立广州工人代表会执行委员会,刘尔崧当选为主席,杨殷任顾问。

1924年春,党派杨殷到铁路开展工人运动。当时,广东铁路工人中行帮关系严重,他们按工种组织工会,彼此之间常闹纠纷。杨殷来到后同工人打成一片,运用"十人团"的经验,逐渐把工人群众团结起来。为了方便工作,他把家搬到了铁路附近,还把他两个堂弟派进铁路做工,加强同工人的联系。杨殷的家成了一个不挂牌的工人俱乐部,工人亲切地称他为"殷哥"、"殷叔"。在杨殷的领导下,铁路工人通过斗争提高了觉悟,加强了团结。1925年2月,粤汉铁路工人首先打破原来的行会界限,成立了统一的产业工会——粤汉铁路总工会。广九铁路、广三铁路也相继成立了总工会。广东铁路工人成为一支坚强有力的队伍,在省港大罢工,平定刘、杨叛乱,北伐战争和广州起义中都发挥了重要作用。

1924 年 10 月,广州发生商团叛乱,企图推翻革命政府。在中国共产党的支持下,孙中山召开了秘密会议,决定对商团叛乱实行镇压。杨殷与阮啸仙、刘尔崧、杨匏安等出席了会议。会后,他们分别组织工农兵革命武装,协同黄埔军校学生军迅速平定了这次叛乱。同年,杨殷担任广东区委监委委员、区委委员。1924年秋,党组织派杨殷到香港,与苏兆征、林君蔚等共同工作。他的公开身份是国民党中央工人部的特派员。杨殷在九龙红勘街市侧靠近船坞和工厂的附近租了一间房子,派原在九龙船坞当过学徒的罗珠住在这里,负责联络工人,逐步把附近工人组织起来阅读《向导》等进步刊物,在工人中进行宣传演讲,使工人的思想觉悟日益提高。

五卅运动前夕,杨殷回到广州,适逢广东革命政府调东征军回师镇压刘、杨叛乱。区委调他与邓培、冯菊坡、杨章甫等人负责组织广三、广九、粤汉三铁路工人罢工,切断叛军运输,同时抢运东征军回广州。经过他们的努力工作,广大工人与革命武装密切配合,迅速平定了刘、杨叛乱。刘、杨叛乱平定后,杨殷又受命赴港,参加省港大罢工的领导工作。邓中夏和杨殷、苏兆征商定,组成领导香港大罢工的党团,统一领导香港各方面的工作。杨殷主要负责联络各工会。杨殷还负责大罢工的保卫工作。广州市公安局侦缉科科长吴国英秉承右派的旨意,指使其侄儿率领一帮流氓打手在西关一带制造事端,破坏社会治安,然后污蔑是罢工工人干的。区委派杨殷负责查处。杨殷调查了解真相以后,派郑全等人严惩肇事首犯,并向市民公布其罪状,从而打击了右派,保卫了罢工斗争。由于斗争策略的需要,杨殷虽没有担任省港大罢工的公开领导职务,但对罢工做出了重要贡献,在香港工人中享有很高的威望,被称作"是中国历史上最有名的广东省港大罢工的领导者"。

我党早期情报工作的领导人

杨殷也是我党早期情报工作的领导人。1925 年 8 月,隐藏在革命内部的敌人聚集在"中山舰"上开会,秘密商议杀害廖仲恺、谭平山等领导人。此情报很快送到杨殷的手里。杨殷把情报转告廖仲恺。廖仲恺坦荡地说:"余为工人部长,但无负于国,无负于党(指国民党),个人更不营私,不牟利,要暗杀便暗杀,余复何惧!"杨殷对这位国民党的左派领袖肃然起敬,但还是关心地提醒他要注意为好。同月20日早上,廖仲恺驱车前往国民党中央党部,不幸在门前遭歹徒行刺。

面对敌人疯狂的反革命活动,中共广东区委书记陈延年嘱杨殷要加强情报工作。杨殷利用任广州市公安局顾问之便,从海员中挑选一批中共党员,安插到市公安局和国民党政府机关,做搜集情报和保护左派人士的工作;从省港罢工工人中挑选了一批精干的工人,在省港澳各地建立了情报站;把香港车衣女工李少棠培养为出色的情报、交通员;还在广州市文德路开设荣庐俱乐部,专门接待高级党政干部和知识界人士,派员从中搜集情报。

大革命失败后,杨殷派中共党员黎胜打入敌广州市公安局当特别侦缉,并通过关系把其安排在国民党广州卫戍司令部谍报科工作。黎胜又发展了广州公安局长朱晖日和公安局秘书长的汽车司机陈添、梁暖入党,为党提供了不少重要情报。广州起义前夕,杨殷了解到周文雍被捕后的住地,经过周密安排,将周文雍救了出来。

杨殷还成功地培养了许多专门进行秘密情报工作的情报员和交通员。李少棠原是一个家庭主妇,经过培养后,她竟奇迹般地成了一名出色的地下情报员。原来只是个木匠的郑全,经过杨殷大力培养后,也成了能够出色完成任务的地下情报员,而且郑全还令人不可思议地打入了国民党广州卫戍司令部谍报科,搜集到许多重要军事机密情报。香港地区工委书记梁桂华,因叛徒出卖被香港当局逮捕。杨殷通过各种关系,把他营救出来,带到澳门,使梁桂华安全脱险。为了传递情报,杨殷经常派年仅十一岁的女儿杨爱兰携带情报来往于港澳。面对危险,杨殷常能机警应变。有一次,他同梁桂华由香港去海南岛,在船上被敌探发现。他果断地与梁桂华分手,甩掉敌探,提前下船脱离了险境。工人群众非常关心杨殷的安全,特地为他做了一个夹层箱,便于携带秘密文件和自卫武器。这个夹层箱子,现陈列在中国国家博物馆。

当国民党右派将左派著名领袖廖仲恺先生杀害后,杨殷利用他的公安局顾问身份,组织力量对这轰动一时的大案进行全力侦破,终于查清了此案。原来杀害廖仲恺先生的凶手是胡毅生,就连国民党的要员胡汉民和许崇智也与案件有关。由于杨殷破案神速,证据充分,使案件真相大白于天下。但在右派反动势力的庇护下,凶手却逃之夭夭。而对侦破此案立下大功的杨殷却引起右派的恐惧,右派钱大钧使用武力强行接管了倾向革命的广州市公安局,迫使杨殷离开。这件事使杨殷认识到,必须建立人民自己的公安保卫机关。

1926 年 1 月,中国国民党在广州召开第二次全国代表大会。国民党右派阴谋在大会期间暗杀共产党人和国民党左派,破坏国共合作。广东区委决定派杨殷负责大会的保卫工作。杨殷选调一批政治可靠、受过军事和武术训练的工农骨干,组成特别保卫大队,自任大队长,在大会秘书长吴玉章的领导安排下,日夜加强保卫工作,保证了大会的顺利进行。

1927 年八七会议后,党中央决定由周恩来等领导南方局。在周恩来等未到之前,由张太雷、杨殷、黄平组织临时南方局,负责准备并指导暴动及一切政治军事事宜。10 月 15 日,南方局和广东省委在香港召开联席会议,决定由张太雷负责全面工作兼广东省委书记,杨殷负责临时南方局的军事和肃反两个委员会的领导工作,并兼任广东省委委员,负责工委工作。他主持建立了肃反委员会,成立了消息局(类似今天的情报局)和手枪队等组织机构,专门负责搜集情报,追捕反革命,维护社会治安。这些机构也都是早期的各种形式的在我党领导下的公安保卫机关的雏形。广州起义失败后,杨殷来到香港,负责处理起义的善后工作,接待和安置前往香港的起义人员,并继续负责党的情报和交通工作。

广州起义的重要领导人

依照中央指示,广东省委决定举行广州起义,成立了领导起义的总指挥部,张太雷任总指挥,杨殷参加了起义的领导,负责总指挥部的参谋团工作,收集情报,在叶挺未到广州之前,协助军事技术的指导和制订起义的行动计划。杨殷还与周文雍等人把广州分散的手车、铁路、汽车等各行业的秘密工人武装统一组编为工人赤卫队。杨殷负责指挥西路起义军。12 月 7 日,张太雷、杨殷等在广州召开了工农兵代表会议,决定于 12 月 13 日举行起义。后因反动分子泄漏日期,改在 11 日凌晨举行。

10 日上午,杨殷赶到黄沙阶砖巷秘密联络处召开了西路起义军领导骨干紧急会议,传达了提前起义的决策。接着,又赶到禺山市场出席了叶挺召开的参谋团军事会议。杨殷在会上详细报告了参谋团掌握的情报。晚上,杨殷和周文雍又到谭新街联络点召开西路起义军会议,进行部署,强调起义队伍要勇敢机智,立即肃清反革命,防止敌人破坏。

12月11日凌晨3时,广州起义爆发。广州苏维埃政府在战斗中宣告成立,杨殷任人民肃反委员,在苏维埃首次会议上报告了肃反工作情况。会后,下令处决了一批反革命分子,并通知各路起义军加强肃反工作,维持革命秩序,控制交通。杨殷又布置参加攻打公安局的铁路工人敢死队,迅速返回广三、粤汉、广九等路,占领和守住车站,切断敌人运输,阻滞敌军反扑广州,同时调机车接运郊区农军进城,援助起义军。杨殷的这些布置,在起义中发挥了重要作用。据上海报纸报道:"黄琪翔欲调兵回广州,各铁路均在共党手中,运兵甚难。"证明杨殷领导铁路工人对起义的确做出了重大贡献。

12日中午,广州苏维埃主席张太雷不幸中弹牺牲,杨殷任广州苏维埃代理主席。13日,在敌我力量过于悬殊的情况下,为了保存力量,起义军决定撤出广州。杨殷一直坚持指挥赤卫队作战,直到敌军已逼近公安局,他才率十几名赤卫队员突围撤出广州,前往海陆丰,与彭湃等共同坚持和扩大海陆丰的武装斗争。

广州起义失败后,杨殷和其他起义领导人一样,都错误地受到批判和党纪处分。杨殷不同意这种简单粗暴的处理,但他不为个人申辩,不计较个人荣辱,仍然全力以赴地处置起义的善后工作,积极接待安置到港的同志。那时,许多同志流落港澳,生活无着,遇难家属急待抚恤。他到处设法,同时又耐心教育大家要坚定革命必胜的信心,指出"起义是失败了,但血是不会白流的,现在已是腊月残冬,春天不是就要来了吗"?他鼓励大家"更努力为准备我们的力量,为死难的工友、农友、士兵报仇,为先烈遗留给我们的苏维埃而奋斗"!不久,党中央纠正了"左"的惩办主义错误。4月13日,广东省委举行扩大会议,杨殷当选省委委员。

英勇就义

在1928年夏的中共"六大"上,杨殷当选中央委员。在中共六届一中全会上,杨殷又当选为中央政治局候补委员、中央政治局常委候补委员。为加强党的军事工作,中共"六大"决定恢复一度被废弃的中央军事部,由杨殷担任部长,委员有杨殷、周恩来、项英、颜昌颐、彭湃、关向应、李硕勋、李超时、彭干臣。1929年10月17日,中共中央明确中央军事部是中国共产党的最高军事领导机构。

此后,杨殷在上海党中央工作,曾到苏鲁皖等地领导过武装斗争,为我党的军事工作做出了贡献。在海陆丰苏维埃政权落入敌手后,彭湃属下一个团的团长白鑫来到上海,在中央军事部担任秘书。不久,彭湃奉命到上海出任中央农委书记兼江苏省军委书记。时任中央军事部部长的杨殷,决定让白鑫当彭湃的秘书。白鑫的住处因此成了党的一个重要的联络点。但是,随着全国革命进入低潮,白鑫被白色恐怖吓破了胆,对革命前途丧失信心,以出卖同志而获敌人奖赏一辆小车和五万元,成为可耻的叛徒。

1929 年 8 月 24 日上午,白鑫接到彭湃的指示:下午 3 时在白鑫的家召开军事委员会会议。白鑫估计周恩来、杨殷、彭湃定会出席会议,于是和其妻做好会前准备后,便借口胃病发作,外出向上海公安特派员范争波告密。当天下午 4 时,杨殷、彭湃和上海总工会副总指挥张际春、中央军事部委员兼江苏军委委员颜昌颐、江苏省士兵运动负责人邢士贞等聚集在沪西新闻路经远里 12 号白鑫家的二楼开会,被法租界的巡捕和上海公安局逮捕。

彭湃、杨殷等人被捕后,党中央和周恩来全力进行营救,计划在引渡押解到龙华警备司令部的途中把他们抢救出来,但没有成功。在敌人的刑庭上,审问官对杨殷说:"你是老同盟会员,曾跟国父推翻清朝,是一个对国家有贡献的人。只要你现在回心转意,重归国民党队伍,蒋先生是不会亏待你的,可以安排一个高级官职给你,让你享尽荣华富贵。"杨殷冷笑一声:"你们这些败类,背叛了孙中山先生的三民主义,与孙先生背道而驰,只会给孙先生抹黑。你们是国民党中的反动派,只懂得祸国殃民。要我投降万万不能。"

杨殷以共产党人的凛然正气同敌人斗争,痛斥国民党反动派的反革命罪行,宣传我党的政治主张。在狱中,他不放弃一刻为党工作的机会,不断地向难友和看守士兵宣传革命,揭露帝国主义和反动派的丑恶行径,谈至痛切处,许多群众和士兵为之感动,有的竟捶胸落泪,痛骂国民党新军阀。杨殷等人常常高唱国际歌,鼓舞狱中同志的斗志。

杨殷和彭湃还通过关系,向党中央报告了被捕情况,并提出了斗争的对策,表示要尽量设法做到使被捕的五人都免死刑,如果这一条不能做到,则只好牺牲无法挽救的彭湃、杨殷二人,而设法救出其余三人。他们还写信给周恩来和党中央,希望党内重要负责同志要为党惜身;希望对于党内犯错误的同志,要多从教育上做功夫,以教育全党。最后,彭、杨劝同志们不要因他们的牺牲而伤心,希望大家保重身体。

8月30日，蒋介石亲自下令秘密枪杀彭湃、杨殷、颜昌颐、邢士贞四同志。杨殷临刑时一如往日镇静自若，笑着说："朝闻道，夕死可矣！"慷慨地向士兵及在狱群众说了最后赠言，唱着国际歌，高呼口号，英勇就义。杨殷的话引得一般士兵都失声痛哭，连看守员也为之掩面。杨殷牺牲时，年仅36岁。

杨殷等四烈士牺牲后，周恩来万分悲痛，教育大家要继承烈士遗志，坚持革命。9月14日，周恩来撰写了《纪念着血泪中我们的领袖》一文，控诉反动派的血腥罪行，颂扬四烈士的英勇行为，号召人民与反动派作坚决的斗争。周恩来提出要用革命的手段镇压反革命，为烈士报仇，为党除奸，要求惩处叛徒白鑫。周恩来派中央特科负责人陈赓严密地监视白鑫的行踪。白鑫察觉危险，决定出国避风，行前住在国民党上海特别市党部执行委员范争波的公馆里。范宅地处上海闹市区法租界霞飞路。白鑫严密戒备，深居简出。陈赓准确侦知白鑫上船的日期和时间，周恩来亲自到白鑫住所观察地形，部署行动。根据计划，陈赓、顾顺章指挥红色暗杀组埋伏在范争波公馆的周围。深夜11点，白鑫、范争波等一行7人出门上车，暗杀组突然以猛烈火力对其射击，发起袭击。白鑫在乱中夺路狂奔，暗杀队员紧追不舍，终于将其击毙。这一行动被报界称为"东方唯一的大暗杀案"。

1930年3月，中共中央正式决定将中央军事部改名为中央军事委员会，由周恩来任书记。彭湃、杨殷等烈士牺牲后，红军建立了彭杨军事政治学校，以烈士的革命精神，培养党和红军的干部。中央苏区设了杨殷县，以示对烈士的纪念。烈士的共产主义精神培育着一代一代的革命者不断成长。1930年8月30日，在彭湃、杨殷等四烈士牺牲一周年时，周恩来以"冠生"的笔名在《红旗日报》上发表了题为《彭扬颜邢四同志被敌人捕杀经过》一文，文章写道："革命领袖的牺牲，有他不可磨灭的战绩，照耀在千万群众的心中，熔成为大革命的推动之力，燃烧着每一个被压迫群众的热情，一齐奔向革命的火原，所以我们在死难的烈士前面，不需要流泪的悲哀，而需要更痛切的继续着死难的烈士的遗志，踏着死难烈士的血迹，一直向前努力，一直向前斗争。"

第三篇

岁月如歌

涅没在历史长河中的红军将领

鲜为人知的鄂豫皖根据地创始人郭述申

郭述申（1904—1994）

在红军时期，郭述申曾是一位显赫的高级将领。他是鄂豫皖革命根据地的重要创始人之一，是党中央任命的首任鄂豫皖边区特委书记，曾任皖西北道委书记，创建和参与领导过红 27 军（任军政委）、红 28 军（任军政委）、红 25 军（任军政治部主任），为鄂豫皖根据地的创建和巩固，为党的组织和红军队伍的发展壮大做出了重要的贡献。然而由于革命的曲折性，郭述申在鄂豫皖边区的岁月并不是一帆风顺的，曾遭受数次挫折，险些被杀，但是他对革命的信仰却愈久弥坚，没有丝毫动摇。

积极推动鄂豫皖革命根据地的统一和发展

1904 年 12 月 27 日，郭述申出生于湖北省孝感县城关镇一个贫民家庭。郭述申儿时随父在家乡读私塾，1918 年考入武昌高等师范附属中学。1922 年 5 月，郭述申加入社会主义青年团，开始投身于民主革命运动。同年秋，郭述申以第一名的优异成绩考入武昌高等师范学校。1927 年初，郭述申当选为湖北省农民协会执行委员会常委、教育部长，开始从事农运工作。由于国民党反动派的叛变，轰轰烈烈的大革命遭受失败，中国革命走向低潮。1927 年 6 月，在白色恐怖猖獗的血雨腥风中，郭述申毅然加入中国共产党。从此，在张太雷、陈潭秋等领导下，郭述申开始了新的革命生涯。

1928 年初，湖北省委遭到国民党的破坏。郭述申遭到通缉，处境十分危险。

同年春夏之际,郭述申前往上海寻找党组织,不久与上级党组织接上了关系。1928 年秋,郭述申受党中央派遣赴河南工作,任中共郑州市委书记。1929 年 4 月,郭述申任中央巡视员,到豫南、鄂东北巡视工作。

鄂豫皖苏区的工农武装割据,是由鄂东北、豫东南和皖西北三块革命根据地连接而成的。1927 年 11 月 13 日,郑位三、曹学楷、戴克敏、吴焕先等领导的黄麻起义爆发。18 日,黄安县农民政府宣告成立,同时,鄂东革命军也光荣诞生(后改编为红 31 师),这标志着红色政权在鄂东北开始出现。1928 年 12 月,中央巡视员曹壮父向中央报告黄安近况,提议建立鄂豫皖特委。1929 年 5 月 6 日,商城南部举行了"立夏节"起义,成立了红 32 师,开辟了豫东南革命根据地。11 月,组成鄂豫边特委。12 月 25 日,商城县城解放。27 日,鄂豫边革命委员会成立,鄂东北和豫东南首先连成了一片。到 1930 年 2 月 1 日,霍山县城解放,建立了红 33 师,逐渐形成了皖西北革命根据地。

1930 年,鄂豫皖边已经形成三块赤色区域,普遍建立了党、团组织,开辟鄂豫皖割据局面的条件成熟了。在中央,周恩来是最早认识到建立鄂豫皖边区革命根据地具有重要战略作用的中央领导人。中共"六大"后,周恩来担任中央政治局常委、中央组织部部长、中央军委书记。作为中央主要领导人之一,周恩来对领导武装斗争有着亲身的体验,并且在密切关注各地工农武装割据斗争实际情况的基础上,着力探索中国革命的正确道路。郭述申结束在鄂豫边、豫东南地区的巡视后,于 1930 年 1 月底返回上海向中央汇报。周恩来听取了郭述申关于大别山革命斗争情况的汇报。2 月,周恩来代表党中央在上海主持召开会议,专门研究部署鄂豫皖边区的工作,郭述申、许继慎、熊受暄等参加会议。周恩来在会上阐述了鄂豫皖边区的重要战略地位及当前的政治形势与任务,当机立断地做出一系列符合大别山革命斗争发展实际的战略决策和部署,设立鄂豫皖特区、建立鄂豫皖特委、成立红 1 军,使鄂豫皖苏区得以迅速形成和发展壮大,成为全国第二大革命根据地。

1930 年 2 月 25 日,中共中央给湖北省委、河南省委、六安中心县委发出指示信,决定将湖北省的黄安、麻城、黄陂、孝感、罗田、应山(后又决定增加黄冈、安陆),河南省的商城、光山、固始、潢川(后又决定增加罗山),安徽省的六安、霍山、英山、霍邱、寿县、颍上、合肥等县,划为鄂豫皖边特别区,建立中共鄂豫皖特委,统一领导鄂豫皖边区的革命斗争。3 月 8 日,中央决定将红 31,32,33 师合编成立中国工农红军第1军。3月17日,中共中央又给湖北省委发出指示信,决定由郭述申等9人组成鄂豫皖边特委,郭述申任书记。3月22日,中共中央再次给鄂豫皖边特委发出指示信,进一步明确了鄂豫皖边特委所面临的形势与任务、策略路线和工作方针,并对鄂豫皖边特别区的直辖范围做出补充规定。与此同时,周恩来亲自与中央派遣到鄂豫皖工作的干部郭述申(首任特委书记)、许继慎(红1军军长)、熊受暄(红一军政治部主任)逐个谈话,希望他们到鄂豫皖边区使中央的决定和指示得到迅速地贯彻。由此也可看出周恩来对大别山革命斗争的重视程度及其周密细致的求真务实精神。

3月下旬,郭述申、许继慎、熊受暄等到达湖北黄安,在黄安北部的箭厂河召开了鄂豫皖边区特区特委和红31,32师领导干部会议。根据中共中央的决定,郭述申宣布在中共湖北省委领导下建立鄂豫皖边区特委,特委委员中有中央委派的郭述申、许继慎、曹大骏、姜敬堂、原鄂豫皖党政军领导人徐朋人、曹学楷、戴克敏、徐宝珊、王平章、何玉林、钱文华、戴继伦、戴继英、吴焕先、詹才芳、郑位三、郑新民、王秀松、周纯全、甘元景、雷绍前、王宏学、徐向前、王树声等,郭述申任鄂豫皖边区特区特委书记。郭述申还宣布正式组成中国工农红军第1军军部,许继慎任军长,徐向前任副军长,曹大骏任政治委员,熊受暄任政治部主任;宣布成立中国工农红军第1军前敌委员会,曹大骏任书记,熊受暄任秘书长;从军到连均设立政治委员;红军的重大行动由特委和红一军前敌委员会联席会议决定。

6月下旬,鄂豫皖边区第一次工农兵代表大会在河南省光山县王家湾召开,成立了鄂豫皖边区苏维埃政府,甘元景为主席。鄂豫皖特委的建立和红一军的组成,把分散在大别山区的鄂东北、豫西南、皖西北三块根据地的领导统一起来,标志着鄂豫皖根据地的正式形成,对鄂豫皖革命根据地的发展起了决定性的作用。

鄂豫皖特委的建立,边区工农民主政府的成立,使鄂东北、豫东南、皖西三块分散的革命根据地的党和政府,实现了统一领导,全面开展了土地革命。红一军的成立,使红军实现了军事上的统一指挥。

1931年2月,根据中央决定,成立了新的鄂豫皖边区特委,曾中生任书记,郭述申任特委组织部长。1931年中共六届四中全会以后,王明掌握了中央的实际权力,对鄂豫皖苏区党组织和军队的领导成员进行全面改组。4月上旬,中央代表张国焘、陈昌浩、沈泽民相继抵达苏区。5月,鄂豫皖中央分局和隶属分局的鄂豫皖省委成立。郭述申担任了分局和省委委员、分局和省委组织部长。不久,又担任了中央分局常委、鄂豫皖边区苏维埃政府人民委员会副委员长。1931 年 8 月,郭述申调任陂孝北县委书记,9 月又调任陂安南县委书记。

皖西北道委书记

1932 年 1 月,郭述申被任命为皖西北道委书记。皖西根据地所辖 19 个县,有近 5 000 名地方党员。除在六安、霍山、霍邱、商城 4 县设立了苏维埃政权外,其余的英山、合肥等地,还没有条件建立县级政权。由于根据地处于山区,土地贫瘠,物资匮乏,农民居住分散,地域闭塞,交通又十分不便,斗争条件极为艰苦。

郭述申到达皖西北,正值红四方面军开始发起商潢战役。为保证主力红军作战需要,郭述申带领道委一班人全力组织皖西北群众筹粮运粮,收集和运送作战物资。在皖西北人民的全力支援下,红军取得了歼敌 3 万余人的重大胜利。随后,道委在原来土改的基础上,对于尚未实行土改的地区,发动群众实行"耕者有其田"。随着土地革命的广泛开展,农民群众衷心拥护共产党,拥护边区人民政府。不久,建立了 8 个县级政权,道区范围扩展到淮河边,形成东西约 3 000 余平方公里的革命根据地,使皖西北苏区进入了鼎盛时期。

1932 年 6 月,蒋介石指挥 30 万大军对鄂豫皖根据地进行第四次"围剿"。在敌人的疯狂进攻下,鄂豫皖根据地大部分丧失。10 月 12 日晚,红四方面军主力 2 万余人越过平汉线,仓促西进。危急时刻,留在皖西坚持斗争的郭述申召集东路游击司令刘士奇、27 师师长徐海东等在英山土门潭举行会议。会上,郭述申宣读了鄂豫皖中央分局关于撤销皖西北道委、成立鄂皖工委,任命郭述申为工委书记的指示。会议决定把金家铺一带的零散部队和徐海东所率领的 1 个团合编,成立红 27 军,刘士奇为军长,郭述申兼任政委,全军辖 2 个师,共 4 500 余人。

11 月下旬,郭述申率领红 27 军主力赴黄安七里坪与鄂豫皖省委和鄂东各主力团会合,省委根据斗争形势的需要,决定撤销鄂皖工委和红 27 军番号,恢复皖西北道委,仍由郭述申任道委书记。11 月 30 日,红 27 军编入重建的红 25 军。郭述申领导道委先后恢复重建了赤城、赤南和六安 3 个县委若干工委、区委,并于 1933 年 4 月在汤家汇召开了道区工农兵代表大会,重建和整顿了道区各级苏维埃政权以及工会、妇女、少共、赤卫队等群众团体。与此同时,郭述申等道委领导还以红 25 军特务营为骨干,着手重建皖西北地方武装和开展游击战争,先后组建了3个游击师、1个战斗营和1个游击队。道区各级党政组织和地方武装的恢复和建立,迅速扭转了根据地混乱的形势,人心逐渐安定,生产开始回升,以汤家汇、南溪为中心的皖西北根据地呈现出相对稳定的局面。

在皖西北的革命斗争中,郭述申的好战友王平章不幸牺牲。1933年1月上旬,由原25军第221团和特务营为基础组成皖西红28军,军长廖荣坤,政治委员王平章。3月28日,王平章率特务营进入河南商城县(今安徽金寨县)银山畈阵地时,不幸喉部中弹。王平章在血泊中还在吃力地叮嘱他的同志:"不要动摇!坚决反击敌人!"由于抢救无效,王平章逝世于红军医院。王平章牺牲后,被葬于红军医院附近的山坡上。由于当时战事紧张,伤亡惨烈,加之怕敌人毁墓,所以墓地没有留下任何标记。此次战役不久,时任皖西北道委书记的郭述申曾专门来到牺牲地寻找王平章烈士墓地,因见证人流散,没有找到墓地所在地。随后,红军开始战略转移,当地处于白区统治之下,无人再提及此事。在汉川老家,王平章烈士育有二子二女,其中一子一女被国民党杀害,另一个女儿被送人做了童养媳而得以幸存,儿子四处躲藏,侥幸逃脱追杀,落下残疾。在当时的白色恐怖环境下,家破人亡的王家,自然无法寻找烈士遗骨。新中国成立后,王平章烈士的后代曾多次要求寻找烈士遗骨,因为只知道牺牲在河南商城县,没有什么具体线索,一直未能成行。"文化大革命"期间,政治氛围突变,烈士被污蔑为叛徒,是在逃跑路上被自己人打死的,烈士的家属也受到冲击。红卫兵搜走了烈士遗物以及新中国成立后董必武、徐海东、徐向前、李先念、郭述申等人写给家属的信件。"文革"结束后,郭述申复出任中纪委副书记,曾专程来到汉川,看望王平章烈士的家属。家属再次提出寻找遗骨的愿望,郭述申叹息说:"我当时去找都没有找到,几十年过去了,现在再去查找恐怕是没什么希望了。"家属就此打消了寻找先辈尸骨的想法。值得庆幸的是,王平章烈士的墓地后来找到了。2005年6月下旬,王平章的家乡湖北汉川市组织工作组前往安徽金寨寻找烈士墓地。在金寨县有关部门的配合下,找到了数名当年埋葬王平章烈士的老人。通过他们的指认,工作组在金寨县关庙乡方家坟山坡上找到了王平章烈士墓。2010年4月28日,王平章烈士墓碑揭幕仪式在安徽金寨县烈士陵园隆重举行。

1933年4月,红28军一部留在皖西,主力转战鄂东南与红25军会合,并进行整编,以集中力量对付国民党军对鄂豫皖根据地的"围剿"。红28军主力改编为红25军73师,留在皖西的部队和部分游击队组成红28军第82师。1933年6

月,蒋介石调动 10 余万兵力对鄂豫皖苏区实施第五次"围剿"。郭述申领导皖西北军民开展英勇的反"围剿"斗争,采取了以外线游击与集中兵力伺机歼敌相结合的正确作战方针,屡屡取得胜利。不久,鄂豫皖省委因没有放弃错误的内线单纯防御的作战方针,最终导致皖西北第五次反"围剿"斗争失利。10 月 11 日,郭述申在南溪吕家大院召开皖西北道委会议,讨论了武装建设和斗争方针等问题,决定以红 82 师为基础,重建红 28 军,由徐海东任军长,郭述申兼任政委。1934 年4 月,为壮大主力红军,鄂豫皖省委将红 28 军再次编入红 25 军,军长徐海东,政委吴焕先,郭述申兼任政治部主任。5 月下旬,鄂豫皖省委再次调郭述申返回皖西北,继续担任道委书记。郭述申将个人安危置之度外,又一次无条件地服从了省委的安排,离开红 25 军,重返皖西北,并迅速开展了巩固中心区,开辟和扩大边区的斗争。

在鄂豫皖苏区"肃反"中幸免于难

在郭述申 1932 年担任红 27 军政委期间,红 27 军军长刘士奇在"肃反"中被杀,让他心痛不已。郭述申和刘士奇在一起工作的时间不长,但他留给郭述申的印象很深。刘士奇原任红四方面军政治部主任,后担任东路游击司令员、红 27 军军长,他既能做政治工作,又能指挥打仗,是我党我军的优秀指挥员和政治工作干部。刘士奇曾多次对郭述申讲,红军是无产阶级进行斗争的锋芒,无论战争环境怎么险恶,我们都应当保存好这支队伍。郭述申晚年回忆刘士奇时说:"红 27 军始终是在中共鄂皖工委和军部的领导下行动的,一切行动计划都是工委和军领导共同研究决定的,就是在紧张的战场上,也是由军领导碰头研究的。即使是临战的当机立断,军长刘士奇都和我商量,有时来不及也在战后说一下。当时,虽然各项工作有分工,但领导同志间很注意征求意见,相互尊重,因而大家思想比较统一,关系比较密切。特别是刘士奇和我,我们两个主要领导人从没有发生过分歧意见,没有互不通气的时候,相互间想到什么,认为应该怎么做都是毫无保留地谈出来,对其他领导同志也如此。""他在领导红 27 军的转战中,是有功劳有贡献的,应给刘士奇同志以公正评价。"

1934 年初,红 28 军新重建不久,国民党反动派进攻苏区的兵力又加强了。由于敌人反复"围剿",搞"过梳子战术",苏区的粮食都被抢光了,人民群众生活非常困难。大别山区的皖西北,几乎整村整村的人饿死。在这个关键时刻,担任皖西北省委书记兼红28军政委的郭述申又重病缠身,卧床难起,这时的党政军工作由红28军军长徐海东负责。当时,斗争局势险恶,红军几乎天天行军转移,天天有战斗发生。为保障胜利,部队越精干、机动性越强越好。不少人劝徐海东把郭述申留在地方上养病,以减少军队负担。徐海东坚决不同意这个建议,他说:"白色恐怖这么厉害,哪里藏得了道委书记? 敌人悬赏取他人头嘞!"徐海东部署党政军工作,又亲自组织医治郭述申的病患,连每天抬担架的人选都亲自过问。郭述申十分感动,几次要求把自己安置在地方算了,不要让红军官兵为自己付出血汗代价。徐海东却诚恳地说:"留你在军中不是累赘,是主心骨哇! 我还有事请示、汇报、商量啊!"在整个转战中,徐海东专门给郭述申配了担架队,他挑选了10名体质好的老红军战士和临时请的老百姓一起,负责郭述申的医、食、走、住和保卫,每次宿营,徐海东必去探望,还亲手给郭述申搭席棚子防风雨。

郭述申担任皖西北道委书记期间,坚持实事求是的原则,坚决抵制省委内部肃反的"左"倾错误,反对没有根据的乱捕乱杀,冒着个人遭受打击的风险,保护了一批革命同志。1933年6月,郭述申到省委汇报工作,省委告诉他,在鄂东北工作的留苏学生胡正明是反革命,已被处决。胡正明的爱人夏玉华在皖西工作,也是留苏学生和反革命。郭述申回皖西区后,经调查,曾任红27军政治部副主任、时任红军第3游击师政治部主任的夏玉华是个好同志,是红军里难得的女才子,群众关系好,对苏区贡献很大。郭述申便没有执行上级领导的错误指示,将夏玉华保了下来。

1934年夏初,鄂豫皖省委代表高某到皖西北视察工作,指责郭述申"肃反不坚决"。他仅根据一个副营长被逼出的口供,就认定皖西北游击总司令兼第3路游击师政治委员吴宝才(曾任红27军副军长)和道区政治部主任兼红28军第82师政治委员江求顺(曾任红27军政治部主任)是"反革命"。郭述申和徐海东对此坚决反对,郭述申和高某发生了激烈争论。郭述申说:"吴宝才和江求顺都是经过战争考验的好同志,怎么能只凭一个人的口供就定他俩是反革命呢?"高某斥责郭述申说:"你肃反不坚决,严重右倾。"

由于党内"左"的错误路线的影响,郭述申在工作中虽取得成绩,但并没有得到上级的肯定,反而遭到了不公正的待遇。1934年9月28日,鄂豫皖省委举行常委扩大会,轻信了高某的一面之词,作出《对郭述申同志的决议》,错误地认定指责郭述申"缺乏残酷的复杂阶级斗争警惕性","造成了在肃反问题上表现严重的机会主义动摇",而且是"最主要最明显的代表"。鄂豫皖省委撤销了郭述申的省委常委兼皖西北道委书记的职务,安排郭述申回红 25 军政治部当宣传科长,高某接任皖西北道委书记。随后,吴宝才、江求顺、夏玉华被杀。红 82 师副师长卢兴明,少共皖西北道委书记雷向前,中共赤南县委书记陈振松,赤城县委书记、第 2 路游击师政委吴代芬、师长朱世声、政治部主任肖新甫等被逮捕、杀害。红 82 师师长林维先被打成"第三党"骨干分子,即将处以极刑时,全师官兵痛哭作保,才免一死,被罚到苦工队抬担架、当挑夫。

身居逆境不仅没有动摇郭述申对共产主义的坚定信念和对党的无比忠诚,反而磨炼了他百折不挠的革命意志。他对错误的"肃反"政策给苏区造成的危害深感痛心,但对于因执行错误路线而打击他的人不怨恨,事后还坚持公正地评价他们,以至几十年后他仍撰文怀念他们中的去世者,对健在者则经常给予生活上的帮助。

郭述申对于鄂豫皖苏区的"肃反"终生难忘。白雀园"大肃反",是鄂豫皖根据地历史上最令人痛心的一页。将近三个月的"肃反",肃掉了 2 500 名以上的红军指战员,师团以上干部大都被逮捕、杀害,极大削弱了红军的战斗力。郭述申晚年在总结鄂豫皖历史时曾说:"白雀园'肃反'以后,张国焘又把军队中的那套'肃反'搬到地方上,又杀了很多在地方工作的领导干部。我在陂孝北任县委书记时,县苏维埃主席魏祖圣同志(大革命时是孝感县农民协会委员长,是当地的农民领袖,1927 年配合黄麻起义,破击京汉铁路就是他带领农民协会会员干的),是个好同志,被张国焘用'肃反'名义杀掉了;我在陂安南工作时,第二任县苏维埃主席陈金台同志(第一任是李先念同志,带领陂安南参军的大队到红军中工作去了),也被张国焘利用'肃反'杀掉了。张国焘是通过'肃反',达到他排除异己的目的。"郭述申曾明确指出:"鄂豫皖时期被肃的指挥员和干部中,我所认识的人中,没有一个是反革命。"

郭述申自己不仅难以在"肃反"中挽救一些战友,而且后来自己也成为"肃反"的对象。郭述申去红 25 军政治部担任宣传科长后不久,又担任了 224 团政治处主任。当时,团里没有政治委员,政治工作基本由郭述申承担。发生拐河战斗的当天,敌人来势汹汹,该团战斗力较弱,仓促上阵。团长张绍东又怯战,刚上火线,一接敌扭头就带部队后退。团供给处长一边退还一边喊:"不得了了,赶快逃呀!"军长吴焕先发现后,同副军长徐海东紧急调兵,采取果断措施,带部队冲了上去,顶住了敌人,这才免于更大的伤亡。

1934年11月中旬,鄂豫皖省委及红25军执行党中央关于战略转移的决定,高举中国工农红军北上抗日第二先遣队的旗帜,从罗山县何家冲出发西进,踏上了长征之路。郭述申随红25军踏上了北上抗日的征程,离开他战斗了五个春秋的大别山这块热土。红25军参谋长戴季英在长征到河南方城县独树镇附近时,说拐河战斗发生军心动摇、队伍溃退,责任应由郭述申负责,诬陷郭述申是皖西北"第三党"的领袖,要捕杀他。徐海东一听就火了,气愤地拍着桌子说:"说郭述申同志是反革命,我们都是反革命,你们这些人,把老郭同志整得还不苦吗?你们还想干什么?把忠臣良将都害死?不干共产主义了吗?那才叫真正的反革命哩!"徐海东怕戴季英不听他这个副军长的话,立即又去找政治委员程子华、军长吴焕先等。军领导一致同意徐海东的意见,才使团政治处主任郭述申幸免于难。郭述申每当回忆这件事都诚恳地说:"一个领导人,无论大小,不明察秋毫,不调查实情,不倾听来自群众的意见,就是真正的没水平!海东堪为大将,恰是实事求是、合理合情处事待人的。我两次大难不死,海东是救命恩公啊!"

新中国成立后,郭述申在回忆起同徐海东患难共事的详情时,曾流着激动的眼泪对徐海东的儿子徐文伯等人说:"我这次大病之难未死,是有海东这样赤诚同心同德的好战友好兄弟啊!省委书记沈泽民同志,与我几乎一个时期生了重病,他在鄂东,因没有人照顾,结果病死在天台山。我们讲传统,就要讲同心同德,为了共同事业携手奋进啊!"郭述申另在《优秀的将领,战斗的一生》一文中回忆徐海东时说:"苏区被敌人烧得没有一片完整的房屋。宿营时,把我的担架靠在尚未倒塌的墙壁旁边,还要搭个席棚子挡风。我怕影响部队的行动,几次要求把我留下来,海东同志坚决不肯。我病得那样重,又是在那样异常艰苦的环境下,如果没有像海东同志这样的战友,这样深厚的无产阶级感情,我会遇到不可想象的遭遇。海东同志不仅对我是这样,他对干部对战士也都很关心爱护。因此,环境再艰苦,再困难,干部和战士始终保持着团结友爱的精神和饱满的战斗情绪,这是和海东同志优良作风的影响分不开的。"郭述申的夫人许云曾说:"其实他们两个的经历、性格完全不同。如果没有共同的革命信念,没有光明磊落的胸怀,他们不会有这样深的情谊。"

终生情系鄂豫皖

1934 年 12 月,红 25 军跋山涉水进入陕南境内。12 月 10 日,鄂豫皖省委在庾家河召开常委会,决定改鄂豫皖省委为鄂豫陕省委,决定建立以陕南为中心的鄂豫陕革命根据地。郭述申列席了这次常委会。会后不久,鄂豫陕省委任命郭述申为红 25 军政治部副主任。

开辟新区首先遇到的就是如何对待商人和商业问题。为了使新区群众对红军有所了解,郭述申带领军政治部的工作人员在部队行军途中展开了紧张的颇具声势的宣传活动,书写了大量传单、布告,宣传中国共产党的方针政策。每到一地,郭述申就同政治部的战友们召开群众大会,组织群众开展抗捐、抗债、抗粮、抗夫、抗丁活动,没收地主的土地和财物分配给农民,启发农民觉悟,动员他们参加红军。这些活动,不仅宣传了共产党和红军的性质及政治主张、经济政策,扩大了党和红军在群众中的影响,安定了社会秩序,而且震慑、分化了国民党的地方政权和军队,为开辟鄂豫陕根据地起到了重要的推动作用。

1935 年 8 月,红 25 军抵达甘肃静宁县城以北的兴隆镇,并在这里休整了3 天。兴隆镇是回族聚居的地区,长期受反动政府和国民党军队大汉族主义的欺压,回汉民族之间的矛盾很深。根据军政委吴焕先的要求,郭述申把对部队进行党的民族政策教育作为首要工作,向全军部队颁发了《三大禁令、四项注意》的规定,要求红军指战员必须遵守群众纪律,尊重回族的风俗习惯。政治部组织人员在镇上广泛张贴标语、传单、布告,进行政策宣传,并组织指战员参加助民劳动。郭述申则亲自到清真寺拜访阿訇,召集当地知名人士及阿訇座谈。红军部队的言行使回民群众深受感动,尤其是红军提出的"不打回民土豪,优待回民军队的军官"等政策,受到了当地回族上层人物和普通回族群众的拥护。由于红 25 军给兴隆镇地区的回民群众留下了"红军好"的深刻印象,后来毛泽东率中央红军路过此地,受到了回民群众的热情款待。毛泽东曾热情称赞红 25 军的民族政策执行得很好。

1935 年 9 月,郭述申任红 25 军政治部主任。9 月 15 日,红 25 军作为工农红军长征中第一支到达陕北的队伍,与刘志丹率领的红 26 军、红 27 军胜利会师。9 月 17 日,西北工委与鄂豫陕省委在永坪镇召开联席会议,决定撤销西北工委和鄂豫陕省委,成立陕甘晋省委,撤销红 25 军、红 26 军、红 27 军的建制,组建中国工农红军第 15 军团。郭述申任陕甘晋省委常委兼宣传部长、军团政治部副主任,11 月任军团政治部主任。郭述申做军队政治工作颇有建树,特别是他批准在红15 军团政治部的《红旗》报上刊登《红军三大纪律八项注意歌》,在军队中传唱至今,对加强部队建设起了重要作用。

1935 年 10 月底,党中央派人送来了《陕甘支队告红二十五、二十六军全体指战员书》,带来了党中央的热情慰问和鼓励。程子华立即派人去通知徐海东。徐海东很快骑马赶回军团部,第一句话就问毛主席来了没有。徐海东刚洗去脸上的汗水,毛泽东、彭德怀和贾拓夫、李一氓等人就到了。毛泽东笑着和大家一一握手,并向彭德怀介绍郭述申说:"这个大个子就是郭述申,他在湖北搞农民运动时我就认识他的。"

1936 年 1 月 20 日,红一方面军东渡黄河战役开始。21 日,郭述申随东征右翼纵队从无定河口渡过黄河,在水头、双池、川口一带开展群众工作,宣传抗日主张。部队回师陕北后,6 月,郭述申进入红军大学学习,并担任第 1 科党支部书记。12 月底,中央军委任命郭述申为红军前敌总指挥部政治部副主任。接受任命后,郭述申率中央干部团从保安出发,到达前敌指挥部所在地云阳镇。不久,党中央又任命郭述申为红 31 军政委。

1937 年"七七"事变爆发后,8 月初,中共中央电令郭述申到湖北工作。1937年 12 月,以郭述申为书记的湖北省临时委员会成立。1938 年 6 月,中共湖北省委正式成立,郭述申任书记。1937 年 7 月,新四军第 5 支队成立,司令员罗炳辉,政委郭述申。1945 年 11 月,郭述申到东北解放区工作,担任辽北省委书记兼省军区政委。1946 年 5 月后,郭述申任西满分局常委兼组织部长、东北局宣传部副部长。新中国成立后,郭述申在东北工作了十几年,历任中共旅大区党委副书记兼旅大市总工会主席、中共旅大市委第一书记兼旅大警备区第一政委、中共辽宁省委常委等职。1963 年,郭述申被以"严重的政治立场和组织原则错误"为名,撤销了大连市委第一书记的职务。1963 年 8 月,改组后的大连市委又向省委报告,将郭述申的错误性质定为"政治上犯了立场性、方向性的严重右倾错误,在组织上犯了分散主义、宗派主义的错误"。1964 年底,郭述申调离大连,迁居北京。"文化大革命"结束后,郭述申于 1978 年当选五届全国人大常委。年底,党的十一届三中全会决定恢复中央纪律检查委员会,郭述申被选为中纪委副书记。1982 年 9

月,郭述申列席了党的"十二大",当选为中顾委委员,由中纪委副书记退居二线。

1985 年 9 月,郭述申从中顾委委员职务退下来。他不顾年事已高,身体不好,仍多次走访老区,出席革命烈士纪念活动,看望老红军和烈士遗属。在郭述申逝世前两个月,他还主动向中央建议,为鄂豫皖根据地的老领导人戴季英解决生活困难问题。戴季英原是红 25 军参谋长,长征途中提出要杀郭述申。新中国成立以后,戴季英屡犯错误受处理,被开除了党籍,晚年境遇很不好。1994 年 5 月,戴季英从河南来到北京,郭述申不顾年老体弱亲自去看望他。得知戴季英生活有困难,郭述申解囊相助,还向其他战友募捐。

郭述申不忘曾经浴血战斗过的皖西老区的经济建设,十分关心老区革命史的编写工作。1979 年和 1980 年,他亲自为《立夏节烽火》和《皖西革命回忆录》两书撰写序言。1982 年退居二线后,郭述申仍倾心尽力关心和支持党史、军史和革命斗争史的编写工作,先后在《人民日报》等报刊上发表回忆录和纪念文章 50 余篇,以亲身经历缅怀曾与之共同战斗的老一辈革命家的功绩。1983 年初,郭述申对金寨县报送的"金寨烈士塔碑文"进行了细致地审定。1984 年,郭述申亲赴六安参加《皖西革命史》一书的审定会议,并作了指导性的发言。会后,郭述申又赴当年皖西北道委所在地金寨县参观了革命历史博物馆和烈士塔,看望老红军,并多次向陪同人员询问老区的经济发展情况。1987 年和 1993 年,郭述申又分别为《皖西革命史》《鄂豫皖革命根据地史》撰写了序言。

1994 年 7 月 14 日,郭述申在北京病逝,终年 90 岁。郭述申逝世后,他的夫人许云公布了郭述申于 1987 年 12 月 83 岁生日时亲笔写成的遗嘱。郭述申在自己的遗嘱中写道:"在我觉悟到要做一个共产党员而要求入党(1927 年 6 月)以来,已整整 60 年了。在这一漫长的奋斗生涯中,有成功的经验,有失误的教训,但我没有做对不起党和人民的事。"平淡的词句,朴实的语言,表达了他一生忠于党、忠于人民、忠于革命事业的高尚情怀。

张浩(林育英)(1887—1942)

对红军大会师有重大贡献的神秘"国际代表"张浩

1935 年 9 月,张国焘在红一、红四方面军会师后与中央闹分裂,率领红四方面军南下,并于 10 月间成立第二"中央"。为使张国焘率红四方面军北上,毛泽东、张闻天、周恩来、博古等中央领导人对其苦苦相劝,但张国焘仍无动于衷。中央此时急切需要得到共产国际的帮助,但 1934 年 10 月红军长征前夕上海中央局的电台被破坏后,同共产国际就已失去联系一年了。正当毛、张、周、博等中央领导人一筹莫展时,一位来自莫斯科的共产国际代表携带同共产国际联系的电讯密码,从苏联越过了蒙古大沙漠,历尽千辛万苦来到延安。在向中央领导人传达了共产国际"七大"关于建立反法西斯统一战线的精神后,应毛泽东之邀,他以共产国际代表的身份,对张国焘进行了严厉的批评,采取了有理有节,既有原则性又有灵活性的方式,最终配合中央促使张国焘率领红四方面军北上。

他,就是曾任八路军一二九师首任政治委员的张浩。尽管张浩已不为今天一般读者所熟悉,但他却以共产国际代表的身份在中共中央挫败张国焘分裂主义的斗争中,为取得全党的统一和团结,发挥了独特而又极为重要的作用。

共产国际决定派张浩回国传达共产国际"七大"的会议精神

1887 年,张浩出生于湖北黄冈。湖北黄冈的林氏家族,出了三个在中国现代史上不同寻常的人物——张浩(林育英)、林育南和林彪(林育蓉)。林育南是卓越的工运领袖,与恽代英齐名,曾任中共中央候补委员、中华全国总工会常委兼秘书长、湖北省委代理书记,1931 年在上海龙华被国民党反动派秘密杀害。

1922 年,张浩经林育南与恽代英介绍,加入了中国共产党,曾参加过香港海员大罢工。1924 年去莫斯科共产主义劳动大学学习,1926 年回国。1929 年任上海沪西区区委书记,1930 年任中共满洲省委书记。1930 年 9 月,六届三中全会上,当选中央候补委员。1932 年初,担任全国总工会常委兼海员工会总书记。在从事革命斗争时,他还曾用名林仲丹。1933 年 1 月,中共中央鉴于张浩过去长期从事工人运动,懂俄文,决定派他担任全国总工会驻赤色职工国际代表和中共中央驻共产国际代表团成员。1 月下旬的一天,张浩从上海乘船离开中国。2 月下旬到达德国汉堡,随后前往柏林。他在柏林住了一段时间后,化名李复生转赴莫斯科。在莫斯科期间,张浩参与了中共驻共产国际代表团以中共中央名义发表的著名的《八一宣言》的起草和定稿工作。

共产国际对恢复同中共中央的联系同样是极为重视的。1935 年初,中共驻共产国际代表团派遣当时在苏联学习军事的阎红彦回国,给中央送电码本,并要一批军事干部来国际学习。阎红彦在新疆设法越过边境,化装成商人,经过甘肃、宁夏、绥远等地。但因国民党封锁严密,阎红彦不知道中央红军的确切地点,不得不辗转来到北平,后又到汾阳、西安。最后终于在西安听到一些陕北红军的消息,遂想方设法进入苏区,于 1935 年底找到中央。毛泽东亲自接见了阎红彦。但阎红彦离开莫斯科时共产国际"七大"还未召开,阎红彦回到延安也晚于张浩,因此在接通中共与共产国际联系的贡献上就无法与张浩相提并论。阎红彦 1955 年被授予上将军衔,曾任云南省委第一书记,昆明军区第一政委,1967 年初被江青、陈伯达一伙迫害致死。

在阎红彦走后,1935 年 7 月 25 日至 8 月 20 日,共产国际第七次代表大会召开,共产国际执委会总书记季米特洛夫作了《法西斯的进攻和共产国际为工人阶级反法西斯主义而统一斗争的任务》的报告。张浩作为中共驻共产国际代表团成员出席了这次会议。在莫斯科期间,他广交朋友,积极工作,并多次与季米特洛夫、斯大林在一起交谈,讨论国际共运和中国革命的问题。

自1933年中共中央离开上海迁往瑞金后,同共产国际的电讯联络便是通过中共上海中央局。1934年10月,上海中央局遭到破坏后,中共中央同共产国际的电讯联络便完全中断。但这却也促使中国共产党独立自主地决定自己的路线与政策,遵义会议就是在没有共产国际干预的情况下召开的。第二次世界大战爆发后,中国是反法西斯主战场之一,与世界各国一道尽快建立国际反法西斯统一战线,已迫在眉睫。

1935年2月底,中共中央决定派陈云、潘汉年等作为中央代表携带电码到上海恢复白区工作,建立中央与上海地下党及共产国际间的电讯联系,以便尽快得到共产国际的指导和帮助。潘汉年先从遵义启程,经贵阳、柳州、梧州、广州、香港到上海。5月31日,中共中央在泸定县城召开中央负责人会议,张闻天、周恩来、毛泽东、朱德、王稼祥、刘少奇等出席,决定陈云立即去上海恢复白区组织。在红军到达四川天全县灵关村后,陈云离开长征中的中央红军前往上海。但到达上海后未能马上同党组织接上关系,电码也没有转交到党组织手里且不慎失落。同年8月,陈云才与上海党组织取得联系,随即经海参崴到莫斯科,向共产国际汇报工作。同年10月2日,陈云和潘汉年、陈潭秋等人一起参加了中共驻共产国际代表团的会议,并成为中共代表团的三个正式代表之一。但陈云的到达并未能解决党中央同共产国际的联系问题,双方的电讯联络仍未接通。

为了向正在长征途中的中共中央传达共产国际"七大"会议精神,并恢复共产国际与中国共产党的联系,共产国际与中共驻共产国际代表团商量决定派一位同志回国。当时,从苏联回国有新疆、东北、蒙古三条路线。由新疆到延安路途太远,而东北为日军占领区,只有从蒙古回国路程较近,且国民党的势力较为薄弱,虽然地方割据严重,但有空隙可钻,是一条比较安全的路。不过,路途关卡重重,不能携带文件,只能记在脑子里。鉴于此,共产国际认为,回国同志只能走蒙古这条线路,派回国的同志,不仅要立场坚定、机智勇敢,还要有对付敌人的丰富经验和一定的威望,并为国内同志所熟悉和信任。

经过反复考虑,中共驻共产国际代表团和共产国际决定派林育英回国。提出由林育英回国的建议是陈云与陈潭秋的主意。陈云对林育英很熟悉,陈潭秋更是与林育英并肩在安源与东北经历风雨。林育英是中央候补委员,又参加了共产国际"七大",是中共代表团起草而以中共中央名义发表《八一宣言》的创作者之一,他最吃透精神。由于路上不能携带文件,由林育英来回国传达无疑是最佳人选。斯大林对此表示同意。共产国际执委会总书记季米特洛夫代表共产国际与林育英谈话征求意见,他愉快地接受了这项既艰苦又危险的任务。

离开莫斯科时,林育英给自己取了个化名——张浩.这个名字可能是他为了纪念早年在安源从事革命斗争时为营救自己的一位名叫张仲华的同志而取的。他的浩然正气,让林育英由衷敬佩。张浩这个名字就是这个时候开始叫的,并因后来担任一二九师政治委员而为大家所熟悉,林仲丹、李复生、林育英这三个名字反倒不为人知了。张浩扮作商人,携带着密码,牵着骆驼,与在苏联受训的密电员赵玉珍一起踏上了回国征途。一路上,他们跋山涉水,忍饥挨饿,历尽千辛万苦,曾几乎被沙暴吞噬。经过一个多月的艰难跋涉,于 11 月初到达陕甘交界的定边县,并很快与定边党组织取得了联系。陈云离开红军时还不知道党中央与红军到了陕北,张浩只能是边走边打听,就这样到了陕北。

对瓦窑堡会议的召开,张浩有着重要贡献

张浩对定边县党组织的人说自己叫张浩,有重要事情向党中央汇报,请他们将自己送到中央去。当时定边县党组织的负责人不认识张浩,对他有些怀疑,于是立即向陕甘晋省委发了电报。省委副书记郭宏涛接到电报后,不知张浩是何许人也,有些怀疑,遂电话请示了当时在党中央负总责的张闻天。张闻天也不知道张浩是谁,但感觉到可能是共产国际派回来的同志,应派人去接。张闻天特派邓发代表中央到定边去接张浩,还发电报指示定边县党组织,要好好照顾张浩,并注意他的安全,中央马上派人来接。

邓发到定边接到了张浩。定边距离瓦窑堡有几百里之遥,在定边县赤卫队的护送下,张浩于 11 月中旬到达中共中央所在地瓦窑堡。寒暄之后,张闻天马上派人给张浩安排了食宿。张闻天的夫人刘英(他们是一个月前才刚刚结的婚)听说来了客人,赶忙从窑洞里出来,帮着将张浩安排在了张闻天隔壁的窑洞。刘英看到的张浩挑着一副货郎担,反穿光板羊皮大衣,高大魁梧。挑着货郎担,这除了掩护的需要,再就是为走乡串户卖点针头线脑维持生计。当刘英问他一路是怎么来的,不喜张扬的张浩只简单地说了一句"有车坐车,没车走路"。上万里艰难的长

途跋涉,说得何等得轻松。他是如何跋涉茫茫千里的沙漠的? 现在无可考查。离开莫斯科的时候,有陈云等送行;到达陕北时,有张闻天接待。至于中间怎么走,不得而知。

在瓦窑堡,张浩还见到了博古、刘少奇、李维汉等中央领导同志。12 月 8 日,周恩来回到瓦窑堡,张浩同他作了长谈。当时直罗镇战役取得胜利后,毛泽东非常高兴。他不由地想起从共产国际回来不久的张浩,一定有重要的事情向他报告。毛泽东也非常想知道共产国际的最新政策,但由于军务繁忙,12 月 8 日,毛泽东致电中央,要求在直罗镇与瓦窑堡之间的安塞与张浩见面。张浩与张闻天马上赶往安塞。谁知毛泽东想见张浩心切,竟于 12 月 13 日径直赶到了瓦窑堡。14 日晚,张闻天、张浩得知毛泽东已于 13 日回到瓦窑堡,于是连夜骑马又赶了回来。

张浩与毛泽东见面了,这是 1927 年大革命失败两人在武汉分手后的第一次见面。毛泽东急于了解共产国际的最新策略,寒暄之后便立刻进入正题。张浩对共产国际"七大"的文件下了一番背诵的功夫,加之自己又亲身参加了会议,所以谈起来既有条理性,又很自然,而且很多重要的段落除了背诵了原文外,还用了自己的语言作了必要的阐述。

15,16 日,毛泽东与张浩进行了长谈。在瓦窑堡,张浩还见到了红一军团团长林彪。兄弟二人见面时,几乎认不出来。张浩得知红一军团作为中央红军的主力,在长征途中打了许多硬仗,显得很高兴,不断鼓励林彪今后多打胜仗。

12 月中旬,中共中央主要领导人毛泽东、张闻天、周恩来、王稼祥等专门听取了张浩关于共产国际"七大"会议精神的传达。与会者一致认为,张浩传达的共产国际"七大"关于建立国际反法西斯统一战线的号召是十分正确的。根据国际、国内形势的变化,中共也应适时制定新政策。中央几位主要领导还商量决定,马上召开一次政治局扩大会议,专门研究制定抗日民族统一战线的政策和策略。

12 月 17 日至 25 日,中央政治局在瓦窑堡召开了政治局扩大会议。张浩在会上进一步传达了共产国际"七大"会议精神和在莫斯科制定《八一宣言》的经过。这次会议根据共产国际"七大"会议精神和中国革命的实际,制定和通过了《关于目前政治形势与党的任务决议》,决定建立最广泛的民族统一战线。瓦窑堡会议是中国共产党根据共产国际"七大"会议精神,在新形势下制定新的政治路线和策略、方针的一次重要的会议,它解决了党在遵义会议上没有来得及解决的路线和策略,为抗日民族统一战线奠定了理论基础。

瓦窑堡会议的准备和召开,张浩有重要贡献。他带着共产国际"七大"关于建立反法西斯统一战线的精神和《八一宣言》到达陕北,及时地纠正了党的"左"的政策。关于张浩对瓦窑堡会议的贡献,刘英后来回忆说:"我曾听闻天讲:张浩回国对我们帮助很大,给我们打通了与共产国际的联系,帮助我们了解了许多的情况。不久,中央开会决定了建立民族统一战线的策略方针。"

时任中共西北中央局宣传部长吴亮平后来评价说:"张浩回国做的头一件事,就是传达了共产国际关于建立中国抗日民族统一战线的意见,对我党开展统一战线起到了很好的推动作用。""张浩不畏艰险,长途跋涉走到陕北,及时把共产国际的正确意见传达给中国共产党,是对中国革命的一个大贡献。"

张浩从共产国际回来的另一贡献,是带回了与共产国际进行电讯联系的密码。瓦窑堡会议在 12 月 23 日通过的《关于军事战略问题的决议》中明确指出:"准备以六个月(二月至七月)","完成与苏联的通讯联络"。这说明,在张浩回来后,中央将与共产国际的电讯联络提到了议事日程之上。

但由于陕北没有大功率的电台,一直无法与共产国际联系。1935 年 12 月,上海地下党组织将一台百瓦特的电台送往陕北。1936 年 6 月 16 日,中共中央在瓦窑堡用张浩带回的电码向在莫斯科的中共驻共产国际代表团发出了第一封长达 2 000 余字的电报。7 月 2 日,中共中央收到了中共驻共产国际代表团团长王明的回电。当天 11 时,张闻天致电博古:"国际电台已畅通。"至此,中国共产党与共产国际恢复了电讯联络。共产国际与中共中央电讯联络的恢复,对于促进和推动中国抗日民族统一战线的形成,发挥了积极作用。鉴于张浩在中央确定抗日民族统一战线方面的重要贡献,也为了更好地做争取张国焘的工作,1936 年 1 月 17 日,中央政治局决定,张浩与彭德怀参加中央政治局的工作。这反映了党中央对张浩的信任。

以国际代表身份说服张国焘率红四方面军北上

瓦窑堡会议刚结束,张浩就向毛泽东请求分配新的任务。他坦诚地表示:"我的任务已经完成,现在我是中国共产党一名普通党员,请中央分配工作。"

中央很快决定由张浩做说服张国焘率红四方面军北上的工作。中央考虑由张浩出面做张国焘工作的原因有三:第一,他党性强,坚持原则,顾全大局,主张团结,一向坚决主张维护党和红军的统一;第二,他在党内资格比较老,多次承担党的重任,在党内有较高的威信;第三,他是中华全国总工会驻赤色职工国际代表、中共驻共产国际代表团成员,参加了共产国际"七大",受共产国际和中共代表团的派遣回国传达共产国际"七大"的精神。他有共产国际代表的特殊身份。张国焘成立的第二"中央",没有经过党代表大会的民主选举,更没有向共产国际报告,没有得到共产国际的批准。当时中国共产党是共产国际的一个支部,一切重大问题、组织变动都要经过共产国际的批准。由张浩以国际代表的身份做张国焘的工作是最合适的。张浩愉快地接受了党中央交给自己的光荣任务,并以"林育英"的名字向张国焘发电报。

12月5日,张国焘公然致电中共中央,狂妄之至地声称"此间已用党中央、少共中央、中央政府、中央军委、总司令部等名义对外发表文件,并和你们发生关系。""你们应该称党的北方局、陕甘政府和北路军,不得再冒用党中央的名义。"张国焘还自封为"中央主席",宣布开除毛泽东、周恩来、张闻天、博古的党籍,并下令"通缉"。在当时对中央来说,处理张国焘个人是容易的,但要他率领红四方面军北上就需要做艰难的工作了。

张浩看到这封电报,极为气愤。张浩很了解张国焘的为人。在大革命的武汉时期,他做工人运动,张国焘担任中共湖北区委书记,两家同住在一个院子里的前后楼。看到有关会议的文件和张国焘的电报后,张浩立即旗帜鲜明地坚决维护以毛泽东为代表的正确路线,维护遵义会议后中共中央的团结和统一。张浩以共产国际代表的身份在中共中央挫败张国焘分裂主义的斗争中,为取得全党的统一和团结发挥了重要作用。但此时陕北还没有大功率的电台,虽然有密码,但仍无法与共产国际联系上,无法直接得到共产国际的指示。在张国焘与党中央相持不下形成僵局时,共产国际代表张浩的作用是无人能替代的。

但张浩也有为难之处,在他离开莫斯科回国时,张国焘还未另立"中央",共产国际并未赋予他解决张国焘问题的任务。但现在又与共产国际联系不上,而张国焘分裂党的问题又迫在眉睫。张浩经过深思熟虑,毅然决定在没有得到共产国际授权他处理张国焘分裂问题以及共产国际对这一事件的态度的情况下,以共产国际代表的名义解决这一令党中央为难的棘手问题,这表现出了一个共产党员的魄力。张国焘分裂问题解决后,共产国际在得知后,对张浩先斩后奏的做法给予了充分的肯定。

1936年元旦,毛泽东给朱德、张国焘发电报,告知了共产国际已派代表林育英来,并表示"对党内过去争论,可待国际及'七大'解决,但组织上决不可逾越轨道,致自弃于党"。收到毛泽东的电报,张国焘心里惶恐不安。他的第二"中央"没有经过党的全国代表大会的选举,又没有经过共产国际的批准,毕竟做贼心虚。在1923年的中共"三大"上,张国焘曾因反对共产国际关于国共党内合作的指示而被迫离开了中央领导岗位,所以他对共产国际的权威还是心有余悸的。收到了张浩的电报后,张国焘仍不愿带部队北上,仍心存侥幸,幻想共产国际代表张浩能支持他。于是张国焘给张浩发了一封电报,诬告中央的政治路线是右倾机会主义。在电报的末尾,张国焘以"党中央"的名义表示:"最后党中央表示一切服从共产国际的指示。"这就给张浩的工作留下了回旋的余地。

1936年1月16日,张浩根据毛泽东、张闻天的意见,以"共产国际代表"的名义,给张国焘发去一份电报:

请转四方面军张国焘同志:

共产国际派我来解决一、四方面军的问题,我已会着毛泽东同志,询问一、四方面军通电甚少,国际甚望与一、三军团建立直接的关系。我已带有密码与国际通电,兄如有电交国际,弟可代转。再者,我经过世界七次大会,对中国问题有详细新的意见,准备将我所知道的向兄转达。

林育英 16日9时

1936年1月22日,中共中央召开了政治局会议,张浩出席了会议。这次会议专门讨论张国焘分裂党、危害红军的问题。与会的所有领导对张国焘的反党行为感到极为愤慨,纷纷发言谴责张国焘。会上,还通过了《张国焘成立第二"中央"的决定》,指出:"党中央除去电令张国焘同志立刻取消他的一切'中央',放弃一切反党的倾向外,特决定在党内公布1935年9月12日中央政治局在俄界的决定。"

为配合中共中央做出的这个决定,毛泽东、张闻天又建议张浩给张国焘发电。第二天,张浩给张国焘、朱德发去了《共产国际完全同意中共中央路线,张国焘处可成立西南局》的电报:

国焘、朱德二同志:

甲、共产国际完全同意中国党中央的政治路线,并认为中国共产党在共产国际队伍中除联共外是属于第一位,中国革命已成为世界革命的伟大因素,中国红军在世界上有很高的地位,中央红军的万里长征是胜利了。乙、兄处可即成立西南局直属代表团,兄等对中央的原则上争论提交国际解决。

育英 24 日

较前一封电报相比,这封电报口气上严厉些,从正面肯定了中央的政治路线,表明它是得到共产国际支持的;还指出中央的原则争论提交共产国际解决,没有任何商量的余地;为解决党内纠纷,张浩让张国焘"成立西南局直属代表团",给张国焘一个台阶下,使之能愿意接受。

同日,张闻天也致电张国焘,同意张浩的建议,组织关系上可以采取灵活变通的办法,表示张国焘可成立西南局,直属国际代表团,暂时与党中央发生横向的关系。

张国焘看到电报,心里颇不是滋味。张浩的电报肯定了中共中央的政治路线是正确的,意味着张国焘的主张和做法是错误的,对张国焘的分裂主义无疑是当头一棒。从心里讲,张国焘很难接受张浩的这个电报。只是由于张浩的电报中说了共产国际"完全同意中共中央的政治路线",他才不得不考虑张浩的意见。如他再一意孤行,带部队南下,就要背"违背共产国际指示"的罪名。与此同时,红四方面军中的二号人物、一直积极支持张国焘的红四方面军总政委陈昌浩,也开始转变态度,表示服从共产国际的指示。张国焘彻底成了孤家寡人。与此同时,在朱德等同志的斗争下,张国焘的南下计划受阻,被迫接受了成立由自己担任书记、任弼时担任副书记的中共西南局,与陕北党中央发生横的关系的这一过渡性办法。

接着,张浩接连致电红四方面军,传达"共产国际改采新政策的经过"及其原因,并电告了建立统一战线的各项细则和《八一宣言》的要点。抗日民族统一战线是当时解决张国焘分裂主义、谋求团结的政治基础。这些电文令人耳目一新,使朱德、徐向前等红军将领"深有'柳暗花明'之感'"(徐向前语)。徐向前在自己的回忆录《历史的回顾》中说:"张国焘上不着天,下不着地,心里着慌,特别是张浩来电,传达共产国际的指示,肯定中央北进路线是正确的,高度评价中央红军的英勇长征,这对张国焘的分裂主义,无疑是当头一棒。这个时候,陈昌浩也转变了态度,表示服从共产国际的决定。孤家寡人的张国焘,被迫'急谋党内统一'。朱总司令和大家趁机做他的工作。我们还是老主意:取消这边的'中央',其他分

— 144 —

歧意见,待日后坐下来慢慢解决。为了给张国焘一个台阶下,有同志提出,这边可组成西南局,直属共产国际中共代表团领导,暂与陕北党中央发生横的关系。这个过渡性的办法,大家认为比较合适,张国焘能够接受。经与中央协商,中央表示同意。"就连张国焘也不加掩饰地说:"林育英这些电报当时给我们的印象,似乎是一夜之间,整个世界都改变了……林育英的来电也说到毛泽东等陕北同志都已同意了这个新指示,如果我们也同意,就可据此立即对外展开活动。"

在中央红军北上节节胜利的同时,张国焘南下处处碰壁。张国焘此时的心情很复杂。政治上,毛泽东得到了张浩这个共产国际代表的支持,他们根据共产国际"七大"精神制定的抗日民族统一战线政策深得人心。左路军南下作战接连失利,形势日益紧张。朱德、刘伯承、徐向前都激烈反对他的分裂行为,甚至就连一贯支持他的红四方面军总政委陈昌浩,也开始反对他,使他在政治上成了孤家寡人。严峻的现实使张国焘不得不承认:"事态的发展,使我自己在党内的地位开始转居劣势。"过了几天,张国焘连续给张浩发了三封电报。在这几封电报中,张国焘的气焰再没有先前那么嚣张了。

这一时期,张浩单独或与毛泽东、张闻天、周恩来等联名给张国焘等人发了数封电报,要求他们取消伪中央,尽快率部队北上。1936年2月14日,张浩、张闻天致电张国焘,对南下红军的战略提出了三个行动方案:第一为北上陕甘,并指出此方案在林育英动身离开莫斯科时已得到了斯大林的同意;第二为二、四方面军就地发展;第三为四方面军南下转战。林育英、张浩指出:中央认为,第一方案为上策。

朱德、刘伯承、徐向前、陈昌浩都一致决定接受中央的第一个方案。鉴于此,张国焘被迫取消了伪中央,并同意北上,因为张浩的电报里说斯大林希望主力红军向北发展,靠近苏联,与苏联红军联合抗日。6月6日,张国焘召开中央纵队活动分子会议,宣布取消第二"中央"。

在1936年7月2日收到王明从莫斯科发回的电报后,与共产国际的电讯联系完全恢复。7月22日,张浩、毛泽东、张闻天、周恩来、博古联名给张国焘发去了电报:"国际电台从六月起畅通,望国焘兄将四方面军的情形及意见电告,以便转达国际。"

1936年8月3日、9月3日,张浩、毛泽东、张闻天、周恩来、博古又联名给朱德、张国焘发电,欢迎他们前来会师,并说为"注重目前团结,过去的争论一概不谈"。还说,林育英将亲自到前方去接他们。

9月27日,朱德、张国焘、徐向前、陈昌浩联名致电张浩、张闻天、毛泽东,表示尊重共产国际和中央的指示、意见,部队马上前来与红一方面军会合,先头部队会到达界石铺,决不再改变。随后,四方面军日夜行军北上,并按期与红一方面军胜利会师。

10月19日,张浩从保安启程,代表中共中央到宁夏同心城迎接红二、四方面军。经过几天的急行军,红二、四方面军于11月3日抵达同心城,张浩在关桥堡会见了朱德、张国焘。随后,张浩在红四方面军活动分子会议上作了报告,向广大干部介绍了党中央制定抗日民族统一战线政策和和平解决西安事变的伟大意义。

过了几天,张国焘回到保安。根据中央的指示,张浩又赶到保安,代表中央找他谈话,做他的思想工作,希望他能认识自己的错误。随后,张浩与张国焘一同回到瓦窑堡。在以后的一段时间里,张浩又多次找张国焘谈话、做工作。在争取张国焘率左路军北上的过程中,张浩利用自己共产国际代表的特殊身份,为党和红军立下了大功。这也是张浩革命生涯中最光辉的一页。对张浩争取张国焘北上所起的重要作用,除有党史记载和有关老同志在回忆录中做了记述外,张国焘自己的回忆录《我的回忆》中说,他对林育英"极为看重"。

在争取张国焘北上后,张浩还出任援救西路军的援西军政委,刘伯承任司令员。1937年7月抗日战争全面爆发,8月20日,中央军委发布命令,将援西军改编为八路军第一二九师,刘伯承任师长,徐向前任副师长,张浩任师政训处主任。10月恢复政治委员制度,张浩改任师政委。

8月25日,张浩出席了党在洛川召开的政治局扩大会议。会上,他就统一战线和抗日战争的策略问题做了重要发言。在这次会议上,中央成立了以毛泽东为首的十一人中央军事委员会,张浩为中央军事委员会的委员之一。这十一名成员是毛泽东、朱德、周恩来、彭德怀、任弼时、叶剑英、张浩、贺龙、刘伯承、徐向前、林彪,毛泽东为军委书记,朱德、周恩来为副书记。中国历来有讲究座次的传统,张浩的排名在十一人中为第七,排在贺、刘、徐、林这四位著名战将之前。为保证中国共产党对八路军的绝对领导,8月29日,中共中央军委决定成立前方分会(后称华北军分会),以朱德、彭德怀、任弼时、张浩、林彪、聂荣臻、贺龙、刘伯承、关向应九人组成,朱、彭分别为副书记。在八路军的领导人中,张浩是紧排在朱、彭、任之后,这无疑是与他作为共产国际的代表回国传达国际"七大"精神和争取张国泰北上的重要贡献分不开的。在一二九师工作时,刘伯承就亲切地称林育英为"国际代表"。

1938 年 1 月,由于严重的脑病,张浩不得不辞去一二九师政治委员的职务回延安养病,他的职务由八路军政治部副主任邓小平接任。1942 年 3 月 6 日,张浩在延安中央医院逝世。3 月 8 日,延安各界人士万余人向林育英的遗体告别。毛泽东亲自为林育英题写了挽联:"忠心为国,虽死犹荣。"3 月 9 日,党中央公祭张浩,万余人参加出殡。毛泽东、朱德、任弼时、杨尚昆、徐特立等中央领导人亲自将他的棺材抬到桃花岭上安葬。毛泽东还亲自题写了"张浩同志之墓"的墓碑。毛泽东亲自为张浩执绋抬棺,这在毛泽东的一生中极为罕见。

李卓然（1899—1989）

被遗忘的遵义会议参加者李卓然

李卓然这个名字，今天已经很少被人提到了。然而历史不会忘记李卓然。他作为红五军团政委的身份，和刘伯承、李富春、林彪、聂荣臻、彭德怀、杨尚昆等红军总部、军团领导人一起参加了具有历史意义的遵义会议。但是在此后的抗日战争、解放战争中，红军名将李卓然脱离了疆场。新中国成立以后，他也没有显赫的职务，长期赋闲，以至于当不少人参观遵义会议纪念馆时，几乎无人不提出疑问，李卓然是谁呀？他的结局如何？

从我党最早的党员之一到红五军团政委

李卓然 1899 年 11 月 10 日生于湖南湘乡县潭市镇九区一个农民家庭。1917 年考入湘乡县立中学，参加了五四时期学生进步活动。1920 年，李卓然同周恩来、赵世炎、王若飞等赴法勤工俭学，先后在法国冶炼厂及巴黎附近的学校学习、做工。1922 年夏，李卓然加入旅欧中国少年共产党，1923 年转为中共正式党员，任旅欧支部党小组长。1926 年，李卓然与傅钟、邓小平等赴苏联留学，先后在莫斯科东方大学、中山大学、列宁格勒军政学院学习，任中山大学党支部组织委员、军政大学党总支委员会委员。1928 年春，李卓然经中山大学支部介绍，加入苏联共产党。

李卓然 1929 年从苏联回国，在上海从事兵运训练工作，主持翻译了苏联红军的条例和条令，这是供红军参考的第一部政治工作条例。1930 年秋，李卓然调中央苏区工作，先后任中央红军司令部总直属队总支书记，中华苏维埃政府主席毛泽东办公室主任，中央局代秘书长，赣南特委委员兼赣县县委书记，中央红军总政宣传部部长,红三军、红四军及红一军团政治部主任等职,参加了第二至第五次反"围剿"斗争。

李卓然一到中央苏区就与毛泽东、朱德两位红军和中央革命根据地的创始人在一起工作。这一特殊的经历使他受益匪浅,这是他在长征途中政治上坚定的原因之一。他曾回忆说:"对毛泽东,我的印象很深","他很有能力,很有水平,感到在党内确实很少有人能赶上他。"1931 年,李卓然任赣县县委书记,工作卓有成效。1931 年底,李卓然奉命调回瑞金任红一军团政治部主任。调离赣县时,老百姓依依不舍,放着鞭炮送了他几十里路。

长征前夕,周恩来找到李卓然谈话,要李卓然与红五军团政委朱瑞对调,出任红五军团政委。红五军团以参加宁都暴动的官兵为主要阵容,董振堂任军团长,是红一方面军的三大主力之一,能打硬仗。长征出发前,中央决定红五军团担任后卫任务,以保证前面中央机关的安全和阻截后面的追敌。长征开始后,整个中央红军的部署是中央机关在中间,前面是红一、三军团,后面是红五军团,旁边是红八、九军团。其他军团的方位时有更换,只有红五军团的位置始终不变。

长征途中,红军部队中存在不少影响战斗力的因素。由于部队战士不了解中央的转移意图和目的,许多原中央苏区籍的战士不愿离开家乡,部队出现严重的开小差现象。在这种情况下,政治工作就显得非常重要了,正如李卓然在介绍政治工作经验时所说,"用政治工作保障每个战斗任务的完成"。李卓然与红五军团中央代表陈云一起找到出现严重问题的部队,了解情况,提出解决问题的办法,遏制了开小差的现象。

长征中,红五军团的行军序列一直在最后,主要负责抗击敌军追兵,掩护红军主力北上。李卓然与董振堂率红五军团一直在后面打阻击战,和中央保持着一两天路程的距离。当敌人尾随追来时,首先接触到红五军团。有时候刚到宿营地,敌人就追了上来,甚至冲到了军团部里,情形之险恶可想而知。有一次李卓然临阵指挥,正和彭德怀用步话机通话,敌机飞来,一通盲目扫射。由于猝不及防,李卓然身边的几位同志全部牺牲,步话机也毁了,李卓然竟奇迹般地幸存下来。湘江战役是中央红军在长征途中打得最为惨烈的恶仗之一,红五军团垫后,付出了巨大牺牲,保证了中央机关和其他部队过江。任务完成后,红五军团却迟迟接不到撤退的命令,硬顶下去,后果可想而知。此时李卓然果断下令撤退,在军团部已经过江的情况下,他派贴身警卫员骑马冲回湘江桥,传令剩余部队立即过江,能过几个过几个。红五军团第三十四师,被敌军阻隔在湘江以东,被 4 个师的敌人重重包围,5 000 多名官兵大部分壮烈牺牲。

遵义会议上全力支持毛泽东

1935 年 1 月 7 日,中央红军攻占了黔北重镇——遵义。从通道会议、黎平会议、猴场会议到渡过乌江,毛泽东的正确意见虽然逐渐取得多数同志的拥护,但党内关于两条军事路线的争论仍然很激烈。为了审查黎平政治局会议所决定的以黔北为中心建立苏区根据地的问题,总结反对敌人第五次"围剿"和长征以来在军事指挥上的经验与教训,党中央决定待党和红军领导人到齐后,召开一次会议。1 月 13 日夜,中央以"恩来"名义发电李卓然、刘少奇,通知"15 日开政治局会议,你们应于明 14 日赶来遵义城"。这是到目前为止发现的唯一的一份关于召开遵义会议的通知。出席遵义会议的中央政治局委员有毛泽东、张闻天、周恩来、朱德、陈云、博古,候补委员有王稼祥、刘少奇、邓发、凯丰(何克全),还有红军总部和各军团负责人刘伯承、李富春、林彪、聂荣臻、彭德怀、杨尚昆、李卓然,以及中央秘书长邓小平。李德及担任翻译工作的伍修权也列席了会议。

在贵州桐梓,李卓然收到周恩来发给他和红五军团中央代表刘少奇的电报,要他们立即赶到遵义参加政治局扩大会。从桐梓县到遵义城,要翻过高耸入云的娄山关。李卓然和刘少奇快马加鞭,以最快的速度赶到了遵义。

1 月 15 日上午,遵义会议开始举行。当晚,毛泽东听说李卓然来了,非常高兴。虽然他当时正在患着重感冒,已经几天没睡觉没吃饭了,但他不听医生的劝告,仍然坚持要李卓然立即到他卧室谈谈后卫军团的情况。李卓然有些犹豫,他对毛泽东说:"主席,你病得这么重,我们还是明天再谈吧!"毛泽东坚定地摇了摇手,说:"不,卓然,你是最敢讲实话的人。我现在最想听到的,就是你们后卫部队指战员现在的实际情况。"

李卓然实事求是地把后卫部队目前的情况告诉了毛泽东。他说:长征几个月来,后卫部队打了很多恶仗,甚至败仗。他特别详尽地介绍了湘江战役中折损了整整一个师的兵力,指战员连连失利的这一重要情况。李卓然还说,部队指战员对目前的中央领导意见很大。毛泽东听到这里,笑笑说:"卓然,你这讲实话的传统还没有变,我们需要听到的,就是你刚才讲的当前部队的实际情况。你说的部队怨声载道,是对中央领导的不满啦?"李卓然点头回答是:"是的"。毛泽东说:"卓然同志,你说的情况太重要了,希望你能在明天的中央政治局扩大会议上讲一讲当前部队的实际情况。"

李卓然参加了1月16日、17日的中共中央政治局扩大会议。开会时,李卓然与刘少奇住会议室楼下一个房间。李卓然在会上发言说:"我来迟了,没听到博古和周恩来的报告。今天听了一些同志发言,如朱总司令讲得好,突围出来的军事战略很成问题,一路畏敌逃跑,我们五军团担任全军后卫,牺牲极惨,三十四师为掩护中央过江,几乎全军覆没,有几个人生还?挑子、辎重一大摊,我们走在后面十分困难,一天走不上一、二十里地,老挨敌人袭击。下面怨声载道……"李卓然在会议上毫无顾忌,果敢地、实事求是地讲了部队的实际情况,重点讲了红五军团在"甬道"式的推动中付出巨大牺牲和惨重代价,和部队指战员对中央"三人团"错误指挥的不满情绪。李卓然还果断指出,应当撤换有关领导。李卓然等前线将领用亲身体验,在会上发言批评"左"倾军事路线错误对党和红军造成的严重危害,并在会上明确表示要求撤换错误领导,这对确立毛泽东在红军和党中央的领导地位有着非比寻常的积极作用。

李卓然作为20位遵义会议参加者之一,旗帜鲜明地站在以毛泽东为代表的正确路线一边,在中共历史上这次具有极其重大的转折意义的会议中做出了自己应有的贡献。李卓然后来回忆起遵义会议这段难忘的历史时说:"我的发言实际上是对王明'左'倾军事路线的批判,推选毛泽东同志领导红军继续北上抗日,从而确立了毛泽东在全党全军的领导地位。这是一次具有重大历史意义的会议。从此,中国革命转危为安,转败为胜。"

会议期间,李卓然还抽空看望了在干部休养所治疗的军团参谋长陈伯钧。会议结束后,李卓然即将情况电话通知机要科长贺光华。回到驻地后,他向军团直属队和团以上干部传达了会议精神。遵义会议后,由于毛泽东正确的军事领导,红军接连打了几个鼓舞人心的胜仗,使部队的士气越来越高。李卓然率领的红五军团一直是后卫,任务极其艰巨,最重要的是要保证中央机关和整个部队安全渡江。在过金沙江时,整个部队刚过完江,李卓然率领的红五军团就和后边追击的敌人遭遇上了,一连激战几天,他们才渡过金沙江。1935年6月,中央红军到达懋功,红五军团转战数省,一直担任后卫,经常和敌人的追兵遭遇。在军团长董振堂、政委李卓然的领导下,红五军团将士粉碎了敌人一次又一次猖狂的进攻,终于保证了中央红军到达陕西，保证了红军几个方面军的胜利会师。

李卓然后来回忆说："现在回想起来，那时后卫军团的斗争是十分艰苦的，白天行军、打仗，晚上敌人还要来骚扰、破坏，军队找不到东西吃，又得不到休息。但是，那时，大家心里都十分明白，这是在保卫党中央，保卫毛主席，保卫革命的火种，我们后卫五军团就是全体牺牲，也是值得的，也是光荣的。"

临危授命，担任西路军工委书记，领导西路军突围

1935年6月红一方面军和红四方面军在懋功会师后，红四方面军总指挥徐向前积极主张做好两军的团结工作。他看到一方面军兵力消耗大，老干部保存多，就从大局出发，建议从一方面军抽调一批干部到四方面军工作，同时从四方面军抽调了3个团的兵力补充一方面军。张国焘也点名要叶剑英等一批领导干部和参谋人员去四方面军。党中央决定派叶剑英、李卓然等到四方面军工作。周恩来代表中央找李卓然谈话，动员他到红四方面军工作，并说："四方面军也是红军嘛。"李卓然在没有参加任何中央会议、并不明了张国焘和中央之间存在北上还是南下之争的情况下，只身来到四方面军，尽管不为张国焘所信用，但他仍以出色的工作赢得了四方面军将士的敬重。

到红四方面军工作后，李卓然先后任红四方面军政治部副主任、西北局委员、红四方面军总政治部主任等职。西路军组建后，李卓然任政治部主任。李卓然为保证西进任务的完成，做了大量政治思想工作。他经常找指战员谈心，告诉战士们，打仗不但要靠勇敢，更要有智谋，有勇有谋，才能克敌制胜，他在极为困难的情况下，努力宣传中央和军委的部署，为振奋军心，亲自编写歌曲与战士们传唱，鼓舞士气。

11月9日，陈昌浩、徐向前、李卓然等率领红三十军、红九军、红五军及骑兵师、特务团、教导团、妇女团等部队开始西征。此后，西路军在甘西北的古浪、永昌、山丹、高台、倪家营子等地区，同马步青、马步芳部的优势兵力进行了为期4个多月的英勇作战，共毙伤俘马家军约2万人，但西路军也遭到严重损失。李卓然后来回忆西路军西征这段短暂而残酷的经历时说："仅仅几个月的时间，西路军这支两万人的队伍，打得不足千人。""很多同志早上还在一起，到中午就不在了。""我们的连长、指导员牺牲最大，我的警卫员经常补上去当连长、指导员，但补上去

也很快就牺牲了。"在退入祁连山前的黎园口战役中,连炊事员也挥着扁担上阵,敌人起初还以为是什么新式武器,一时不敢前进。

1937年3月中旬,终因力量悬殊,西路军归于失败,余部不满3 000人。3月14日,西路军军政委员在石窝开会,决定徐向前与陈昌浩离队,回陕北向党中央汇报。会议还决定由李卓然、李先念、李特、曾传六、王树声、程世才、黄超、熊国炳8人组成西路军工作委员会,李卓然任工委书记,统一指挥西路军。

这次会议还确定了西路军进军祁连山的路线。在危急时刻,李卓然一直主张部队集体行动,不和敌军正面接触,最大限度地保存实力,相继返回延安。后来西路军余部千余人在李卓然、李先念等人率领下,摆脱了马家军的围追堵截,退入祁连山。

西路军出祁连山前,李卓然脚板严重溃烂,下腿又红又肿,发腥发臭,走路艰难。当时李卓然下令将自己的坐骑杀了,将马肉分到各个单位。李卓然随身带着西北军将领孙蔚如在陕南给他的一本密电码底本,电台人员后来又把马家军的密码基本搞了出来,变成三本密电码。李卓然交给负责电讯的警卫员邱正基两样东西:一斤多黄金,三本密电码,说:"这两样东西特别是三本密电码,就是你的生命,人在东西在!"邱正基在此失散后,一直带着这两样东西,千辛万苦,终于到达陕北,如数上交了。

1937年4月底,李卓然率领西路军左支队的领导干部和指战员420多人到达甘新边界的星星峡。陈云、滕代远等从迪化(乌鲁木齐)赶到星星峡迎接。在这数百幸存的西路军官兵中,许多人后来当了将军或部长。

后半生从事宣传工作

1937年底,李卓然回到延安。李卓然回到延安后,有人认为西路军失败的主要责任在他。李卓然不能接受,沉默下来。受张国焘南下事件和西路军失败的影响,李卓然作为一名驰骋疆场的红军将领的岁月结束了。在抗日战争和解放战争时期,李卓然作为陕甘宁边区和西北局宣传部的负责人,创办了大众读物社和西北局机关报《边区群众报》,为边区党的思想政治工作和宣传、文化、教育工作做出了贡献。

1949年4月至1954年冬,李卓然任东北局常委兼宣传部长、东北行政委员会副主席、东北文化教育委员会主任等职。1954 年 11 月,李卓然调北京工作,任中宣部副部长兼中央马列学院院长。到任不久,李卓然病了。苏联专家检查后认为,李卓然患有严重的高血压并发心脏病,必须卧床休养,并得出了"估计只能活五年"的结论。此前,刘少奇曾兼任马列学院院长,遵义会议参加者之一的凯丰曾任院长。李卓然致信中央,请求辞去马列学院院长一职。1955 年 4 月,中央批准了李卓然的请求,免去了他的马列学院院长一职。1959 年以后,李卓然虽为中宣部副部长,但已不再分管所属任何部门。

　　1989 年 11 月 9 日,李卓然在北京病逝,享年 90 岁。李卓然去世后,《人民日报》刊登的《李卓然生平》这样评价他的这段历史:"(李卓然)在形势危急、条件极其恶劣的情况下,为战胜艰难险阻抵达新疆,保存一批革命骨干,贡献了力量。"中共中央对他的评价是:"我党最早的党员之一,中国共产党的优秀党员,久经考验的忠诚的共产主义战士,无产阶级革命家,我党我军杰出的政治工作领导者。"这个评价是比较高的,恢复了李卓然的真实历史面貌。党和国家领导人江泽民、李鹏、杨尚昆、万里等亲自参加李卓然的追悼大会,邓小平、陈云、李先念、彭真、邓颖超等送了花圈。李卓然去世后,孙毅将军主动上门,为老战友题写了"淡泊名利,襟怀坦白"八个字。这八个字用在李卓然身上,恰如其分。

离开红四方面军总政委岗位之后的陈昌浩

西路军兵败河西走廊,对于红四方面军总政委、西路军军政委员会主席陈昌浩来说,无疑是他人生中的最大转折点。此后的陈昌浩,不再是昔日叱咤风云的 10 万兵强马壮的红四方面军的总政委,而是逐渐消失在红军、八路军著名将领的行列,淡出了政治和军事舞台。

陈昌浩(1906—1967)

错过洛川会议,对于陈昌浩来说是一个很大的遗憾

1937 年 3 月 14 日,陈昌浩在甘肃石窝山南麓主持召开了西路军军政委员会的最后一次会议。陈昌浩宣布:军政会决定西路军军政委员会主席陈昌浩和西路军军政委员会副主席徐向前两位首长离开部队,突围回陕北延安,向党中央汇报,由李先念、李卓然等负责指挥余部突围。

走出祁连山后,陈昌浩和徐向前在甘肃省山丹县马营乡一位叫但复三的湖北老中医家歇脚。其时陈昌浩的胃病复发,无法行走。在当时马匪严密搜索西路军人员的严峻形势下,徐向前不敢耽误,决定先行出发,赶回了延安。两三个月后,陈昌浩在但复三的帮助下病情有了好转,决定回延安。但复三已猜出陈昌浩可能是红军里的"大官",侠肝义胆的他亲自陪同陈昌浩回延安。但在西安没有与地下组织接上头,思乡心切的陈昌浩决定回湖北老家一趟。就这样,他与但复三辗转来到汉口。陈昌浩见了多年未见的妻儿、胞弟和其他几位亲近的族人、亲戚。但陈昌浩不敢在汉口久留,很快便乘车由西安赶赴延安。1937 年 8 月下旬,陈昌浩终于回到魂牵梦萦的延安。

在回延安路经洛川时,正逢中共中央政治局扩大会议即洛川会议刚刚结束。

1937 年 8 月 22 日至 25 日，党中央在延安以南约 90 公里的洛川召开了政治局扩大会议。出席会议的有中共中央政治局委员和候补委员及党政军负责同志共 20 余人。先期回到延安的原四方面军领导人张国焘、徐向前、傅钟出席了这次会议。会议通过了《关于目前形势与党的任务的决定》和《抗日救国十大纲领》。

洛川会议是中国共产党在抗日战争全面爆发初期的历史转变关头召开的一次重要会议。会议还决定中央革命军事委员会的成员增加为 11 人，即毛泽东、朱德、周恩来、彭德怀、任弼时、叶剑英、张浩、贺龙、刘伯承、徐向前、林彪，并选举毛泽东为军委书记，朱德、周恩来为副书记。这实际上是调整和重组了中央革命军事委员会。用前任和新任中革军委委员徐向前的话说，是"组成了新的中央军事委员会"。陈昌浩的老战友徐向前名列其中，成为中央军委的领导成员之一，也是红四方面军在中央军委中的唯一成员。用毛泽东在接见西路军失败后只身回到延安的徐向前时所说的一句话就是："你是四方面军的一面旗帜。"从中央军委的组成来看，党中央和毛泽东对徐向前和陈昌浩是区别对待的。

陈昌浩在此先后见到参加了洛川会议的彭德怀、徐向前和张国焘等人。徐向前参加洛川会议后，接受了毛泽东交给的任务，要他同周恩来一道去山西做阎锡山的统战工作。8 月 26 日早饭后，徐向前准备出发前，意外地碰见了刚刚归来的陈昌浩。两位经历生死离别的老战友在此重逢，又惊又喜，激动万分。徐向前在自己的回忆录《历史的回顾》一书中这样描述这次相遇："有天上街，正巧碰到陈昌浩同志。他穿着一身便衣，见到我很热情、激动，问长问短。他说，在大马营与我分手后，本想住几天再回陕北，但害了场大病，只好留在那位行医的老乡家里治疗。病愈后老乡送他去汉阳老家住了段时间，现在刚回来。我说，党中央很关心你，到处打听你的下落，可就是音讯全无。现在回来就好了。"

徐向前接着说："我明天就要去山西，你好好休息，多多保重。"徐向前为人谨言慎行，一向以遵守纪律著称，讲话不多。与陈昌浩这位患难与共、生死与共的老战友的生死重逢，徐向前在热情的寒暄与别后重逢的关怀外，对于陈昌浩十分关心的洛川会议的情况，则没有透露只言片语。对此，陈昌浩有些失落，但对老战友的处境也能理解，毕竟西路军西征失败，徐向前也是背上了沉重的思想包袱的，不便多言。

西路军西征失败后，曾经叱咤风云的红四方面军总政委陈昌浩的军事生涯就此结束。洛川会议上陈昌浩的缺席及中央军委成员的重新调整，使得陈昌浩从此不再担任中央军委和红军的领导职务。尽管中央并没有对西路军失败负有一定责任的陈昌浩做出处分,但陈昌浩作为红军高级将领的生涯就此宣告结束。

从1931年红四方面军在湖北黄安组建开始,到1937年西路军兵败河西走廊,陈昌浩一直都是这支曾经拥有10万将士的主力红军的总政委。早在1934年的六届五中全会上,陈昌浩就当选中央候补委员。长征途中,在芦花举行的中共中央政治局常务委员会议和在沙窝举行的中共中央政治局扩大会议上,陈昌浩又被增补为中央革命军事委员会常委,一度还曾是军委主席团成员、中央委员、中央政治局委员。陈昌浩还是中央任命的中国工农红军总政治部主任和西路军军政委员会主席。在洛川会议前,这些职务中央并没有给予明确撤销,依此来论,陈昌浩是具备资格出席洛川政治局扩大会议的。但是由于他返回汉口,与党中央失去了联络,回到延安时会议已结束,错过了这次在洛川举行的中共中央政治局扩大会议,也许他今后一生的命运都与这次缺席有着密不可分的关系。

对于同为红四方面军主要领导人、一向患难与共的陈昌浩和徐向前来说,大马营分手后,徐向前及时回到了延安,继续受到中央和毛泽东的重用。在八路军改编时,中央是提议徐向前担任八路军一个师的师长的,只是后来国民党方面只同意八路军成立三个师,徐向前才改任主要由原红四方面军人员改编而成的一二九师的副师长。陈昌浩因病滞留在大马营两三个月并先回汉口,错过了洛川会议,从此在中国革命的舞台上销声匿迹,与老战友徐向前的命运迥然不同。当然,陈昌浩后来没有被重用的原因是多方面的,也许是长征途中张国焘发给陈昌浩的"密电"令毛泽东记忆犹新。前些年在荧屏上热播的电视连续剧《长征》中,对于毛泽东接到"密电"后专门去探听陈昌浩对是否北上的态度这一过程有详细的展现。但陈昌浩错过重组中央军委的洛川会议,对于他自己以后的人生道路而言,不能不说是一个历史性的遗憾。

尽管陈昌浩后来在中国的政治军事舞台上销声匿迹,但老战友徐向前对他的评价还是很高的。徐向前在回忆录《历史的回顾》一书中评价陈昌浩时说:"昌浩同志的一生,是为共产主义事业积极奋斗的一生,对党和人民做出了许多有益的贡献。他对敌斗争坚决果敢,才思敏捷,雷厉风行,俄文翻译水平相当高。他是六届四中全会和王明一伙一块上台的,贯彻过教条主义的东西,并一度支持过张国焘的分裂主义,但那时年轻幼稚,属于好人犯错误。他为此很痛心,经常作自我批评。"

在延安,陈昌浩认真写西路军失败的检讨

8月底,陈昌浩在延安见到了由洛川刚回到延安的中共中央总负责人张闻天和新当选的中革军委书记(主席)毛泽东等党政军最高领导人。尔后,陈昌浩被安排住进位于杨家岭的窑洞里,开始写西路军失败的检讨。通过自己的回忆与阅读中央与西路军的来往电文及有关决定,陈昌浩痛心地检讨自己领导西路军孤军深入荒山大漠,浴血征战的利弊得失。1937年9月30日,陈昌浩写出《关于西路军失败的报告》。半月后,他又补充写出《第二次报告书》。

10月5日,中共中央秘书处在内部公布了陈昌浩的《关于西路军失败的报告》。在《报告》中,陈昌浩对红四方面军主力奉命渡河作战问题,做出了违背历史事实的三点错误说法:第一,"我们率三个军渡河虽得总部命令,可是违反军委意图的。国焘同志命令三个军甚至全部渡河,无疑是执行自己一贯退却计划,而不是真正执行宁夏战役计划……";第二,"我们当时同意三个军渡河的动机,外表上是为了执行宁夏战役计划……实质上是违反了军委意图,曲解了宁夏战役计划,恰恰做了国焘同志退却计划的实施者……";第三,他甚至说"过河本身根本也是不对的"。

显而易见,陈昌浩的这些说法是完全错误的。渡河作战基本上执行的是中央的《宁夏战役计划》和《十月份作战纲领》,并非继续执行张国焘所坚持的那套西进退却计划。虽然张国焘也难免有干扰作战指挥的事件发生,但在渡河作战问题上,张国焘基本上是执行中央指示的,这些都是陈昌浩所亲历过的而又很清楚的历史事实。

陈昌浩在这里为什么说违心的话呢?这与他来延安前已深入开展的批判张国焘的政治形势有很大关系,与党中央、中央军委对西路军作战及其失利所作的严厉批评也不无关系。1937年2月27日,中央宣传部新任部长凯丰(宣传部原部长由中共中央总负责人张闻天兼任)发表了长达3万字的《党中央与国焘路线分歧在哪里》的文章,揭开了批判张国焘运动的帷幕。

1937年3月27日到31日,在张闻天的住地,召开了中央政治局扩大会议。会上,张国焘为自己进行了辩解,与会者中有30多人对张国焘进行了批评,贺龙的批评尤为激烈。31日,张闻天做了总结发言,指出国焘路线第一是右倾机会主

义,第二是军阀土匪主义,第三是反党反中央的派别主义。会议最后做出了《中央政治局关于张国焘同志错误的决议》。在关于西路军失败问题时,《决议》指出:"西路军向甘北前进与西路军的严重失败的主要原因,是由于没有克服张国焘路线。"

此后,批判国焘路线运动在全党、全军轰轰烈烈地展开了。但批判渐渐有点过了火,而且形成了一个共识:西路军的失败是"国焘路线造成的恶果",将西路军判定为"国焘路线的牺牲品",这对西路军是不公平的。西路军从过河伊始就一直在党中央的直接领导下进行,但执行的任务飘忽不定,一会儿向东,一会儿向西,由于各种主客观因素,最后失败了。西路军为党中央的安全,为河东红军的战略转移,为策应"西安事变"和平解决,为抗日民族统一战线局面最后形成而孤军浴血奋战,立下了赫赫战功,这时却背上了"张国焘右倾逃跑主义"的包袱,这确实是不太公平的。在延安的抗大,甚至发生了原红四方面军高级干部许世友、王建安、洪学智、詹才芳、陈再道等十多位军师级别的干部拖枪出走,回四川打游击的事件。后来他们在延安得到审判。

这些事不能不给陈昌浩以很大的压力。毕竟,在历史上,陈昌浩与张国焘关系密切,是张国焘之下的红四方面军的二号人物。张国焘受到激烈批判,陈昌浩不能不与张国焘"划清界限",不实事求是,做出违心之论,就不足为怪了。在《第二次报告书》中,陈昌浩更是反复强调,"西路军失败,最主要原因是没有克服国焘路线,没有基本上执行中央路线",违心地将西路军的失败与张国焘的错误路线不恰当地联系在一起。陈昌浩这样写道:"不错,我在甘南时期是反对过国焘的右倾机会主义,然而,这只是开始向中央路线转变。西安事变后我首先主张东进,然而,这只是想向中央路线前进。在开展思想斗争、在其他实际工作中有些实际的转变,然而这也是局部的不彻底的向中央路线回头,而不是基本上的转变。我个人最大弱点,就在于不能坚持自己一时的正确主张,用自己坚定的认识与牢不可破的决心,为开始组织与开始前进的中央路线奋斗到最后五分钟,坚持到最后一口气;我没有这样做去,反而中途妥协、动摇,依然继续于错误的国焘路线,使国焘路线支配了自己,终于造成了西路军的失败。"

陈昌浩最后说:"由于我长期执行与助长国焘路线,由于我自己本身右倾机会主义与军阀主义的错误,虽然在工作过程中,虽然有某些反国焘路线与部分向中央线转变的表示,可是在动摇、妥协、调和之后,终于在基本上继续执行了国焘路线。西路军失败,最主要原因是没有克服国焘路线,没有在基本上执行中央路线。西路军政治路线的错误,由我个人负责。"

我们在读陈昌浩的这些话时,不能不看到,他之所以要说违心的话,也是要向《中央政治局关于张国焘同志错误的决议》的精神看齐。对于陈昌浩当时的处境,我们也不必太指责他在西路军失败问题上没有做到实事求是。

在陈昌浩关于西路军失败的两个报告中,有两个意见值得重视:第一,西路军绝对是在(党)中央领导之下;第二,西路军是为党(的)任务而斗争(的)。陈昌浩写道:"西路军自成立之日起是完全在党中央与军委正确路线领导之下而工作的。虽然西路军对于中央与军委指示执行的不充分,但西路军自成立之日起,是站在党中央正确路线之上来努力的。……西路军虽然根本失败了,我个人虽然犯了很大的错误……但我还是坚信,西路军一般政治路线,是执行中央的正确路线,绝不是继续与执行反中央的国焘路线的。"

这些意见是陈昌浩为两万多浴血奋战在河西走廊的西路军将士证明的基本点。陈昌浩的这两个意见还是实事求是的。对于西路军失败的原因,十一届三中全会以后进行了实事求是的探讨。20 世纪 80 年代,原西路军总指挥徐向前在其回忆录《历史的回顾》一书中,从任务、战场主动权和机断专行三个方面,做了系统的总结。1982 年,曾担任过西路军三十军政委,后来在徐、陈两位首长离队后负责西路军余部军事指挥任务的前国家主席李先念,受邓小平、陈云等中央领导同志的委托,开始对西路军失败的原因进行研究。他们花了近一年时间,组织人员查阅了大量历史档案后,于 1983 年 2 月 25 日写成了《关于西路军历史上几个问题的说明》一文。该文从历史的全局与河西走廊的地理条件以及敌我双方的优劣等方面,做了全面的总结,与陈昌浩在延安时的报告有许多共同之处,最主要的一点就是西路军自始至终都是执行党中央交给的任务。

1991 年经中共中央批准修订出版的《毛泽东选集》(第二版)中关于西路军问题修订后的注释写道:"(一九三六年)十月下旬,四方面军一部奉中央军委指示西渡黄河,执行宁夏战役计划。十一月上旬根据中共中央和中央军委的决定,过河部队称西路军。他们在极端困难的条件下孤军奋战四个月,歼敌二万余人,终因敌众我寡,于一九三七年三月失败。"陈昌浩的两条基本意见,在经受了半个世纪的历史检验后,终于拂去了表面的尘土。

批张运动结束后,陈昌浩开始从事教学与研究工作

陈昌浩到延安后,非常关心已归来与未归来的西路军指战员,衷心希望党中央让他们重返抗日前线。一些人实现了这一划时代的宏愿,其中包括后来在20世纪80年代担任过国家主席的李先念以及共和国大将王树声。鉴于陈昌浩认识错误的态度诚恳积极,且对问题有较为深刻的认识,所以他的检讨受到大会的肯定和党中央负责人张闻天的赞扬。至此,关于西路军失败教训的讨论暂告一个段落,陈昌浩开始了延安的新生活。

检讨西路军失败教训的活动告一段落后,陈昌浩先被安排到中共延安县委宣传部工作,不久又调中共中央宣传部,先后担任中宣部宣传科科长和国际宣传科科长,并兼任陕北公学、抗日军政大学和马列学院三校的政治课教员,担任近代世界革命史的授课任务。但这并非陈昌浩的本愿。他认为,自己是一名军人,职责是重返抗日前线,率部杀敌,收复国土,建功立业,重振雄威,以弥补自己在西路军失败中的过失。作为红四方面军的主要负责人之一和一名红军高级将领,陈昌浩认为自己有责任、有义务,也有能力和经验,应该率部到抗日战争的最前线。他曾向中央表达了到前线杀敌的想法。但党中央和中央军委对他工作的安排,的确是大大出乎陈昌浩的意料,使他上前线杀敌的夙愿落空。对此,他很是失望,但只有服从组织的安排。

此时,原红军三个方面军的主要将领如朱德、彭德怀、叶剑英、左权、任弼时、林彪、聂荣臻、贺龙、萧克、关向应、刘伯承、徐向前等人,纷纷奔赴抗日前线,浴血杀敌。而陈昌浩则被安排到中宣部做一名普通的科长,兼做一个普通的政治教员。

从回延安到检讨西路军失败的教训告一段落,陈昌浩的心情非常沉重,带着强烈的负罪感。作为西路军一把手,他对西路军的失败负有重要责任。但是经过检讨后,党中央依据"惩前毖后,治病救人"的方针,不但没有处分他,反而还给他分配新的工作。所以此时的陈昌浩很是感动,在检讨中表达了对党中央深深的感激之情。

但陈昌浩后来也产生过委屈的情绪。犯了分裂党中央和红军这样严重错误的张国焘还依然保留着重要的职位,中共中央的十二月政治局会议还增补他为中

央政治局常委。就陈昌浩而言,他感到自己在红四方面军的历年征战中是做过贡献的,现在却一下子降为一个普通科长时,感到很不公平。1938年9月中共中央六届六中全会召开前夕,陈昌浩给党中央写了一封短信,表示了自己对某些问题的不满。1962年,陈昌浩在一份检讨报告中谈到这件事时说:"我在延安大会承认错误之后,内心里总觉得中央对四方面军在历史上的作用没有做出应有的估计。所以,我在六中全会的前夕,写了一个纸条给中央,说到我的这一错误的看法。"

陈昌浩有些想不通的情绪也是可以理解的。但他作为一名受过党多年教育的高级干部,还是理智地以正确的态度来对待自己政治地位的变化,正确认识与对待自己所犯的错误,并决心改正错误。在以后所写的历次检查中,陈昌浩总是强调:"自从我在延安承认错误以后,我一直是在党中央领导下执行党的路线,老老实实为党工作的。"

思想稳定后,陈昌浩立即投入到紧张的本职工作中,进行创造性的工作。当时中宣部的工作并不繁重,他的主要工作是理论研究和在抗大、陕北公学、马列学院几所干部学校兼职教学。他结合自己的研究,在这三所学校先后讲授了社会科学概论、世界近代革命史和边区经济讲座,受到了老红军干部、地下党干部、青年知识分子学员的热烈欢迎。

在理论研究工作中,陈昌浩取得的突出成果主要有三项:一是参与了以杨松为主编的《社会科学概论》的编写工作;二是编写和出版了《近代世界革命史》专著;三是发表长篇战时财政经济问题的论文。

《近代世界革命史》(两卷本)1939年由延安解放社出版,后来在上海、武汉、桂林、重庆等地再版,在全国发行。贯注陈昌浩延安岁月主要心血的这部两卷本的《近代世界革命史》,是中国第一部用马克思列宁主义观点写成的近代世界革命史专著。它不仅在中国(首先是中国的解放区)开创了近代世界革命史研究的先河,而且也为新中国的近代世界革命史的学科建设奠定了最初的基础。陈昌浩被载入史册,是作为红四方面军总政委和西路军军政委员会主席的身份。在脱下戎装不足一年后,陈昌浩就编写出了一部很有分量的史著,从中不难看出其才华、勤奋与献身精神。

陈昌浩在延安的工作与生活,除了理论研究与教学工作外,极少参加党的高层会议与活动。1937年10月30日,陈昌浩以西路军军政委员会主席这一当事人的身份,参加了讨论西路军失败教训的中央政治局常委会,并做了西路军失败的检讨报告。同年 12 月 22 日,陈昌浩参加了张闻天主持的中央政治局常委扩大会议,讨论边区党委的工作。陈昌浩此时已不是政治局委员和中央军委委员,他出席这次会议的身份耐人寻味。根据会议记录,我们可以知道,在"洛甫、凯丰、陈云、康生、国焘"等政治局委员出席会议中,陈昌浩的名字排在参加者"(郭)洪涛、王达成、高岗、王若飞"的末位,属于非政治局成员之外的扩大列席人员。

同一时期,陈昌浩还参加了中共中央党校批判张国焘分裂主义错误的斗争,在会上做了自我批评。1938 年底至 1939 年春,他参加了中宣部主持召开的延安文艺界名人座谈会,讨论抗战文艺与文艺的民族形式问题。除此以外,其他党的重要会议与活动,例如 1937 年的十二月政治局会议,1938 年 2 月 27 日至 3 月 1 日召开的政治局会议,特别是 1938 年 9 月 29 日至 11 月 6 日召开的具有重要意义的中共中央六届六中全会,陈昌浩虽然都在延安,但均未能参加。

陈昌浩在延安的最后日子

1937 年 10 月,陈昌浩的妻子、原西路军政治部组织部长张琴秋,在西路军失败后被俘,后被党中央营救出狱,历经劫难,回到了延安,与陈昌浩生活在一起。

1936 年 3 月红四方面军总部进驻川西北道孚期间,陈昌浩与张琴秋正式结婚。这份婚姻对他们二人而言,都是第二次婚姻。张琴秋的第一任丈夫、曾担任过鄂豫皖分局书记的沈泽民,在红四方面军离开鄂豫皖根据地后牺牲了。1936 年 10 月,西路军进入河西走廊时,与陈昌浩结婚不久的张琴秋已怀孕。不久,陈昌浩要西路军政治部主任李卓然把张琴秋送到西路军总医院去,以使她安全分娩。但在临泽守卫战失败后,西路军后勤单位等被迫撤离。"马家军"的骑兵穷追不舍,张琴秋恰巧在这个危急时刻分娩了。由于战场的特殊环境,这个婴儿没有存活下来。这次分娩给张琴秋留下了严重的妇科病,使她此后再没有生育。

1937 年 3 月 14 日,西路军军政委员会石窝会议后,陈昌浩和徐向前离开部队回陕北向党中央汇报。临别时,鉴于西征失败,陈昌浩心情十分沉重,与张琴秋相对无言。1937 年 10 月,经历劫难后的张琴秋回到了延安,不久担任抗大第八大队大队长,后任延安中国女子大学教育长(王明任校长),兼任中央妇委委员。在延安,他们夫妻团聚了。每逢周末,张琴秋就到陈昌浩那里,悉心照料着陈昌浩与前妻刘秀贞的小儿子陈祖涛。

由于过度劳累,陈昌浩病倒了。首先是老毛病胃病复发,久治不愈。当时延安缺医少药,无法根本医治。1939年7月10日,周恩来骑马时造成右臂粉碎性骨折,中共中央于8月20日做出决定,送周恩来去苏联医治。同时毛泽东也批准陈昌浩可以携陈祖涛一同去苏联治病。

8月27日,周恩来在邓颖超的陪同下,在延安机场登上飞机。同行的还有陈昌浩、原共产国际军事顾问李德以及周恩来的养女孙维世、陈昌浩次子陈祖涛、高岗之子高毅、陈伯达之子陈小达。张琴秋也到机场为陈昌浩送行,两人依依惜别。

飞机于当天飞抵兰州。一周后飞抵新疆首府迪化(今乌鲁木齐)。在这里,陈昌浩陪同周恩来、邓颖超看望了突围到新疆并在此学习的原西路军数百名指战员。他低着头,向自己的老部下做了沉痛的检讨:"同志们,我是个犯了严重历史错误,对革命事业有罪的人。我的错误给党造成了很大的危害,使我们的党……失去……了许多优秀的红军指战员,付出了重大牺牲,现在只剩下你们这几百人了,我心里真是痛苦极了!我对不起同志们,对不起党。"听了陈昌浩极为诚恳、出自肺腑的检讨讲话,西路军老战士都很受感动。

三四天后,周恩来、陈昌浩一行继续乘飞机,经阿拉木图等地飞往莫斯科,于9月中旬住进克里姆林宫医院。自此,陈昌浩开始了他为期十二载的漂泊异国的生涯。陈昌浩刚一离开延安,原配夫人刘秀贞就携带着长子陈祖泽,千里迢迢来到延安。刘秀贞感到很失落,但张琴秋热情地接待了她,对她的生活做了妥善的安排。张琴秋还将陈昌浩临行前给刘秀贞的一封信读给她听,大意是对刘秀贞说谢谢你千里迢迢带着孩子来延安,我又不在此地,实在对不起你了。希望你好好听琴秋的话,安心学习文化,以准备将来搞好抗日工作。

但陈昌浩与刘秀贞以及张琴秋的婚姻却成了一个棘手的问题。不久,待刘秀贞一切都安顿好了以后,张琴秋把陈昌浩临走时留下的话告诉了她。陈昌浩话的意思是说自己要去苏联治病了,不能见刘秀贞。她帮我把两个孩子抚养大了,自己永远是感激她的。现在已成了这个局面,只有请组织上帮助解决吧!刘秀贞识大体,不久就在组织的帮助下,正式解除了与陈昌浩的婚姻关系。后来刘秀贞与原红四方面军的老战士周益结婚,重组了新家庭。

1952年4月,经党中央批准,陈昌浩结束了寓居苏联的生活,回到北京。1953年1月,陈昌浩被安排到刚成立的中共中央编译局工作,担任副局长。1967年7

月 30 日,陈昌浩不堪忍受迫害,服安眠药自杀,享年 61 岁。十一届三中全会后,党中央重新对陈昌浩一生和他在各个历史时期的言行进行审查,从而推翻了一切不实之词,撤销了关于"反党问题""里通外国问题"的定性结论。1980 年 8 月 20 日,在北京中央直属机关礼堂里,党中央为陈昌浩举行了追悼会。李先念、徐向前、王震、陈慕华及陈昌浩生前友好和群众代表 500 余人参加了追悼会。经党中央审定的悼词称:陈昌浩同志为"中国共产党的优秀党员,忠诚的无产阶级革命战士","他的一生是革命的一生、忠于党忠于人民的一生"。历史恢复了它本来的面目,它为陈昌浩革命的一生画上了一个完整的句号。

李特(1902—1938)

被历史湮没的红四方面军参谋长李特

　　李特对于今天很多人来说已经是一个陌生的名字了。然而在红军时期,他却是中国工农红军高级指挥员,曾任红四方面军参谋长、红军大学教育长、西路军参谋长。在长征途中,李特奉陈昌浩的命令,带人持枪追赶毛泽东,并对毛泽东出言不逊,阻拦中央红军北上,成为他一生中最大的污点。1938年初,李特在新疆迪化以"托派"罪名被杀害,从此沉冤半个多世纪。直到1996年,李特才被解放军总政治部追认为革命烈士。

从唐山交通大学预科到列宁格勒军政学院高材生

　　李特原名徐克勋,1902年出生于安徽省霍邱县。1921年,李特考入唐山交通大学预科班。李特入学后专心读书,平时沉默寡言,不事其他活动,甚至学校组织学生去泰山春游,他在车厢里也只是看书睡觉。但是,当唐山掀起路矿大罢工的风暴时,他却一反常态,积极投入声援活动,并加入了中国社会主义青年团。唐山路矿大罢工运动波及各界,交大师生采取罢教、罢课、组织募捐等形式,声援工人。吴佩孚恐慌不已,派一个旅的士兵前往镇压。全校师生团结一致,奋起反抗,并选派代表集体赴北京请愿,致使军阀内阁倒台。在这次斗争中,李特不仅表现了敢于斗争的精神,而且很有组织能力,因而引起学校党组织的注意。1924年,党组织决定从唐山交大选派斗争中的积极分子前往苏联学习。李特乔装打扮,肩负党的使命,依依惜别培育他三年的学府,踏上新的征程。

　　李特个子矮小,在苏联留学期间,被大家以英语戏称为"little"。从此,他就以英语译音改名李特。1924 年秋,李特进入莫斯科东方共产主义者劳动大学学习。李特在校进步很快,于 1925 年由团员转为中共党员,并被选为支部书记。同年底,冯玉祥派数百名学生到苏联学习。为了做好统战工作,中国旅莫斯科部调李特、赵秀峰和另一名华侨,以当翻译的名义到乌克兰的基辅去做学兵工作。基辅中级军官学校的中国班有 32 人,除李特等人外,其余是国民二军的。李特到这里主要是发展党组织等政治工作,他同中共驻共产国际的代表团联系,并经常向代表团负责人瞿秋白等汇报工作。李特在留学期间,发展了不少党员。1926 年师哲入党,李特是他入党的介绍人之一。

1927 年秋,李特被调到列宁格勒托尔马乔夫军政学院。托尔马乔夫军政学院是一所培养高级军政指挥人员的正规学校,苏联元帅朱可夫曾在这里学习过。这里有中国学生十多人,除李特外,还有刘明先、刘伯坚、肖劲光、李卓然、傅钟、曾涌泉、伍止戈、蒋经国等。他们在这个学院度过三个春秋,于 1930 年夏毕业。

李立三为了实现他"一省或几省的首先胜利"的主张,成立了行动委员会,并要在上海等大城市搞武装暴动。为此,李立三把在苏联学习军事的人员调回上海,做武装暴动的准备工作。李特等就是在这种情况下,于 1930 年秋离开莫斯科回国的。

持枪追赶中央红军和毛泽东,成为李特一生中的最大污点

李特在鄂豫皖苏区,历任英(山)六(安)霍(山)罗(田)商(城)中共特委委员、书记,鄂豫皖中央分局彭(湃)杨(殷)学校教育主任、教育长,红 25 军副军长,随营学校、红军学校教育长等职。在此期间,李特为训练部队,培养军事人才,做出不懈努力,取得可喜成绩。由于蒋介石发动的鄂豫皖第四次重兵"围剿",红军被迫撤离鄂豫皖苏区进入川陕。1933 年初,红四方面军进入川北,建立川陕革命根据地。1935 年 5 月,红四方面军开始长征。长征途中,李特历任红 31 军副军长兼参谋长,红四方面军副参谋长、参谋长。在 1935 年 7 月红四方面军和中央红军会师后,红军部队编为左路军和右路军,李特随右路军行动。

让李特在党史上备受指责的,是 1935 年 9 月 11 日他奉命去追赶率红三军团、红军大学单独北上的毛泽东、张闻天、博古等中央领导。

红一、红四方面军会师以后,由于张国焘坚持分裂主义,使长征中的红军面临

最严重的一次危机。张国焘到阿坝后就按兵不动，坚持要南下。9 月 9 日，张国焘对红军左路军下达了南下的命令，并致电中央，要右路军也重新过草地南下。党中央的北进和张国焘的南下之争，成为牵动全局、影响红军命运前途的斗争焦点。当时，红一方面军的队伍已经分散，红五、红九军在张国焘的左路军里，红一军团困在甘肃迭县俄界村。在就近的部队中，党中央能直接指挥的只剩下三军团。党中央处在随时都可能被张国焘胁迫的危险境地。

9 月 9 日，中共中央政治局针对张国焘的右倾机会主义，在红三军团驻地巴西召开了政治局会议。中央认为，再继续说服等待张国焘北上，不仅没有可能而且会招致不堪设想的后果。为了坚持北上抗日的方针，避免红军内部可能发生的武装冲突，也为了给整个红军开辟道路，党中央毅然决定，迅速脱离险境，由红三军团和军委纵队一部，组成临时北上先遣支队，迅速向前方开路的红一军团靠拢，之后与红一军团一起向甘南前进。

9 月 10 日凌晨，毛泽东等率红三军团、红军大学出发。红军大学是红一、红四方面军会合后，由红四方面军军事学校和红一方面军干部团联合组成的，倪志亮任校长，何畏任政委，李特任教育长，莫文骅任政治部主任。凌晨 3 点，红军大学接到毛泽东和周恩来联名签发的出发命令。

在阿坝的张国焘得知毛泽东等率红三军团北上后，于凌晨 4 时致电中央，称已得悉中央率红三军团单独北上，表示"不以为然"，仍坚持南下，拒绝北上。接着，红四方面军总政委陈昌浩派人给彭德怀送来亲笔信，要求三军团停止北进。彭德怀看了陈昌浩的信后交给毛泽东，毛泽东拿着信幽默地说："打个收条给他，后会有期。"

陈昌浩从何畏那里知道红军大学也跟着北上了，立即派红军大学教育长李特、红军大学秘书长黄超前去传达命令，让红军大学停止前进。李特带人快马赶来，追到红三军团后尾。他手下的几个人高喊："四方面军的同志不要走了！""不要跟毛泽东、周恩来他们走，他们是苏联的走狗，要把你们带到苏联去！""毛泽东、周恩来北上逃跑，投降帝国主义！"红大学员主要来自四方面军，接到命令便停了下来。

对李特等人的行为，红三军团和军委纵队的广大指战员不予理睬。彭德怀很生气，站了出来，出面与李特讲理。这时候，毛泽东和其他中央领导走在红军大学的前头，在半山坡上一块很小的平地上停了下来。

对于李特与毛泽东等人对峙的情况,当时在场的红军大学特科团(原干部团)政委宋任穷在回忆录中有详细的描述。

张国焘的追随者、红军学校教育长李特,这时持枪带着几个人从后面追到这里。李特问毛泽东同志:现在总部政治委员张国焘同志来了命令要南下,你们怎么还要北上? 跟随李特的几个警卫员,手提驳壳枪,指头按着扳机,气势汹汹,气氛十分紧张。

面对李特的无礼威胁要挟,毛泽东同志从容不迫,镇定自若地同往常一样,从维护党的团结、统一出发,对李特晓以大义,语气平稳、庄重,耐心地讲明了当时的政治形势和军事形势,指出在当时情况下我军只能北上,万万不能南下。

毛泽东同志冷静而坚定地说:这件事可以商量。大家分析一下形势,看是北上好,还是南下好。现在只有北上一条路可以走,因为南边集中了国民党的主要兵力,而陕西、甘肃的敌人比较薄弱,这是一。第二,北上抗日,我们可以树起抗日的旗帜,南下是没有出路的,是得不到全国人民拥护的。

毛泽东同志严肃地正告李特:彭德怀同志率领的三军团就走在后面,彭德怀同志是主张北上,坚决反对南下的,他对张国焘同志要南下,火气大得很哩! 你们考虑考虑吧! 大家要团结,不要红军打红军嘛!

毛泽东同志的严正警告,使李特不敢轻举妄动。因为彭德怀同志在红军中享有能征善战的声威,他们不能不有所顾忌。

最后,毛泽东同志恳切地对李特说:请你向国焘同志转达我的意见。根据对当前政治形势的分析,南下是没有出路的,南面的敌人力量很大,再过一次草地,在天全、甘孜、芦山建立革命根据地是很困难的。我相信,只有北上才是真正的出路,才是唯一正确的。我相信,不出一年你们一定会北上的。你们南下,我们欢送。我们前面走,给你们开路,欢迎你们后面来。我们前面走,欢迎你们后面来。

最后一句话,接连讲了三遍。毛泽东同志这一番话,语重心长,给我们留下了深刻的印象,至今不少同志还清楚地记得。

红军学校特科团的干部都是一方面军的,招收的学员主要来自四方面军。李特看威胁右路军南下无望,便对毛泽东同志说:根据张国焘同志的命令,红军学校的学员要南下。

毛泽东同志说:可以,红军学校的学员回去跟四方面军南下吧。我们特科团的干部要北上。毛泽东同志顾全大局,为着团结,让四方面军的学员回去。当场命令韦国清同志(按:特科团代团长)和我,集合特科团全体同志。毛泽东同志对学员们讲了话,讲话的内容同前面讲的大体相同。毛泽东同志在讲话结束的时候反复强调说:南下的路是走不通的,你们将来一定要北上的。现在回去不要紧,将来还要回来的。你们现在回去,我们欢送,将来回来,我们欢迎。

毛泽东同志高瞻远瞩,坚持原则,坚持党内斗争的正确方针,粉碎了张国焘妄图挑起红军打红军的一场阴谋。

莫文骅曾回忆了李特追赶毛泽东等人的细节。他说,李特第一个飞马追赶中央,他一面用皮鞭抽打不愿回去的四方面军的干部,一面高喊:"不要跟机会主义者北上,南下吃大米去。"正当李特与毛泽东对峙的时候,原共产国际顾问、红军大学教员李德正好骑马经过这里,与李特发生了冲突。李特是留苏学生,曾在列宁格勒学习过,李德也在苏联学习过,又是共产国际军事顾问,因此两人私交不错,见面时一般都用俄语交谈。李德见李特十分嚣张,上前拉住了李特的马头,斥责他的分裂言行。没说几句话,两人就动起手来。一会儿,李特和李德用俄语争吵对骂。博古说李德

红军总顾问李德

骂李特为流氓,李特骂李德为赤色帝国主义。莫文骅的这段描写在李德的《中国纪事》中也有所流露。李特还企图拉拢一方面军的干部,莫文骅回忆说李特拉拢他说:"像你这样的干部在四方面军当军级干部也是可以的了。"李特追赶中央红军之事给当时的主要领导人留下了深刻的印象,包括李德在内,对李特均无好感。

据当时在场的时任红军总政治部副主任的杨尚昆后来在回忆录中回忆:

经过红军大学时,陈昌浩派出的追兵到了,红军大学教育长李特也接到通知戴着学员来截我们。他来势汹汹,问我们为什么"开小差"。这时在场的军事顾问李德见李特佩戴着手枪走近毛主席,二话没说,双手抱住李特,把他拖到几十米外。李德身高两米,也带着武器,李特不是他的对手。遵义会议时,李德根本不肯认错,此时挺身而出捍卫毛主席,这一点还是好的!

毛主席镇定自若,面对五六十个不明真相的人说:大家安静一下,让我给你们说几句话。他说:你们的张总政委要南下,到成都坝子去吃大米,我们要北上。你

们要不愿跟着我们走的，可以回去。我告诉你们，四川坝子敌人有重兵，你们冲不出去；我们现在向北走，给你们开路，我估计不出一年，你们也会跟着我们北上。我这里有《北上告同志书》，你们每人拿一份，回去告诉张总政委，道理就在这上面。这样气氛缓和下来了，我们就告别而去。我们走出 10 华里，翻过一个山包，上大路就是四方面军的驻地。那里有个崖口，只见山头上站着四方面军的哨兵，我们从沟里走。当时，我们就怕真正打起来，如果双方一开枪，就打烂了，但谁都没有动手。后来知道，是徐向前同志发了话：哪有红军打红军的道理！在剑拔弩张的时刻，这句话是十分重要的！

李德的翻译、新中国成立后任副总参谋长的伍修权在《回忆与怀念》中写道：当毛泽东等决定单独北上，红三军团和中央机关出发后，四方面军的副参谋长李特骑马赶来了。他大喊："原来四方面军的同志，回头，停止前进！""不要跟机会主义者北上，南下吃大米去！"毛主席劝阻他，他就同毛主席吵架。毛主席还是规劝、开导他，说北上的方针是中央政治局决定的，但是李特不听，强拉原四方面军的同志跟他走。当时有的同志对李特的行为很气。毛主席还说："捆绑不成夫妻。他们要走，让他们走吧！以后他们自己会回来的。"

宋任穷时任红军大学特科团政委，他亲历此事，后来回忆说："1935 年 9 月 10 日凌晨三时左右，接到北上的命令……我们摸黑走了大约二十多公里路，天快亮了，忽然从后面传来命令：传令兵通知，部队原地停下。……红军学校教育长李特，这时持枪带着几个人从后面追到这里。李特问毛泽东同志：'现在总部政治委员张国焘同志来了命令要南下，你们怎么还要北上？'毛泽东同志从容不迫，镇定自若地同往常一样，从维护党的团结、统一出发，对李特晓以大义，语气平稳、庄重，耐心地说明了当时的政治形势和军事形势，指出当时情况下我军只能北上，万万不能南下。"

1960 年 10 月，北京，中南海菊香书屋。毛泽东正在会见他的老朋友、美国作家埃德加·斯诺。斯诺向毛泽东提了一个问题："你一生中最黑暗的时刻是什么时候？"毛泽东的回答出人意料："那是在 1935 年的长征途中，在草地与张国焘之间的斗争。当时党内面临着分裂，甚至有可能发生前途未卜的内战。"

李特去追赶毛泽东等，是奉命行事。在追上毛泽东后，李特出言不逊，态度傲慢，所以当时在场的杨尚昆、宋任穷等人对他均无好感。但当毛泽东晓以大义之后，李特没有再为难毛泽东和中央红军，仅带领部分红军大学中的红四方面军学员南下。然而这一次持枪犯上，也为他后来的命运埋下了伏笔。他被当作"托派"杀害后，半个多世纪内没有人敢公开替他说话、为他平反。

李先念就攻打安西失败为李特洗冤：责任在我，不在李特

1936 年 11 月，李特担任西路军军政委员会常委、西路军参谋长。1937 年 3 月 14 日，西路军转移到康龙寺以南的石窝山一带时，已不满 3 000 人。担任掩护任务的红 30 军，与追敌血战竟日，第 265 团损失殆尽，第 267 团也遭受很大伤亡。李先念的指挥所，一度被敌骑兵从三面包围，险些被敌人搞掉。当晚，西路军军政委员会在石窝山上召开师以上干部会议，认为部队"已战到最后"，"只有设法保存基干"。虽说胜败乃兵家常事，但像西路军这支从土地革命战争中冲杀出来的英雄队伍，几尽全军覆没，却是异乎寻常的。大家都明白，毕竟失败已成定局，谁也无力挽回了。大家心里都很悲痛，难过得说不出话来。陈昌浩眼含热泪，宣布了军政委员会的决定：(一)徐向前、陈昌浩离队回陕北，向党中央汇报情况。(二)由李卓然、李特、李先念、曾传六、王树声、程世才、黄超、熊国炳八人组成西路军工作委员会，李卓然任书记，李先念统一指挥军事，李卓然负责政治领导。(三)将现有兵力和人员分为三个支队，李先念、王树声、张荣(占云)各率领一个支队进行游击活动。

很多书刊把西路军左支队冲出祁连山之前打的最后一仗——安西之战的失败归咎于李特，这是不符合历史事实的。4 月 24 日，李卓然、李先念等率领左支队进至甘肃安西城南 25 华里处的石堡城，准备攻安西县城。此前，马步芳已经判定红军"似将向嘉裕关外奔入安西、敦煌，西入新疆"，严令各路人马围追堵截。4 月 23 日，驻防肃州的马步康旅奉命派出一个团的兵力，于当晚进驻安西。原在石堡城向红军提供情报的商贩，发现敌人增兵，便赶忙出城向红军报告。但西路军多数工委委员一致认为，敌人不可能获悉左支队的行踪和计划，"增兵"之说有诈，商贩可能是敌人派来的奸细。李先念是负责军事指挥的，他决定仍照原定计划当夜攻城。安西县城面积不大，但城墙均系黄黏土筑成，又高又厚，易守难攻。李先念、程世才将部队分为两个梯队，于当晚从城东和城西发起进攻。但第一梯队刚进至安西城东关，即遭守敌的猛烈反扑，山炮、迫击炮、机关枪吼声大作，火光映天。第二梯队向城西门进攻，也遇到敌人密集火力的压制，几次冲锋均未成功。

红 30 军政委程世才回忆说:"事实已经证明,那位老乡(商贩)的话一点不假,如果没有一个旅以上的敌人,就不会有这样的炮火,再坚持进攻,就必然要招致全军覆没的后果。我和李先念交换了意见,立即停止攻城,向通向新疆的必经之路——王家围子转移。"

攻打安西失利,主要原因在于未弄清敌情的变化,以为只有一个排的兵力在进行防守。李先念晚年曾为李特"洗冤",他纠正说:"安西是我决定打的,不能说责任在李特。"

李特的"生死抉择"——去延安还是苏联

1937 年 5 月 7 日,400 余名西路军将士到达迪化后,随即整编为西路军总支队,对外称"新兵营"。根据中共中央指示,在党代表组织领导下,从 1937 年秋季开始,总支队利用苏联援助盛世才的军事技术装备,以苏联和盛世才的军事教官为教员,开展政治理论学习。西路军总部及左支队军师级干部李卓然、李先念、程世才、李特、黄超、曾传六、宋侃夫、郭天民、李天焕、黄火青、欧阳毅、苏井观等没有在总队安排职务。

李特随着西路军余部退入新疆后,仍旧在一次辩论会上大骂毛泽东和中央红军,这次会议的参加者有陈云。陈云当场指出李特说的不对。根据中央文献研究室编写的《李先念传》介绍,在新疆的西路军余部都被要求做了是否回到延安的选择,李先念等人表态坚决要回延安,而黄超、李特等人则没有选择回去。1937 年 11 月,李先念、李卓然、程世才、李天焕、曾传六、郭天民等西路军指挥员离开迪化回延安,李特、黄超、盛世才等都到机场送行。很多年后,李先念才意识到,这几乎是一次"生死抉择"。西路军参谋长李特和红 5 军政委黄超在是否去延安还是苏联的问题上选择了后者。

1938 年 1 月,中共中央政治局委员、中共中央驻新疆代表邓发在迪化组织大家进行批判张国焘错误路线的学习,并就张国焘的问题做了长篇报告。这在西路军同志中引起了巨大的震动。有的当事人回忆说:"刚开始,多数人思想转不过弯子,有的只承认西路军失败是军事上的错误,不承认政治路线错了。邓发同志亲自给排以上干部每星期上两次政治课,解释反张国焘路线问题及党对时局的宣言,并向全体同志讲党课,进行思想教育,同志们的政治觉悟从而大大提高。虽然有个别人怀疑张国焘错误的严重性,但经解释和学习后,大多数人已有正确认识。"

但是李特和黄超两人不同意邓发对红四方面军和西路军的否定,提出了不同的看法。不久,李特和黄超以"托派"的罪名被秘密处死。两人之死至今仍是一个谜:到底是谁下的命令,何人执行的?尸骨葬在哪里?到今天也无从知晓。有人说他们是在苏联遇难的,有人不相信他们被杀。

张国焘在《我的回忆》中写道:"王明告诉我,李特、黄超就是托派。"张国焘还说:"王明向我宣泄的事实,和他那种要追随斯大林肃清托派的意向,使我受到极大的刺激。李特、黄超是从 1931 年起和我一道工作的。······他们到鄂豫皖之前,我们并不熟识,中共中央却举荐他们任要职。我们这些年的共事,我深知他们为四方面军工作,出生入死,贡献极大;他们最后在西路军中,经过无数艰险困难,率领数百人逃亡新疆。"张国焘甚至说,李特之死对他是一种"重大的刺激",成为他"最后决定脱离中共"的重要原因。

李先念、徐向前等对李特的高度评价,李特终被追认为烈士

在 1949 年刘邓大军南下经过安徽霍邱时,曾经有一位白发苍苍的老太太蹲在路边,手里拿着一条白布,上面写着几个大字:"徐克勋我儿归来。"一般的干部战士是不会知道"徐克勋"就是红军将领李特的。李特的老母亲坐在大路边上看着一队队解放军战士从眼前经过,想从中找到自己的儿子。一连坐了几天,队伍过完了,才失望地转身回家。

一些红四方面军的高级将领并不认为李特是"托派"和反革命,对他评价颇高。红 30 军军长李先念对李特很了解,他曾说:"李特、黄超是反革命吗?不是!当时和彭老总吵架只是在气头上。"西路军总指挥徐向前说:"李特资格很老,在苏联留学。李特人很好,和人相处不错。他心很细,考虑问题比较周到,作战命令、训练指示,大都由他起草。这个人很能吃苦耐劳。"曾任红 30 军政委、新中国成立后任沈阳军区副司令员、装甲兵副司令员的程世才中将说:"李特政治上没有问题,人很好,理论水平很高,革命很坚决,能吃苦耐劳。至于 1935 年 9 月,李特奉命去追赶党中央、带领一部分四方面军回头南下,说中央北上是机会主义,一些人说李特是反中央,这不能和张国焘一概而论。所以,徐帅、先念主席对李特的问

题很关心,指示要把李特的情况查清楚。"原西路军直属纵队司令员、骑兵师师长,新中国成立后曾任兰州军区司令员的杜义德中将说:"李特对党的路线、方针、政策是拥护的,是非常忠诚于党的人。在西路军那样困难的情况下,能够带领几百人到新疆,就说明了这一点。李特早就应该平反了。"原红四方面军第31军第91师师长、原北京军区副司令员徐深吉中将说:"李先念(从新疆)回到延安时对我们说,我离开新疆的时候,李特和黄超还到机场送行呐,以后就不见了,一打听,听说被杀害了。把他们说成是托派,那只是借口。不管怎么说,李特和黄超不是托派,不是反革命。李特这个同志品质很好,理论水平比较高,平易近人,有学问。"原红四方面军机要局局长、电台台长,新中国成立后曾任武汉市委第一书记、中顾委委员的宋侃夫说:"在西路军,李特在总部主管军事方面的工作,在那样艰苦卓绝的环境条件下,工作是很努力的,也是有贡献的。西路军打了败仗,同李特没有关系。我们离开新疆以后,把李特、黄超留下来了,后来听说把他们当作反革命处理了。我和四方面军的同志都谈过,当时把李特当成反革命是冤枉的,应该平反,因为他是一位好党员、好干部、好同志。"

直到1996年6月5日,中国人民解放军总政治部才发出通知,为李特平反。通知在"烈士事迹"栏中写道:"李特同志在长期艰苦卓绝的革命斗争中,为鄂豫皖、川陕革命根据地的创建与发展,为红军的建设与壮大,做出贡献;参加长征、西路军,英勇作战,历经磨难,经受了严峻考验。"通知说:"李特同志在土地革命战争时期,为党和人民的事业建立了战功,他以后的被误杀是王明'左'倾路线的错误的延续。"在1997年出版的《中国军事百科全书》中,李特以"中国工农红军高级指挥员"的身份列入书中,并在词条最后说明:"1938年初被诬陷杀害于迪化。"

能上能下的红四方面军参谋长倪志亮

倪志亮（1900—1965）

倪志亮是人民军队的著名将领，参加过广州起义，曾任红四方面军参谋长、西北军区参谋长、红军大学校长、八路军一二九师参谋长、晋冀豫军区司令员等重要职务，是红军和八路军的一员名将。新中国成立后，倪志亮任驻朝鲜大使、解放军后勤学院教育长、武装力量监察部副部长等职，1955年被授予中将军衔。在长期的革命战争中，在社会主义革命和建设事业中，倪志亮能上能下，不计较职务高低，兢兢业业地为党工作，显示了一个共产党员的高风亮节。由于宣传较少，倪志亮对于很多人而言是一个陌生的名字。

能上，六年间由游击队队长提升为红四方面军参谋长

倪志亮，1900年10月出生于北京市一个贫民家庭。全家父母弟妹共6人，靠他父亲做小贩维持生活，经济拮据，常负债务。倪志亮8岁入私塾，后在市立高小读书至15岁毕业。因家贫，他1916年到北京东四牌楼东大街杂货店当学徒，受尽了奴役和虐待。倪志亮不堪忍受迫害，决定到军队中去找出路。1917年春，倪志亮来到皖系吴光新部第二混成旅当兵，后随该旅开赴四川重庆和湖北宜昌等地。1923年，吴光新旅在武昌被解散。1924年春，他转赴潼关入陕军第一混成旅炮兵营当文书。后来，该部开往洛阳作战。经过几年的军旅生活，倪志亮感到军阀部队争权夺利，混战不息，政治腐败，军纪涣散，是没有前途的。他决心另谋出路。

1926年1月，倪志亮考入黄埔军校第四期。在那里，他受到了轰轰烈烈第一次大革命的熏陶，接受了周恩来、恽代英等共产党人的革命宣传。入校不久，倪志

亮就加入了周恩来等领导的"青年军人联合会",同蒋介石操纵的"孙文主义学会"的反动分子进行了坚决的斗争。1926年10月,倪志亮在黄埔军校加入中国共产党,从此开始了他为中国人民的解放事业奋斗一生的战斗生涯。1927年4月15日,国民党广东当局发动反革命政变,对黄埔军校进行"清党",倪志亮被逮捕。后被营救出狱,随即参加了共产党领导的广州起义。在战斗中不幸受伤,但他忍着剧痛,仍坚持战斗。起义失败后,他随起义部队撤退,由于伤势过重,未能随队转移。当时白色恐怖十分严重,党内一些不坚定分子变节、脱党,而倪志亮坚信革命必胜。伤愈后,他历尽艰辛到上海找到党中央。党中央考虑到鄂豫皖边区武装斗争刚刚开展,急需军事干部,便派他到该地区加强那里的军事工作,成为党中央最早派到鄂豫皖根据地的干部之一。

鄂豫皖革命根据地是土地革命战争时期共产党创立的主要根据地之一,中国工农红军第四方面军的发源地。倪志亮是1928年10月5日到鄂东游击区的。当时黄麻起义的游击队已改编为红军三十一师,下辖四个大队(对外称团),一、三大队为主力。王树声任第一大队党代表,倪志亮任第三大队队长。此后,倪志亮就把自己的全部精力和心血投入到鄂豫皖苏区和红四方面军的创建和发展上。在徐向前总指挥的直接领导下,他参加和指挥了鄂豫皖时期和川陕时期几乎所有的重要战役、战斗。每次战斗,倪志亮都冒着敌人的枪林弹雨靠前指挥,撤退时,他都是留在后边,等部队走完他才撤下来。1929年3月,在吴光浩、戴克敏的领导下,王树声、倪志亮率领游击队两个主力大队首战禹王城,再取熊家畈,三打涂家湾,壮大了游击队的声威,并使黄安北部连成一片,成为红色区域。后来又先后进行了七里坪、古峰岭、箭厂河等战斗,使游击战争蓬勃开展,游击队的力量迅速壮大。在川陕根据地反"三路围攻"时,此时已是红十一师师长的倪志亮和政委李先念率领两个团激战大明垭,依托险要地形和工事,击退敌人8个团的连续进攻,阵地岿然不动。他带领的部队,以作战勇猛、顽强和善于打硬仗、恶仗著称。

在红四方面军,流传着倪志亮用银元退敌的故事。在一次战斗中,大部队已经撤出了战斗,可敌人穷追不舍,为了掩护最后一部分部队的撤退,倪志亮带着警卫员,牵着一头骡子留在最后。当时战斗甚为激烈,同志们几次催促他,他仍没有撤下去。就在这个时候,有股敌人追上来了。可倪志亮不慌不忙,叫身边的警卫员撒一把银元。果然敌人蜂拥过去,抢夺地上的银元。这样,部队趁机撤离。在苏家埠战役中,倪志亮指挥红十一师围歼韩摆渡之敌,红军吃掉敌人援兵后,韩摆渡的敌人成了惊弓之鸟,于5月8日被迫投降并举行投降仪式。此时敌机并不知道韩摆渡已被红军占领,又派飞机到韩摆渡空投食品。倪志亮命令部队换上国民党士兵服装,示意敌机空投物品,当敌机空投后,他指挥部队一起开火,击落了敌机,这是红军历史上击落的第一架敌人飞机。

具有革命的胆略,善于打硬仗、打恶仗是倪志亮指挥作战的又一特点。不管敌情多么严重,不论条件多么艰苦,他都能沉着应付,凭借自己的聪明才智和巧妙运筹,调动敌人,创造和捕捉战机,使许多战斗出奇制胜、化险为夷。1931年11月,红四方面军组成后,倪志亮相继担任第十师和第十一师师长。在此期间,为粉碎敌人第三次"围剿",他先后率部参加了黄安、商潢、苏家埠、潢光等重大战役,为战役战斗的胜利做出了重要贡献。1932年6月,蒋介石调集重兵对鄂豫皖根据地发动第四次"围剿",红四方面军被迫撤出鄂豫皖根据地,向川陕边界转移。在转战2 000多公里的两个多月中,倪志亮指挥的十一师打了不少硬仗、恶仗。10月19日,当部队行军至枣阳新集时,总部突然被追击的敌人包围,敌人冲到离总指挥部仅有50米远的地方,当时总部只有300来人的机关人员和警卫、通信部队,方面军首长的安全受到严重威胁。在这千钧一发时刻,倪志亮、李先念指挥部队及时救援总部。他们带领后卫部队向围攻总部的敌人发起勇猛反击,打退了敌人,保卫了总部的安全。

1933年7月,倪志亮担任红四方面军参谋长。他协助总指挥徐向前做了大量工作,不仅在司令部建设、作战训练、通信联络等方面卓有建树,而且对后勤工作、根据地建设等也付出了大量心血。在长征初期,倪志亮负责方面军的掩护任务,在环境恶劣、敌情复杂的情况下,他置生死于度外,每次战斗都亲临第一线指挥。1935年6月,红四方面军8万多人渡涪江西进。倪志亮认为,要保证部队主力胜利完成渡江任务,必须控制住窦圌山一线。他命令三十三军二九四团坚守窦圌山,二九四团同敌人血战四昼夜,掩护主力安全渡过涪江。

倪志亮还是红四方面军的一位教育家。1933年7月,倪志亮任红四方面军彭杨学校校长,傅钟任政治委员。1934年12月后,彭杨军事学校扩编为红军大学,倪志亮仍然担任校长。他非常重视学校的教育训练,对教育方针、教学内容、教学计划都亲自过问,并经常亲自授课,跟学员一起操练,进行实战演习,摸爬滚打。由于他的严格要求和管理,彭杨学校为红四方面军输送了大批军政人才。1935年6月,红四方面军红军大学与红一方面军干部团合并,组成红一、红四方面军红军大学,校长仍为倪志亮,何畏任政治委员。1935 年 9 月,倪志亮随军南下转战川康边,任红军右路纵队司令员兼政治委员,参与指挥了绥(靖)崇(化)丹(巴)懋(功)和天(全)芦(山)名(山)雅(安)邛(崃)大(邑)战役。1936 年 4 月,倪志亮任金川省军区司令员、红四方面军供给部部长兼政治委员。1936 年 7 月,红四方面军在甘孜与红二、红六军团会师后,共同北上。9 月,红军通过草地,翻越腊子口,经哈达铺进入眠州到达二十里铺时,倪志亮调任红军大学步兵学校校长,负责教育及行政事务工作。10 月,红一、二、四方面军在甘肃会宁、静宁地区胜利会师。

抗战时期,从一二九师参谋长到游击司令

1937 年初,倪志亮进入抗大第二期学习,并任大学部第一科第二队队长。3 月27 日至 30 日,中共中央在延安召开政治局扩大会议,批判张国焘的错误。对张国焘的错误路线,倪志亮一直是持反对态度的。他在十一师当师长时,同李先念政委一起抵制了张国焘肃反扩大化的错误,保护了大批干部、战士,是四方面军中肃反人数较少的一个师。在川陕革命根据地肃反时,张国焘命保卫局在各部队抓了一批基层干部。倪志亮心里清楚,这些人都是好同志,是革命的宝贵财富,一定要保存下来。于是,在反"六路围攻"期间,他就以前方急需用人为由,把这批干部放了,交给第四军军长王宏坤指挥,保护了这批同志。到延安后,通过系统地批判张国焘的错误路线,倪志亮更进一步认识到张国焘的错误领导和分裂党、分裂红军的罪恶活动给中国革命和鄂豫皖、川陕革命根据地造成的严重危害。

1937 年 7 月,抗日战争全面爆发,倪志亮结束了在抗大的学习。8 月,以红四方面军为主编成八路军一二九师,刘伯承任师长,徐向前任副师长,倪志亮任参谋长。9 月 6 日,一二九师在陕西省三原县石桥镇冒雨举行了抗日出征誓师大会。10 月初,该师从韩城县芝川镇渡过黄河,进入山西。11 月,根据中共中央和毛泽东的指示,一二九师在和顺县的武家庄、石拐镇召开会议,确定当时的主要任务是放手发动群众,开展独立自主的山地游击战,开辟以太行山为依托的晋冀豫根据地。根据师部的统一安排,倪志亮带着几个分遣支队到各地去发动群众,开展游击战争。这些分遣支队开始只有 100 多人,很快就发展到 2 000 多人,形成了几个大的基干支队。山西省委在这些基干支队开辟的区域建立了中共特委和工委

组织。

1938 年 4 月,倪志亮主持建立了晋冀豫军区,是晋冀豫军区创始人。1938 年 4 月初,日军集中 3 万多人分九路向晋东南地区的中国军队进攻。倪志亮率游击支队和民兵配合八路军主力作战。经过 20 多天的战斗,打破了日军的九路围攻,奠定了晋冀豫抗日根据地的基础。4 月下旬,晋冀豫军区在辽县成立,倪志亮兼任军区司令员,并兼任中共晋冀豫省委军事部部长,黄镇任政委。倪志亮经常与省委负责人李雪峰等一起,研究根据地建设中的武装斗争、政权建设、群众工作、统一战线和党的组织等问题,在分散游击作战的情况下,既抓部队的思想教育,又抓军队训练和组织纪律教育,使根据地的工作井井有条。全区的基本武装很快由原来的 2 000 多人发展到 2 万人。

12 月下旬,为统一领导分散的地方武装,"集总"指示晋冀豫军区改称为晋冀豫边区游击司令部,倪志亮任司令员,黄镇任政委。由于倪志亮长期不在一二九师师部,在相当一段时间内,李达仍以参谋处长的身份担负着参谋长的工作。对此,李达的情绪也没有受到任何影响。直到倪志亮任晋冀边游击司令部司令员,李达才正式接任一二九师参谋长。

在日伪军的疯狂进攻面前,倪志亮创造性地贯彻了中共中央和毛泽东提出的持久战的战略方针。他经常向部队讲,由于我们的武器装备差,必须要巧打,要采取游击战辅以运动战的形式:一要发动群众,实行清室空野;二要寻机主动歼敌,瞅准敌人的弱点打;三要善于设伏,在敌人的必经之地伺机歼灭敌人;四要扰敌,逐步消耗敌人的精力和物资。实践证明,这些对敌斗争方法对根据地的巩固和扩大起了重要的作用。

倪志亮与黄镇是一对珠联璧合、配合默契的搭档,二人关系密切。更不被人所知的是倪志亮是黄镇的"大媒人"。倪志亮夫人石玉英有一个好朋友、好同学朱霖,经倪志亮夫妇撮合介绍给了黄镇。很快,朱霖与黄镇结婚了。几十年相濡以沫、感情融洽、同甘共苦的黄镇、朱霖夫妇非常感谢他们的"媒人"倪志亮夫妇。当石玉英见到朱霖时打趣地问:"怎么样? 当年我没介绍错人吧?"朱霖含笑答道:"那当然了……"

延安整风,倪志亮检讨自己的军阀作风

1939 年 10 月,倪志亮作为党的"七大"代表来到延安。后来,中共中央决定

先进行整风,后召开"七大",安排倪志亮等一批高级领导干部到延安马列学院学习。1941 年 6 月,倪志亮调任中共中央军委四局副局长。1942 年 2 月,整风运动开始,倪志亮调中央党校学习。在学习期间,他担任二大队大队长兼党支部书记。当时,徐向前也在中央党校学习。中央要求各地红军的创始人结合学习总结各根据地斗争的历史经验。为此,倪志亮和徐向前合写了《鄂豫皖苏区红军历史》,对该地区 1930 年春到 1932 年秋的斗争经验和历史教训进行了认真的总结。

在整风中,倪志亮认真学习文件,深刻地反省了自己的工作、思想和全部历史,对自己的错误和缺点进行了认真解剖。他说:"我这个人有个很大的毛病,就是爱骂人,有时心急上火,还动手动脚的。这是一种什么作风?是军阀残余作风。这种作风在我身上存在不是偶然的:一是我在旧军队中待过七八年,军阀作风对我有影响;二是认为自己能打仗,在四方面军中进步快,六年间由游击队队长提升为方面军参谋长,骄傲自满,目中无人;三是思想方法简单,认为不打骂就带不好部队。这种思想是错误的。我军是党领导的革命军队,不是靠打骂,而是靠强有力的思想政治工作,靠严格而自觉的纪律来带兵的。在我们内部,官兵是平等的,上下级之间是阶级兄弟,是战友,是同志,绝不允许军阀残余作风在这里滋生。"

倪志亮检讨自己的军阀残余作风是事实。据张国焘的警卫员何福圣回忆说,倪志亮性格暴躁,作风霸道,一般人都害怕和他接近。就是他的警卫员犯了过错,他也习惯拿枪教训。当然,并不往你身上打。他枪法极好,打身边,打脚下,子弹"噗噗"响,目的就是吓你一跳,看你今后还敢不敢犯错误。不少人把倪志亮爱使的这一招扣到了貌似粗鲁的许世友头上,让许世友替他背了一辈子黑锅。有一次,倪志亮跟前线打电话,对方说话口气有些冲,他没听出是谁的声音,就习惯性地破口大骂:"你狗日的……"谁知对方"啪"地一下把电话砸了。有人胆敢砸方面军总参谋长的电话!倪志亮这下更是气得发抖,大骂不止。不一会儿,陈昌浩带着几十个卫士一阵风冲进了通江城里的文庙大门,一边"咚咚"冲上楼梯一边厉声大喝:"倪志亮倪志亮,你狗日的好大狗胆,连老子你也敢骂!"倪志亮一看惹火了陈昌浩,吓得不轻,赶紧认错:"政治委员同志,我错了,我错了,我不知道刚才是你打的电话。"认错也迟了,陈昌浩抢起马鞭子就是一顿乱抽。张国焘闻讯后赶来,才将陈昌浩制止住。

倪志亮在整风运动中诚恳的态度,受到了大家的欢迎。曾任一二九师作战科科长的陈明义曾经讲过这样一件事:倪志亮要求作战科科长和侦察科科长每晚向他汇报敌情。一天晚上，延安试验话剧团到驻地演出。陈明义心想，有侦察科科长向参谋长汇报就行了，所以就去看演出了。事后，倪志亮把陈明义狠批了一顿，反复告诫他，在任何情况下都要把工作放在第一位，不然，敌人来了就会酿成大祸。陈明义当时接受不了，但过后一想，严格要求正是倪志亮对自己的关怀爱护和对革命事业的高度负责，敬佩之情不禁油然而生。

能下，从新四军参谋长到嫩南军区司令员

1945年7月的一天，毛泽东在他的窑洞里设便宴招待了倪志亮，向他介绍了国际国内形势，并交给他一项重要任务，任命他为新四军参谋长，协助陈毅工作。倪志亮满腔热情地接受了任务。临行时，中央又交代他：途经绥德抗大总校时，带领一部分干部一同前往。

8月中旬，当倪志亮到达晋东南八路军前方总指挥部驻地时，接到中央电令，告知日本投降，为控制热（河）察（哈尔），发展东北，需调大批干部开进东北，命倪志亮即刻转赴沈阳。10月，倪志亮率一批干部由沈阳赴洮南开展工作。路过四平车站时，他发现有许多军用物资仓库无人接收，便决定暂时留在该地接收仓库。当时，有人从日军扔下的大量物资中捞取好处，甚至把金条、银锭装进了自己的腰包。倪志亮发现后，进行了严肃的组织处理和批评教育。他带头保持着艰苦朴素的工作作风。有人说他在物质世界里是个"寡欲者"，倪志亮明确地承认了这一点。

11月，辽北军区在梨树地区组建，倪志亮任军区司令员。1946年1月，倪志亮仍赴洮南，任西满军区所辖洮南军区司令员。4月，参加解放齐齐哈尔的战斗。5月，倪志亮任嫩江军区司令员。1947年2月，调任西满军区副司令员。12月，倪志亮又调任东北军政大学副校长，因校长兼政委林彪未到职，他实际主持工作。当时军大担负着轮训军队干部，训练新参军的青年知识分子，教育改造国民党投降、起义人员的任务。倪志亮结合不同人员的特点，分别制订了不同的教学计划。在训练内容上，他要求结合当时解放战争发展的实际需要，突出五大技术（射击、投弹、刺杀、攻城、爆破）的训练。他不但对学员严格要求，甚至对于高级干部也不放松。1949年8月，军大一、二、三、五团南下武汉。12月，军大改为中南军事政治大学，倪志亮任该校副校长，并兼武汉警备司令部副司令员。

服从党的安排，脱下军装当大使

1950 年初，正当倪志亮努力抓教学工作时，中央来了调令，要他去北京做外交工作。刚接到调令时，倪志亮有点犯难：一是对外交工作相当陌生，二是担任军政大学的主要领导工作已有两年，比较熟悉，抓起来得心应手，也想再干出一点新成绩来。但是，作为一名大革命时期就入党的老同志，倪志亮还是把党的利益放在第一位，很快交代了军政大学的工作，从武汉启程前往北京，到外交部报到。一见面，政务院总理兼外交部长周恩来就问倪志亮："你是位老同志，对于这次工作调动，有什么意见？"倪志亮回答："坚决服从命令。不过，我对外交一窍不通。"周总理鼓励他说："可以边干边学嘛！"经过三四个月时间的培训，倪志亮由对外交一窍不通的门外汉，变成了粗知外交礼节的新中国首批驻外使节之一。

1950 年 6 月 30 日，柴成文以中国驻朝鲜大使馆政务参赞、临时代办的身份，率领两名参赞、一名武官、两名副武官到达平壤，正式建馆办公。1950 年 7 月，倪志亮被任命为中华人民共和国驻朝鲜民主主义人民共和国大使。毛泽东主席和周恩来总理还专门接见了他，并指示："我们是大国，首先应注意团结驻在国；应注意重大的问题，少管日常琐事。"此时，新中国成立不久，倪志亮的家属还在沈阳。妻子石玉英一个人带着三个小孩，其中一个还不满周岁。但是，倪志亮没有向组织上提出任何要求，在毛泽东、周恩来接见后两天，就离京赴任了。8 月 12 日，倪志亮抵达平壤。次日，向金日成首相呈递了国书。这时，朝鲜战争已经爆发。朝鲜人民军进展顺利，捷报频传。美军正暗中策划在仁川登陆，企图一举切断朝鲜人民军的退路，进而占领朝鲜全境。

9 月 1 日，驻朝大使馆代办柴成文被中华人民共和国外交部紧急召回，当天夜晚受到周恩来的接见。柴成文拿出一份与倪志亮大使商定的《汇报提纲》，扼要地报告了朝鲜战场的态势和他们所知道的朝鲜后方的主要情况。周恩来让他把《汇报提纲》留下，随后在上面批示："印发政治局常委各同志。"

9 月 15 日，美军在仁川登陆。28 日，美军占领汉城。10 月 1 日，麦克阿瑟命令南朝鲜军越过"三八线"，朝鲜战场的形势发生了重大变化。10 月 1 日深夜，金日成紧急召见中国驻朝大使倪志亮，希望中国尽快派集结在鸭绿江边的第十三兵团过江,支援朝鲜作战。倪志亮大使迅速将金日成的意见转告中共中央。10月3日,金日成首相再次紧急召见倪志亮大使,希望中国尽快出兵,支援朝鲜作战。倪志亮也立即将金日成首相的意见报告国内。

10月2日,毛泽东发出内部指示,决定以志愿军的名义派出一部分部队到朝鲜境内同美、李(承晚)军作战,援助朝鲜人民。10月8日,毛泽东正式发出命令,应朝鲜政府的请求,将东北边防军改为中国人民志愿军,迅即向朝鲜境内出动,协同朝鲜同志向侵略者作战并争取光荣的胜利。同日,毛泽东电告中国驻朝大使倪志亮,让他将中共中央准备派中国人民志愿军赴朝参战的决定转告金日成首相。

当天深夜,倪志亮、柴成文驱车来到金日成的指挥所。倪志亮向金日成首相转达了北京的来电,金日成高兴地站起来,连声笑着说:"太好了! 太好了!"接着,他又说:"请你向毛主席,向中共中央转达我和朝鲜党、人民的衷心感谢!"金日成拉着倪志亮的手,走到大厅,顺手从桌上拿起一瓶酒,斟了三杯,说:"来,干——杯! 为中国军队旗开得胜。"倪志亮也激动地说:"过去我们并肩作战,打败了一个日本帝国主义。现在让我们并肩战斗,再打败一个美帝国主义。为夺取新的胜利而干杯!"

10月9日,朝鲜政府决定以江界作为临时首都,机关、学校、团体一律撤退,并通知各外交使团撤至满浦。依照朝鲜政府的决定,中国驻朝使馆人员在倪志亮大使的领导下,开始了紧张有序的撤退工作。撤退途中,倪志亮不幸被敌机扔下的炸弹炸伤,伤势较重。柴成文向外交部反映了情况。周恩来考虑到倪志亮的病情和伤情,以及当时的恶劣环境,决定让他回国治病,休养一段时间后再返馆。在此期间,由柴成文临时代办中国驻朝鲜使馆的一切事务。志愿军入朝后,根据敌人分兵冒进的情况,决定立即改变原防御作战计划,而采取在运动中歼敌的方针,以一部在黄草岭、赴战岭地区钳制东线之敌,以主力于西线歼灭敌人。中国驻朝鲜大使馆的柴成文和倪志亮,分别在前方和后方密切关注战事的发展。

12月24日,抗美援朝第二次战役胜利后,中国驻朝鲜大使馆迁回平壤。不久,倪志亮不等身体康复,就返回平壤,主持使馆工作。当时由于处于战争环境,中国驻朝大使馆的工作、生活条件很艰苦。尽管如此,倪志亮仍三次主动要求降低自己的工资。他说:"国家正处于困难时期,我们有吃的穿的就行了,个人要那么多钱干吗!"在他的带动下,中国驻朝大使馆的工作人员也都这样做了,无一人提出不同意见。平时,在倪志亮的日程表上,工作安排得满满的,没有什么文娱活动。大使馆的人员开玩笑说,倪大使的生活真是太单调枯燥了。倪志亮以工作为重,很好地完成了肩负的重要使命,在朝鲜战争最困难的时期起到了军事联络员的作用,受到朝鲜人民及金日成首相的赞扬,被授予一级国旗勋章。

服从组织安排,不当大使当后勤学院教育长

1952 年初,周恩来考虑到倪志亮的身体状况,决定让倪志亮回国休养。1952年 2 月,倪志亮奉调回国。9 月,倪志亮被任命为中国人民解放军后勤学院副教育长,后任教育长。1955 年 9 月,倪志亮被授予中将军衔。1957 年 9 月,倪志亮被任命为中国人民解放军武装力量监察部副部长。1965 年 1 月,任中国人民政治协商会议第四届全国委员会委员。

倪志亮对自己的家属、子女要求很严格。他在任武装力量监察部副部长期间配有专车,但他给秘书规定:动车必须经他同意,老婆、子女不准坐自己的车。他还给家属、子女规定了几个不准:不准随便翻看他的文件;不准打听与己无关的消息;不准利用父母的名义办私事;等等。他经常告诫孩子们要艰苦奋斗,到艰苦的环境中去锻炼,不要吃父母的老本,并用"人参吃多了也会起副作用"的道理教育他们。

倪志亮在战争年代负过两次伤,身体长期患病,但他始终保持乐观态度和坚强意志,住院期间仍不忘关心党和国家大事。1964 年 7 月 22 日,倪志亮在病危之际,写信给国防部办公厅党委,表示愿将自己积蓄的 5 000 元人民币作为最后一次党费上缴。

1965 年秋,倪志亮病重,住进了解放军总医院,遇到了当年鄂豫皖根据地时期的老部下滕海清。倪志亮在红十一师当师长时,滕海清是该师三十一团特务连指导员。此时,滕海清任北京军区副司令员。倪志亮的记忆力极强,一眼就认出了滕海清。两人愉快地回忆起了已逝的岁月。当倪志亮说起自己过去在部队严格要求下级,自身存在军阀习气,骂人打人的事时,滕海清说:"老首长啊!我依稀记得我当通信排长时,还被你打过两次呢,当年的连长、指导员不知道被你打过多少次呢!"倪志亮笑着说:"我现在向你道歉!海清同志!"滕海清说:"你是我的老

首长,过去的那些事,我一概都忘记了,现在想起来,都是美好的回忆呢。你是我尊敬的首长,我没有辜负你的培养!"

1965 年 12 月 15 日,倪志亮因病医治无效,在解放军总医院逝世,享年 65 岁。

第四篇

残疾将军

人民军队中的『独特人才』

独臂上将彭绍辉的传奇人生

彭绍辉(1906—1978)

曾任中国人民解放军副总参谋长的彭绍辉上将,是中国人民解放军高级将领中具有传奇色彩的一位,他从一名雇农成长为我军的高级指挥员。在战争年代,彭绍辉失去了左臂,被人称为"独臂将军"。1955年9月,在共和国首次授衔的一千多名将军中,有九位独臂将军,而被授予上将军衔的,只有彭绍辉和贺炳炎。作为三军统帅的毛泽东,在谈到红军的独臂及伤残将军时曾说过:"中国从古到今,有几个独臂将军? 旧时代是没有的,只有我们红军部队,才能培养出这样的独特人才!"

早年彭绍辉:仰慕并追随毛泽东

1906年9月6日,彭绍辉出生于湖南湘潭一个贫苦雇农家庭。1926年,湖南的农民运动蓬勃开展,湘潭县更是闹得轰轰烈烈。彭绍辉也投入了火热的农民运动,当上了自卫队员。1927年"马日事变"发生后,农会被解散,反动派到处捉"暴徒"。彭绍辉和几个哥哥被迫东躲西藏,彭绍辉最后决定离家出走,到韶山冲去找赫赫有名的"毛委员"——毛泽东。

彭绍辉的家乡瓦子坪距离毛泽东的家韶山冲很近,仅有16里。彭绍辉早就听说过毛泽东的鼎鼎大名。1927年初,毛泽东考察湘潭农民运动时,彭绍辉还聆听过毛泽东讲述关于农民协会的事。但不巧的是,彭绍辉先到了韶山,后到了长沙,都没有找到毛泽东,一直赶到武汉,还是不见毛泽东的踪影。在走投无路的情况下,彭绍辉在武汉参加了国民党何健的部队,被分到35军1师1团3营12连。

1928 年春,第 1 师已改为国民革命军独立第五师,彭德怀任第一团团长,团内已有以彭德怀为书记的秘密中共支部。在彭德怀的劝说下,师长周磬决定创办随营学校,由黄公略负实际责任,彭绍辉被派往学习。

1928 年 6 月间,第 1 师奉调去平江"剿共",随营学校移驻岳州。7 月 22 日,由彭德怀、滕代远、黄公略领导的著名的平江起义爆发了。彭绍辉和随营学校师生也参加了起义。平江起义后,彭绍辉被分配到红 5 军 13 师 7 团当班长。在外有强敌围追,内有叛徒投敌,红 5 军处于最困难时刻的情况下,彭绍辉向党组织提出了入党要求。黄公略多次同他谈话,进行党的基本知识教育,随后介绍他加入了中国共产党。

1929 年春,红 5 军与当地工农游击队合编,彭绍辉升任第 2 纵队第 2 大队第 6 中队队长。他在纵队长黄公略、大队长李实行领导下,开始研究游击战术。同年八九月间,彭绍辉改任第 2 大队教导队队长。同年冬,红 5 军在浏阳第三区唐家湾成立了随营军事政治学校,2 大队教导队与随营学校合并,军参谋长邓萍任校长,彭绍辉任大队长。1930 年 7 月,红 3 军团(由彭德怀为军长的红 5 军与何长工为军长的红 8 军组成)攻克长沙后,随营学校学员分别返回原部。彭绍辉率领一部分学员回到第 1 师(师长李实行,政委吴溉之)后,被提升为第 1 师第 1 团团长(政委余庚)。

在第二次打长沙时,第 1 团买了不少水牛,以作冲击敌人铁丝网之用。发动第一次攻势时,水牛冲到铁丝网前,被敌弹射死,未成。当晚发动第二次攻势,彭绍辉率部冲杀,闯入铁丝网内,不料左臂中弹。负伤后,彭绍辉仍跟随部队行动,撤到江西临江以后,才住进红 3 军团医院。不久,由于工作需要,彭绍辉奉命回部队,带伤工作,直至同年底第一次反"围剿"开始时伤口才治愈。

1930 年 7 月,蒋介石以 10 万兵力进攻中央苏区,毛泽东决定红军采取"撒开两手诱敌深入"的策略。第一仗打张辉瓒师,彭绍辉团在上固牵制由永丰、乐安方向来犯之敌;第二仗打谭道源师,彭绍辉团在东韶参加作战,向洛口、广昌方向追击。此役历时仅 5 天,歼敌 1 个半师,缴枪 1 万 3 千支,残敌狼狈逃去,第一次"围剿"被粉碎,根据地军民一片欢腾。毛泽东在江西省宁都县小布开会总结经验,部署分兵发动群众,广泛组织赤卫队,拔除地主武装盘踞的土围子。就在节节胜利的时候,彭绍辉却被撤销了团长职务。

事情还得从发放过年费说起,在当时经费管理尚未完全统一的情况下,彭绍辉团自平江、浏阳打土豪以来,积存了八、九百元。他以团党委书记身份召开团党委扩大会,经讨论决定每个战士发两角钱过年。可是刚将决定公布,把钱发至连队,就接到总指挥部每人发两角钱聚餐费的通令。他随即与政委李鸣铁、副团长吴自立商量,大家的意见是:这两角钱也发下去,给战士们买草鞋。这次过年费用的处理,事前没有向上级请示,事后也未报告,违反了纪律,彭绍辉被撤职,调到第4师当副官长,并留党察看3个月。

突如其来的事情,令彭绍辉措手不及,一时想不通。彭绍辉认为处分过重,也怀疑师长打击报复。后来总指挥彭德怀和师党委的同志找彭绍辉谈话,进行教育、解释和劝说。彭绍辉的情绪有了好转,从这次事件中吸取了教训。此后,彭绍辉的组织纪律性进一步加强,处理经济等问题也更为慎重了。3个月后,留党察看期满,彭绍辉又恢复为正式党员,被任命为第4师参谋长。

因作战勇敢而数次负伤,终被截肢

这时,蒋介石坐镇南昌,统率30万人马,发动第三次"围剿"。根据上级的命令,彭绍辉代理第4师第3团团长。在首先发起的莲塘战斗中,彭绍辉冲入敌阵,不幸右臂中弹,第三次负伤。但彭绍辉坚持不下火线,继续随部工作和养伤。20多天后,彭绍辉伤势有所好转,又参加了指挥高安泽的激战,不幸右手虎口处又中弹,第四次负伤。不久,彭绍辉调任第3师第10团团长,指挥第10团参加了东固方石岭战斗,歼灭了敌韩德勤师,俘虏了大批敌人。

第三次反"围剿"结束后,彭绍辉先后担任过中国工农红军学校校长、红3军团第5军第1师参谋长(师长洪超,政委黄克诚)等职。1932年6月,彭绍辉升任第1师师长,时年26岁。同年底,蒋介石又调动90多个师、50万兵力进攻中央苏区。在反"围剿"初期,红军主力围攻南丰之敌。此次战役中,彭绍辉率部参加了黄狮渡战斗、邵武战斗、许湾丰山铺战斗。

1933年2月下旬,国民党第52和第59两个师向宜黄南部的黄陂、大龙坪地区前进时,彭绍辉的第1师奉命攻打国民党第59师的侧翼。战斗中,彭绍辉师歼敌1个旅,获步枪1 400余支,机枪、自动步枪30余挺,俘敌两三千人。3月20日,国民党第11师进犯至草台岗地区。21日,周恩来、朱德下令对草台岗之敌发起进攻。彭德怀在电话中告知彭绍辉:拿下制高点霹雳山,是取得此次反"围剿"

胜利的一个关键。凌晨,彭绍辉命令两个团开始登山,并且下定决心:"不拿下这个制高点,我就不下山来。"

霹雳山地势险峻,两军猛烈对射,相持不下,直至中午,我军才占领这个山头。当敌人溃败下山的时候,彭绍辉在敌人丢弃的漫山遍野的枪弹之中,拾起一支新式步枪,他奋不顾身,同战士们一起冲下去。刚冲到半山,他左臂连中两弹,骨头被击成几截。这是他第五次负伤。彭绍辉住进了医院,由于伤势严重,医生准备将其左臂截肢。彭绍辉听到这个消息,一度心神不安,觉得这对继续参加战斗将会带来种种困难,在彭德怀、滕代远等领导同志的安慰和鼓励下,彭绍辉很快地克服了这种念头。尽管十分惋惜,他还是毅然同意切除左臂。

出院后,组织上为了照顾彭绍辉,准备安排他去地方工作。彭绍辉当即表示:"我虽没有了左臂,但还有右臂,而且还很年轻,还能同敌人进行战斗。只要国民党反动派不消灭,我就不离开部队,不离开战场。"对他的恳切要求,共产国际的军事顾问李德表示不同意。彭绍辉便去找周恩来。周恩来见彭绍辉意志坚定,于是答应了他,并勉励他说:"绍辉同志,你虽然身体残废,却要求再上战场,这种不怕流血牺牲的精神是可嘉的。好吧!你去继续勇敢地战斗,争取革命战争的胜利。"彭绍辉就这样又回到了红3军团。在这年纪念"八一"建军节大会上,彭绍辉被中革军委授予二等红星奖章。

出院以后,彭绍辉对年仅16岁的警卫员沈仲文说:"你很年轻,你的任务,第一是好好学习,第二是做好保卫工作,第三才是适当照顾我的生活。"彭绍辉指着断臂幽默地对沈仲文说:"别看这边少了一个,剩下的一个还很好用,不需要你过多地照顾。"有一次在打完土豪后部队改善生活,凑巧有个老乡送来了一只鸡,说一定要让彭师长把这只鸡吃了补补身子。警卫员把做好的鸡肉送到彭绍辉跟前,他坚决拒绝,让把鸡送回去。警卫员十分尴尬,活鸡成了熟鸡,怎好送回去,便央求他吃后再把钱送去。

彭绍辉无可奈何,说:"这样吧!鸡大家分着吃,钱一定要给老乡送去!"停顿一下后,他又斩钉截铁地说:"记住!红军有三个最可耻:一是打仗怕死最可耻;二是开小差最可耻;三是违反群众纪律最可耻。"

1933年9月,蒋介石调集100万军队、200架飞机,向各红色苏区开始了空前规模的第五次"围剿",其中用于进攻中央苏区的就有50万人。红军各军团都在紧张地组织补充队伍。红3军团抽调彭绍辉前往该军团的补充区兴国县组织第2

补充师。虽然彭绍辉的伤口尚未完全愈合,但他毫不迟疑,立即由一名护士陪同,携带必备药品,赶赴兴国。彭绍辉在兴国仅工作月余,就筹组了兴国模范师,并亲自担任师长。可是该师的连、排级干部奇缺,彭绍辉立即抽调了一批优秀分子,成立教导队,亲自负责训练,解决了干部不足的问题。不久,组织上任命彭绍辉为红5军团第12军第34师师长。

但不久彭绍辉便再次负伤。在指挥建宁、泰(宁)、将(乐)之间的光明山战斗中,彭绍辉为了便于观察,站在山坡上一个较突出的高地,用望远镜注视着战斗的进展。不幸的是,一颗流弹击中了他的下颌,下颌骨被打碎。由于出血过多,彭绍辉昏迷过去了。这是他第六次负伤。住进建宁红军医院后,医生决定要动手术。可是医院手术器械非常简陋,麻醉药品很少。动手术时,彭绍辉痛得用力抠住床沿,脸上的汗珠一阵阵往外冒。但是他一声不吭,直到医生从他下颌里取出了子弹头,他没喊一声疼,被誉为"活关公"。1934年4月,彭绍辉的伤口刚刚愈合,又奉命到少共国际师(政委肖华)任师长。

长征路上能上能下,坚持原则

王明"左"倾冒险主义的盛行,博古、李德的错误指挥,导致了中央苏区第5次反"围剿"的失败。1934年10月,红一方面军开始长征。彭绍辉奉命率领第15师掩护红3军团转移。红3军团刚一行动,敌人就追上来了。为了打阻击,第15师在石城大脑寨一带摆开了战场,彭绍辉和肖华亲临前沿阵地指挥战斗,战士们英勇顽强、不怕牺牲,打退了敌人一次又一次的进攻,胜利地完成了阻击任务,然后撤出战斗。

不久,少共国际师改编为红1军团第3师,彭绍辉忙着将刚调来的新兵分补各团,并进行组织整顿。这一工作刚开始,他便匆匆忙忙跟着红1军团出发了。一路上急行军,夜行军,突破重重封锁线,士兵疲乏,减员很多,到达遵义时,这支5 000余人的部队,只剩下2 700人。

彭绍辉是一个能上能下的指挥员,只要是组织上安排的工作,他都能正确面对。在遵义会议之后,中革军委为了加强主力部队建设,将第3师分散编入第1,2师,彭绍辉调至红1军团司令部任教育科长。由于不再担任师长,彭绍辉的警卫员被调走,而他的马也死了,这给残废之身的彭绍辉带来了诸多的不便。但彭绍辉不愿向组织上诉说自己的困难,更不向任何人提起这些个人问题,仍然一如既往,积极热忱地去完成新的任务。红军第二次占领遵义后,彭绍辉被调回红3军团。彭德怀见到他后高兴地说:"你回来了好。可是没有适当的工作岗位(因彭绍辉原来任师长),你去搞教导营行不行?"彭绍辉干脆地回答:"好!只要是干革命,什么工作都行。"于是,彭绍辉愉快地当了教导营长(营政委李志民,后为黄克诚)。

同年6月,红一方面军在懋功与红四方面军会师。中共中央根据会师后的形势,确定了北上建立川陕甘根据地的战略方针。不久,中革军委决定从红一方面军抽几个当过师长的同志到四方面军工作。彭绍辉被决定派往第30军当参谋长。这位对革命工作从未讲过价钱的独臂将军,这次一反常态。彭绍辉找到军团司令部政委杨尚昆,说他听说红四方面军有残余的军阀作风,张国焘对党中央不满,不执行中央命令,自己去了也搞不好工作,因此不愿意去。杨尚昆告诉他,中央是要争取团结四方面军,革命工作需要他去。彭绍辉很快放弃了原来的想法,服从了党的安排。

到了红四方面军,彭绍辉看到了部队的一些弱点,但也看到广大指战员生活朴实、紧张,执行命令坚决,作战非常勇敢等许多优点。他决心把红1军团参谋工作的好经验带过去,团结好指战员,执行党中央的正确路线。他主动搞好同志关系,自己一个心爱的望远镜也送给了军长程世才。一个多月以后,部队对他的工作产生了良好的反映。

8月下旬,红四方面军越过草地,抵达四川西北的阿坝地区。9月,张国焘拒绝接受中央的北上方针,擅自命令左路军和右路军中的第4军、第30军重新南下过草地,说是打到芦山、天全去吃大米。张国焘还放出风声,说党中央的路线错了,要"审定"中央路线,并扬言要另立中央。彭绍辉听了,心情异常不安。一天晚上,军长和政委都到总部开会去了,他突然接到叶剑英从右路军发来的电报,大意是:关系破裂,望你们迅速赶来,跟中央北上。

彭绍辉知道事态严重,便与一些同志连夜出发,去赶中央红军。那天晚上,天色一片漆黑,伸手不见五指。走了三四个小时,彭绍辉他们到了上包座附近,被红四方面军总政委陈昌浩发现。陈昌浩将他们堵在路上,训斥了一顿。随后,陈昌浩把他们带到红四方面军总部附近的一间房子里住下。彭绍辉一连两夜睡不着觉,在床上写了一封长信,向朱德报告情况,第二天托红9军团一个同志代为转呈。不料,此信竟落到了张国焘手中。张国焘十分恼怒,派人通知彭绍辉去谈话。

彭绍辉从未见过张国焘。他刚走进屋里,看到很多人在开会,正想给朱德总司令敬礼。不料此时,坐在旁边的一位同志蓦地站起来,将彭绍辉劈头盖脸地痛骂了一顿,并严厉责问他见了张(国焘)主席为何不敬礼,为什么反对南下和反对张主席,反对成立新中央?这位同志越讲越生气,竟然掏出驳壳枪,推上子弹,把枪口顶在彭绍辉的胸膛上。在这紧急时刻,朱德几步赶上,夺过驳壳枪,厉声说道:"同志!这是党内斗争。"那位同志见朱德下了他的枪,便抢起手给了彭绍辉一个嘴巴。朱德气愤地说:"打人是不对的,这是党内斗争,应该允许同志讲话。"而张国焘则若无其事地坐在那里,一言不发。朱德又说:"这样谈话怎么行呢?"然后亲切地对彭绍辉说:"你回去吧!"彭绍辉后来回忆起这段往事时感慨地说:"我的命是朱总司令从枪口下捡的。"

不久,一批反对张国焘的同志被剥夺了对部队的指挥权,彭绍辉被调到红四方面军红军大学去当政治科长。1936 年 7 月,红四方面军与红二方面军在西康甘孜地区会合。会合后,在朱德、任弼时、贺龙、关向应、刘伯承等人的斗争和红四方面军指战员的要求下,张国焘被迫放弃他反对党中央的活动,同意与红二方面军共同北上。于是,彭绍辉又跟随部队第三次爬越雪山过草地,重新经受严寒、饥饿和死亡的考验。

同年 8 月,彭绍辉在朱德和贺龙的过问下,调任红二方面军第 6 军团任参谋长(军团长陈伯钧、政委王震)。翌年 3 月,党中央在延安做出了《关于张国焘错误的决定》。随后,红军指战员开展了反对张国焘错误的斗争。彭绍辉在红二方面军干部会上,联系自己亲身的经历,控诉了张国焘右倾退却、军阀主义、分裂党和红军的严重错误。同年 10 月,红一、二、四方面军在甘肃会宁胜利会师,彭绍辉和他的部队,结束了历时两年的长征,到达陕北。

晋西北的"铁面将军"

1937 年 5 月,彭绍辉调任红二方面军教导团团长。一天,他去看望当时任华北军大二分校训练部部长的陶汉章。陶汉章开玩笑地说:"你从 6 军团参谋长,又当教导团长了。"彭绍辉幽默地说:"都是'团'嘛!干啥都一样。"

抗日战争爆发后,红二方面军编为国民革命军第八路军第 120 师。9 月初,120 师东渡黄河,经同蒲路北进,奔赴晋西北抗日前线。彭绍辉随部出发,在山西苛岚、兴县地区整训了两期干部。1938 年底,学校随部队东进到河北的冀中地区。由于抗日游击战争的开展需要大量干部,教导团又补充了一批学生。次年初,彭绍辉率领教导团及供给、卫生两部 3 000 余人,进入晋冀边区北岳区灵寿县的陈庄,继续培训干部。1939 年 3 月,彭绍辉调任第 120 师第 358 旅旅长,回到晋西北,创建根据地。

在晋绥根据地,不但形势险恶,生活也极为艰苦。无论军队还是地方,吃穿都成了问题,到了"夏缺单衣冬缺棉,踏脚跑步来御寒,二两黑豆四两糠,土豆南瓜苦菜汤,数月不见油和盐,想吃小米难上难"的地步。面对现实,彭绍辉更多想到的是党中央。只要搞到一点粮食和钱,就送往 120 师师部再转往延安。指战员编了一段顺口溜称赞彭绍辉:"'一把手'的党性强,革命全局胸中装,教育部队紧肚肠,有粮首先送中央。"

1939 年冬至翌年春,国民党顽固派发动了第一次反共高潮。在山西西部,阎锡山集中 6 个军的兵力向晋西北、晋西南我部发起猖狂进攻。这时,120 师主力仍在冀中平原作战,358 旅的任务十分艰巨。在反顽固派斗争胜利后,贺龙率 120 师师部回到晋西北,358 旅被调到北线,改为晋绥独立 2 旅,彭绍辉仍任旅长。在北线,彭绍辉扩大部队,曾发展到 6 000 余人,辖第 714 团、警备 6 团、独立 1 团和雁北 6 支队。1940 年六七月间,独立 2 旅参加反"扫荡",九、十月间参加百团大战。11 月,晋西北成立军区和军分区,彭绍辉兼任第二军分区司令员。此后一年多时间里,彭绍辉率部进行了数次反"扫荡"战斗。

1943 年 3 月,彭绍辉调任抗大总校副校长。年底以后,他改任抗大七分校校长。彭绍辉的军事生涯似乎与军事院校有着难以割舍的缘分,被人称为"校长将军"。在七分校,彭绍辉领导着近 6 000 学员,进行打窑洞建校、学习和训练以及搞生产等项工作。在工作中他认真负责,一丝不苟。彭绍辉强调治军要从严,治校也要从严,不严就带不好部队、办不好学校。由于他对学员要求严格,人们称他为"铁面将军"。在他的领导下,七分校为抗日战争培养了数以千计的干部,受到了毛泽东的表扬。

和毛主席的难忘会面

1945 年,彭绍辉被选为"七大"代表,来到延安出席党的"七大"。开会前夕,毛泽东听说彭绍辉到了延安,就邀他见面。彭绍辉非常激动,立即前往毛泽东的枣园住地。见面后,毛泽东很高兴,用他那浓重的湖南口音首先问道:"绍辉同志,你是湘潭瓦子坪的人呀!我们是老乡啊。你是个放牛娃出身,我记得我们在老家见过面。"听到湖南话,彭绍辉感到非常亲切,他对毛主席说:"主席,是的。我第一次见你,是在1927年1月10日。那时候,你回到韶山考察农民运动。"见彭绍辉提到早年的事情,毛泽东很高兴:"呵呵,绍辉同志,你的记性不错嘛!"听到毛主席的表扬,彭绍辉略显羞涩:"主席,那时候能见到你不容易。这样的好日子是不会忘记的。再说,主席不瞒你说,我有个习惯,每天都记日记。"听到这里,毛泽东很是欣赏:"你这个习惯好,将来革命成功后,你这些日记本都要献给新中国。"接着,毛泽东又问了抗大分校的一些情况,彭绍辉详尽地做了汇报。

尔后,彭绍辉介绍了抗大七分校的情况,说该校是陕甘宁晋绥、晋察冀和太行3个单位抽人组建起来的,编为3个大队,共有3 000多人,教职员工700余人。听到这里,毛泽东饶有兴趣地说:"孔夫子是'弟子三千,七十二贤人',你比孔夫子还高明啊!"毛泽东接着问:"学校是怎么办起来的?"彭绍辉回答:"领了30万边区银行的票子,1 000把锄头、2 000把镰刀,开赴豹子川、平定川、大风川扎下营来,就这样学校就办了起来。响应主席的号召:组织起来,自己动手,开荒生产,丰衣足食,积蓄力量,准备胜利。"毛泽东笑了:"哦,我这几句话成了你们的办校方针啦!"彭绍辉说:"是啊!我们上的第一课是搭茅棚;第二课是挖窑洞;第三课是开荒;第四课是播种、修理房屋。"

毛泽东对于办校的细节很感兴趣:"你们哪里来的木料呀!"彭绍辉介绍说:"那里是原始森林,不愁没有树木。主席,那里青山绿水,景色很美啊!"毛泽东说:"不过,你们要注意砍树时要有计划,不要砍出一片沙漠来。"彭绍辉说:"请主席放心,我们要求是砍一棵树,栽两棵树。"彭绍辉继续汇报:"第五课是组织起来生产,自力更生,丰衣足食;第六课是锄草;第七课,秋收。现在已开荒七八千亩。"

毛泽东听到这里插话问道:"你们这么多的地是怎么开的?"彭绍辉说:"把茅草烧掉,然后就开荒。"毛泽东风趣地说:"你还是刀耕火种啊!秋收以后搞些什么呀!"彭绍辉回答道:"秋收以后,也就是第八课,准备烧木炭,自己挖土窑,砍伐干木头,木头烧出来就成木炭,准备过冬;第九课就是冬季练兵。"

毛泽东问:"冬季练什么?"彭绍辉详尽做了回答。毛泽东满意地点点头,又关心地问修了多少窑洞?彭绍辉回答说,有1 000多个。毛泽东又问,桌椅板凳是怎么搞出来的？彭绍辉告诉毛泽东，7分校有个副校长是木工出身，他把木工组织起来做。接着，彭绍辉还讲到开了3个铁工厂，在陇东一带收集破钢烂铁，组织了些会打铁的，打了几千把锄头、镰刀；那里还有油漆树，自己做木器，涂上油漆，又结实又美观。

毛泽东听后，十分满意地夸道，你这个学校真是个好学校，又挖窑洞，又开荒，还有铁匠铺，七十二行的状元都被你拉过去了。你那里还有什么？彭绍辉答道："还有很多基层干部，最大的不超过二十五岁，最小的十五六岁，大多数是二十岁左右。"

毛泽东听后赞扬说，这些年轻人经过教育和锻炼后，力量大得很哪！战争时用起来，就是一支强大的生力军啊！你们办校最主要的要抓好政治教育和军事训练这两门课，这两门课不及格，其他一切都等于零。

吕梁山上的彭司令

抗日战争胜利后的1946年5月，彭绍辉调任晋绥吕梁军区代司令员。吕梁地区东临同蒲铁路与敌对垒，西临黄河与陕甘宁边区隔水相依，北起静乐、忻县，南至河津、稷山。它是陕甘宁边区东面的屏障，晋绥军区南面的门户和兵员给养的重要补给地，又是各个解放区与党中央的所在地延安进行联系的交通要道，战略地位十分重要。

彭绍辉一到职，顾不得休息，抓紧时间了解敌我情况，加强部队训练，打击国民党军的侵犯。同时，他还同国民党军队进行局部停战谈判，揭露国民党发动内战的阴谋。6月间，蒋介石悍然撕毁停战协定和政协协议，大举围攻我中原解放区。随后，阎锡山也破坏在太原举行的和谈，调兵遣将，向晋中根据地发起进攻。

为了捍卫陕甘宁边区，肃清盘踞在吕梁山区的敌人，从1946年秋到1948年夏，彭绍辉参加指挥了晋西南、汾孝、吉乡、兑九峪、神堂底等战役、战斗数十次，毙、伤、俘敌数万人，先后解放了永和、大宁、隰县、交城、中阳等城镇三十余座，缴获大批武器、弹药等军用物资，生擒了敌晋西上将总指挥杨澄源、少将参谋长胡芬珍、敌第55师少将副师长张居乾和阎锡山第八行政公署专员孙海丕、敌"同志会"分会主任段书田等，毙敌少将师长侯俊福，在七百里吕梁山区和晋中平川西部广大地区，消灭了阎锡山的反动势力，使数百万人民获得解放。同时，彭绍辉还与其他将领共同指挥太行、太岳、8 纵、13 纵和西北 2 纵等部,取得了临汾、晋西南两战役的胜利,后来又指挥吕梁部队取得了晋中战役的胜利,为解放太原创造了有利条件。

从坚持晋西北抗日战争,到解放战争时期在吕梁山区同国民党阎锡山军的作战,环境都非常恶劣,指战员经常风餐露宿,生活十分艰苦。彭绍辉始终保持着艰苦奋斗的优良作风,从不搞特殊化。有时警卫员让炊事班烙点白面饼子,给他行军时当干粮,他不许,仍和战士一样吃杂粮炒面和小米饭锅巴。彭绍辉的衣服和鞋子破了,供给部要给他发新的,他总是说:"还能凑合着穿嘛! 有几个窟窿,也比长征时穿的衣服、草鞋好得多啦!"1946 年秋,军区派一个科长随同部队护送蔡畅过同蒲路封锁线去东北。途中,蔡畅让捎话给罗贵波等同志,要他们从生活上照顾好彭绍辉,保证他的健康。后来,组织上决定发给彭绍辉一点营养补助费,几次派人送去,他都婉言谢绝。彭绍辉常说:"现在是战争环境,我们吃、穿、用都要想到人民。只要做到这一点,就不觉得我们自己艰苦了。"

1948 年 8 月,晋绥吕梁军区的部队改编为西北野战军第 7 纵队。翌年 1 月,第 7 纵队又改为第 7 军。彭绍辉先后担任纵队司令员和军长,率部参加解放太原的战斗,随后转战西北战场,参加扶眉战役,解放甘肃天水市,进军陇南,之后参加解放成都地区的作战。

彭绍辉识大体,顾大局,勇挑重担,常把困难留给自己。1947 年 2 月,第二次占领山西文水县城后,敌人仓库里尚存有许多粮食。这时部队正缺粮,有的同志筹划运一些粮食出城,以解决本部队的吃粮困难。彭绍辉得知后,在大会上严肃地批评说:"这是我军纪律所不允许的。决不允许

1955 年授衔时候的彭绍辉上将

因小公而损大公,顾小局而失大体。"虽然彭绍辉声色俱厉,但大家听了心里都很服气。在吕梁军区刚改编为第 7 纵队、准备执行解放太原的作战任务时,中央军委决定组建晋中军区,把第 7 纵队的政委、参谋长、政治部主任、供给部长、卫生部长等领导干部和三分之一的机关干部都抽调走了。这时纵队领导只有彭绍辉一

个人(后来才调来政委孙志远和政治部主任黄忠学),担子很重,但彭绍辉从不向上级叫苦,而是顾全大局,服从组织决定,把困难留给自己。他的模范行动带动了全体留下的干部,大家安心工作,克服困难,保证了作战任务的完成。

新中国成立后,彭绍辉先后担任了西北军区副司令员兼参谋长、第一高级步兵学校校长、训练总监部副部长兼条令部长、军事科学院副院长兼战术研究部部长、中国人民解放军副总参谋长等职。在这些岗位上,彭绍辉把培养和造就干部作为继承和发扬光荣传统,搞好部队现代化建设的一件大事来抓,为军队的建设做了大量的工作。1969 年起,彭绍辉任中共中央军委委员。彭绍辉是中共第九、十、十一届中央委员,第一、二、三、四届全国人大常委会委员,第一、二、三届国防委员会委员。

1978 年 4 月 25 日,彭绍辉的病情突然恶化,不幸去世,享年 72 岁。

贺炳炎（1913—1960）

屡建奇功的独臂上将贺炳炎

1955 年，年仅 42 岁的贺炳炎被授予上将军衔。贺炳炎为中国人民解放事业南征北战，出生入死，先后 11 次负伤，负伤达 16 处，并失去了右臂。贺炳炎是中国人民解放军第 1 军的首任军长，有人称第 1 军为"天下第一军"，也有人称贺炳炎为"天下第一军军长"。1960 年 7 月 1 日，时任成都军区司令员的贺炳炎因工作劳累，疾病突发而逝世，一颗耀眼的将星过早地陨落了。时任总政治部主任的谭政大将敬献挽联："身经百战常忘我，一片丹心为人民！"2005 年 9 月 3 日，新华社"永远的丰碑"以"'独臂将军'建奇功"为题，介绍了贺炳炎将军的丰功伟绩。

一个人抓住敌人 47 个俘虏

1913 年 12 月，贺炳炎出生于湖北省宜都县江家湾村的一个贫苦农家。他秉性刚烈，每遇贫家小孩受欺，他总要挥拳相助，打抱不平，致使江家湾等地的纨绔子弟都惧怕他这个"贺幺娃"三分。1928 年秋，贺炳炎的父亲贺学文参加了红军。1929 年春，贺龙率领的红军部队到宜都一带打游击，贺学文随队回到家乡。贺炳炎很想参加红军，但他知道自己年龄小，红军可能不会要自己，就主动要求做马倌。但他还没有马背高，红军战士们都善意地劝他回去，等将来长大了再来吧。但贺炳炎的倔脾气上来了，无论如何也不肯离开。

这时，贺学文匆忙赶来要求贺炳炎回家去。可贺炳炎抱住部队大院里的一棵大松树，无论如何也不肯松手。正在僵持之际，贺龙走过来，微笑着摸着贺炳炎的头说:"人还没有枪高,长得像个瘦猴子,志气倒蛮大的嘛。好吧,你就到宣传队去提糨糊桶子吧。"这样,贺炳炎也参加了红军,父子同为红军战士。参军后,贺炳炎随红军转战各地,战斗异常勇敢,同年6月就加入中国共产党。入党后,贺炳炎战斗意志更加坚定,成长迅速,在短短的两年中,先后由战士升为班长、排长、骑兵连长兼政治指导员。

与许世友一样,贺炳炎也是红军中有名的武将。9岁时,贺炳炎曾上武当山学玄虚刀法。由于常练不辍,他的刀法日臻纯熟。贺炳炎的个子虽然不高,但却长得虎背熊腰,十分强健。贺炳炎一生南征北战,共负伤11次,身上留有16处伤痕。他常说:"我总能大难不死,一来运气好,二来就靠我这身功夫。你们要是上武当山学上几年,保管也没事。"

1930年7月下旬的一天,贺龙率领的红军在湖北潜江浩子口同国民党军队遭遇,发生激战。战斗从清晨打响,战至午时,达到白热化状态。为了尽快结束战斗,贺龙决定在敌人精疲力竭时把预备队红6师调上去,从侧后狠狠打击负隅顽抗的敌人。贺龙于是冲警卫班长贺炳炎喊:"快,传达我的命令,让红6师上!""是,保证完成任务!"贺炳炎如同离弦之箭,撒腿便跑。红6师投入战斗后,敌人腹背受击,丢盔弃甲,抱头鼠窜,浩子口战斗很快胜利结束。战斗结束后,大家却迟迟不见贺炳炎回来。贺龙闻讯后对警卫连长说:"快,多派几个人去战场上找,顺红6师攻击的路线找!这小鬼想打仗都想疯了,可能跑到战斗部队里了。"

原来,贺炳炎送完信后途经红6师阵地时,看到战友们打得热火朝天,心里痒得慌,顺手从地上捡起一颗手榴弹朝敌人投过去,几个敌军士兵顿时东倒西歪。这时冲锋号响了,红军战士像老虎下山一样呼喊着冲入敌群。贺炳炎看得眼馋,想随战友冲上去过一把瘾,但自己的任务是传达完命令就回去保卫首长,于是打消了参加战斗的念头,捡起几颗手榴弹往腰里一插,提着驳壳枪按小路朝回赶。

贺炳炎匆匆地刚走下一个土坡,不禁惊叫一声,险些和几十名溜出包围圈的敌人碰个满怀。他急忙闪身躲到一棵大树后。敌人急于奔命,没发现有人,只是狼狈地向芦苇荡里钻。贺炳炎想,这芦苇荡一望无垠,一旦敌人跑进去后,就很难再抓住他们,决不能让敌人漏网。贺炳炎当机立断,纵身从树后跳出,挡住了敌人的去路,并高喊:"缴枪不杀,红军优待俘虏!"敌军士兵刚逃出红军的包围圈,早已吓得魂飞魄散,听了贺炳炎的喝令,不禁都怔住了,呆呆地站在那里。不等敌人反应过来,贺炳炎指着前面的一个干涸水塘大声说:"把枪放在塘埂上,都进塘里去,快!"俘房中有个军官向四周扫了几眼,发现红军战士仅贺炳炎一个人,便突然朝贺炳炎开枪。不料贺炳炎出手比他更快,抢先一枪击毙了他,几个敌军士兵乘机准备逃跑。贺炳炎乘势掷出一颗手榴弹,三四个逃跑的敌人被炸得血肉横飞。余下的敌人听到爆炸声,赶忙卧倒,趴在地上不敢动弹了。"起来,都到塘里去!快!"贺炳炎趁着敌人慌乱,又从腰间拔出一颗手榴弹,以此来威慑敌人。在贺炳炎的威胁下,敌人乖乖放下武器,举起双手,耷拉着脑袋,挤到干涸的水塘中。

贺炳炎清点了站在塘里的白军,一共是47人。怎么把这许多俘房押回部队呢,贺炳炎急得抓耳挠腮。忽然,他想起老战士瓦解敌人的做法,于是扯起嗓子,学着贺老总作报告的样子喊道:"蒋军兄弟们!你们有许多人都是穷人,穷得叮当响,吃不上饭,穿不上衣,才被迫当兵的……"敌人顺从地按照贺炳炎的摆布,三人一排地站好队,朝红军驻地走去。"贺炳炎回来了,还带着几十号子俘房哩!"红军队伍里传开了。贺龙闻讯跑了出来,看看贺炳炎,又看看他押着的俘房,赞叹地说:"有种,好样的!"

不久,贺炳炎被组织选送到洪湖军校受训。在受训期间,他担任了区队长。6月初,川军乘洪湖红军主力开赴襄北作战,兵分三路向洪湖苏区奔袭。川军21军范绍增师仗着人多势众、装备优良,大摇大摆地向湘鄂西中央分局及湘鄂西苏区革命军事委员会所在地陈陀子口压过来。为了保卫湘鄂西领导机关,洪湖军校学员奉命参战。

贺炳炎见参战的学员人多枪少,就主动把自己的枪让给别的学员用,他跑到炊事班,操起一把菜刀在空中一挥,大声喊道:"学员们,跟我来!"贺炳炎突入敌阵,一阵砍杀,使得靠近他的几个敌人还没反应过来,就沦为刀下之鬼。接着,他又顺势捡起敌军的枪支,勇猛地向敌人射击。军校学员初生牛犊不怕虎,越战越猛,锐不可当,川军溃不成军,仓皇撤退。战斗结束,贺炳炎的英雄行为轰动军校。洪湖学校给予贺炳炎嘉奖,说他"胆大顽强";学员们称赞他,喊他"贺小龙"。听到这个称呼后,贺炳炎感慨地说:"谢谢大家送我的好绰号。和总指挥比我不敢,学总指挥为中国人民的解放事业奋斗一辈子,却是我的座右铭。"

共产党员中的"当代关云长"

1934年10月25日,红3军与红6军会师后,红3军恢复了红二军团番号,组成红二军团、红六军团总指挥部。贺炳炎任红二军团6师18团团长,余秋里任团政委。

在一次战斗中,红军骑兵大队缴获了一批战马后,贺炳炎带队从一座城中撤退。出城后,贺炳炎清点人数,发现少了一名司务长,便立即上马回城寻找。这时,敌军已进城。贺炳炎飞马过街穿巷,见司务长在一个店铺前购物,便俯身将其抓起,放在马上,飞奔出城。这时,惊慌的敌人反应过来,纷纷拦截贺炳炎。贺炳炎挥舞大刀奋勇砍杀,所向披靡,终于杀出重围。此后贺炳炎名声大振,被大家称为"红军中的赵子龙"。

1935年11月19日,红二、红六军团在任弼时、贺龙等率领下从湖南桑植出发,开始长征,贺炳炎时任红5师师长。长征途中,红二、红六军团在抵达洞口县瓦塘屋时,遭到了国民党军队的顽强阻击。为了打开通道,红二军团第4师首先投入战斗,战斗十分激烈。由于4师减员严重,处于被动局面,形势十分危急。在紧急关头,贺龙和关向应决定调贺炳炎的红5师火速驰援,从左翼发起进攻,啃掉敌人这块硬骨头。贺炳炎深知此役关乎红二、红六军团的生死存亡,接到命令后立即组织发起全线冲锋。战斗中,他不顾警卫员的劝阻,亲自操起一挺机关枪冲锋在第一线。这一役,敌军全线崩溃,红二、红六军团顺利地扫清了障碍。然而,贺炳炎却在战斗中被一发炮弹炸断了右臂。

这次负伤是贺炳炎一生中11次负伤中最重的一次。战斗结束时,贺炳炎被抬到了总指挥部的战地卫生所。卫生部长贺彪一看,不由得倒吸一口凉气——伤口血流不止,右臂只余下一点点皮连着。更要命的是,贺炳炎还患有严重的急性肺气肿,如果不马上实施截肢手术,很快就会有生命危险。可是部队正在长征途中,既没有必需的药品,也没有必需的工具,到底怎么办呢?为了挽救贺炳炎的生命,贺龙决定推迟部队转移时间,马上施行手术。没有手术锯,贺彪只找到了一把木工用的钢锯。没有麻醉药,有人提出用吗啡,并说多吃一些吗啡可以起麻醉作用。贺龙问贺彪:"吃吗啡有没有其他副作用?"贺彪回答说:"吃少了不管用,吃多了可能会对大脑有损伤,再一个很可能上瘾。"贺龙沉吟着自言自语地说:"我还要贺炳炎给我冲锋呢,就没有别的什么办法?"这话被从昏迷中醒过来的贺炳炎听见了,他用左手将吗啡打翻在地,说:"我不需要什么吗啡,关云长还能刮骨疗伤,何况我是共产党员!"贺彪只得将一块毛巾塞进贺炳炎嘴里,并将他绑在一张门板上。就这样,贺彪就用一只木工用的钢锯,硬是将贺炳炎重伤的右臂锯了下来。贺炳炎痛得满头大汗,毛巾被他咬得满是牙印,但他硬是忍住疼痛,没有吭一声。

手术刚结束,部队立即转移。到了宿营地,贺龙再次前来看望贺炳炎,贺炳炎的右手袖管空荡荡的,他已经成了一个残疾人。贺炳炎含着眼泪问贺龙:"老总,我还能打仗吗?"贺龙热泪盈眶:"怎么不能呢? 你不是还有左手吗? 你照样可以骑马,可以指挥打仗呀。"在贺龙的鼓励下,手术后第七天,贺炳炎就又重返前线指挥战斗。贺龙从贺彪那里要来了两块手术中锯下的贺炳炎的骨头,用红绸小心地包好。此后,贺龙曾经多次打开这个红绸小包,饱含深情地对人说:"看啊,这就是贺炳炎的骨头啊。"

时任红6师18团政委的余秋里,得知贺炳炎失去了右臂,心里格外沉痛。因为贺炳炎曾是红8团的老团长。但更为意外的是,在贺炳炎断臂3个月后,余秋里也失去了左臂,两位老战友都成了"独臂将军"。红军三大主力在会宁会师后,贺炳炎因左臂内尚有一粒子弹未取出,伤着神经,被送到西安广仁医院治疗。

"一把手"部队

1937年7月7日抗日战争全面爆发后,贺炳炎顾不得伤病痊愈,毅然返回部队,担任由红6师改编的八路军第120师716团团长。不久,贺炳炎率部挺进到同蒲路北段的宁武、神地、朔县一带,发动群众,进行抗日游击战争。1938年10月,八路军总部宣布组建第120师第3支队,贺炳炎任支队司令员,原120师干部大队政治委员余秋里任支队政治委员。随后,贺、余率队到大清河北岸进行巩固和扩大根据地的工作。仅几个月时间,第3支队由原来的304人扩充为3个团和3个独立营,近5 000余人,打退了日军多次"扫荡"。同年冬,贺炳炎又率支队进入冀中,先后进行了莲子口、北板桥等战斗,粉碎了日军的3路合围。

与贺炳炎长期搭档的老战友余秋里,也是一员著名的独臂战将。在战斗中,贺炳炎、余秋里总是并肩出现在战斗最激烈的地方,贺炳炎在左,余秋里在右,宛若两尊铮铮铁塔。目睹着自己的指挥员指挥若定的风采,战士们浑身就增添了无穷的力量。他们从心底里敬佩自己的首长:"司令和政委,一个有左手,一个有右手,两个'一把手'配合在一起,简直就像一个人一样呢!"他们两人在一起时,两人长期合戴一双手套,群众为此亲切地称他们领导的部队为"一把手部队"。贺龙曾当着吕正操的面眉飞色舞地赞扬说:"贺炳炎、余秋里两个人都只有一只胳膊,刚来冀中时没有几个人,可是他们东一搞西一搞,就搞出个队伍来了。这个队伍仗打得很硬嘛。敌人一听见'一把手'的队伍来了,离老远就吓得溜掉了。"

1940 年 5 月,贺炳炎、余秋里奉命率支队从晋察冀根据地返回晋西北,参加百团大战。百团大战后,贺炳炎升任 358 旅副旅长。1941 年春,贺炳炎赴延安军事学院学习,1942 年 5 月转入中央党校学习,参加延安整风,并当选为中共"七大"代表。

1945 年,中共"七大"在延安召开。休会期间,毛泽东到驻地看望参加"七大"的代表。走到贺炳炎面前时,贺炳炎激动地站起身,用左手向毛泽东行了一个军礼。毛泽东连忙握住他的左手,亲切地说:"贺炳炎同志,你是独臂将军嘛!不用这样敬礼。从今往后免掉你这份礼吧!"贺炳炎说:"主席,我还有一只手,我还能够冲杀!"毛泽东把他的手握得更紧了,又拉他在自己身边坐下:"中国从古到今,有几个独臂将军?旧时代是没有的,只有我们红军部队,才能培育出这种独特的人才!等革命胜利了,你还要用一只手建设新中国呢!"面对毛主席的表扬,贺炳炎忐忑不安地说:"可我是个穷矿工的儿子,从小放牛打铁,什么也不懂!"毛泽东很满意贺炳炎的谦逊态度,热情地鼓励他说:"会指挥千军万马消灭敌人,也算是人才嘛!你打仗勇敢,有办法,就叫军事人才。至于不懂的事情,可以学嘛!""是,我一定好好学!"贺炳炎起立,用左手敬了个军礼。

将星陨落榕城

1947 年初,贺炳炎任西北野战军一纵司令员,廖汉生任政治委员。随后,他率队参加指挥了保卫延安的战斗,参与了青化砭、羊马河、蟠龙、沙家店等战役、战斗的组织指挥工作。1949 年 1 月,根据中央军委的命令,西北野战军第一纵队改称中国人民解放军第 1 军,贺炳炎任军长,廖汉生任政委。在贺炳炎等的率领下,第 1 军连克三原、岐山等县,歼国民党军第 57 军 1 万余人。接着,第 1 军攻克陇县,随后进军青海,1949 年 9 月 5 日,第 1 军进占西宁,青海全省解放。进占西宁后,贺炳炎兼任青海军区司令员。

1952 年,贺炳炎调任西南军区副司令员兼四川省军区司令员和中共四川省委常委、四川省体育运动委员会主任。1954 年 9 月,贺炳炎当选为第一届全国人民代表大会代表,并被任命为国防委员会委员。1955年3月,任成都军区司令员兼四川军区司令员。同年9月,贺炳炎被授予上将军衔,荣获一级八一勋章、一级独立自由勋章、一级解放勋章。1956年9月,贺炳炎当选为中共"八大"代表。1959年4月,贺炳炎当选政协第三届全国委员会常务委员。

新中国成立后,贺炳炎的地位高了,生活条件好了,但联系群众、艰苦朴素的作风在他的身上丝毫没变。与许世友一样,贺炳炎特别喜爱和战士们一起谈武论道。在战士们的要求下,贺炳炎还能即兴演练自己独创的"独臂拳"。只见他的左臂上下翻飞,刚猛有力,赢得战士们的一片喝彩之声。

新中国成立后,贺炳炎的身体一直不好,不得不长期治疗。1960年4月,在战争年代留下的伤病使他的身体几乎要垮掉了,但他仍坚持参加全国政协和人大的会议,直至会议中途病情加重,被送进医院。6月26日,他的高血压及动脉硬化症加重,生命垂危,住院进行紧急抢救。6月30日,在昏迷了三天三夜后,他又奇迹般地醒来,第一句话就是把军区后勤部长冯丕成找来,询问部队营房建设情况。贺炳炎用微弱的话语说:"找你来,是要你把这些工作尽快落实,我是不行了,等我死后,那些先见马克思的同志们问我:'贺炳炎,革命成功了,你掌权了,你为大家做了些什么好事呢?'我说:'我的部下还没房子住呢。'难道我能就这样去见我的老战友们吗?"不料,这竟成了贺炳炎的遗言。谈起贺司令员,冯丕成哽咽了,他对战友们说:"我是贺司令生前最后一个受接见的人,我亲眼看见他是苦死累死的⋯⋯"

贺炳炎病逝后,家属曾想把他送回老家安葬,但成都的老战友们都不同意,他们建议最好还是葬在成都,以便清明节时,老战友和老部下有机会去看看他。家属同意了战友们的请求,把贺炳炎葬在了成都。7月5日,成都军区在成都举行贺炳炎公祭仪式,20万军民冒雨云集北较场为他送行。解放军总政治部主任谭政大将在挽联中写道:"身经百战常忘我,一片丹心为人民!"代表党中央和中央军委专程从北京赶到成都吊唁的余秋里将军扶柩痛哭:"老战友啊,老战友,你心里时刻装着革命,装着党,装着人民,偏偏没有装上你自己!"贺龙元帅亲笔书写挽联:"卓越功勋传千秋,革命精神永长存!"

鲜为人知的独目上将周纯全

在 57 位开国上将中,周纯全属于较少为一般民众所知晓的人物。而在红军时期,周纯全是一位赫赫有名的人物。他曾任红四方面军总政治部主任、中国工农红军总政治部副主任,是红四方面军中的高级将领。作为一员猛将,周纯全作战勇敢,右眼在战斗中受伤失明,成为独目将军。新中国成立后,这位独目上将长期在军事后勤战线工作,为党的事业做出了积极的贡献。2007 年"八一"前夕,经中央军委批准出版了《中国人民解放军高级将领传》,战功卓著的周纯全名列其中。

周纯全(1905—1985)

工人运动的积极分子

周纯全,1905 年 10 月出生在湖北省黄安(今红安)县八里湾附近的雷家田村。这是一个偏僻的小村庄,村里只有六户周姓人家。六家中数周纯全家最为贫寒,无田无地,父亲早年去世,遗下母亲、两个弟弟和一个妹妹。周纯全排行老大,为了挑起家庭生活的重担,14 岁时他就只身到武汉谋生,先是在茶楼做杂役,不到 16 岁就进了汉口惠工织布厂当工人。

1923 年前后,中国共产党在武汉的影响日益扩大,周纯全开始接受进步思想,积极参加党领导的工人运动。这一年,惠工织布厂的工人开展增资罢工斗争,他自告奋勇参加了纠察队,把守厂门。罢工期间,有几个纠察来抓他,他凭着身强力壮,还会打一手好拳,一下子就打倒了 3 个警察,吓得其他几个也不敢再来抓他了。由于工人们团结一心,资本家被迫答应提高工资。罢工胜利后,周纯全没有忘记京汉铁路的阶级兄弟,又投身到组织"二七"后援会的工作中。他为坚持斗争的工人兄弟和死难者的家属东奔西走,筹粮措款,受到工人、群众的信任和爱戴,后来被工人们推选为"二七"后援会负责人。在不断发展的工人运动和大革命即将到来之际,周纯全和党组织有了接触。

1925 年春,周纯全到了家乡,在八里湾南门庙高小当校工。这所学堂有教师10 多人,学生 200 余名,董必武任该校名誉校长。他经常到八里湾指导开展地下革命工作,学校中好几名教师都是黄安早期农民运动的骨干。董必武对斗争热情高的周纯全非常关心,常给他讲革命道理,帮助他提高文化水平。在董必武等人的帮助下,周纯全阅读了一些政治书籍,开始树立解放工农、实现共产主义的理想。他积极为党工作,董必武等人开会的时候,他就放哨警戒,还帮助传递文件。1926 年 11 月,周纯全加入了中国共产党,不久担任特别交通,经常往来于"武昌中央农民运动讲习所"与黄安县和大别山其他一些地区,出色完成了许多任务。

1927 年春,黄安县农民运动在党的领导下风起云涌,周纯全不辞劳苦,白天黑夜走村串户,和贫苦农民交朋友,向农友群众宣传革命道理。广大贫苦农民开始觉醒,八里湾的农民协会像雨后春笋一样建立起来。沉睡的山乡沸腾了。农民们高举着农会的大旗,拿着大刀、梭镖,涌向四乡游行,"打倒帝国主义列强""打倒土豪劣绅"的口号震天动地,吓得地主豪绅惊恐不安。为了替贫苦农民申冤,周纯全和其他农会负责人将八里湾一个大恶霸捕押县城,同另几个劣绅一起镇压。这件事极大地鼓舞了农民的斗志,震动了鄂东地区,有力地推动了农民运动的发展。

创建鄂豫皖根据地,出生入死做贡献

1927 年 10 月,威震武汉、上海反动营垒的"黄麻起义"爆发了。周纯全积极参与了暴动前的筹备组织工作,并出席了黄麻两县党团骨干在七里坪举行的重要会议。在攻打黄安县城的战斗中,周纯全指挥一路农民自卫军,冒着敌人的枪林弹雨攻入黄安城中,接着又迂回到敌人一翼,挡住敌人的退路,对活捉伪警长、歼灭守敌起了关键作用。县城解放后,起义部队宣布成立县农民政府,周纯全当选政府候补委员。不久党派他到人民革命军第一路军当向导员,主要任务是带路打土豪。

黄安县城被克后,武汉反动当局急忙抽调一个精锐的骑兵师进攻黄安。起义部队进行了浴血奋战,"黄麻起义"的主要领导人之一、第一路军司令潘忠汝和党代表战死在东门。周纯全带领剩下的部队冲出南门,到七里岗会合人民革命军第二路军一起撤到龙王山上。

起义失败后,党组织派周纯全去汉口找湖北省委。到了汉口,省委机关已被破坏,路上又被叛徒发现,他急忙离开汉口,回来找部队。但部队也分散了。后来几经辗转,他到信阳和组织接上了关系。由于周纯全参加过工人运动和"农暴",党决定他担任京汉南段特委兼信阳县委书记,恢复几经破坏的地下党组织。当时白色恐怖非常严重,他留着胡须,一天要化装几次,在敌特叛的跟踪和搜捕中神出鬼没。由于敌人重兵包围封锁,大别山区的游击战争相当困难,经费和枪支弹药极为缺乏。党要周纯全筹集经费和武器。

周纯全和另外两个同志多方侦察敌情,制订了周密的行动方案。当时在信阳敌警备司令部旁边有个银行,因为靠近敌司令部,戒备很松,银库没人站岗。周纯全手中没有武器,但他想了一个办法,让那位同志把两块青砖研磨成手榴弹的样子,在一个漆黑的夜晚,带上两枚"手榴弹"翻墙进入银行院中,设法"炸"开银库的闸。一进门,他就把"手榴弹"高高地举起来,顿时把看管人员吓得跪地求饶,很快从银库中取走700块银洋和2 000个多铜板。不久,他们又用同样的办法将郊区一个老财主钱庄中的300块银洋取走。在开展地下斗争时,虽然生活非常困苦,但周纯全筹到的这大笔钱款,却分毫不动,全部上交给党。后来他们又了解到城里敌军司令部有个护兵,每天带着手枪到一条巷子的住家中饮酒作乐。在掌握敌卫兵活动规律后,周纯全在夜色中隐蔽起来,另两个同志在附近放哨。当那个敌卫兵从取乐的地方摇摇晃晃走出来,身材魁梧的周纯全突然扑向敌人,趁他没有清醒之时,顺手把枪夺下来,然后飞快地消失在黑暗中。

党组织根据周纯全对武汉地区比较熟悉的情况,又指示他到汉阳兵工厂利用关系购买了30多支枪和一批弹药。但如何把这批武器运到大别山,却是个大问题。所有的道路上,布满了国民党的军警宪特,盘查非常严密,过去向山里运送物资都受到损失,还牺牲了许多同志。周纯全曾为这件事整天闷闷不乐。后来他与武汉地下党取得联系,想出一条运武器的办法。他们买了一口棺材,把武器弹药装进去,棺材上贴着金色的寿字,绑着一只大红公鸡,由几个党员抬着,另一些人化装成办丧事的亲属,哀声痛哭,跟着棺材出了武汉。路途中,周纯全机警灵活,沉着地应付了几道城镇关卡敌人的盘查,使这批武器弹药安全地运到了大别山。后来鄂豫皖根据地表彰了他的事迹,巧运武器进红区的故事曾在鄂豫皖广泛流传,成为佳话。

1928年5月,周纯全调任鄂东特委兼黄安县委常委,当年秋任安南(黄安南部)办事处主任、特务队党代表。办事处指挥两支赤卫队和一个特务队,任务是筹措部队经费和武器弹药,发动群众开展"五抗"(抗粮、抗租、抗捐、抗税、抗债),打击土豪劣绅。当时,一些土豪勾结民团武装,疯狂地对参加"黄麻起义"的农民及亲属进行阶级报复,安南地区的农民运动一时低落,不少农民赤卫队散了伙。有个恶霸地主,他有十余名如狼似虎的家丁。这家伙依仗自己担任民团头目,欺压百姓,横行乡里。他曾枪杀交不起租的佃户,还把抓到的游击队员用绳子捆住,让狗腿子用皮鞭棍棒活活打死。人民群众对他恨之入骨。有一次,游击队向他筹款,他假装满口答应,暗中调集保安队设下埋伏。周纯全发现后,立即指挥游击队冲出埋伏圈。

为了打击反动势力的嚣张气焰,周纯全带领游击队袭击了这个恶霸的家。他们通过内线,让一个长工悄悄地把院门打开,游击队冲进院子,抓住这个恶霸,把他押到一座石头山上,宣布他的罪恶,接着就地正法。当公布这个恶霸罪行的告示贴出来之后,民心大快,许多乡亲都称赞"纯全立了大功,给老百姓报了仇"。不久,这一带的农民协会、赤卫队都很快恢复和发展起来。

1929年5月1日,鄂豫边革命委员会宣布成立鄂豫边总工会筹委会,周纯全任委员长。1931年,鄂豫皖省委成立,周纯全当选省委常委。在省苏维埃第一次代表大会上,他还被任命为省苏维埃保卫局长兼鄂豫皖苏区游击总司令。在创建鄂豫皖根据地的斗争中,周纯全参与领导了组织群众、武装群众、广泛地开展群众性游击战争等方面的工作,对鄂豫皖苏区取得三次反"围剿"的胜利做出了积极贡献。

转战川陕,屡建战功

1932年6月,蒋介石亲自坐镇武汉,指挥卫立煌的部队向鄂豫皖苏区发动第四次"围剿"。周纯全指挥各地的游击队经常乘敌不备,到处袭击敌人,使国民党军遭到很大伤亡。后来因为红四方面军主力部队十师政委甘济时牺牲,周纯全调十师任政委。在七里坪遭遇战中,他与师长王宏坤带领部队和敌人整整打了一天,双方多次进行肉搏战。战斗中,敌人的子弹把周纯全的帽子打掉了,额头上一块皮肤也被烧焦,但他毫不在乎,沉着地指挥部队,掩护方面军总部甩开敌人的追击。

为了避免在不利的条件下与敌人作战,保存红四方面军的有生力量,中央分局黄柴畈会议决定,红四方面军撤出鄂豫皖根据地,实行战略转移。当部队越过平汉线向西行军时,在湖北枣阳一带遭到敌人围追堵截。这个地区北面和东面是黄柏山,西面和南面是汉江,回旋余地很小。敌人7个师从四面八方围过来,枣阳和新集附近的好几个高地都被敌人抢占。激战中,师长王宏坤负重伤,师领导只剩下周纯全一人。有一次敌人已冲到红四方面军总部机关前,周纯全当机立断,带领28团、30团的干部组成突击队,与敌展开肉搏,终于打垮了敌人两个团,缴枪上千支,从包围中杀出一条血路,掩护总部安全迅速地向西北方向转移。

周纯全不仅英勇善战,指挥果断,而且还善于用自己的模范行动影响部队,带动部队树立顽强的战斗作风。在向川北进军途中,部队路过汉江,时值2月中旬,天气寒冷,江水刺骨,江上无船摆渡,敌人又在后面追击,情况十分紧急。周纯全站在部队前列做了政治动员,生动具体地讲明红军的处境和地位,指出建立川北根据地的重大意义。然后他第一个带头脱下衣服,跳入冰冷的汉江,涉水抢渡。他的话和实际行动非常起作用,战士们很快跟在他的后面涉水渡江,甩开敌人的追击。

在艰苦的战争环境中,周纯全和战士同甘共苦。1932年11月间,部队进入陕西商洛地区,这时天气已经寒冷,干部战士仍穿着单衣行军作战。周纯全也和大家一样,他自己穿的鞋子已经破了,但还是将警卫员为他保留的唯一一双布鞋送给一个光着脚的战士,而他的脚却被磨烂出血。有一天,他的脚烂得实在走不动路了,就让警卫员找来几块破布,加上稻草,将双脚包住,用草绑紧,坚持行了两天军,走了200里路。一路上他和干部战士讲笑话,没叫一声苦。在以后的长征途中,他的牲口基本上是驮着病号、枪支、背包等物品,很少见他骑在上面。战士们都说:"我们政委的马充公了。"

川陕革命根据地时期的反"六路围攻",是红四方面军战史上一次大规模反"围剿"的作战。在徐向前的指挥下,周纯全担任东线左翼作战部队(包括4军大部、33军全部和30军265团)的指挥任务。他坚决执行"收缩阵地,诱敌深入"的方针,在宣汉、老君场、大竹、杨柳关、井溪坝等地,多次击退敌人的疯狂进攻,消灭了大量敌人,为方面军主力的反攻和夺取反"六路围攻"的辉煌胜利创造了条件。

在反"六路围攻"中,周纯全负伤。伤愈后,他任红四方面军政治部第一副主任兼川陕省委书记。当时川陕苏区的斗争十分艰苦,粮食和盐极为匮乏。为了打破敌人的封锁,周纯全动了很多脑筋。他提议省苏维埃召开粮食工作会议,又把十几个县委书记组织起来,发动他们下去办粮站,由县委书记当站长,并制定了妥当的粮食收购政策,很快保证了部队的供应。那时盐比粮食还要紧迫,直接维系川陕根据地的命脉。为了从白区搞到食盐,周纯全经常派一些有经验的同志,携带大量银元去白区一些城镇买盐。当时盐价高达1斤10块大洋。周纯全信任干部,善于使用干部,他还把自己丰富的斗争经验传授给这些同志,并及时总结经验教训,使许多次"特殊任务"圆满完成。

川陕苏区的斗争,是又一曲悲壮的人民战争颂歌。在长达10个月的反"六路围攻"战斗中,根据地的群众和党组织承受了巨大的牺牲和压力,先后有9万多地方武装力量,配合红军在各地打击敌人,有几十万运输大军,源源不断地向红军提供大批粮食、武器、弹药、被服、鞋袜等物资,转送大量伤员。周纯全在反"六路围攻"极艰难的时期任川陕省委书记、川陕苏区游击总司令,为支援红军、支援战争、实现前方后方一体化,做了大量发动群众、组织群众的工作,为巩固川陕根据地做出了重要贡献。

1934年10月19日,中国共产党川陕省第四次代表大会在巴中城召开,大会总结了粉碎敌人"六路围攻"的经验,讨论了形势和任务。这是一次粉碎敌人"川陕会剿"的誓师会和动员会,为川陕革命根据地军民制定了粉碎"川陕会剿"的总的战略方针。大会选举周纯全任新的省委书记。党代会后,红四方面军于11月中旬清江渡军事工作会上,制订出"依托老区,收缩战线,向甘南发展新区"的川陕甘计划,红军主力旋即西移,集结旺苍整训,川陕革命根据地党政军首脑机关迁驻旺苍城。12月上旬,周纯全率省委机关进驻旺苍城文昌宫。在这里领导川陕革命根据地军民进行了保卫和建设根据地的斗争,同时,为红四方面军准备长征做了大量的工作。1935年2月初,他参与组建起留守根据地坚持斗争的巴山游击队。3月19日至23日,中共川陕省委书记周纯全与红四方面军总政委陈昌浩在旺苍城文昌宫主持召开了七县县委书记、保卫局长联席会议和红军各级政治部政务科长与各县保卫局长联席会议,纠正川陕革命根据地肃反扩大化的错误。1935年4月中旬,周纯全率川陕省委机关撤离旺苍城,随同红军部队出发长征,曾任红四方面军后方纵队政委。

不畏人生坎坷路,坦荡问心无惭愧

1935 年 6 月,红一、红四方面军在懋功会师后,周纯全任红四方面军总政治部主任兼后方纵队政治委员。1935 年 8 月,周纯全被补选为中央政治局委员。1936 年 2 月后,他先后担任红四方面军总政治部主任、红三十一军政委、中国工农红军总政治部副主任。1936 年 7 月 27 日,在红二、红四方面军会师后,根据中央的有关决议,组建了中共中央西北局,统一领导红二、红四两个方面军。周纯全与朱德、任弼时、张国焘、徐向前、陈昌浩、刘伯承、贺龙、关向应等 20 位红军高级领导人同为西北局委员。

中国革命斗争的道路是漫长、复杂和曲折的。一个历经种种磨难考验的共产党员,在他一生中也难免遇到曲折。1935 年至 1936 年间,张国焘以红四方面军为资本,竭力反对毛泽东所代表的正确的战略主张,妄图分裂党、分裂红军。在红一、红四方面军会师以后,张国焘野心勃勃,提出:"两军会合,摊子大了,为了便于统一指挥,总司令部须充实改组,必须加强总司令部。"周恩来说,这是自中国共产党创建以来,第一次有人伸手向中央要权。7 月 9 日,在张国焘的授意下,中共川陕省委致电党中央,建议加强总司令部同时增设军委常委:

党中央:

依据目前情况,省委有下列建议:为统一指挥、迅速行动进攻敌人起见,必须加强总司令部。向前同志任副总司令,昌浩同志任总政委,恩来同志任参谋长。军委设主席一人,仍由朱德同志兼任,下设常委,决定军事策略问题。请中央政治局速决速行。并希立复。

中共川陕省委:纯全、瑞龙、黄超、琴秋、维海、富治、永康

这几位川陕省委领导成员是:周纯全、刘瑞龙、黄超、张琴秋、李维海、谢富治和吴永康,其中周纯全是省委书记。在中国共产党的历史上,一级省委要求中央改组领导层,并提出具体人选且要求"立复",此封电报可谓空前绝后。

革命斗争是复杂的,周纯全在曲折中学习,使政治上、思想上得到提高,坚定了共产主义信念。在大是大非面前,周纯全坚持中共中央的决定,对张国焘的错误行为表示愤慨,并予以劝阻。张国焘被迫放弃西进计划,红四方面军继续北上,于 1936 年 10 月 8 日在会宁与红一方面军胜利会师。在红一、红四方面军干部会

上,周纯全诚恳地向中共中央军委副主席周恩来检讨了自己在张国焘问题上的错误。

甜水堡战斗后,时任红四方面军总政治部主任的周纯全,第一次见到周恩来副主席。周恩来以和蔼亲切的态度,询问了红四方面军的情况,使周纯全受到很大教育,回到驻地,他即电请中央,要求到抗大学习,提高政治、军事、文化方面的水平。长征结束后,周纯全对张国焘的错误有了进一步的认识,看清了经验主义给革命事业带来的危害,他不计较个人得失,多次向中共中央提出离开中国工农红军总政治部副主任的岗位。

1937年1月,周纯全进入抗大第二期学习。抗日战争爆发后,周纯全被派到陕北公学任生活指导委员会干事。1938年2月,出任陕北公学政治部主任。5月,调任陕北公学枸邑分校政治部主任。同年底,任抗大一分校副校长,后又担任校长。

当时抗大一分校从延安到晋东南,又从晋东南转战山东沂蒙山区,长途跋涉,只有少量武装掩护。每当过封锁线和铁路时,周纯全总要站在道口上检查;过黄河时,他第一个背着背包下水。同志们都说,只要周校长在,我们就有安全感。1941年冬,日伪军5万多人,对沂蒙山区进行大"扫荡",妄图将中央山东分局、115师直属队和抗大一分校一举消灭。当时这些机关中有4 000多名赤手空拳的干部,只有一分校五大队有几百条杂牌步枪,每条枪仅几发子弹。在敌我力量极其悬殊的情况下,周纯全果断指挥这支队伍向西蒙山突围。在一些封锁口上,他直接参加战斗,指挥消灭了几名日军机枪手,待机关和学员全部突围后,他和五大队队长杨大易,带着8名侦察员才最后撤出包围圈。

1946年10月,国民党发动全面内战,以王牌部队、全美式装备的新一军、新六军为主力,向辽南解放区大举进攻,形势十分危急。党派周纯全到辽南行署任主任。他贯彻执行坚守辽南、发展根据地的正确方针,肩负起组织后方的艰巨任务。当时困难很多,他想方设法为部队解决了大量粮食和冬装,补充了兵源,并妥善安置了大批伤员和部队干部的家属。1947年辽南恢复时期,周纯全又积极贯彻党中央的有关指示,在放手发动群众、减租减息、土地改革、恢复铁路交通和工厂生产、建立民主政权等方面,做了大量工作。辽沈战役前,周纯全任四野后勤部第二副部长。他在长征途中被弹片打伤的右眼此时才做了手术,炎症还没有消退,但为了保证辽沈、平津战役的胜利,他带病到冀察热辽地区,检查、布置后勤供应工作。周纯全在组织领导东北战场和第四野战军入关、南下作战等一系列重大战役的后勤保障工作中,充分展示了领导和组织才能,为中国人民的解放事业建立了功勋。

1949 年 12 月,周纯全任中南军区兼第四野战军后勤部部长,负责海南岛战役的后勤保障工作。他积极依靠地方支前委员会,抢修道路,并征集了 1 000 多万公斤粮食和 20 吨主、副食品,筹集帆船 2 000 多只,为渡海作战创造了条件。海南岛解放后,周纯全改任后勤部政委。

中国人民志愿军后勤部部长

周纯全在战争年代,右眼受伤失明,于是得了个绰号"周瞎子"。1950 年冬,周纯全患高血压症,正准备住院治疗,这时上级让他去朝鲜慰问部队。志愿军入朝作战以来,一直没有成立后勤部,志愿军的后勤工作由东北军区后勤部负责。十几个人组成的指挥所设在沈阳,离前线很远,加上几个后勤分部,力量太单薄,根本适应不了现代化大规模战争的需要。

志愿军司令员兼政委彭德怀的指挥部设在一个矿洞里。当周纯全出现在他面前时,彭德怀高兴地说:"你不要走了,留下来参加抗美援朝,管管后勤!"周纯全大感意外,彭德怀问他有什么想法。周纯全说:"那得等我回去交代完工作才能来呵!"彭德怀直截了当地说:"你现在就开始上任,其他事你不要管了,由我向中央军委去说。"彭德怀笑着说:"你不要感到我强迫了你! 其实我们都是被战争强迫的,我,还有洪学智副司令员都是这样!"在志愿军后勤部尚未成立的情况下,调周纯全来抓这项工作,无疑是一个加强。1951 年 5 月,中央军委正式任命周纯全为新组建的中国人民志愿军后勤部部长(后改任政治委员)。在改善志愿军后勤运输条件等工作中,周纯全做出了突出贡献。

由于出国作战和作战对象的变化,后勤供应由国内战争中就地取给和取之于敌,转变为主要靠国家后方统筹供应,后勤供应和运输任务空前繁忙。敌人以百分之七十的空中力量,对志愿军交通运输线进行破坏,妄图切断志愿军的后方供应。为了粉碎美军的"空中优势",建设"打不烂、炸不断的钢铁运输线",周纯全亲自抓兵站运输线的建设,对战时后勤运输提出许多改进措施,对保证各次战役的胜利起了重要作用。1951 年 3 月,周纯全到后勤一分部、三分部检查工作,看到指战员们在公路沿线设立对空监视哨,敌机一过来就对空鸣枪报警,行驶在公路上的汽车听见后马上隐蔽起来。敌机飞走后,他们再鸣枪解除警报。这种办法被战士们亲切地称为"土雷达"。周纯全高兴地说:"这是个好办法,是个创举。"周纯全与干部战士进行研究,加以改进,全面推广,最后确定:每个防空哨位由三到五人组成;哨位与哨位之间相距四里左右,以能听到报警声音为宜;重要地段增加人员。这样,从鸭绿江到三八线,近3 000公里的运输线上,共设置防空哨1 500多个,用兵近万人。

周纯全头脑清楚,记忆力很强,入朝作战初期,各种战场资料非常缺乏,他凭着长期军事生活的经验,很快掌握了和后勤作战有关的政治、经济、地理多方面情况和资料,打开了后勤工作的局面。他坚强的意志,严谨的工作作风,诚恳待人、与人合作的态度,也给一些朝鲜友军将领留下深刻的印象,友军中还曾流传过他的故事。到1952年6月,美军发动的为期一年的"绞杀战"被志愿军彻底粉碎。美远东空军在对其"绞杀战"所做的最后分析报告中,不得不承认:"由于共军后勤系统的灵活性……绞杀作战未获成效。"美第八集团军总司令范佛里特惊叹:"虽然联军的空军和海军尽了一切力量,企图阻断共产党的供应,然而共产党仍然以令人难以置信的顽强毅力,把物资运到前线,创造了惊人的奇迹。"

1953年10月,周纯全被中央军委任命为中国人民解放军总后勤部第一副部长兼副政委(部长兼政委为黄克诚)。1955年,周纯全被授予上将军衔,荣获一级八一勋章、一级独立自由勋章、一级解放勋章。此后,周纯全还被选为第一、二、三届全国人民代表大会常务委员会委员,第五届全国政协常务委员会委员,是第一、二、三届国防委员会委员。在党的"八大"二次会议上,周纯全当选为中央监察委员会委员,之后一直担任中央军委监察委员会委员。

1985年7月28日,周纯全逝世,终年80岁。10天以后,一架军用飞机从武汉机场起飞,缓缓飞过三镇的上空,飞机上乘坐的亲属和工作人员望着滚滚奔流的江水,回顾着60多年前这里曾发生过的许多事情,然后从覆盖党旗的骨灰盒中捧出一把一把骨灰,轻轻地撒入长江。飞机掉头向东北方向继续飞行。机组人员报告:飞机飞临红安烈士陵园上空。接着,又有无数朵洁白的小花伴着骨灰飘落。红安,这块革命老根据地的土地上曾到处洒满烈士的鲜血,如今又有一位老共产党员的遗骨在这里长眠。周纯全的葬礼结束了,一切都显得那样安宁。80年前,一个农民的儿子默默降生在这块土地上。因为生活所迫,他当了工人,接受了马克思主义。后来他又从这里出发,征战了大半个中国,并且在另一个国家的民族卫国战争中建立过功勋。当他为革命奋斗了 60 年,走到生命的终点,然后又回到这块土地,回到了他的战友中间。

没有军衔的"独臂将军"蔡树藩

蔡树藩(1905—1958)

蔡树藩是我军早期一员著名将领,《邓小平文选》《聂荣臻回忆录》《我的父亲邓小平》《西行漫记》等著作中均对他有所介绍。从各种党史军史著作中,可看到蔡树藩与周恩来、朱德、邓小平、李先念、聂荣臻、贺龙等众多高级将领的合影,从中我们不难看出蔡树藩当年在军内的地位。作为一名没有军衔的"独臂将军",蔡树藩为革命和建设事业建立了卓越的功勋。

从煤矿童工到"独臂将军"

1905年3月,蔡树藩生于湖北汉阳县(今蔡甸区)蔡甸镇龚家小岭一个贫苦农民家庭。1917年,他由私塾转入蔡甸镇国民小学读书,终因家境贫困而辍学。1920年,蔡树藩来到江西安源煤矿当童工。1923年"二七"大罢工失败后,接受组织的派遣,到南昌兵工厂从事青年团的地下工作。1923年,蔡树藩加入中国共产党。汪精卫在武汉发动反革命政变后,蔡树藩被捕入狱。经组织营救出狱后,蔡树藩于同年8月被派往苏联莫斯科,进入莫斯科中山大学学习,后被选送到列宁学院深造。1928年6月,蔡树藩作为正式代表,在莫斯科出席了党的"六大"。

1931年初,蔡树藩奉命回国,到设在上海的全国工会总部工作。两个月后调往中央苏区全总执行部工作。同年4月,蔡树藩调任红一军团22军任政治委员。4月,蔡树藩在广昌参与指挥了第二次反"围剿"作战。战斗中,他冲锋在前,身上已八处负伤,仍坚持不下火线。这时,敌人的子弹又向他射来。警卫员眼疾手快,一个箭步扑上去将他推倒,顺势扑在他身上,才躲过了子弹。可蔡树藩和警卫员刚爬起,敌人的子弹又从阵地侧翼扫射过来,击中蔡树藩的左腿。顿时,他眼前模糊,差一点摔倒在地。警卫员见他伤势很重,脸色煞白,虚汗顺着脸颊往下淌,要背他下去。蔡树藩不肯离开阵地,他说:"战斗正进行到紧张关头,部队就要发起冲锋,一名指挥员在这时离开战斗岗位,势必会影响部队情绪。"说罢,他顺手撕破衬衣,在警卫员的帮助下,迅速包扎了一下伤口,又一瘸一拐地继续指挥战斗,直到战斗胜利结束,才被抬到红军医院医治。

同年6月,红军进行整编,军缩编为师,蔡树藩任红一军团第1师政治委员。7月,蒋介石不甘心失败,亲自担任"围剿"总司令,又向中央苏区发动了第三次"围剿"。面对气焰嚣张的敌人,红军在毛泽东、朱德的领导下,采取"诱敌深入"的战略,千里回师赣南根据地兴国,于8月上旬投入战斗。红军接连打了莲塘、良村、黄陂三个胜仗,打死和俘获敌人1万多人,并缴获了大批的武器、弹药和军用物资。

在红军医院养伤的蔡树藩闻知后,按捺不住激动的心情,跑去找院长,软磨硬缠,要求出院。院长拗不过他,只好勉强答应了他的要求。夏天的江西非常炎热,红军官兵背着武器和三天干粮,一个个被烈日烤得汗流浃背。为在运动中歼敌,蔡树藩带领部队忍着炎热,踩着发烫的石块路,沿着崇山峻岭和蜿蜒的小道不断转移,以牢牢牵住蒋介石的部队。一天,部队刚到达目的地,蔡树藩便带着作战参谋王继成和警卫员张小富到前沿阵地实地观察。三人不断地向敌军阵地靠近,张小富提醒他:"政委,不能再走啦,危险!"但为了查明敌人的兵力、火力部署,使部队进攻时减少伤亡,蔡树藩依旧一面朝前走一面观察。蔡树藩又朝前走了几步,选了一棵歪脖子树,靠在上面,侧着身子,用左手举着望远镜观察。突然,一声枪响,不及躲闪,他的左臂被敌人的冷枪击中了。这是蔡树藩第十次负伤,这次负伤使他永远地失去了左臂,从此成为一位"独臂将军"。当时部队正在行动,没有医术很高的医生跟随,加上药品奇缺,天气炎热,几天后伤口感染化脓,被送到后方医院治疗。

军情紧急,战报频传。蔡树藩不愿意久留医院治疗,几天后便一次次要求尽早出院,重返前线。但由于伤势过重,难以愈合,他急得吃不下饭,睡不着觉。一天,蔡树藩从战地小报上得知红军在与白军交战中伤亡较大,心情十分沉重。经过反复考虑,他下决心锯掉伤臂。医院领导和医生们都对蔡树藩的请求感到惊讶。战事频繁,缺医少药,弄不好伤口会恶化感染,危及生命,何况蔡树藩当时还不到 20 岁。

面对大家的好心劝说,蔡树藩断然地说:"治不好了,还不如及早截肢,早痊愈,早上前线!"医院领导和医生不忍心地又一次对他的伤臂进行了检查,觉得保守治疗确有困难,于是决定尊重他的意见。但医生还是劝他说:"我们还想观察几天行吗?"蔡树藩问:"到底有没有把握?"医生摇了摇头。"那就别犹豫了,动吧!"蔡树藩说道。"可动这么大的手术,一没有手术工具,二没有麻醉药品,你身体又瘦弱,能吃得消吗?"医生担心地问。蔡树藩果断地说:"只要能早日上前线,我都受得了!"

截肢手术是在条件十分简陋的情况下进行的,没有麻药,没有手术力,连手术台也是临时搭成的,一把普通的锯子还是锯木头用的。医生为了减少他截肢时的痛苦,防止他因为疼痛受不了时挣扎影响手术,要把他绑在"手术台"上。看到护士拿来一把两米多长的麻绳,蔡树藩不解地问:"你们这是干什么,难道还怕我跑掉不成?"医生说明了用意,蔡树藩点点头,顺从地躺下。手术刚进行到半小时,蔡树藩的面色全无血色,汗如雨下。锯子每拉动一次,蔡树藩那羸弱的身躯就要颤抖一下。医生们心如刀绞,难过地流出了泪水,他们多想快一点做完手术,使蔡树藩少受一点痛苦。但是由于锯子太钝了,拉锯就换了三位医生,手术时间长达两个多小时,蔡树藩完全昏迷了过去。护士见状,忍不住失声痛哭。蔡树藩的坚强意志,让医护人员肃然起敬。

长征路上

截肢手术后,蔡树藩的身体逐渐得以恢复,又投入到新的战斗中去。1933 年 11 月 7 日,是一个晴朗的日子,红九军团成立大会在福建将乐县隆重举行,罗炳辉任红九军团军团长,蔡树藩任政治委员。蔡树藩的搭档罗炳辉是红军中一员著名战将,人们亲切地称他是"从奴隶到将军"。1989 年,中央军委将罗炳辉列为红军 33 位军事家之一。罗炳辉宣读了中央军委关于成立红九军团的命令和军团领导人的任命名单。接着,军团政委蔡树藩讲话:"同志们,早在 1931 年 9 月 16 日,在兴国水头漳庆祝第三次反'围剿'胜利的大会上,毛主席就对朱总司令说:'我们根据地有红一、红三团,还要再成立几个军团,壮大工农武装,来一个五指成拳。'今天,我们红九军团诞生了。中国工农红军在中央革命根据地已经发展到五个军团,七八万人,实现了五指成拳。我们要按照毛主席的战略战术,彻底粉碎敌人的第五次'围剿',保卫好根据地!"

红九军团一成立,立即投入第五次反"围剿"作战。但第五次反"围剿"由于王明"左"倾机会主义路线的错误领导,遭到失败,红军被迫实行战略转移,进行长征。1934年10月,红一方面军开始长征。罗炳辉与蔡树藩率红九军团离开江西瑞金,担任红军主力左翼的掩护任务,向湖南、广西边界进发。途中,蔡树藩不但以顽强的斗志战胜断臂的伤痛及因断臂带来的各种困难,而且鼓励部队战胜困苦,跟随党中央、毛主席前进。

1934年12月的湘江之战,是关乎红军生死存亡的关键一战。罗炳辉和蔡树藩率红九军团断后,他们冒着敌人的枪林弹雨率红九军团全体官兵与敌人血战到底,终突破敌人重围,为掩护中央红军渡过湘江立下汗马功劳。

1935年1月遵义会议召开后,蔡树藩调任中央军委纵队政治委员,红九军团政委由何长工接任。9月,张国焘拒绝北上,中央军委决定将红一、红三军团及军委纵队改编为中国工农红军陕甘支队,蔡树藩任支队第三纵队政委。在毛儿盖会议上,蔡树藩坚决拥护党中央对红军的绝对领导,严厉谴责张国焘分裂红军的野心,后调任红30军政委。长征中,蔡树藩的身体雪上加霜,又得了十二指肠溃疡病。他忍着病痛,在包座指挥红军歼灭胡宗南一个师。到达陕北后,他担任陕北工农民主政府内务部长。

1936年秋,埃德加·斯诺(埃德加·斯诺和尼姆·韦尔斯是20世纪30年代在中国最活跃的一对外国新闻记者。他们是记者夫妻,他们两位的名字早已深入到中国人民的心中。他们二位的皇皇巨著《西行漫记》和《续西行漫记》珠联璧合,相得益彰,系统地、真实地报道了长期被新闻封锁的中国共产党领导的西北红色根据地)来到陕北保安采访蔡树藩。蔡树藩向斯诺畅谈了红军长征的生动事迹、共产国际的情况和中国苏维埃的发展历史及其光明前途,并介绍了自己的家庭和个人经历。斯诺在书中这样称赞蔡树藩:"独臂将军蔡树藩是个很有趣、很可爱、很英俊的青年,头脑机灵,容易冲动,善于辞令,妙趣横生。"

红军长征到陕北,把网球活动也带到了陕北。斯诺曾经在保安同蔡树藩和伍修权一起打网球。他在《西行漫记》一书中有如下描述:"球场里尽是石子,救急球是很危险的,但是球还是打得很激烈。蔡树藩和伍修权同讲不了几句中文的李德讲俄文,我同李德讲英文,同蔡、伍两人讲英文,所以这是一场三国语言的比赛。"

1936年底,尼姆·韦尔斯到延安采访了蔡树藩。韦尔斯问他:"生活上有什么困难?"蔡树藩诙谐地说:"我会用我的独臂骑马、打网球、过河,我能够从容地写信和握筷子。不过,失去了左臂,稍稍离开了平衡点,向右面偏就会……""这总比那种'左'倾好。"韦尔斯一语双关,似风趣又似安慰地说。蔡树藩机敏地说:"'左'倾、右倾都不好,都会跌跤子的。"说罢,两人都会意地笑了。韦尔斯在《续西行漫记》中写道:"我最初遇见他在网球场上,惊异他拦网的打法。他屈伏着身体做出一种跳背游戏的姿势,没有一个球曾经逃过他的网拍。球以闪电般的速度回转来,正落在他知道你接不着的地方。蔡树藩现在只有二十几岁,他已同中国两个最著名的无产阶级领导——李立三和项英——密切合作。"韦尔斯离开延安时,蔡树藩去送她。韦尔斯问:"有什么事情要帮忙的吗?"蔡树藩诙谐地说:"下次来时,给我带一只胳膊!"

太行山上的蔡主任

1937年8月,中国工农红军改编为国民革命军第八路军。原红四方面军编为八路军第129师。10月,蔡树藩由陕甘宁边区内务委员会主任调任第129师政治部副主任。同年年底,蔡树藩的病情加重,党中央安排他去苏联治病。

1939年,蔡树藩病愈回国。刚到延安,他就请缨参战。中央军委决定派他到晋冀鲁豫抗日根据地,担任129师政治部主任。到太行山区时,正赶上部队为粉碎日军的"囚笼"政策进行紧张的"破击战"。为了动员根据地群众配合八路军作战,蔡树藩带领干部深入农村,发动群众,天天从早忙到晚。

1942年5月,日军1.5万余人,继春季"扫荡"后,又对太岳、太行抗日根据地进行所谓"铁壁合围"、"辗转扫荡",并兼用分进合击的战术,妄图摧毁抗日根据地。6月9日,"扫荡"太行山北部地区的日伪军由邯郸至长治公路及清漳河两岸地区出发南下,"扫荡"太行山南部地区。蔡树藩率领129师直属队及新编第1旅一部,被日伪军压缩于山西涉县西南的石城、黄花地区。

先遣部队在师长刘伯承的率领下突围成功,而蔡树藩率领的后梯队由于都是一些机关干部和伤病员,卓琳、汪荣华等几位女同志也在其中,行动缓慢,被日军约一个联队(团)的兵力合围,处境十分险恶。进退维谷,一些人流露出紧张情绪,一个小孩又惊得叽叽哇哇哭闹起来,更增添了几分紧张气氛。可蔡树藩毕竟是一位身经百战的指挥员,他沉着地对大家说:"现在,鬼子正以一个团的兵力向我们实施包围,刘师长率领大部队已经脱离危险,大家不要紧张,鬼子虽然人多势众,可对地形不熟,我们要利用这个弱点,巧妙地甩开他们,鬼子的希望就会成灰。大家跟我走,一定不要掉队!"

蔡树藩简明扼要的动员,顿时稳住了后梯队的情绪。随后,他翻身跃上马,率领部队开拔,时而攀登山冈,时而下到深沟,既指挥大家前进,又照顾着行动迟缓的妇女和儿童。夜幕降临时,后梯队转移到张汉村。正要停下来喘口气,日军又至。蔡树藩一面让张廷发带领警卫部队阻击敌人,一面带领部队跑步上山,不断转移。天明时分,队伍刚行至杨家山附近,便侦知杨家山已被日军占领。军情紧急,他立即命令部队化整为零,分散隐蔽。但部队的行动又被敌人的瞭望哨发现,日军很快从南北两面封锁了杨家山。接着,日军飞机临空投弹、扫射,但是难以在空旷的山沟中歼灭我化整为零的后梯队。夜幕降临时,日军开始搜山。蔡树藩正要组织小分队打击搜山日军,掩护后梯队转移,恰遇赶来接应的李达参谋长率领的精干小分队。于是他们一起顺小路向宋家庄前进,并于翌日下午安全到达北社、港东地区,与等候在这里的大部队会合了。

战地爱情,伉俪情深

1940年初,蔡树藩在太行山区工作期间,认识了中共中央北方局干部陈书涟。陈书涟此时20岁,身材高挑,眉清目秀,性格活泼且又不失温柔。她出生于一个破落地主家庭,因为在家中排行最小,又是唯一的女儿,父母十分疼爱她,供她上学读书。但没几年父亲故去,大哥早逝,家境一下败落了。11岁那年,母亲按照当地的风俗给她定了亲。陈书涟从大嫂那里知道后,好似晴天霹雳,一连哭了好几天。母亲劝她,她赌气地说:"我不嫁人,我要读书!"母亲拗不过,只好先让她继续读书。但定亲的事却时时困扰着她,16岁那年,陈书涟一气之下参加了革命。由于她读过书,有文化,又聪明伶俐,让人喜爱,不久便被调到机关工作。

对于蔡树藩,陈书涟在他调到129师前,就听说师政治部要来一位独臂将军当主任,知道他在中央红军五次反"围剿"中负的伤,到过苏联,经历了二万五千里长征,是一位有才华的领导。蔡树藩到任后,在与他的工作接触中,陈书涟更加敬佩他的忘我工作精神和对事业的执著追求。

在工作中,他们互相关心,彼此信任,互相鼓励,进而撞击出了爱情的火花。半年后,经邓小平和卓琳的介绍,蔡树藩与陈书涟结为伉俪。1941年3月,陈书涟在频繁的战斗中患了重病,经医生精心治疗,病虽然好了,但身体十分虚弱,几个月起不来床。那时,师政治部的工作很忙,但蔡树藩只要有空闲时间,就去照顾陈书涟。反"扫荡"中,日军把蔡树藩带领的后梯队冲散了。后梯队在主力部队接应下回到宿营地时,他发现陈书涟和另外几个女同志没有归来,急得团团转。直到晚上,得知陈书涟和另外几个女同志安全归来,悬着的心才放下来。

1939年9月初,35岁的邓小平与曾在北京大学物理系就读过的23岁的卓琳(浦琼英)结婚。邓小平的大女儿邓林,出生在最为艰苦的1941年,生下后即送到老乡家养育。1943年8月,中央通知彭德怀、刘伯承等大批高级干部赴延安参加党的"七大",彭德怀的中共中央北方局书记一职由邓小平代理。乘此机会,卓琳委托将赴延安的蔡树藩和陈书涟把女儿邓林带到延安保育院。因为前方太艰苦,太不安定,带孩子实在困难。在延安,很长时间邓林由陈书涟抚养,因此,邓林便成了蔡树藩和陈书涟的干女儿。

新中国成立后,蔡树藩的工作十分繁忙。陈书涟为了使丈夫全神贯注地为党工作,除了完成组织上分配给她的工作外,还挑起了全家的生活重担。他们有六个孩子,还要抚养蔡树藩二弟的三个孩子和两位老人。蔡树藩爱事业、爱妻子,也爱孩子。就孩子而言,他又不愧为一位慈祥的父亲。他虽然工作很忙,但总是尽最大努力履行着一个做父亲的责任和义务。

1954年过春节,蔡树藩要陈书涟多买些鞭炮给孩子们放,这是历年来没有过的事。陈书涟感到奇怪,问他为什么要放这么多鞭炮。蔡树藩说,今年他想亲自放放,也让孩子们多放放,一家人高兴高兴。随即,蔡树藩又给陈书涟和孩子们讲起了幼年时的一件往事。蔡树藩长在江西安源。湖北老家有个奶奶从来没见过这个大孙子,很想见见他。8岁那年春节,父母托人把他带回了奶奶家。除夕那天,蔡树藩看到许多有钱人家的孩子都放鞭炮,就跑回家向奶奶要。奶奶家里很穷,她看到孙子乞求的表情,心里十分难过,发呆地看着门外,突然,看到门前的腊梅花,有了主意。于是奶奶就和孙子一起折了一小篮,让孙子拿到街上去卖,用卖花的钱买鞭炮。蔡树藩初到老家,听不懂老家人说的话,也没有做过生意。他身穿单薄的衣服,手里提着梅花,像一个漂泊在异乡的乞丐,缩在一条小街的角落,从早一直站到晚,一束花也没卖出去,最后只好原封不动地提着花回到家里。奶奶看着孙子沮丧的神情,摸着他那冰冷的小手,两行心酸的眼泪落下来。她安慰他说:"孩子,不要难过,我们听听人家放鞭炮也一样。"这件事在他幼小的心灵里留下了不可磨灭的印象。后来,只要一听到鞭炮声,他就想起可怜的奶奶。

陈书涟和子女听完他的这一番话,都深受感动。蔡树藩十分疼爱孩子,他和陈书涟约定,谁也不许打骂孩子。1948 年 5 月,40 岁的蔡树藩有了第一个女儿。当时担任华北军区政治部副主任的蔡树藩一面忙着与国民党进行和平谈判,一面忙着和苏联专家联系新中国成立后国内建设的事,很少有时间回家。但他只要一回到家里,总要先抱着孩子亲亲。后来,他们又相继有了几个女儿,他照样十分疼爱。有一次,三个孩子得了猩红热,需要隔离,家里的房子不够用,他就把在家里办公的地方当成临时病房,自己搬到一间很小的会客室里办公。蔡树藩患了近 30 年十二指肠溃疡病,饿了就痛。陈书涟想单独给他做点可口的饭菜,蔡树藩不答应,即使做出来也要和全家人共享。他说:"我已经够特权的了。"其实,他的"特权"就是饿了用饼干充饥,以解疼痛。

体育战线的"大管家"

1949 年秋大西南解放后,蔡树藩从军队转入地方工作,先后担任全国总工会执委、全总驻西南办事处主任、中共中央西南局委员、中共西南军政委员会劳动部长等职。1956 年,他在党的"八大"上当选候补中央委员。

由于转业到地方工作,在 1955 年共和国首次授衔时,蔡树藩没有被授衔,成为一位"无衔将军"。新中国成立以后,由于老首长贺龙的缘故,蔡树藩和体育结下了不解之缘。1954 年 9 月,在第一届全国人民代表大会上,贺龙被任命为国务院副总理、国防委员会副主席和国家体育运动委员会主任。11 月,贺龙和薛明带着子女乘轮船离开重庆,辞别了战斗工作 5 年的西南,到北京赴任。与他同行的还有宋任穷、蔡树藩、刘秉林、王凌、武岳松等。他们也是因为西南大行政区撤销,奉调去北京工作的。

一上船,贺龙就打上了他们的主意,贺龙先做蔡树藩的工作。蔡树藩是奉命到内务部工作的,他在西南与贺龙共事多年,对贺龙的为人十分敬佩,很乐意在他领导下工作,所以当贺龙动员他去体委工作时,便欣然同意。贺龙一到北京就去找邓小平，让蔡树藩由内务部副部长改任国家体委副主任。1954年秋，蔡树藩被任命为国家体委副主任、党组副书记、中华全国体育总会领导成员，辅佐贺龙主任主持体育运动委员会的日常工作。

为了提高竞技体育运动的水平，蔡树藩经常利用节假日和星期天，到训练场、宿舍探望运动员，找运动员谈心，及时解决他们在训练和生活中的问题。一次，他到上海视察工作之余，专程来到在这里进行训练的女子跳高队，了解姑娘们的思想、学习和生活情况。赶巧，他到跳高队时，正遇上队员们在过团组织生活，帮助一位犯生活作风错误的同志。知道会议内容后，蔡树藩和蔼地问："我能不能参加你们的小组会？"国家体委副主任亲自来参加他们的团小组会，运动员们自然十分高兴，气氛顿时活跃起来。小组会上，蔡树藩以一个普通党员的身份，帮助这位犯错误的同志分析犯错误的原因，使她深刻认识到了自己的错误和缺点，同时也使其他同志受到了一次深刻教育。

竞技体育需要好的苗子。为了挑选大个子运动员，蔡树藩走到哪里就挑到哪里。有一段时间，他对挑选篮球运动员简直着了魔。有几个星期天，他还让陈书涟陪他坐公共汽车找高个儿，走到人行道上或商店里，他不是买东西，而是看谁个子高。同时还要求陈书涟发现大高个儿，不论是男是女都要跟踪，并问清人家的单位、姓名、年龄和爱不爱打球等问题。

1957年，蔡树藩率中国体育代表团到民主德国进行友好访问。途经莫斯科时，天色已黑，苏方已给他们安排好食宿。中国驻苏使馆工作人员也备好车辆，要送他们到宾馆去。可蔡树藩舍不得花外汇住高级宾馆，婉言谢绝了苏方热情、周到的接待和中国使馆同志的关怀，和代表团成员一起在候机室里坐了一夜，将带去的钱原封不动带回交公。几次出差到上海，蔡树藩都是由上海大厦搬到运动员的住地，他说住旅馆又花钱又脱离群众，不合算。在国家体委工作四年，除出国时穿规定的服装外，蔡树藩平时穿的都是过去穿过的旧衣服。一次，体委机关大院的几位老职工拉着蔡树藩的衣襟开玩笑说："你这哪像个官儿样？"他风趣地说："要是真像个官儿样还不把你们都吓跑啦！"

1958年10月17日，中国政府应阿富汗等国政府邀请，派由著名文学家郑振铎为团长、蔡树藩为副团长的中国文化代表团，前往进行友好访问，所乘飞机经苏联卡拉什地区上空时不幸失事，蔡树藩和代表团全体人员殉难！噩耗传来，万众悲痛。

听到噩耗后，邓小平十分悲痛，半晌沉默不语。蔡树藩去世，卓琳一直非常惦记他们的孩子。有一年她问朱霖(朱霖是曾在邓小平麾下工作过的原晋冀豫军区政委黄镇的夫人):"蔡树藩的孩子们都怎么样啊？你帮我把他们都找来,我想见见他们。"朱霖把孩子们都带到邓小平家。几十年过去了,他们都已长大成人,可在卓琳眼里他们仍然还是孩子。她给每个孩子都封了一个红包。蔡家的孩子们不肯要,说:"阿姨呀,我们都多大了?"可卓琳说:"这是我的一片心意。"

鲜为人知的"独腿将军"钟赤兵

钟赤兵(1914—1975)

在中国人民解放军的开国将军中,有十余位特殊的将军,他们在革命战争年代成为残疾人。1955 年 9 月授衔时,毛泽东面对伤残的将军们不禁感慨万千:"中国从古到今,有几个独臂将军呢?旧时代是没有的,只有我们红军部队,才能培养出这样独特的人才!"共和国首次授衔的开国将军中,有九位独臂将军,三位独腿、独脚将军,两位短臂将军。他们为中国人民的解放事业,做出了卓越的贡献。中将钟赤兵便是一位独腿将军,无论是在革命战争年代还是在新中国建设时期,他都有突出的表现,受到毛泽东的高度称赞。

因为打仗灵活机动,钟赤兵受到毛泽东的称赞

1914 年 12 月 26 日,钟赤兵(原名钟志禄)出生于湖南省平江县一个贫苦农民家庭。1930 年 6 月,彭德怀率红 5 军挥师平江,来到了钟志禄的家乡。这时,钟志禄已是当地手工业工人中的一个小头头,是共青团员,具有一定的革命思想。红军离开平江时,16 岁的钟志禄报名参加红军。扩红的红军战士问他叫什么,他灵机一动:在毛笔店学徒时,常听老板将"红"说成"赤","赤"是"红",红军就是要把全中国都变红;"军"就是"兵",到红军队伍里当兵,是为穷苦人打天下,就不能讲"官"呀"禄"的。于是,他便对扩红的红军战士说:"我叫钟赤兵。""赤兵,这个名字有意思,好,叫得好。"从此,钟志禄就改名钟赤兵了。

由于作战勇敢,到 1934 年,钟赤兵已经是红 3 军团 12 团的政委了。从当连指导员起,钟赤兵就给自己规定了三条:一不怕死,二不贪污,三不腐化。当时红军中的个别干部因受旧军队军阀主义影响,时常打骂士兵。钟赤兵对这种做法极

为反感,他对士兵既严格要求,又倍加爱护,深受官兵的爱戴和拥护。他和团长谢嵩领导的12团士气高昂,作战勇敢,是红3军团的模范团之一。军团长彭德怀称赞12团是一支专啃"硬骨头"的拳头团,也特别喜爱钟赤兵这位年轻的指挥员。

1930年11月,按照毛泽东部署的战略方针,红一方面军正在进行第一次反"围剿"作战。当红3军团东渡赣江,逐步向江西永丰以南的黄陂、小布地区收缩时,在中央苏区发生了肃"AB团"事件。12月,红3军团第8军军委秘书向仲华被作为"AB团"分子逮捕了。钟赤兵时任红12团政治处主任,他本来就对这种盲目的"肃反"扩大化有抵触情绪,一听说连自己非常了解的向仲华也成了"AB团"分子,顿时义愤填膺,拍案而起,对周围的同志说:"向仲华怎么会是'AB团'分子?他要是,那我也是!"周围的同志提醒钟赤兵要冷静,说话要注意分寸。钟赤兵何尝不知道说这些话会给自己带来什么后果?就在不久前,红3军团有一个姓李的连长,一向作战勇敢,工作积极,因在一次会议上说了一句"我不相信'AB团'有那么多人",便被扣上"与'AB团'同流合污""想带部队造反"的罪名。钟赤兵自己公开站出来为一个已被逮捕的"AB团"分子辩护,该有多危险啊!战友们都暗地里为钟赤兵捏了一把汗。然而,钟赤兵想得更多的却是,共产党人办事要实事求是,尤其是对一个同志的政治生命。向仲华是他的直接领导,他有义务向上级领导反映向仲华的真实情况。经过钟赤兵的极力抗争和担保,向仲华最终死里逃生,回到了战斗岗位。新中国成立以后,向仲华被授予中将军衔,曾任解放军副总参谋长,他常对人说:"我的这条命是钟赤兵救的!"

1934年3月,在中央根据地第五次反"围剿"战斗中,钟赤兵奉命率红12团保卫三溪圩白塘村。在战斗中,钟赤兵抵制了博古、李德等人的教条主义指挥,不顾可能被戴上"右倾"或不执行"御敌于国门之外"战略方针的罪名,机智灵活地带领部队变消极防御为积极防御,以运动战为主要作战形式,有效地歼灭敌人。在他的指挥下,红12团主动撤离阵地,灵活利用地形,发挥近战火力,多次击退了敌人的进攻。不幸的是,一颗流弹不偏不倚地击中并削去了钟赤兵的左拇指。战斗结束后,因作战有功,中华苏维埃政府中央革命军事委员会授予钟赤兵红星奖章一枚。毛泽东亲自为他颁奖,并握着他的手说:"小鬼,你的事迹材料我看过了,打仗就要灵活机动、勇敢果断。"

1934年10月,长征开始了。为了掩护中央红军主力,彭德怀采取声东击西、暗度陈仓的战法,命令红12团朝南向广东方向进发。红12团的突然行动,惊动了尾追红军的敌人。他们以为红军主力有重大战略行动,在向广东方面集结,便匆忙纠集大批部队追击,企图将红军主力围歼于广东境内。钟赤兵、谢嵩带着部队昼夜兼程,当到达目的地时,却发现周围的情况不对,几乎没有发现友邻部队。经验丰富的钟赤兵意识到,这是对敌人调虎离山、牵牛鼻子的战术,便鼓励指战员发扬红12团的光荣传统,紧紧地牵住敌人,即使付出再大的牺牲也要完成军团首长交给的战斗任务。钟赤兵和谢嵩带领红12团把敌人的大部队拖得疲惫不堪,然后巧妙地将敌人主力甩开,以迅雷不及掩耳之势,迅速返回,赶上北上的主力部队。彭德怀拍着钟赤兵的肩膀高兴地说:"你这个政委当得不错嘛!"

毛泽东对钟赤兵开玩笑说:"在此失腿一只。"

为了有利于进行运动战,1935年2月中央红军一渡赤水后,红3军团缩编为第10、第11、第12、第13四个团,钟赤兵仍任12团政委。为了摆脱十多万川军的围追堵截,毛泽东主席和党中央决定回师贵州,二渡赤水,先夺娄山关,再占遵义城。中央军委把夺取娄山关的主攻任务交给了红3军团,彭德怀又安排12团和13团担任先锋团,要求他们在2月底以前夺取娄山关,攻下遵义城。

要拿下遵义城,就必须先占领娄山关。娄山关在桐梓县城南30里处,是遵义的北大门,地势险恶,一夫当关,万夫莫开,自古以来便是兵家必争之地。2月25日晚,12团到达桐梓县城。当日下午,彭雪枫率领的红13团已在娄山关半腰和王家烈的"双枪兵"展开了激战,12团奉命于26日拂晓前赶到娄山关口,接替13团作正面进攻。拂晓时分,战斗在娄山关打响。清晨6时,12团向娄山关的制高点点金山发起了猛烈攻击,很快便占领了点金山。王家烈听说点金山失守,立即组织兵力反扑,企图把落到红军手里的阵地夺回去,双方展开了一场血战。战至10时,王家烈的"双枪兵"发起最后的冲杀。钟赤兵指挥12团1营与敌人进行殊死搏斗。看到自己的战友一个个倒在血泊中,钟赤兵怒火中烧,他指着山下的敌人对战士们大喊:"快,狠狠打!把狗日的统统消灭光!有我无敌,我在阵地在!"正当1营战士难以抵挡时,团长谢嵩派突击队冲了上来。这时,钟赤兵的右腿被敌人的子弹击中,一下子摔倒在地上。警卫员胡胜辉赶来了,"政委,你负伤了,我背你后撤!""别声张,擦破点皮不碍事!"胡胜辉见钟赤兵又要投入战斗,就一把搂住他的腰,不由分说地将他按坐在一块石头上,撕下自己的衬衫,替他包扎伤口。由于伤势过重,血如泉涌,胡胜辉赶紧找来卫生员,又叫人把钟政委负伤的情况报告给团长谢嵩。谢嵩命令胡胜辉一定要让钟政委马上撤下来。但钟赤兵不肯撤下,战斗至黄昏时分,由于流血过多,他昏了过去。由于 12 团的顽强勇敢,王家烈的"双枪兵"不敢恋战,最后仓皇撤离。

娄山关战役取得胜利,红军乘胜占领遵义城。利用短暂的休整时间,医生立即为钟赤兵治伤。医生发现,他右小腿骨几乎都成了碎片,必须进行截肢。当时的手术条件极其简陋,没有医疗器械,没有麻药,工具只是一把老百姓砍柴用的刀和一条木匠做活用的半截锯子。手术时,锯子上下拉动的响声刺耳得能穿透人心。钟赤兵忍着剧痛躺在手术台上,紧紧闭着眼睛,豆大的汗珠从他的脸上、身上往下淌,但他始终一声不哼。医生瞅着他,关切地说:"如果疼痛难忍,你可以喊,可以叫,这样兴许会好受些。"钟赤兵摇摇头,没有说话。此时他想到的是,与那些倒在战场上的战友们相比,这点痛苦算得了什么呢?手术中,他几次昏死过去,又几次苏醒过来。在场的医生、护士都被他坚强的意志所感动,年仅 15 岁的小护士马湘花一边协助医生护理他,一边抽泣着说:"我从来没见过这种场合和这么强硬的汉子。"

手术一直做了 3 个半小时。当钟赤兵再一次从昏迷中苏醒过来时,整条右腿已失去了知觉。他感到轻松,又感到痛苦。轻松的是手术终于做完了,痛苦的是失去了伴随自己南征北战的右腿。钟赤兵的脑海里反复闪烁着一个问题:"我还能带兵冲锋陷阵吗? 我还年轻,才 21 岁呀。"贵州的 6 月天,阴雨霏霏,加上手术时没有消毒药品,几天后钟赤兵的伤口感染了,高烧持续不退。昏迷中,钟赤兵恍惚感到自己就要离开这个世界,不断地说着胡话,时而高喊"冲呀""杀呀",时而突然坐起来发愣。仅仅几天,钟赤兵的眼窝就塌陷得很深,憔悴不堪。

彭德怀闻讯后匆忙赶来,他嘱咐医生说:"一定要想尽办法救活钟赤兵。"为了把钟赤兵从死神那里拉回来,医生决定给他进行第二次截肢,把右腿膝盖以下全部截去。不料,手术后伤口仍继续感染。最后,医生不得不将他的整个右腿从股骨根部截去。半个月内,三次截肢,这对于钟赤兵来说,要忍受莫大的痛苦。钟赤兵奇迹般地活了下来,他常称自己的命是捡来的,对身边的战友说:"是党救了我的命,我只有拼命为党、为人民、为革命多做工作,才感到问心无愧。"

此时,部队继续踏上长征之路。是让钟赤兵留在当地老百姓家里养伤,还是让他拖着一条腿继续跟部队长征,组织上举棋不定。钟赤兵得知后,坚决表示要跟着部队走。他何尝不知道,部队进行长征,除了行军外还要打仗,还要跋山涉水,同恶劣的大自然作斗争。这些,对一个身体健全的人来说都很不容易,何况是一个被锯掉了一条腿的残疾人。然而,他毫不犹豫地选择了后者。他对前来看望他的彭德怀表示:"就是爬,我也要跟上部队。无论如何,我不离开红军。"

一天,毛泽东、周恩来以及红3军团政委杨尚昆到医院看望伤病员。毛泽东走到钟赤兵的病床前亲切地说:"小鬼,又负伤了?"钟赤兵用手指了指自己的腿部,哽咽着说不出话来。毛泽东看着钟赤兵痛苦的表情,一时不知道说什么好,便诙谐地说:"应该在娄山关立个碑,写上'钟赤兵在此失腿一只'。"此时,听说部队准备把钟赤兵留在老乡家里养伤,毛泽东的神情严肃起来。他对周恩来、杨尚昆说:"钟赤兵很能打仗,是有战功的,怎么能把他丢下不管呢? 就是抬也要把他抬着北上!"周恩来也不赞成把钟赤兵留下,立即派人把钟赤兵送到中央卫生部休养连去,让人抬着他北上。听了毛泽东和周恩来的话后,钟赤兵终于忍不住哭出声来。就这样,钟赤兵在毛泽东、周恩来的亲切关怀下,被安排到中央卫生部休养连,拖着一条腿随中央直属部队行动。

历史竟是这样的巧合。1954年,钟赤兵调任贵州省军区司令员。这年春节,贵州省举行各界人士春节茶话会,钟赤兵与王家烈相遇了。王家烈是以民主人士的身份出席座谈会的。出于对钟赤兵这位独腿司令的好奇,王家烈走到他的面前,深深地鞠了一躬,做了一下简单的自我介绍,然后握着钟赤兵的手问道:"请问将军尊姓? 右腿何故造成?"钟赤兵诙谐地说:"敝人姓钟名赤兵。腿嘛,乃被贵军的'双枪兵'在娄山关借走了,也不知先生何时送还?"王家烈面有愧色地说:"久仰久仰! 罪过罪过! 久闻将军大名,请将军从重发落!"钟赤兵大度地说:"王老先生,这些都是过去的事,历史已翻开了新的一页,以后我们还要一同共事,共商治黔大计呢。"王家烈十分感动,不禁老泪纵横,再一次紧紧握住钟赤兵的手说:"钟将军真乃大将风度,王某佩服! 佩服!"此时,室内鸦雀无声,周围的人看到这一切,无不为钟赤兵为党和人民的利益、为民族的利益不计前仇的宽广胸怀所感动。

艰难的长征之路

中央休养连是一个特殊的连队,有体弱年老的领导同志,还有一些妇女干部和家属。林伯渠、徐特立、谢觉哉、吴玉章等老人是休养连成员,蔡畅、邓颖超、贺子珍等人也编在休养连。钟赤兵被编入一排二班,连长是红8军团总卫生部部长侯政,指导员是原中央苏区女部部长李坚真,党总支书记是董必武。

由于刚动过手术,伤口没愈合,钟赤兵在行军时只得躺在担架上。为减轻担架员的劳累,每当遇到山势陡峭或路不好走时,他都主动爬下担架,拄着拐杖一瘸一跛地跳着走。双拐是木棍做的,十分粗糙,走不了几步,两个胳肢窝就被磨肿了。但他总是咬着牙,一步一步地向前挪动。钟赤兵不忍心让饥饿疲惫的战友们抬着他走,于是等伤口稍有好转,就让战友将他绑在马上行军。

干部休养连在向赤水河行进途中,走到花苗田时,突然遭到一个营的敌人的袭击。形势万分紧急。邓颖超命令将警卫员留下全部集中阻击敌人。连长侯政、指导员李坚贞率30多名警卫员还击,打退了敌人的几次冲锋。战斗空隙,躺在担架上的钟赤兵提醒侯政,要注意节约子弹,待敌人逼近再打。侯政把子弹用在关键处,他们边打边撤,带领大家转移到大沟深处。然而,抬担架的民夫在敌人进攻时惊跑了。侯政见状便和文书谢有发及马夫与通讯员一道分别抬着钟赤兵等人转移。这时战火还没有停息,钟赤兵知道危险还没有过去。他恳切地对侯政等人说:"你们走吧,把我放下,不要因我拖累了大家!"但战友们不由分说,冒着枪林弹雨,从硝烟中硬是把钟赤兵等重伤员救了出来。还有一次,敌机来轰炸,一颗炸弹即将落在钟赤兵附近。此时在旁边的贺子珍临危不惧,奋不顾身地扑到钟赤兵身上,保住了他的性命。然而贺子珍自己的后背却被弹药炸伤,还险些丢了性命。

新中国成立后,在解放军某医院住院的钟赤兵拄着拐杖,在走廊上遇见了李坚真。他兴奋地喊道:"李大姐,李大姐。"李坚真指着自己宽阔的肩膀说道:"老钟,还记得吗?长征时我的肩膀让你当路走了。"当时她的肩膀都磨红肿了。"记得,记得!"钟赤兵含着眼泪,紧紧握住李坚真的手说:"没有你们的肩膀,就没有我的今天啊!"

1935年8月,钟赤兵所在的干部休养连由川西北黑水芦花出发,在粮食匮乏、没有油盐吃、衣服又单薄的艰难条件下,爬雪山、过草地。凭着坚定的信念和顽强的意志,钟赤兵克服了常人难以忍受的苦难,在没有担架抬送时,硬是拄着一根拐棍,一颠一跛,摔倒了自己拼命爬起来,掉在沼泽泥潭里,在战友的救助下奇迹般地挣扎出来。苏振华在自传中写道:"第12团自芦花出发有2 700多人,通过雪山草地到甘肃的哈达铺,不到一个月时间,因掉队死亡减员1 700多人。由哈达铺到陕北吴起镇全团只剩473人。"

钟赤兵凭着一条腿能从长征中活着走过来,这要有惊人的毅力。长征到陕北后,钟赤兵担任了陕北苏维埃政府军事部长,不久调任中央军委一局局长。

为组建军委民航局,毛泽东亲自召见钟赤兵,面授机宜

1949年秋的一个傍晚,北京西山双清别墅前,一辆黑色吉姆轿车停住。车里走出两位英气逼人的将军。一位是四野14兵团司令员刘亚楼,另一位是四野特种兵部队政委钟赤兵。毛泽东已经到门前迎接,刘亚楼和钟赤兵不约而同地说:"主席好!"毛泽东上下打量了一下钟赤兵和刘亚楼:"二位将军鞍马劳顿,远道而来,辛苦了!请落座!"刘亚楼和钟赤兵按照毛泽东指的位置坐下。毛泽东边吸烟边说:"你们二位来得正好,现在有一个十分艰巨的任务要交给你们。经恩来同志提议,党中央研究决定,刘亚楼去组建军委空军,当空军司令;钟赤兵去组建军委民航局,也就是当军委民航局长。"毛泽东端起茶杯喝了一口茶后,接着说:"你们二位在恩来同志的直接领导下工作。给你们提个要求嘛,就是只许干好,不准干坏。"刘亚楼和钟赤兵告别毛泽东后,立即奔赴新的工作岗位。

组建中国民航局是一项艰巨的任务,一无飞机,二无专家技术人员,可以说是白手起家。钟赤兵遵照周恩来总理以"两航"作为组建中国民航基础的指示,开始了艰辛的工作。当时,钟赤兵带着秘书和警卫员,在北京饭店办公。他办事雷厉风行,十分讲究效率,除了秘书应办的事情之外,事必躬亲。在不长的时间,就从二野等单位调来一批干部作为军委民航局的骨干。同时,他又安排秘书及有关人员想方设法筹建民航机构和办公设施。在此期间,钟赤兵又分别和"两航"高级技术人员以及起义的积极分子,不分昼夜地谈话,了解情况,征求发展中国民航事业的意见。经过一个多月的紧张工作,军委民航局机构就正式开始办公了。

"两航"即中国航空公司和中央航空公司,是旧中国的两大航空公司。1949年,随着中国人民解放战争迅速发展,"两航"在上海的基地先后搬到香港。衡宝战役开始后,"两航"在华东和西北的一些航站有的告急,有的撤销,国民党政府即胁迫"两航"迁往台湾。此时,香港政府也釜底抽薪,配合国民党政府以《紧急法令》为借口,封闭和征用"中航"启德机场的厂房,使"两航"的数千名员工陷入绝境。具有爱国精神的"两航"员工十分愤慨,立即组成"港九民用航空事业职工总会",进行合法斗争,以维护员工们的经济利益。"两航"员工的斗争受到了中

共中央的关注,周恩来总理立即指令在香港的中共地下党组织帮助"两航"员工。不久,深明大义的"两航"员工在总经理刘敬宜和陈卓林率领下,毅然起义,接受中央人民政府的领导。毛主席、周总理致电祝贺,赞扬"两航"起义"是一个有重大意义的爱国举动"。

经过半年的调查研究和紧张工作,1950年3月3日,钟赤兵给党中央和毛主席写了《民航状况报告》,提出了民航建设的方针、政策。三天后,毛泽东批示:"所拟方针可用。""两航"起义后,由于港英当局同台湾国民党特务相勾结,对其进行各种限制和破坏活动,不准"两航"的飞机在香港启德机场起飞,冻结"两航"在机场的各种器材,国民党特务又大肆破坏和造谣,进行反共宣传,情况紧急而又复杂。面对这种状况,在周总理的同意下,钟赤兵指派长期从事地下工作并参与策划"两航"起义的任伯生去香港,执行同港英当局斗争的任务。

在此期间,钟赤兵经党中央批准,先后两次发表声明,抗议港英当局的不法行为;另一方面,又秘密派人组织"两航"留港员工积极展开护产斗争,保护启驻机场的飞机和器材,同时利用同港英当局诉讼的时间,组织员工秘密以整化零拆卸飞机装箱,雇用外轮先后分批将大批飞机和各种部件及电讯器材运回国内,为建设新中国民航事业提供了可靠的物质基础。

在1952年的"三反""五反"运动期间,钟赤兵因心脏病住院治疗,这时局里一些人因受扩大化思潮的影响,把一位为我国民航工业有大功的工程师打成"大贪污犯",并错误地判了死刑。宣判大会这一天,钟赤兵得到消息,急忙赶到宣判会场,果断地制止,要求"刀下留人",并立即抱病找有关领导据理力争,要求重证据不轻信口供,尊重历史,不看一时一事,认真按照党的实事求是的路线办事。随之,他又拄着拐杖去找周总理申诉,终于使这位工程师获得新生,重新走上了工作岗位。

1961年4月21日,钟赤兵奉调国防科委担任副主任,协助主任聂荣臻元帅工作。林彪出任国防部长、主持军委工作时,要求国防科委也要创"四好"。钟赤兵认为不能硬搬带兵的方法管理科研工作,依旧坚持贯彻由聂帅组织制定、经党中央研究、毛主席批准的"科研十四条",强调国防科研机构的根本任务是出成果、出人才。为了把"科研十四条"落到实处,他认真组织学习贯彻聂荣臻元帅在国防科研机构的重要讲话,并且深入调查研究,抓了第十研究院十四所贯彻"科研十四条"的经验,树立典型,在科委系统大力推广。为了让科研人员走又红又专的道路,他邀请陈毅元帅到国防科委作报告。陈毅元帅渊博的知识、风趣幽默的讲话以及对科研工作的深刻见解,极大地鼓舞了广大科技人员。1975 年 3 月,钟赤兵猝发大面积心肌梗死,永远离开了他为之奋斗的国防科研事业。

被毛泽东誉为"鼎鼎大名"的独臂书法家左齐

在中国人民解放军的众多开国将军中,有13位独臂(含独腿、独脚)将军。作为三军统帅的毛泽东,在谈到我军的独臂及伤残将军时曾说过:"中国从古到今,有几个独臂将军? 旧时代是没有的,只有我们红军部队,才能培养出这样的独特人才!"在这些独臂将军中,就有在军内外享有盛誉的独臂书法家左齐将军,连毛泽东都曾称赞他"鼎鼎大名"。

左齐(1911—1998)

大度对待曾打击过自己的人

左齐,1911年12月出生于江西省永新一个贫苦农民家庭。左齐自幼天资聪慧,上过三年私塾和三年国民小学。1929年,左齐加入了中国共产主义青年团,1932年初转为中国共产党党员,同年7月参加了中国工农红军。在此期间,左齐曾任红六军团第17师第49团政治部宣传队队长,并参加了著名的二万五千里长征。

1934年10月,红六军团在林深路险的五岭山中隐蔽行军,空中有国民党军队的飞机跟踪。这天中午,敌人的飞机一次次从战士头顶上掠过。时任红49团总支书记的左齐义愤填膺地对连长杨七朵说:"用步枪打,狠狠地打!"随后,战士们奉命向敌机开火。子弹击中了敌机的油箱,将其击落。红六军团团长萧克、政委王震特地打电话祝贺,赞扬"步枪打落飞机是全军首创",在全军团范围内通报嘉奖。

1935年11月,红二、红六军团离开湘鄂川黔根据地,开始长征。1935年10

月,左齐率领红49团为全军筹集粮草。为了完成任务,左齐对待不同土豪采取了区别对待的政策,有力地瓦解了土豪阵营,结果被人告发到红六军团保卫部。红六军团保卫部部长吴德峰下令把左齐抓起来审问,认为他是"AB团",撤销他红49团党总支书记的职务并开除党籍,留在军团保卫部当文书。被开除党籍后,左齐忍受着精神和肉体的双重煎熬,经常是闷着头不说话,挑着上百斤的重担只顾往前走,有伤员时就抬担架,宿营时就挑水、烧火、做饭,别人休息了,他又去帮着写标语。那时他心里想:"我不能因为受了委屈就不革命了,死我也要跟着红军走。"

直到1936年3月,红六军团行军到了云南姚安县,红十六师政委晏福生向红六军团党委递交报告,要求为左齐恢复党籍。在萧克、王震等军团首长的关心下,左齐的党籍得以恢复,到红十六师师部担任文书。在长征日记中,左齐写下了一首意境苍茫、意气风发的诗:"远望千里荒,日暮林中藏。蕨薇救饥饿,为复我山河。"1938年12月,党中央正式纠正红军时期的"左"倾路线错误,宣布为左齐同志平反。当时左齐正因负伤截肢身卧病榻,当王震亲口向他传达党中央的决议时,左齐不禁热泪盈眶。这次打击迫害使他在艰难中更显英雄本色,也使他在日后的政治工作中以自己的切身经历为经验教训,把握好实施政策的尺度和分寸。

1975年,经历了"文化大革命"磨难的左齐恢复工作,担任济南军区副政委。由北京到济南赴任前,左齐特地看望了当年把他打为"AB团"的吴德峰。吴德峰在"文革"前曾任最高人民法院常务副院长,"文革"中被打倒,此时还未恢复工作。吴德峰拉着左齐的手,带有愧意:"老左,没想到你一平反就来看我,当年的事情实在对不起啊!"左齐大度地说:"过去的事情,我早就忘记了。这也不是你一个人的责任,和'文化大革命'一样都是党的极'左'路线造成的。要吸取教训的话大家都要吸取。"

截肢手术中的"精神疗法"

抗日战争开始,左齐任一二〇师三五九旅司令部作战参谋、侦察科长。1938年11月初,左齐被任命为三五九旅七一四团参谋长。

1938年9月,日军为实现南取广州、中攻武汉、北围五台山的作战计划,调集5万重兵,兵分25路,对以五台山为中心的晋察冀边区实施围攻。为了打破敌人的围攻,巩固晋察冀根据地,晋察冀军区在八路军一二〇师部队的配合下,以敌进我退、敌驻我扰的游击战法,开始进行反击作战。

11月中旬,左齐得到情报,日军田原运输大队将于1月17日由与山西交界的河北蔚县运送物资到河北涞源县。左齐提前两天率领部队来到蔚涞公路上的明铺村设伏。当时正值太行山的冬天,冰天雪地,异常寒冷。左齐和战士们潜伏了两天时间,等待敌人的到来。17日清晨,日军30多辆运输车从蔚县驶来进入八路军包围圈。

左齐一声令下,我军立即向日军开火,双方开始猛烈交火。驶入八路军地雷区的日军汽车,立即成为一堆废铁。日军没有准备,死伤一片,乱作一团。但日军毕竟是一支训练有素的军队,在指挥官的带领下集中起来开始反冲击。但八路军的炮火更加猛烈,逼得日军龟缩于汽车底盘下抵抗。突然,七一四团的重机枪卡壳吐不出火舌了。左齐焦急万分,跳进机枪阵地排除故障。不料刚排除故障,反扑的日军集中火力向八路军机枪阵地开火。一颗子弹打中了左齐的右臂,顷刻鲜血泉涌。几个战士跃上去抢救左齐,他大喊到:"别管我,快,朝鬼子狠狠打!"

战斗结束了,全歼日军自大队长以下200多人,烧毁敌汽车35辆,缴获炮3门、枪60多支。正当指战员搬运战利品时,左齐却因流血过多晕了过去。昏迷中,左齐模模糊糊地看见明铺村一位房东大娘用开水冲鸡蛋喂他,这个情节一直刻在他的脑海中。三五九旅卫生部政委、主治医生潘世征为了保住左齐的右臂,使出浑身解数,但没能成功,伤情进一步恶化。

19日深夜12时,王震得知白求恩大夫来到位于石矾村的三五九旅前方医院巡诊,赶忙对潘世征说:"快,派人送左齐到石樊村,请白求恩大夫动手术。"担架队日夜兼程,用了三天三夜才把左齐和伤员们送到了设在山西灵丘县下石矾村的三五九旅旅部和前方医院。那时由于日寇控制了煤矿,村里老乡家里没有煤烧,战友们就把青砖放在开水里煮热再铺到炕底下为左齐恢复体温。等候在那里的白求恩大夫给奄奄一息的左齐检查伤口时,发现由于止血带捆绑太久,整个右臂已发黑坏死,便当场对护送左齐的卫生部部长顾正钧等人大发雷霆。当时的医务人员均没有受过专业训练,只一心止血,不懂放松止血带保持肢体供血的道理。

白求恩发现右肩臂连接之处的骨节,因连中两弹,已被打断。诊断结果是必须马上截肢,否则将有生命危险。左齐要求能保住右臂,免得终生残废。白求恩摇摇头,轻轻拍了左齐一下,像对孩子似的那样心疼,却又表情严肃地扭头走了。

第二天,王震旅长来到了左齐的病床前,给他做截肢的思想工作:"白大夫是为你的整个身体着想,才这样决定的。你看呢?"看到左齐还是噙着不理解的泪水又说:"那有什么! 七一七团政委晏福生(1936 年晏福生在战斗中负伤而失去了右臂)不是工作得挺出色吗? 打仗勇敢,固然是革命军人本色。但治好伤病,更是革命的无价财富。如果我处在你的情况下,我是愿意当第二个晏福生的。"说到这里,左齐理解到一切都是为了抗战的需要,同意了做截肢手术。当左齐艰难地点头同意时,王震俯下身紧紧拥抱着他,两个人的眼眶中噙满了热泪。白求恩见到此情此景,紧紧握着王震的手说:"谢谢,谢谢。"王震满面笑容道:"你把话说颠倒了,'谢谢'应该是出自我们的口里,而不是你。"

接着,另一个问题出现了,麻醉药品严重缺乏,手术要忍受常人难以忍受的痛苦。潘世征为难地对左齐说:"医院的麻醉镇痛药品有限,很难保证手术全程麻醉。"左齐微笑着说:"不要紧,我有我的精神疗法,人家一个外国人漂洋过海来到中国,帮我们打鬼子,我要用这种精神疗法战胜疼痛,战胜伤残,重返前线。"在麻药缺乏的情况下,白求恩给左齐做了右肩关节离断手术。左齐知道医院麻药紧缺,当白求恩在手术后为他换药时,他坚持不用吗啡,咬紧牙关,豆大的汗珠往下滚。白求恩握着左齐的左手,伸出大拇指夸奖他,还把自己从加拿大带来的仅存的一瓶磺胺给他用于治愈伤口。

左齐还把"精神疗法"的"秘诀"传授给病友。左齐听到有的重伤员因伤口疼痛而免不了发出哼哼的叫声,就耐心地给他们做思想工作。他同伤病员说:"白求恩大夫重视实施医药与精神并疗的医术是治伤病的良方。我们都要保持乐观向上的精神,积极配合白大夫对我们的治疗,不让白求恩大夫因我们的情绪而分心。"左齐与伤员们一起自动约法三章:"一是忍住伤痛不要哼哼,以免互相影响情绪;二是轻伤员帮助护理重伤员,互相关心,互相体贴,相互鼓励,造成团结、乐观向上的气氛;三是积极争取早日伤愈回前方多杀日本鬼子,报仇雪恨。"左齐带头并组织伤员们一起自觉遵守白求恩大夫的精神疗法的行动,使白求恩大夫很受感动。

在医院疗伤的日子里,左齐在枕边放了一个日记本。前来看望他的战友,都会在上面写下安慰鼓励他的留言。还有许多战友给他写来热情洋溢的信,寄来自己的照片,给左齐以很大的鼓励。三五九旅参谋长郭鹏、政治部主任袁任远、七一八团团长陈宗尧联名送来照片和诗:"朋友,朋友/你为民族截去一只手/多么光荣,多么伟大,这是你历史上的光辉不朽/战友,战友,莫悲伤,别忧愁/坚持抗战到底,自由幸福将在不久。"左齐一直珍藏着这些信和照片,就是这种革命队伍中兄弟般的深情厚谊给了左齐信心和勇气,使他度过了那些漫长痛苦的日子。

1939 年春天,左齐的伤情一天天好转,他用左手吃力地写了这样的诗句:"大地穿上雪的衣衫/洁白美丽的母亲啊/请不要伤心/你又添了一个断臂的儿男/忸忸怩怩的左手呀/又摆架子/我告诉你/你跟右哥做伴/吃了二十多年冤枉/今天,右哥去了/你应该完全负起责任。"

1939 年秋,一二○师三五九旅举行了隆重的祝捷大会。三五九旅的三位独臂指挥员——三五九旅七一七团政委晏福生(1955 年授中将军衔)、三五九旅七一八团政委左齐(1955 年授少将军衔)、三五九旅七一九团一营教导员彭清云(1955 年授少将军衔),都参加了这次会议。三位独臂将军同属一个旅,又长期在一起战斗,这在我军历史上没有第二例。走过峥嵘岁月,几十年来,他们三人很难再有会面的机会。晏福生留驻湘粤,左齐一直屯垦新疆,彭清云从朝鲜战场率部回国后,在北京总部工作。他们都期盼有一天三位老战友能再相会。1979 年6 月,时机来到了。彭清云作为全国人大代表,与作为全国政协委员的晏福生、左齐一同在北京分别出席全国人大五届二次会议和全国政协五届二次会议。阔别40 年的战友在人民大会堂重逢,他们非常高兴。1979 年 6 月 18 日,五届人大二次会议在北京召开。聚集在人民大会堂东门外的代表委员们纷纷入场。三位身着草绿色军装的独臂将军——晏福生、左齐、彭清云并肩而行,颇引人注目。他们边走边谈,缓步迈上台阶。

当登上人民大会堂东门外第 40 层台阶时,三位将军停住了脚步,回眸眺望天安门广场,心情格外激动。此时此刻,他们或许想起了 40 年前的那次合影。"来,还按40 年前合影的队形站好!左齐站中间,清云在右边,我在左边!"晏福生操着一口浓厚的湖南话下了命令,俨然又回到了当年的战场上。在场的总参政治部文化部部长赵勇田两次按动了快门,把三位将军团聚的时刻又一次留在底版上。这张照片很有意义,赵勇田在冲洗好后题上"战友重逢"四个字,赠送三位将军每人一张。左齐看着这张照片,心潮起伏,文思泉涌。他左手握笔,在照片背面写了如下诗句:"少小革命即为家,南征北战度生涯,有幸聚首议国事,满怀信心建四化。"

毛泽东称赞左齐"鼎鼎大名"

1941年春,为打破国民党对抗日根据地的经济封锁,坚持抗战,党中央号召根据地军民自己动手,丰衣足食,开展大生产运动。三五九旅奉命开赴荒无人烟的南泥湾开荒种地、发展生产。经过两年多时间的艰苦奋斗,终于使南泥湾变成了粮食堆满仓、遍地是牛羊的陕北好江南,成为边区自力更生、发展生产的一面光辉旗帜。1942年,左齐调任七一八团政委,他和团长陈宗尧率领全团艰苦奋斗,把南泥湾变成了"陕北的好江南",成绩显著,被贺龙授予"文武双全团"的光荣称号。

对此,毛泽东很高兴,特意安排接见了三五九旅旅长兼政委王震、副政委王恩茂,认真听取他们的汇报。当王震介绍在大生产运动中涌现出的英雄模范人物时,提到了七一八团政委左齐是只有一条胳膊的人,在南泥湾开荒生产运动中,他深入营连基层做思想政治工作,发现先进及时表扬、推广,使整个部队掀起你追我赶的劳动竞赛热潮。残疾的左齐不能像大家一样抢锄头去开荒,就主动充当"伙头军",上午跟炊事员们一起做好饭,中午又亲自挑着饭送上去。从春到冬,日复一日,年复一年,左齐就是这样天天给大家做后勤保障工作。七一八团干部战士无不为左政委的行动所感动,大家情绪高昂,士气旺盛,干劲十足,努力生产,取得突出成绩,七一八团被评为三五九旅的"生产模范团",左齐也成了远近闻名的"劳动英雄"。朱德总司令从太行前线回到延安后,特地去看了七一八团,对七一八团大加赞赏。

在陕甘宁边区,左齐的名气很大。1943年5月,毛泽东在杨家岭召开的干部大会讲到大生产运动时,特别表扬了陈宗尧和左齐。他说:"左齐同志是该团政治委员,他在战争中失去了一只手。开荒时,他拿不起锄头,就在营地里替战士们做饭,挑上山去给战士们吃,使战士们感动得不可名状。我们全体党的干部,都要学习这两位同志的精神,和广大群众打成一片,克服一切脱离群众的官僚主义。"左齐和陈宗尧等人用过的镢头、筐子,穿过的草鞋还在延安展览会上展览过。边区群众剧团把左齐的事迹编成节目,在延安公演,在边区军民中传为佳话。

1944年10月,三五九旅奉命组成南下支队到江南开辟抗日根据地。行前,毛泽东请南下支队干部吃饭。席间,王震把左齐介绍给毛泽东:"这就是你表扬过的左齐同志。"毛泽东握着左齐的手亲切地说:"你这样鼎鼎有名的人,我第一次见到,非常高兴。"毛泽东夸奖左齐鼎鼎有名一事,在延安不胫而走。

"左齐不左,真理在握;为党为民,光明磊落"

1949 年 10 月 1 日,中华人民共和国成立,左齐所在的人民解放军第二军驰骋西北战场,经过艰苦卓绝的努力让第一面五星红旗在酒泉上空高高飘扬。十几万大军集结酒泉准备进疆,当时新疆各地起义部队中的反革命分子,烧杀掳掠祸害百姓。中央军委命令一野第一兵团火速进疆,剿灭叛匪。

已担任一野第二军副政委兼政治部主任的左齐与其他军首长一起,紧张地做好各项进疆准备工作,对部队进行进军新疆和尊重民族风俗习惯的动员。原二军政治部民运部工作人员宋增泰曾回忆道:"酒泉解放后,二军政治部主任左齐恐怕是最忙的人了。他精力过人,夜以继日,我们很少见到他休息。在 9 月底的一个早晨,他在酒泉大教场向部队做了进军新疆的动员讲话,他那空着的右臂袖子随风飘扬,而那有力的左手不时挥起。他的讲话很能鼓舞人心,我们听了,浑身都增添了力量。"

在此期间,左齐不仅针对部队思想实际抓教材编写,大搞宣传鼓舞士气,还让宣传队演出评剧《北京四十天》,克服了部队部分成员骄傲松懈的情绪。他教育部队要准备再进行一次长征,从各个方面做好进军新疆的准备工作。

二军开进哈密城时,满街的废墟还在燃烧,废墟下面是尸体。叛军将商店银行洗劫一空,从火海里逃生的老百姓在街头哭叫,一派凄惨景象。解放军战士灭火安民,给百姓们送去救济粮,文工团敲锣打鼓给群众作慰问演出,群众围着部队久久不愿离去。没有房子住,部队就在广场上露营。

在进驻新疆的十万大军中,二军走的路最远,吃苦也最多。他们不顾天寒地冻,穿戈壁越荒野,风餐露宿,徒步跋涉 3 000 公里,于 1949 年 12 月进驻边陲重镇喀什。5 万人的部队面临的头号问题就是吃住问题。部队来不及休整,就立即投入备耕开荒的艰苦劳动中。左齐身先士卒,亲自访问当地农民,踏勘荒地,选点定点,亲自到田头地边、修渠工地检查生产,宣传执行党中央和彭德怀、王震开展大生产的指示,将三五九旅的光荣传统和南泥湾精神继续发扬光大到屯垦戍边事业中。1950 年,南疆军区部队开荒 30 多万亩,当年就有一些种上了庄稼,收获粮食

8 000 多吨。

1952 年,左齐任南疆军区政委,他与郭鹏司令员一起担负起南疆军政大事的重任。左齐走遍了南疆 5 个地区 30 个县,他经常是在老乡家里与他们促膝而谈,了解群众疾苦,进行社会调查,熟悉当地风俗民情。他最早提出举办翻译培训班和少数民族干部培训班,消除语言障碍,提高少数民族干部的觉悟水平,依靠他们开展工作。这些措施有力地推动了南疆减租反霸、建党建政、民主改革运动。左齐待人诚恳,和蔼可亲,许多民族干部都愿意亲近他。在左齐的率先垂范下,各民族干部互相尊重、互相团结,同心同德搞好工作。

1951 年初秋,在南疆疏勒县塔孜洪乡召开的贫雇农座谈会上,一位老乡生气地说:"共产党解放军亚克西(很好的意思),就是有一个排长(解放前当地群众把军人统称为排长)到我家,对我不好。我准备了许多东西请他吃,他说,解放军不拿群众东西,谢谢。我觉得他这是看不起我,他走后我气得自己打自己嘴巴。"

座谈会主持人问此人是谁,老人说那人只有一只胳膊,原来他就是左齐。左齐得知此事后检讨说:"我对维吾尔族的风俗习惯还了解得不全面,伤害了老人的感情,这是一件事关群众关系的大事,我应该检讨。"第二天,左齐就带着砖茶和方糖来到老人家中赔礼道歉。老人感动得热泪盈眶,拉着左齐的手久久不放。从此,这位老人成为左齐家的常客。慢慢地,这个故事也流传开来,维吾尔族乡亲都亲切地称左齐为"左齐阿吉阿洪"。

长征途中被打为"AB 团"的经历,让左齐终生难忘,也给了他很多的思考。在当时以"阶级斗争为纲"的形势下,左齐不避政治风险,仗义执言,保护干部和知识分子,令许多尊敬、爱护他的干部和知识分子都为他本人政治上的安危而担心。但左齐并未因此而改变初衷,他依然在力所能及的范围内捍卫着党的干部政策和知识分子政策。他曾意味深长地对提示他的同志说:"我是个九死一生的人,我问心无愧,没有什么可怕的。我怕的是这样搞下去,我们的党我们的国家会蒙受不可估量的损失。我们党唯一的财富就是有一批忠实于党忠实于人民的干部,一个干部成长起来是很不容易的。因此,我们一定要珍惜每一个干部和知识分子的政治生命,要像保护自己的眼珠一样保护干部,保护愿意与我们一起搞建设的知识分子。"

今天,王洛宾的名字像他的歌一样被人们所熟知,但却很少有人知道这位"西部歌王"在新中国成立后曾两次被投入监狱,都是左齐出面多方交涉才使他获得人身自由和创作空间。就是在左齐这把"保护伞"下,王洛宾的音乐才能得到了发挥和展示,也使中国西部歌坛因为他的存在而"吹尽黄沙始见金"。

王洛宾曾在国民党旧军队当过军官,参加解放军后又因违反军纪脱队而被捕入狱。左齐知道他是个人才,1953 年,当他知道王洛宾的情况后再三向新疆军区交涉,以"监外执行"的名义,让王洛宾到南疆军区文工团当教员。在王洛宾的帮助下,南疆军区文工团的音乐创作水平得到很大提高,多次在全国全军获奖。南疆军区文工团撤销后,王洛宾转入新疆军区文工团。1959 年,王洛宾被再次关进监狱。1962 年,左齐又将他以"假释"的名义要回新疆军区文工团,成就了一位西部歌王。王洛宾经常对人说:"我的音乐生命是左政委给的,没有左政委就没有我王洛宾。"1991 年,左齐回到阔别多年的新疆。王洛宾兴冲冲地赶来,喊着"左政委,左政委"的名字出现在房门前时,左齐却不敢相认了,因为王洛宾一脸长胡子,与原来判若两人。左齐疑惑地问:"你是谁呀?""我是王洛宾。""噢! 是你呀,你这个样子我都认不出来了。"王洛宾大步向前,一把搂住左齐,不禁潸然泪下。

喀什地区群艺馆党支部书记吐尔逊江,至今仍清楚地记得 1951 年的一件事。他的老家在阿克苏,一天几位解放军同志来到他家里。吐尔逊江的父亲祖农·买合苏提是旧官吏,夫妇两人均已被解放军带到喀什去集中学习和审查。一见又来了解放军,家里人都惴惴不安。解放军同志客气地说,是二军副政委左齐让他们来的,他正在阿克苏视察工作,听说祖农夫妇有一个小孩(吐尔逊江)在这里,正好顺路带他去见父母。吐尔逊江坐上了左齐的小汽车,随他一起到了喀什,与多日不见的父母团聚了。左齐还将吐尔逊江安排在二军幼儿园和南疆军区八一子弟学校读书,并像部队子弟一样享受供给制。吐尔逊江说:"左齐同志对我父母的关怀,让我们全家感激涕零,父母亲把这些大恩大德深深地记在心里,还常常叮嘱我们后代一定不要忘记左政委的恩情,不要忘记共产党的恩情。"

国民党起义军官祖农·买合苏提,曾任国民党时代的阿克苏警察局副局长。按当时的肃反条例,他属于镇压对象,但他有文化,精通维汉两种语言。在左齐的过问下,祖农·买合苏提得到政府的宽大处理,到二军教导团维汉文大队维文队任教员,他的妻子左尔汗被派到二军文工团当翻译和舞蹈教师。他们曾在 1951 年排演了第一出双语话剧《天亮之前》,在基层巡回演出时收到很好的宣传效果。祖农·买合苏提夫妇俩在工作中兢兢业业,为政府培养了大批急需的翻译人员。新疆文化界知名人士如主持搜集并参加翻译柯尔克孜族英雄史诗《玛纳斯》的自治区文联译审刘发俊,因搜集整理和出版《阿凡提故事》而闻名的原新疆人民出版社编审赵世杰等都曾是祖农·买合苏提的学生。

左齐总是说政策是把刀,一歪一大片,他自己亲身经历过被"左"倾路线错打乱判的痛苦,所以他坚持不在自己手下冤枉一个好人。部队作家杨伯达评价左齐的一生行事:"左齐不左,真理在握;为党为民,光明磊落。"

一对革命鸳鸯

左齐在井冈山斗争时期就已经结婚,妻子珍妹鼓励他参加红军。当红军开始长征之后,珍妹留在了中央苏区坚持斗争,从此他们两人失去了联系。抗战中,左齐听说珍妹牺牲了,心里非常痛苦。对于左齐的遭遇,王震看在眼里,急在心里,他准备给左齐介绍一个对象。

当时,18岁的女战士陆桂杰刚参军,而大他12岁的左齐已是受人尊敬的抗日英雄。王震叫陆桂杰去他那里谈话,听说旅长叫,陆桂杰不知所措,便问团长张仲翰该怎么办。张仲翰说,别管首长说什么,你只管答"是"。王震操着一口浓重的湖南话,陆桂杰是河北人,从头到尾一句也没听懂,只知道敬礼喊"是"。

经过王震的介绍,左齐与陆桂杰相识了。经过一段时间的相处,陆桂杰逐渐了解了待人温厚体贴又颇通文墨的左齐,对他产生了好感,他们很快结为夫妇。在漫长的革命岁月里,他们虽是聚少离多,各自奔忙在自己的工作岗位上,但却患难与共,相濡以沫。1944年11月,左齐参加南下支队离开延安,陆桂杰抱着孩子到机场送行。左齐写了一首诗《在离别的时候》,表达了对妻子的感激。"文化大革命"期间,左齐遭受造反派的批斗,每次被批斗回来,陆桂杰便迎上前去,给他以精神的安慰,帮助他度过了这段最艰难的时光。

1983年,陆桂杰因为肾衰竭、尿毒症等疾病住进了医院,一住就是七年。妻子住院后,左齐设法给她做可口的饭菜。陆桂杰看到自己拖累了丈夫,很是自责。1990年,陆桂杰去世。临终前,陆桂杰难过地说:"老左对革命有坚定的信念,做事有毅力,都怪我的病拖累了他,要不他会为革命为人民做出更多更大的贡献。"

陆桂杰去世后,左齐含泪挥毫赋诗《永别》:"白头到老情谊深,身染重病不由人。悲音难挽流云去,哭声相随野鹤鸣。纵使音容能思忆,嘤嘤衷曲有谁听。"他将这幅字挂在书房里,常常坐在妻子的遗像旁陷入对往昔的回忆。人们都赞扬左齐和陆桂杰是一对革命鸳鸯。

"左臂左笔左将军"

1955 年,左齐被授予少将军衔,获二级八一勋章、二级独立自由勋章、一级解放勋章、一级红星功勋荣誉章。

左齐在失去右臂的情况下,不但顽强战斗、勤奋工作,而且夜以继日地学习、写作。他从负伤截肢的那天起,就下定决心,做到生活自理。20 世纪 60 年代初,一个偶然的机会,左齐遇到了几位书法家,萌发了用左手学习书法的念头。用左手练书法,谈何容易。但是左齐坚持下来了,废寝忘食地练习书法,也不知有过多少次晕倒和摔跤,终于成了中国人民解放军中一名左笔书法家。1989 年,左齐的名字被收入《中国书画篆刻名人录》。左齐的作品多次参加全军和全国的书法展览,他先后被聘请为齐鲁书画研究院名誉院长、济南军区老战士书画研究会名誉会长。

1991 年,八十高龄的左齐在挥毫泼墨

在左齐的眼中,书法是一种艺术,也是一种享受。在向人谈起练习书法时,左齐深有感触地说:"我写起字来,全神贯注,气沉丹田,身正脚稳,浑身有力,不但净化了思想感情,而且运动了肢体血脉,筋骨舒畅,真是其乐无穷、受益匪浅!"左齐的书法独具一格,气势磅礴,挥洒自如,凝重有力,充分表现了独臂将军的坚毅性格,深受各界人士的赞誉。左齐以其独具特点的"左书",赢得了"神笔"的赞誉。左齐的作品走进了千家万户,有的还在国外展出和被收藏。

1990年初和6月,经济南军区和总政治部推荐,左齐分别在济南、北京举办了"左齐左笔书法展",展出了左齐在各个历史时期的书法作品120余幅。书法展的参观者达10多万人。6月23日,"左齐左笔书法展"在北京军事博物馆开幕。开幕式由中国老年书画研究会副会长史进前主持,中顾委常委王首道致贺词,中顾委常委肖克、余秋里,政协副主席马文瑞为展览剪彩。秦基伟、宋任穷、王平、杨得志、廖汉生、迟浩田、周克玉及左齐在京的老战友400余人参加了开幕式。宋任穷为左齐题词:"左笔出奇葩。"迟浩田上将的题词是:"左臂左笔左将军,战将文将儒将风。"

从20世纪80年代开始,左齐开始著书立说,将他丰富的革命经历,用诗词、日记、散文等形式生动地记述下来,经过几年的整理与编纂,先后出版了《革命生涯》《步履》《戎马春秋》三本书。1992年8月,黄河出版社出版了左齐的《左笔书法集》。左齐常说:"书法是艺术,艺术就应该为促进精神文明建设服务,为宣传革命传统服务。"为了用书法艺术广泛地宣传精神文明建设,左齐经常深入农村、部队、学校题词写字,为农民写对联。一次,他与另外两名离休干部到胶东各县送书画时说:"我们老了,全靠你们劳动生产养着我们。我们已无可报答,能给你们做点事就做点事吧!"短短20多天,左齐就先后走访了15个县,创作书法作品上千幅。

1998年8月26日,左齐在济南病逝,享年87岁。

第五篇

红色利剑

★

革命战争年代的司法人物

马锡五（1899—1962）

"马锡五审判方式"与马锡五的传奇人生

2009 年 8 月，根据马锡五事迹拍摄的电视连续剧《苍天》在央视一套热播，引发了社会各界的广泛关注和热烈反响。对于今天的普通民众来说，马锡五是一个陌生的名字，然而他在中国法制史上却留下了光辉的一页。以他名字命名的"马锡五审判方式"，成为中国唯一以人名命名的审判方式。2009 年 3 月，最高人民法院院长王胜俊提出，全国各级法院要继承和发扬"马锡五审判方式"，深入基层，巡回审判，就地办案。经媒体广泛报道后，引发了中国司法界的"马锡五审判方式"热。那么，马锡五是怎样的一个人，他的司法实践有何特色，缘何采用他的名字来命名一种审判方式呢？

全心全意为人民服务

马锡五，陕西省保安县人，1899 年 1 月 8 日出生在一个贫苦农民家庭。马锡五小学毕业后放过羊，当过保安县警察，做过生意，在油坊当过学徒，因干涉不法行为，受诬坐牢 3 个月。出狱后，在县任 3 年职员，参加过反对军阀征收苛捐杂税的暴动。在他饱受苦难、寻找人生出路时，听说刘志丹组织穷人闹革命，在 1930 年春，乘刘志丹回保安县组织军队之机，他闻风而去，随刘志丹与谢子长参加了革命。马锡五接触过旧社会的三教九流，阅历丰富，在部队从事军需工作。1935 年春，马锡五任陕甘宁边区苏维埃粮食部长，同年 12 月入党。1936 年 5 月，中央红军到达陕北后成立了陕甘宁省,马锡五担任省政府主席。1940年至1946年,马锡五又任陇东公署专员兼陇东法庭庭长。1946年4月,在边区参议会上,马锡五当选边区高等法院院长,一直到1949年。

善于联系群众,是马锡五工作最突出的特点。在陇东工作期间,马锡五经常和机关干部学习、生活,还经常告诫同志们要时常记住联系群众,注意群众的生活和生产问题,关心群众的利益,如果忘记了群众,办事违背群众利益,工作就失去了意义。马锡五不但要求机关干部这样,而且他本身就是分区机关干部联系群众的模范。那时,马锡五除了经常到各县、区向干部群众了解情况外,还经常到庆阳县城附近找群众谈话。去的时候,他常一个人随身带一件生产工具,和群众一边劳动,一边交谈。就这样,他在庆阳县附近的西河湾、五里铺等处,交了许多农民朋友,这些朋友经常找他交谈农业生产情况和出现的问题,把他看作自己的知心朋友。时至今日,一提起当年的"马专员",庆阳的老年人便纷纷交口称赞。

自力更生,艰苦奋斗,全心全意为人民服务,是马锡五一贯的工作作风。当时,边区人民群众的生活还很清苦,庆(阳)环(县)分区专署开始时借用当地群众房屋办公和住宿。马锡五担心长此以往,会给群众带来许多不便,会影响党群关系。于是,他召集专署机关干部开会,决定自己动手建窑洞。虽然政务繁忙,但马锡五事事带头,以身作则,处处走在前面,既是工地的指挥员,又是技术多面手,大家亲切地称赞他是"工匠头"。经过两个多月的苦干,分区机关干部共挖土窑洞100多孔,基本上解决了办公和住宿问题。

马锡五平易近人,谦虚朴素,善于联系群众。他时常走村串户,和农民谈天说地,一起劳动,了解群众疾苦。一天,专署开会,人都到齐了,却不见主持会议的马锡五,通讯员到处找他,后来才发现他正在附近帮助一位老农抓粪种洋芋。在农活中,这是最脏最累的活。通讯员见马锡五满身粪土和满脸的汗水,抱怨他出门不打招呼使他们找不着而担惊害怕时,马锡五却笑着说:"看你脸吊的,用得着生那么大的气吗?我又没被人杀了,怕什么!"马锡五不但当场向通讯员道歉,并为自己立下规矩:以后有事外出,一定要告诉通讯员。

1946年,马锡五当选陕甘宁边区高等法院院长,领导全边区的司法工作。马锡五不仅坚持和发扬群众路线搞好案件审理工作,而且对罪犯的教育和改造也十分重视,并取得了很好的效果。他常常对司法人员讲,要重视罪犯的教育和改造,批评了一些在教育方法上的简单和粗暴,要求全体干部了解犯人,要认识到犯人也是人，要把罪犯当人看待，他能变成坏人，也就有可能变成一个新人。在马锡五的领导下，高等法院的管教工作有了很大改进。法院经常组织犯人学习有关材料，认识形势，特别是帮助他们分析各自犯罪的根源，从而使他们改恶从善，重新做人。马锡五还经常去监狱里检查卫生情况，并提出，犯人有两只手，可以组织他们参加生产，这样不仅可以在劳动中改造自己，还可以为社会创造财富。

在马锡五的领导下，边区法院组织犯人开了几十亩荒地，种了蔬菜，还办了豆腐坊、粉坊、养猪场，并组织了30名犯人纺线，马锡五空闲时，也同法院工作人员一起参加生产。就这样，法院和监所不仅做到了菜和副食品基本自给，还通过生产促进了犯人的改造，在马锡五的领导下，法院采取了正确的管教方式，在押犯人大多数都得到了很有效的教育改造，这些犯人在刑满释放和提前释放后，基本上都能遵守法纪，很少有"二进宫"的现象。

1949年2月，陕甘宁边区高等法院改为边区人民法院。同年5月西安解放后，陕甘宁边区人民法院进驻西安。1949年12月，马锡五任最高人民法院西北分院院长。1952年8月，他又兼任西北军政委员会政治法律委员会副主任。1954年8月，马锡五当选第一届全国人民代表大会代表，以后被任命为最高人民法院副院长。在一次全国司法工作会议上，毛泽东接见会议代表时，亲切地握住马锡五的手说："马锡五你来喽！你来了事情就好办啦。"此后，马锡五在谢觉哉院长的领导下，出色地完成了最高审判机关担负的各项任务。

马锡五在最高人民法院工作期间，仍然保持党的优良传统，他经常教育司法干部，调查研究要有群众观点，要体贴群众的困难，处处方便群众。他有时到基层了解情况，不论到哪里，都能平等待人和群众打成一片。1959年春季的一天，湖北省孝感县花园人民法庭来了一位老同志和一位青年同志，他们拿出最高人民法院的介绍信，上面写着："兹介绍我院工作人员马文章、张敏二同志来了解情况"，县法院的同志将他们安置好后，每天和这位和蔼的"老头"一起饮食起居、毫无拘束。这位老同志有时到派出所了解社会情况，有时到附近农村与社员一起劳动和聊天，群众见他说话和气，同他也就无话不谈，半个月后，县法院接到上级电话，大家才知道这个"老头"原来是最高人民法院的马锡五副院长。正如一位了解这一情况的同志所说："人们每回忆起这些情景，敬仰之情不禁油然而生，他那种平易近人，联系群众，体察民情的优良作风，对于某些领导干部下来时那种蜻蜓点水，主观武断，前呼后拥，吃喝收礼的'钦差大臣'作风，难道不是一面镜子吗？"

1961 年 9 月,马锡五到西北检查法院工作。他专程回到他曾经当过专员的陇东专区的庆阳、曲子、环县等地检查法院工作。当地干部群众听说老专员回来了,纷纷前来看望他,向他反映情况。马锡五不顾旅途劳累,热情接待他们,并且主动看望了许多干部和群众,了解民间疾苦,倾听意见和呼声,自己拿出钱来接济贫苦百姓,还下地同群众一起秋收。马锡五对当地党政负责同志说:"陇东是老区,解放这么多年了,人民生活还这么苦,我感到很难过,很不安。"临走时,他还再三叮嘱当地同志要努力发展生产,改善人民生活。

马锡五孙子马抗战后来回忆说:1961 年爷爷回陕西、甘肃等地视察工作,我从西安和他一路同行。路上他不时地问农村的形势,农民吃住、穿用,问庄稼的长势,问群众的情绪。到延安的第二天,他便去柳林公社参加劳动,和农民们边锄草边聊天。省院领导任扶中说:"马老走到哪里都是这样,参加劳动是马老的一贯作风。"在回保安之前,他特意买了 5 把锄头回家,送给早年和他交厚的几位农民,鼓励他们"要好好劳动,渡过难关"……

巡回办案为人民服务,处理"刘巧儿案"等民事纠纷

马锡五在任陇东分庭庭长、陕甘宁边区高等法院院长期间,继承苏维埃政权就地审判、巡回审判的革命传统,结合边区的实际,总结群众的经验,把党的群众路线的工作方法和优良作风创造性地运用到审判工作中去,找到了深入群众、调查研究、实事求是、就地解决的司法民主的崭新形式——马锡五审判方式。

马锡五审判方式是抗日民主政权时期马锡五实行的贯彻群众路线,深入进行调查研究的办案方法。这是把群众路线的工作方法,创造性地运用到审判工作中的司法民主的崭新形式。马锡五审判方式是巡回审判方式的典型代表,有其显著特点:其一,深入农村,调查研究,实事求是地了解案情;其二,依靠群众,教育群众,尊重群众意见;其三,方便群众诉讼,手续简便,不拘形式。马锡五审判了大量民刑案件,处理了很多长期缠讼不清的疑难案件,纠正了一些错案,减轻了人民的讼累,深受群众欢迎。边区人民亲切地称马锡五为"马青天"。1944 年,陕甘宁边区政府主席林伯渠在边区政府工作总结中提出"提倡马锡五审判方式,以便教育群众",给予了马锡五审判方式高度的评价,将马锡五审判方式广泛进行了推广。

在马锡五审判方式出现之前,陕甘宁边区司法审判方式以坐堂式审判为主。

由于受旧式审判制度影响,有些审判人员在刑事审讯时存在对犯人严厉呵斥、打骂甚至刑讯逼供的衙门作风,民事审判方面则不讲任何形式,过于随便,毫无严肃之感。马锡五审判方式出现后,审判方式和审判作风发生了重大变化。首先改变以坐堂问案为主的审判方式,普遍采用就地和巡回审判方式。审判人员走出法庭,携卷下乡,亲赴争议地点,依靠群众,就地审判。马锡五认为,边区农村区域辽阔,如果要求当事人都到法庭诉讼,花盘缠,误农时,负担很大。审判人员深入群众,就地审判,既能方便群众,又能抓住事实关键,正确处理案件。为保障人民利益,他还组织巡回法庭定期巡视所属各县,检察司法工作。

"刘巧儿"一案,就是马锡五在巡视中审判的一个经典案子。1943年春的一天,马锡五来到华池县检查工作,遇见一个女青年拦路告状。她声言对县司法处的一审判决不服,要求秉公处理。这个女青年叫封棒儿(小名胖儿,后更名封芝琴),上诉和张柏儿的婚姻案。1928年,3岁的封棒儿由其父封彦贵包办,与张金才次子张柏儿订婚。1942年5月,封彦贵见女儿长大成人,为了多索聘礼,便教唆封棒儿以婚姻自主为借口,要求与张柏儿解除婚约。同时,封彦贵接受法币2 400元和硬币48元聘礼,暗中将封棒儿许给张宪芝之子为妻。张金才获悉后告到华池县司法处,该处虽然根

真实的甘肃华池县"刘巧儿"封芝琴

据婚姻自主原则,做出"买卖婚约"无效的正确判决,但是对封收取张家聘礼,却只字未提,尤其是不调查研究,对封买卖婚姻的违法行为不加批评,以致引起张宪芝和群众不满。1943年2月,封棒儿与张柏儿在钟家吃喜酒时偶遇,情投意合,双方表示自愿结为夫妻。同年3月,封彦贵又以法币8 000元、硬币20元、哗叽布4匹,将封棒儿卖给庆阳县地主儿子朱寿昌为妻。封棒儿不屈从封建礼教压力,违抗父命,暗中通知张柏儿。张金才闻讯,即纠集20余人,于3月13日深夜携棍

棒闯入封家,将封棒儿抢回成亲。封彦贵又告到华池县司法处,司法处在二次审理该案时,不经调查研究,偏听偏信封彦贵的控告,未追究其反复出卖女儿的不法行径,就判处张金才徒刑6个月,封棒儿与张柏儿自主婚姻无效。对此判决,当事人双方不服,群众也不满意。

马锡五在受理这一上诉案件后,亲赴华池县温台乡封家园子,深入了解问题的始末,详细询问当地区乡干部,走访群众,亲自征求封棒儿对婚姻的意见。封棒儿即表示了要与张柏儿结婚的决心。在查清全部案情的基础上,马锡五协同县司法处人员,就地进行公开审理,并邀请知情群众参加,当众审明封彦贵屡卖女儿、张金才纠众抢亲的事实,封棒儿张柏儿双方自愿结婚,意思表示真实。马锡五对当事人及有关人员进行细致的思想工作和法制教育,批评张金才兄弟抢亲恶习的危害性,指出采取这种非法手段,既破坏了社会秩序,又不利于两亲家和睦团结。同时,教育封彦贵认识买卖婚姻是违犯政府法令的行为,要他为女儿的终身幸福着想。他还教育封棒儿和张柏儿,婚姻自主也要到政府登记,才能成为受法律保护的合法婚姻。马锡五讲道理深入浅出,分析是非通俗易懂,说明利害真切感人,大家都很受感动。

在这种情况下,马锡五当庭宣判:一、张柏儿与封芝琴的婚姻,根据婚姻自主原则,准予有效。二、张金才深夜聚众抢亲有碍社会治安,判处短期徒刑;对其他附和者给予严厉批评。三、封彦贵以女儿为财物,反复出售,违犯婚姻法令,判处劳役,以示警戒。马锡五的判决合情合理,非常恰当,群众听后十分称赞,热烈拥护,胜诉者封棒儿和张柏儿更是皆大欢喜,双方当事人也无不表示服判。

"刘巧儿"一案轰动了整个陕甘宁边区。版画家古元创作了木刻《马锡五调解婚姻纠纷》,发表在延安的《解放日报》上。重庆《新华日报》也以"一件抢亲案"为题作了报道,称赞解放区民主的司法制度,在国民党统治区也引起了良好的反响。陕北说书艺人韩起祥编写了《刘巧团圆》,陇东中学教员袁静创作了秦腔剧《刘巧儿告状》,都在边区广为传播。新中国成立后,中国评剧院又将其改编为评剧《刘巧儿》,被长春电影制片厂搬上银幕,使"刘巧儿"的故事传遍神州大地,"刘巧儿"也由此成为反对封建礼教、争取婚姻自由的代表。

延安县的军属杨兆云老汉,平日不大讲理,常同邻里闹纠纷。他说别人侵占了他的土地,贼偷了他的东西,区、乡干部偷打他的麦子,强迫他多交了公粮。为这件事,他到县上、区上反复告状,干部和群众一提起他就摇头。1946年秋天,马锡五和延安县司法处的审判员赵志清一起下去专门处理这个案子。他们深入群众，一面参加劳动，一面调查案情，证实了杨兆云告的第三件事情况属实。原来有一年，杨家欠公粮一石多，家有麦垛还未脱粒，乡干部催他几次仍然不交。乡干部便报告区政府，请求批准强令杨家打麦交粮，如仍不执行，就派民兵前去强行打麦交粮。区上同意了乡上的意见。但这时，杨兆云却叫他儿子背了两斗麦子送到粮库，打了收粮条。而乡干部得到区上批准后，未做详细调查，就派民兵将杨家麦垛拆开，打了一石多交了公粮，尚欠几升，但加上已交的两斗，实际多交了一斗多。

马锡五了解情况后，认为不实事求是地纠正区、乡干部的错误，杨兆云是不会心悦诚服的。他批评了区、乡干部强打杨兆云的麦子这一违反政策的行为，要他们主动向杨兆云道歉，并退回多收的公粮。因为杨兆云是军属，还要适当解决他的生活困难。这个问题解决后，再处理其他两个问题。关于土地问题，经马锡五亲自到争执的地界处向老农了解历年土地纠纷的情况，查明别人并未侵占杨兆云家的土地，相反他倒有多占别人土地的行为。至于别人偷他东西的事，也毫无事实根据，纯系捏造。马锡五和赵志清召集群众开会进行处理，向群众摆事实，讲道理，批评杨兆云侵占他人土地和诬告好人的错误行为。杨兆云无法抵赖，只好低头认错，接受批评。杨兆云说："大家尊敬我，心平气和地批评我，指出了我的错误，又批评了区、乡干部，我没有啥说的，只有服从。"就这样，这桩缠讼多年的案件，在调查研究、分清是非的基础上，依靠群众的力量得到圆满解决，群众受到了多次生动的法纪教育，区、乡干部也提高了政策思想水平，改进了工作作风。

坚持实事求是的原则，重证据不重口供，处理一系列冤假刑事案件

马锡五之所以能够办案正确合理，就在于他在诉讼证据搜集运用方面，坚持实事求是的原则。首先，他注意正确地认定和运用证据。他认为，对于案件的处理要客观，对案件的是非曲直、真伪虚实，必须进行客观地分析与判断，不能凭主观的推测与"想当然"，这样才能抓住矛盾的关键，公正合理地处理案件。其次，坚持重证据，不轻信口供。这是边区诉讼制度中的一项重要原则，其精神是司法人员要查清案情，必须把立足点放在深入调查研究上，不能把着眼点放在听取被告人的口供上。马锡五认为，重证据、不轻信口供的原则，是区别人民司法与一切反动司法的一个重要标志，也是社会主义的人道主义的体现，而且将审判工作置

于注重调查研究的科学基础之上,是防止错判、造成冤狱的重要保证。

在陕甘宁边区时期,马锡五常下乡巡回审判。曲子县有一个姓孙的群众被杀,县司法处经过调查发现:被害人死前曾和农民苏发云三兄弟同路行走,而且发现苏发云家炕上、地上、斧子上均有血迹,便认定是苏发云图财,把孙某诱至家中杀害的。于是,司法处将苏发云三兄弟关押起来达一年之久。因证据不足,既不能定案,也不敢果断地对苏氏兄弟排除嫌疑。马锡五得知后,多次调查研究,查明三点重要事实:1. 苏发云与被害人同路行走以及后来分手,都有他人证明,说明苏发云并没有把被害人带到自己家里;2. 苏发云家离杀人现场 20 多里,如果在苏家把孙某杀害,然后再将尸体移到 20 多里的现场,从时间上来看是不可能的;3. 苏家的几处血迹,经仔细调查研究核实,炕上的血是产妇的血迹,地下的血是苏家有人患伤寒病而流的鼻血,斧头上的血是宰羊的血迹。这样便排除了苏氏三兄弟的杀人嫌疑,从而宣布对其无罪释放。后来查明,杀害孙某的是拐骗犯杜老五。至此真相大白,震动全县。

陇东分庭召开群众大会,当场宣布苏发云兄弟三人无罪释放。苏氏兄弟感激涕零,群众齐呼马青天。他俩感激地说:"真不愧是'马青天'啊!"群众反应非常强烈,纷纷议论说:"这个案子如果放在旧社会的官僚衙门,高高在上,又那么多'证据',早已枪毙了。只有人民的司法机关负责人,才能深入调查,不冤枉好人。"

马锡五在办案中特别重视证据,从不轻信口供,也不怕被告人推翻口供。证据和口供都要经过核实,坚决反对逼供信。1946 年秋,马锡五担任陕甘宁边区高等法院院长时,亲自审核延安地方法院审理的周定邦杀人案。这一年夏天,一个骑骡子的人在从延安去南泥湾途中的森林里失踪。有人证明,看见失踪者单独与周定邦在森林里赶路。将周定邦拘留后,他交代了杀人抢走骡子的罪行,并供出被害人尸体埋藏的地点。但刚开始并没有找到尸体,马锡五说不能定案,他亲自提审被告人。被告人详细供明了埋尸的具体地点,并画了一张图。第一次去现场,按图将被害人的尸体从一棵树底下挖出来,尸体上的致命伤痕也与被告人口供完全吻合。此时,马锡五认为掌握了可靠的证据,可以定案了。事后,他拿这个案例教育干部说:"不找到尸体,被告人随时可以翻供,那就让他翻。有的审判人员怕被告人翻供,其实不要怕,你掌握了可靠的证据,他想翻也翻不了;你没有掌握证据,被告人不翻供,也定不了案。关键在于踏踏实实搞好调查研究,核实证据,查清事实。"

这段时间里,马锡五经常下乡巡回审判,亲自审判了许多刑事、民事案件,从中纠正了一些错案,妥善处理了一些缠讼多年的疑难案件。一桩桩疑难案件到了马锡五的手中,就奇迹般变得明晰起来。经他审理判决或调解的案件,使违法者受到了制裁,有罪者受到惩罚,无辜者获得释放,人民的合法权益得到保障,因而受到群众的热烈欢迎。

1954年以后,马锡五担任了最高人民法院副院长,仍然坚持到基层检查工作,随时纠正冤假错案。1961年秋,马锡五到陕西、甘肃、青海检查法院工作,重点放在青海省。青海在平定1959年藏族上层武装叛乱的过程中,犯了扩大打击面的错误,判处了一些被裹胁参加叛乱的贫苦牧民,也捕判了一些按政策不该捕判的民族和宗教中、上层人士,在农业区也错捕错判了不少因饥饿拿了粮食或宰杀了牲畜的劳动人民和一些对政府提出批评的干部和群众。马锡五去检查时,青海省已开始检查纠正这些错误,但还很不彻底。马锡五着重检查监狱和看守所,同犯人和犯罪嫌疑人谈话,从中发现冤假错案。

在检查西宁市几个省管劳改砖厂时,一个犯人向马锡五喊冤。此人名叫刘绍文,原在青海省气象局工作,1958年春下放到淳源县劳动,同几个下放干部一起说了一些闲话,并没有造成坏的影响,更构不成犯罪。6月,淳源县公安局以反革命造谣煽动罪逮捕了刘绍文,并怀疑他是一起杀人案件的凶手,给他带了两副脚镣并严刑拷打逼供。刘绍文屈打成招,承认杀人,公安局才卸了刑具。刘绍文便偷跑到北京告状,在沿途偷了一些财物解决生活和路费。到北京后,他即向公安局投案,不久被送回淳源。1959年6月,刘绍文的杀人嫌疑已去掉,但仍被以反革命造谣罪判刑3年。在劳改中,刘绍文又被带上脚镣,并被勒令继续交代问题。不久,他第二次逃跑,到北京、天津、上海、锦州等地,又偷窃财物,并偷得军人衣服和身份证,冒充军官,在锦州被查获后又送回淳源,被加刑至15年。刘绍文又受到严刑拷问,于是第三次逃跑,但未跑出县城就被抓回。公安干部逼他承认企图逃到香港投敌,被淳源县法院以反革命叛国投敌罪判处死刑,省法院改为死缓,最后经省政法党组确定,改判无期徒刑。

马锡五听了刘绍文的陈述以后,与青海省法院原承办人员核对,情况基本属实。马锡五与省法院和原审法院研究后认为,刘绍文在两次逃跑中进行偷盗、诈骗,虽然有罪,但原来确是好人,由于错捕错判,特别是刑讯逼供,使他走投无路才走上犯罪道路,情有可原,可改判免于刑事处分,立即释放;并要求省法院对此案进行认真总结,吸取教训编成案例,用以教育干部。

1961 年 9 月,马锡五在甘肃庆阳检查法院工作期间专门来到县监狱视察。突然有人大喊:"领导,我冤枉啊!"马锡五看到一个中年男犯人正向他喊冤。"这个犯人叫什么名字? 犯了什么罪?"马锡五问陪同的县公安局长赵占忠。赵占忠回答说:"马院长,这是个鞋匠,名叫卜怀玉,因窝藏包庇杀人犯,被捕入狱的。"卜怀玉是宁县人,来到环县修补鞋已数年。夫妻俩租住在县城桃儿沟的一孔窑洞内,日子过得十分清贫。几个月前的一天深夜,卜怀玉的表弟突然来到他家,只说北去吴忠做生意,路过此地,要借住一宿。尽管表弟说话吞吞吐吐,神色有些紧张,凭直觉,卜怀玉预感表弟一定出了事。但夫妻俩还是热情地招待了他。在当时的困难年代,无休止的政治运动,谁都害怕连累自己,因此对表弟不便也不敢多问什么。第二天清晨,卜怀玉给表弟装上干粮将他送走。哪知,他留表弟住宿一晚,却闯下了大祸。原来他表弟是杀人在逃犯,落网后供出了外逃时曾在环县表兄卜怀玉家借宿一晚。于是,卜怀玉便以窝藏杀人犯的罪名锒铛入狱。马锡五又问陪同的法院院长张治国:"那么卜怀玉表弟现在归案了没有?"张治国回答:"已经执行枪决了。"马锡五语重心长地告诫说:"这就不对么。犯人都枪决了,案子已了结,还押卜怀玉干啥。""我们执法是为人民的,但不能死搬教条,要尊重事实。再说,他表弟路过亲戚家只住了一晚,不一定就能暴露出自己杀人犯的身份。应对卜怀玉进行法律知识教育,如果再没什么问题,赶紧按程序放人"。不久,卜怀玉同一块被押的 5 名因饥饿偷盗羊只和粮食的犯人均被无罪释放。出狱后,卜怀玉逢人就说:他在狱中见到"马青天"了,"马青天"真不愧是人民的好法官!

马锡五审判方式,成为红色根据地和新中国司法界的一面旗帜

马锡五虽然病逝多年,但是马锡五审判方式却依旧焕发着活力,成为中国司法界的一面旗帜。马锡五是土生土长的陕北人,最了解陕北陕甘的风土人情。他来自人民,有坚强的群众观点,心中时刻装着群众。他虚心学习,勇于实践,善于总结经验。1943 年 2 月 3 日,毛泽东为马锡五亲笔题词"一刻也离不开群众",就深刻揭示了他所以能创造出新的审判方式的根源。1943 年 12 月 10 日,陕甘宁边区高等法院院长雷经天在边区司法检讨工作会议上讲话时,李维汉插话说:"我看

还要提倡马专员的作风,比如他问案子,他就到区上去把区长和老百姓都召集来,在中间放一个桌子,一问,就解决问题了。我们要提倡司法人员到群众中去露天审判。"12月20日,陕甘宁边区参议会副议长谢觉哉,又接见了在延安参加司法检讨工作会议的马锡五,听取了马锡五的汇报之后,热情地赞扬说:"你为司法工作创造了好经验,我们干什么工作都是离不开群众的。""你不只是个好专员,还是个好审判员。"这期间,毛泽东主席在一次谈话中,又表扬了马锡五,充分肯定了他创造的审判方式。1944年1月6日,陕甘宁边区政府主席林伯渠在边区政府委员会第四次会议上所作的《边区政府一年工作总结报告》中强调指出,要"提倡马锡五同志的审判方式,以便教育群众"。

1944年3月5日,毛泽东在谈到机关干部工作作风存在的问题时,指出我们的机关中"也有好的首长,如马专员会审官司,老百姓说他是'青天'"。1944年3月13日,延安《解放日报》发表评论文章《马锡五同志的审判方式》,介绍了他审理的几个案例,并总结了马锡五审判方式的三个特点:深入调查、合理调解、手续简便。《解放日报》的评论在评述其主要特点之后指出:"一句话,马锡五同志的审判方式——这就是充分的群众观点。"这也是马锡五之所以被广大群众称为"马青天"的主要原因。1944年,《解放日报》报道了一系列实践"马锡五审判方式"的案例。7月21日,"马锡五审判方式与民间调解风行各地——合水县王县长深入农村,调解群众土地纠纷"。8月17日,"张副专员(兼分庭庭长)赴赤水,亲自为群众调解旧案",使一起打过三次官司而未能解决的土地纠纷,经实地观测得以解决。

从1944年开始,马锡五审判方式不仅作为民事诉讼,而且作为司法工作的原则在全国各解放区广泛推行。各地司法人员从《解放日报》的报道中受到启发,采用马锡五审判方式同样收到了很好效果。例如,淮南地区天(长)高(邮)办事处司法科,"实行马锡五审判方式,深入调解,解决陈、胡两姓田价纠纷";山东滨海专署"实行马锡五审判方式,解决连年土地悬案",使拖延八九年,涉及两个村庄的土地纠纷得到圆满解决。这标志着新民主主义诉讼制度的确立,使解放区的司法工作进入了一个新的阶段,为解放区的法制建设树立了一面光辉旗帜。

马锡五的司法实践影响到了国统区,引起了国统区有识之士的关注。1946年夏秋之交,一位来自国民党统治区的法律学者,慕名访问了马锡五。马锡五谦逊地说:"我们的司法工作还做得很不够,不敢说有什么大的成就。我自己更不是一个什么'创造者'。如果我们有一点小的成就,那就归功于人民的力量……"这位法律学者由衷地赞叹道:"马先生这样谦虚地给我讲述了他的办法,毫无自满,但我愈觉他是一个热心为老百姓做事的人,使我看到司法界最踏实的杰出人才,做出了光辉可贵的成绩。"

新中国成立后,马锡五审判方式在新中国的司法工作中继续发挥着作用。1950 年,最高人民法院在《审判方式方法及其经验》中专门谈到"马锡五审判方式",将其作为重点经验加以介绍推广,并指出马锡五的就地审判、巡回就审是"具体的和群众相结合的审判方式,是人民司法的工作路线和审判作风发展的方向"。1958 年 8 月,在北戴河举行的中共中央政治局扩大会议期间,毛泽东在谈到我国法制建设问题时,再次肯定了"马锡五审判方式"。毛泽东谈笑风生地说:"还是'马青天'那一套好,调查研究,就地解决问题。"马锡五审判方式的出现和推广,培养了大批优秀的司法干部,解决了积年疑难案件,减少了争讼,促进了团结和社会安定,使新民主主义司法制度落到了实处。

1962 年 4 月 10 日,马锡五在北京病逝,终年 64 岁。马锡五在长期的革命斗争中,兢兢业业,认真工作,得到了党的高度评价和人民的爱戴。毛泽东曾多次亲切接见和表扬过马锡五,周恩来总理亲自参加了在北京嘉兴寺举行的马锡五公祭大会。

1983 年 7 月 13 日《人民日报》刊登了一篇题为《"马专员"你在哪里?》的群众来信。这封来信说的是在马专员审理"刘巧儿"案的故乡甘肃省华池县,一位在外地工作的干部回到家乡后,看到当地买卖婚姻、包办早婚现象依然十分严重,但却没人过问。他提出令人深思的质疑,如"不够法定年龄结婚,是怎样从政府机关开出结婚证来的?""为什么乡干部说早婚、买卖婚姻问题'想管,管不了?'"最后,这位干部大声疾呼:"法律的尊严在哪里?""马专员你在哪里?"这说明在新中国成立几十年之后,人们仍在思念马锡五,希望能有更多马锡五式的干部,坚守岗位,严格执法,为人民多做好事,多办实事,从而证明马锡五的思想作风和马锡五审判方式的基本精神是永不过时的。

2009 年 8 月,根据马锡五生平经历改编的电视剧《苍天》在央视一套播出后,在观众中引起了强烈的反响。"一刻也不要离开群众",是以马锡五为代表的陇东人民法庭全体审判人员的座右铭,也是贯穿电视剧的一条主线。这说明,我们党来自人民,植根于人民,服务于人民。人民群众是我们党的力量源泉和胜利之本,全心全意为人民服务是我们党的根本宗旨,群众路线是我们党的根本工作路线,密切联系群众是我们党的优良作风和政治优势。

雷经天：红色政权司法战线的"雷青天"

在红色政权司法战线上，有一位卓越的战士。他就是曾任陕甘宁边区高等法院法庭庭长、代院长、院长的雷经天。为了表彰雷经天的功绩，陕甘宁边区劳模大会授予他"特等劳动模范工作者"的荣誉称号，称赞他是解放区司法工作的先进榜样。雷经天长期奋战在司法工作岗位上，呕心沥血，做出了辉煌业绩，被群众亲切地誉为"雷青天"。

雷经天（1904—1959）

"特殊材料做成的人"雷经天

雷经天曾撰有自传，对自己的一生主要是新中国成立前的历史做了回顾。雷经天的自传说，他 1904 年农历 5 月 24 日出生于广西南宁一个小资产阶级家庭。雷经天从小就受到父亲雷昆池进步思想的影响，也受到《水浒》《三国演义》等除暴安良、富于反抗精神的感染。"五四"运动爆发时，年仅 15 岁的广西省立一中学生雷经天被选为南宁市学联主席，组织 3 000 名学生集会声援北平学生的正义斗争。1923 年，雷经天考取厦门大学，结识同学中的共产党员施乃铸，接触了进步报刊。1924 年，雷经天转学到上海大夏大学，在恽代英的领导下参加学生运动。1925 年 5 月，雷经天加入中国共产党。

1927 年，时任国民革命军第六军政治部宣传科长的雷经天随军入赣。攻占九江后，雷经天任第六军政治部九江留守主任，不久改任第三十六军第一师政治部主任。1927 年"四·一二"反革命政变后，雷经天随叶挺参加南昌起义，担任叶挺领导的第二十四师党代表。在南昌起义失败后南下作战途中，雷经天身负重伤,不得不去澳门治疗。伤口尚未痊愈,雷经天又奉命参加广州起义。在 1927 年 11 月广州起义准备过程中,雷经天奉命代替被捕的周文雍出任广州赤卫队总指挥部政治部主任。

1928 年 1 月,鉴于中共广西省委遭到严重破坏,党派雷经天秘密回广西,重建广西省委机关。雷经天在自述中说:"步行进入广西后,因旅费用尽,只得装成乞丐,沿途乞讨。"在广西党组织得到初步恢复发展的背景下,1928 年 6 月,中共广西特委在贵县召开扩大会议,雷经天当选广西特委委员、特委常委,负责南宁及右江各县党的工作。在 1929 年 8 月中旬召开的广西省第一次农民代表大会上,雷经天在会议上当选广西省农民协会主任委员,韦拔群当选为副主任委员。大会制定农运斗争的策略,扩大农军。会后,一批会员和进步人士被派到左右江地区担任县长,开展农民运动。雷经天以饱满的革命热情、卓越的组织才能,推动着广西农民运动的发展。

1929 年 12 月 11 日,邓小平等领导的百色起义获得成功,右江苏维埃政府在田东县平马镇诞生,雷经天当选主席。1930 年 9 月 30 日,执行李立三"左"倾错误路线的党中央派代表邓岗传下指令,要红七军放弃右江革命根据地,集中兵力去攻打柳州、桂林和广州,以牵制两广军阀,保证全国红军夺取武汉,实现所谓"一省或数省的首先胜利"。雷经天对此提出异议,邓岗非常生气,给雷经天戴上"反对扩大红军""本位主义""右倾保守"等帽子,撤销了他右江特委书记和右江苏维埃政府主席职务,并开除党籍。雷经天降为工作人员随红七军政治部行动。1930 年 11 月,红七军主力北上,于 1931 年 7 月抵达中央苏区,归入红三军团。抵达中央苏区后,红七军在江西永新县召开了第二次党代会,批评了李立三的"左"倾冒险主义,做出恢复雷经天党籍的决定,给他彻底平了反,还他以清白。

当红七军参加中央苏区第三次反"围剿"战斗后,于 1932 年集中于江西会昌县参加"肃反"运动。雷经天在自传中说,他被人诬为"国民党改组派"遭到逮捕,险些被杀。邓发时任国家政治保卫局局长,他是雷经天的老上级,对他的历史比较清楚。邓发亲自处理雷经天一案,雷经天才免于死罪。但雷经天"改组派"的嫌疑并未消除,被再一次开除了党籍。雷经天再次受到"莫须有"的罪名而蒙冤,但他依然坚持原则,坚信组织,参加了二万五千里长征。

在长征途中,雷经天当过文书、侦察员,后来又当炊事员,整天背着大铁锅艰难行军。有同志劝他:"你干脆回广西吧,那里的同志是了解你的。"雷经天说:

"回广西,我个人身上的黑锅是放下了,但因我受牵连的同志就会背上更重的黑锅,问题就更复杂了。"逆境显精神,雷经天始终怀着对革命胜利的信念和对党的忠诚,忍辱负重,走完长征,表现了一个革命者高贵的品质和气度。红军长征到达陕北后,雷经天任中央粮食部秘书科长。1935 年冬,经中共中央党务委员会审查批准,雷经天重新入党。中组部做出《关于雷经天同志党籍问题的决定》,指出:"在重新研究了雷经天同志的历史及诸同志的证明后,中央组织部认为过去开除其党籍是错误的,并修正 1935 年中央党务委员会对他重新入党的决定,恢复其1925 年 5 月的党籍。"多年的冤屈得到了昭雪,党籍得以恢复,雷经天热泪盈眶。雷经天虽屡受冤屈,但始终赤胆忠心,坚定不移跟党走,真不愧为"特殊材料做成的人"!雷经天第二次蒙冤整整 11 年,在党中央的关怀下,终于得到了公正的处理。

"法院院长雷经天,办事公道众人夸"

1937 年"七七"事变后,雷经天担任陕甘宁边区高等法院法庭庭长、代院长、院长。期间,雷经天建立健全各项司法制度,让全边区司法干部严格遵守,他亲自做出表率,使边区司法工作出现了一派新局面。雷经天身材魁梧,尽管待人态度和蔼,却给人一种威严的感觉。因其足智多谋,老百姓称他是"活包公雷青天"。

在陕甘宁边区,雷经天在司法制度方面的一大创举是法院受理案件不收诉讼费。这一举措为边区人民所欢迎,百姓称赞说:"我们打官司,公家就管哩! 不要下跪,又不花钱,不写呈状,非常便利,告了就判,有理就能打赢,过去只有有钱的人才能打赢官司。"陇东专员兼陕甘宁边区高等法院陇东分庭庭长马锡五工作仔细认真,支持"刘巧儿"婚姻自主,受到陇东人民的称赞。雷经天总结了这个经验,大力推广,并上报边区政府,中央非常赞赏。

雷经天之所以办案准确,是因为他善于观察。一天,两个农民吵吵嚷嚷来找他"打官司"。雷经天和颜悦色地从桌旁站起来,指着一条长板凳说:"请坐下来说!"还给他们各倒了一杯茶水。高个儿农民接过茶杯后说:"我路上遇见这个人,他说他没带烟袋,要借我的烟袋抽一抽,我就把烟锅借给他,谁知他一抽就爱上了,硬说这个烟锅是他丢的,你看天下有这个理吗?"矮个儿农民则很不服气,说:"雷院长,这个烟锅是我的,我抽了七八年了,今天不小心丢了,他捡到了,我认出后,他不但不给我,还耍赖。"高个儿说:"这真是老实人遇到了狐狸精,有理说不清。老百姓都说你雷经天比包公还公道,就请你公断公断。"雷经天不动声色地看了看这两个人,便从高个儿手中接过烟锅,装上烟边抽边端详。尽管已经使用了多年,看得出由于主人爱护得好,不仅玛瑙嘴子晶莹闪烁,就是白铜烟锅头也明光闪亮,完好如初,一点也没有磕碰的痕迹,烟锅杆上还吊着一个绣花布袋。雷经天边看边思考着,看毕,他对着这两位农民笑道:"是个好家具,起码值十来块银元哩。"

雷经天抽完一锅烟,磕掉烟灰,又装上一锅,双手递给矮个儿,划了根火柴替他点上。矮个儿抽完后,在手上轻轻地弹了几下,烟灰就被弹落了。雷经天要过烟锅,又装上烟,递给高个儿说:"你也抽一锅。"高个接过烟锅,雷经天照样给他点上。他一边抽,一边笑眯眯地瞅着雷经天,似乎心里在盘算着什么。等烟抽完后,高个在石头上将烟灰当当当几下磕掉,又装上一锅烟,正准备递给雷经天,雷经天却让他再抽一锅。抽完第二锅,高个又是当当当几下磕掉烟灰,再装上一锅,恭恭敬敬地递给雷经天,雷经天又递给矮个儿农民。

矮个农民见雷经天只字不提断案一事,便面带愠色地说:"雷院长,咱是来请你断案的,不是要你装烟的,断得了,断不了,一句话!"雷经天不但不恼,反而哈哈大笑:"饭菜凉了不好吃,官司凉了照样打。来,再抽一锅烟,再说打官司。"矮个儿农民有点生气,将手中衣服往肩上一搭,背转身蹲在地上。雷经天凑上前,双手递过烟锅,笑呵呵地说:"还是再抽一锅吧,瘾过足了,打官司也有精神。"矮个儿农民拿来烟锅,闷着头连抽带喷抽完了一锅烟,照例在手上轻轻弹烟灰,烟灰没有弹尽,就站起来,抬起一只脚,在鞋底上轻轻磕了磕。雷经天顺手接过烟锅,肯定地对矮个儿农民说:"现在这个案子清楚了,烟锅是你的,给,拿去吧!"

矮个儿农民愣了,他呆呆地望着雷经天,不知此话是否当真。高个儿农民也愣了一下,气冲冲地说:"好一个雷经天,是烟锅上刻着他的名字,还是你和他沾亲带故?为什么不断案,就把烟锅给他?"雷经天收敛了笑容:"我与他一不沾亲,二不带故,烟锅上也未刻他的名字,但烟锅确实是他的。"接着,他严肃地说:"你说你抽了十年,而你每抽一锅烟,就要在石头上磕一次,那烟锅头边沿不早就让你磕卷了?可你看,这烟锅除了你刚才磕下的一点窝窝外,还有磕碰的痕迹吗?不瞒你说,我抽第一锅烟时就注意到这一点了。"高个儿农民语塞,匆匆溜走了。矮个儿农民望着雷经天,感慨地说:"抽了几锅烟,你断好了一桩案,真不愧是雷青天啊!"

边区法院还严肃处理了大量的刑事案件,打击了破坏边区的犯罪活动,支援了边区建设。边区法院改造了不少犯人成为新人,仅 1939 年就组织犯人开荒近300 亩,收获粮食及瓜菜各 5 万斤,基本达到自给。世界学联代表团来边区参观时,称赞边区监狱是一所大学校。

雷经天对陕甘宁边区的司法建设殚精竭虑,提出"廉洁、明辨、公正、正直、果敢、强毅、详细、谨慎"的原则,要求全边区的司法干部严格执行,并亲自做出表率。雷经天作报告,都是自己动手准备,并亲自办理重大案件,详细修改每件判决书。在建立和健全边区司法机构和制度方面,雷经天在高等法院设立了刑庭、民庭、检察处等部门。为了防止审判中发生偏差,又在各县组织裁判委员会,集体讨论和决定各县的重大案件。同时,还建立巡回审判制度和调解制度,确立以"调解为主,审判为辅"的方针。由于民间调解的广泛推行,边区司法工作的面貌蔚然改观。

抗战期间,日寇和国民党顽固派不断派遣汉奸、特务潜入边区活动。雷经天提出,边区司法工作的主要任务是"保障抗战胜利,保卫民主政权,保持革命秩序,保护人民利益"。据此,边区法院严肃处理了大量刑事案件,有力打击了敌人破坏边区的罪恶活动。边区法院将汉奸吉思恭的公判作为教育边区人民的一堂大课来上,影响极为深远。对监禁的罪犯,边区法院采取"教育改造为主"的方针,建立新式的监所管理制度。组织犯人学习并参加生产劳动,进行思想改造,促使案犯知罪认罪,经过教育和感化,不少犯人得到改造,成为新人。当时,世界学联代表团来陕甘宁边区参观时称赞:"边区监狱是一所成绩显著的学校。"

陕甘宁边区人民对雷经天所做的贡献,给予充分肯定。安塞县李家沟秧歌队给法院拜年时,唱到:"法院院长雷经天,办事公道众人夸。"为了表彰雷经天的功绩,边区劳模大会授予他"特等劳动模范工作者"的荣誉称号,称赞他是各解放区中司法工作的先进榜样。

雷经天慎重处理"黄克功枪杀刘茜"一案

雷经天任边区高等法院院长不久,便遇到了"黄克功枪杀刘茜"一案。为了培训干部,当时延安办了许多学校,如抗大、陕北公学、中央党校、民族学院、鲁迅

267

艺术学院,等等。当时来延安的青年中男多女少,而且多数都是未婚青年。许多刚到延安的女青年,都非常崇拜长征干部,把他们当成传奇式的英雄人物。红军长征到陕北后,虽然环境恶劣,一部分同志却产生了安逸思想。最突出的案例是黄克功案。1937年春天,16岁的女学生刘茜来到延安。1937年8月,刘茜进入抗大六大队学习,队长是年轻英俊的黄克功。出生于官宦之家的刘茜容貌清秀,知书达理,浑身上下透着青春的气息,在抗大校园里极其引人注目。黄克功从第一眼看见刘茜开始,就深深地喜欢上了这个漂亮可人的姑娘。刘茜开始对黄克功的印象还不错,但不久就发现了黄克功身上一些让她不能容忍的毛病。当时,除了黄克功外还有别的高级干部追求刘茜。经过一番思考,刘茜开始疏远黄克功,继而把情感转向了另一个人。为躲开黄克功,刘茜申请求从抗大调到了陕北公学。

黄克功与刘茜两人在生活情趣、习惯爱好方面存在着巨大鸿沟。两人先是矛盾、纠葛、不和谐,后来感到乏味和苦恼,最后反目成仇。刘茜认为恋爱自由,认为自己与黄克功双方都有选择对象的权力,而黄克功则认为刘茜抛弃自己另寻新欢是对自己的不忠贞。

黄克功　　　　　　　　　　　刘　茜

调到陕北公学后,刘茜给黄克功写了一封绝交信。10月5日晚,黄克功约刘茜出来。在延河岸边,明月当空,在越来越激烈的争吵中,黄克功先是持枪威胁,迫婚未成,失去理智,丧心病狂地向刘茜开了一枪。发现刘茜未死,接着向她头部又补了一枪。在革命圣地延安,这是骇人听闻而且绝无仅有的案例。人们难以接受革命队伍中,一个红军将士会做出如此不可思议的事。一时间人们议论纷纷,先是探询事件的真相细节,后是揣测此案将如何处理。

当时,不少同志念及黄克功"资格老,功劳大",要求法院从轻处理,或带刑发配到抗日前线杀敌赎罪。有的同志出于怜惜老井冈战友之情,向毛泽东请求免黄克功一死。雷经天为维护法律的尊严,坚持依法办事。为了慎重,雷经天当即给毛主席写了一封信,把黄克功的犯罪事实做了汇报,并提出自己对此案的处理意见:严格依法办事,对黄克功处以极刑。毛泽东支持雷经天的意见,并于10月10日给雷经天回信。在1993年版的《毛泽东文集》第二卷中,收录了毛泽东的这封信:

雷经天同志:

你的及黄克功的信均收阅。黄克功过去斗争历史是光荣的,今天处以极刑,我及党中央的同志都是为之惋惜的。但他犯了不容赦免的大罪,以一个共产党员、红军干部而有如此卑鄙的、残忍的、失掉党的立场的、失掉革命立场的、失掉人的立场的行为,如为赦免,便无以教育党,无以教育红军,无以教育革命者,并无以教育做一个普通的人。因此,中央与军委便不得不根据他的罪恶行为,根据党与红军的纪律,处他以极刑。正因为黄克功不同于一个普通人,正因为他是一个多年的共产党员,是一个多年的红军,所以不能不这样办。共产党与红军,对于自己的党员与红军成员不能不执行比一般平民更加严格的纪律。当此国家危急、革命紧张之时,黄克功卑鄙无耻、残忍自私至如此程度,他之处死,是他自己的行为决定的。一切共产党员,一切红军指战员,一切革命分子,都要以黄克功为前车之鉴。请你在公审会上,当着黄克功及到会群众,除宣布法庭判决外,并宣布我这封信。对刘茜同志之家属,应给予安慰和抚恤。

毛泽东

一九三七年十月十日

边区政府及高等法院根据党中央的指示,鉴于本案重大,群众看法又不一致,确有典型的法制教育意义。10月11日,在陕北公学大操场召开数千人大会,进行公开审判。抗大政治部胡耀邦、边区保安处黄佐超、高等法院检察官徐时奎为公诉人。由审判长雷经天,抗大、陕北公学群众选出的李培南等四位陪审员以及书记员任扶中组成审判庭。经过审讯被告,询问证人,群众代表发言和辩论,最后,当庭宣判黄克功死刑,并由雷经天当着黄克功的面,向广大群众宣读了毛主席为此案给他的复信。中共中央总书记张闻天参加大会，并在审判结束后发表了怎样正确对待和处理恋爱婚姻与革命关系的重要讲话。通过公审大会，广大群众对边区高等法院的判决一致表示坚决拥护，并从黄克功由人民功臣堕落成人民罪人的活生生的事实，受到深刻教育。

黄克功被绳之以法，在陕甘宁边区引起了强烈的反响，边区军民乃至全党受到极其深刻的法制教育，为边区的民主司法建设起到了积极作用。毛泽东给雷经天的回信公布后，在抗日根据地立法中，不仅未继续出现类似"唯成分论""唯功绩论"的规定，而且对于共产党员革命干部提出了更加严格的要求。1941 年 5 月通过的《陕甘宁边区施政纲领》第八条规定："共产党员有犯法者，从重治罪。"从此，"法律面前人人平等"这一法治的最基本、最重要的原则，在法制建设中得到了真正的确立和贯彻，在法制教育中成为大力弘扬的原则。毛泽东给雷经天的这封复信，也就成了我国革命法制史、法制教育史上具有重要意义及历史影响的文献。

"黄克功案"之后，边区高等法院院长董必武赴重庆，边区参议会选举雷经天为边区高等法院院长。1939 年，身经百战的红军英雄、清涧县张家畔税务分局局长肖玉璧，被查实贪污挪用公款 3 050 元，成为抗日战争时期因贪污被查处的最大典型之一。案发后，肖玉璧自恃身上 90 多处的战斗伤疤，又与毛泽东关系很熟，写信向毛泽东求救。雷经天亲自担任审判庭长，依法判处肖玉璧死刑。毛泽东明确表示："我完全拥护法院的判决。"《解放日报》评论说："肖玉璧被判处死刑了，因为他贪污，开小差，为升官发财以至叛变了革命……在廉洁政治的地面上，不容许有一个'肖玉璧'式的莠草生长！有了，就拔掉它！"

担任最高人民法院中南分院院长期间，第三次蒙冤

1945 年 8 月，雷经天调任八路军南下三支队政委。1946 年，任中共晋察冀中央局秘书长。1947 年 8 月，任两广纵队政委。广州解放后，雷经天又率部参加解放广西的战斗。广西解放之初，雷经天任广西省人民政府副主席。1950 年 6 月，雷经天奉命担任中华人民共和国最高法院中南分院院长。组建这么一个领导五个省的大区的法院，完全是白手起家，困难可以想见。但再困难，工作都必须开展。当时雷经天身边除几个领导干部外，工作人员都是刚出校门的新手。再说新

中国刚成立,还没有现成的法规制度可供参照执行,而镇反、土改斗争如火如荼,案件的处理必须加快,不然怎样震慑敌人,保护人民?雷经天肩上的担子并不轻松。在这摸索着前进的两年中,雷经天的工作可谓夜以继日,呕心沥血,认真负责,勤恳踏实。雷经天经常到基层了解情况,检查工作,广泛听取意见,获得了干部群众的爱戴。

为了充分行使法院镇压敌人、保护人民的职权,雷经天以镇反、土改等为中心任务,组织巡回法庭,到各地进行审判,加快了案件的处理,并选定武汉市人民法院为点,广泛听取意见。在雷经天担任院长的两年里,中南分院共审理 6 000 多起重大案件。当然,人无完人,雷经天也出了两个差错。一是在处理一个农妇被害案时,忽视了现场情况、口供、旁证等的研究,片面强调了"蒸骨验尸"的旧方法。另一件事是 1951 年在处理一起离婚案时,雷经天对持不同意见者语气偏激,不够冷静。中南分院初建时,因新生力量不足,还录用了一批旧司法人员。在 1953 年司法改革时,有人批评雷经天"犯有隐瞒错误,抵抗批评,进行非组织活动及在工作上严重失职"等错误。雷经天为此受到错误的处分:留党察看两年,撤销本兼各职,工资由 7 级降为 10 级。雷经天又蒙受了第三次冤屈。当时很多人为他鸣不平,但雷经天却这么想:"党是我亲爱的母亲,母亲对自己孩子的惩罚不论是轻是重,都是出于对孩子的爱。"

1953 年 6 月,雷经天离开了中南分院,住在招待所等待分配工作近一年之久。赋闲期间,雷经天仍以对革命事业和共和国法律工作的理想和信念坚持读书学习,直到 1954 年 4 月接受新工作为止。据雷经天在自传中说,1954 年 4 月,他被降职到长江航运局汉口港任副港长。期间,雷经天坦然自若,正确对待,请组织重新审查处理。中央监察委员会经过两年的调查,1955 年终于弄清了问题,并做出决定:"按期取消雷经天同志留党察看两年的处分。"

鞠躬尽瘁育后人

取消处分后,雷经天主动向党中央要求回到党的政法战线。1956 年 6 月,雷经天调到上海华东政法学院担任院长兼党委书记。他提出:"领导深入基层,首先抓好教学;院领导要选择一门课程,一面学习,一面了解情况。"他还亲自参加一个教研组的活动,同时规定每星期四下午,院领导轮流接见来访师生。他关心群众,爱护干部,克己奉公,反对特殊化。当时,学校找了较好的楼房给他住,他婉言谢绝,仍住在普通房间里。外出开会,他不坐小轿车,而和大家一起坐大客车。炊事员生病,他还亲自去探望。由于历史的原因,学院积累了矛盾,他始终把握着对人的处理要慎之又慎的原则。

在从 1956 年到 1958 年 9 月华东政法学院并入上海社会科学院两年的时间里,雷经天全面负责学院的党政领导工作。他十分重视教学工作,要求院领导选择一门课程,一面学习,一面指导,作为教改的试点。他要求干部深入教研室,具体抓好教学。他领导全院制定向科学进军的科研工作规划,调动了教师科研的积极性,促进了教学质量的进一步提高。他顾全大局,抽调大量的骨干教师和职工,输送给新建的上海法律学校和济南法律学校支持兄弟院校的发展。他根据自己的亲身经历和历史上的沉痛教训,十分谨慎地处理党内干部的矛盾。在雷经天的领导下,华东政法学院的工作在初创的基础上,又向前迈出了一步。

1958 年,雷经天任上海社会科学院院长。这时,他不幸得了肝癌,但他用凳角顶住肝区仍坚持工作。住进华东医院,肝区痛得他直冒汗,护士对他说:"你痛就喊出来吧。"雷经天回答:"战争时期负伤都不叫,这算什么?"在弥留之际,雷经天拒用珍贵药品,他对医护人员说:"我不行了,药品都留给其他同志用。"1959 年8 月 11 日,雷经天逝世,终年 56 岁。

据夫人吴树琴在回忆文章中说,对于在中南分院所受到的处分,雷经天一直没有停止申诉。直到弥留之际,他还对吴树琴说:"中南那件案子,不知道毛主席知道否?"1982 年 12 月 27 日,吴树琴给胡耀邦总书记写申诉信,希望为雷经天平反。1985 年 2 月 1 日,上海市纪委在给上海市社会科学院党委关于雷经天同志的复查报告的批复中指出:"经我们讨论,并报中共中央纪律检查委员会一九八四年十二月三十一日批准,同意撤销一九五三年六月关于雷经天同志留党察看两年的处分和一九五四年六月对雷经天同志撤销本兼各职的处理决定。"雷经天的历史问题,终于在 30 年后得到平反。

人民司法制度的开拓者谢觉哉

谢觉哉,"延安五老"之一,曾担任中央苏区中华苏维埃共和国中央政府秘书长、内务部长,红军长征到陕北后曾任中央政府西北办事处内务部长、陕甘宁边区高等法院院长。新中国成立后,谢觉哉担任内务部长,1959 年任最高人民法院院长,成为继沈钧儒、董必武之后的第三任最高人民法院院长。谢觉哉是人民司法制度的开拓者和奠基者之一。他一贯主张依法办事,指出没有法制就没有民主。他强调人民法院应该独立行使审判权,审判时要调查研究,实事求是。他经常亲自审理案件,纠正了不少冤案、错案,被百姓誉为"谢青天"。

谢觉哉(1884—1971)

中央苏区:敢于开刀的谢胡子

在中央苏区时期,谢觉哉就以其一心为民的形象,受到了苏区人民的衷心爱戴。在中央苏区,凡是和谢觉哉接触过的同志都知道,"这是我们应该做的事",是他工作中用得最多的口头语。谢觉哉一直十分注意听取来自基层的声音。对来自地、县、区、乡等基层单位的同志,谢觉哉总是热情接待,认真听取他们的意见和要求,千方百计地帮助他们解决困难,特别对涉及人民群众切身利益的问题,谢觉哉更是竭尽全力,从不推诿。遇有一时难以解决的问题,谢觉哉也实事求是地和来访者说明具体原因,做耐心细致的思想工作,从不草率行事。来自基层的同志,无不被他认真负责、热情服务的精神所感动,都对他表示感谢,但谢觉哉总是说:"这是我们应该做的事。"

谢觉哉情系百姓,却疾"贪"如仇。他起草的《关于惩治贪污浪费行为的训令》成了我党惩治腐败的第一项法制条文。毛泽东称赞说:"你谢胡子敢于开刀,我毛泽东决不手软!"1933年11月,谢觉哉来到瑞金县检查政府工作。他对瑞金县苏维埃主席杨世珠开门见山地说,这次时间很紧,只有半天工夫,所以只能听听面上汇报,了解主要情况,但是汇报要实事求是,不能有半点虚假。可是,杨世珠在汇报时,只对工作成绩夸夸其谈,闭口不谈存在的问题,还一口一声"老首长""德高望重的老领导",讨好奉承地套近乎。谈及财政收支账目时,杨世珠或所答非所问,或前后矛盾,怎么也说不清楚,这不禁引起了谢觉哉的怀疑。

中午时分,瑞金县苏维埃财政部长蓝文勋大摆酒席,说是为中央领导接风,当场便遭到谢觉哉的指责。他说,毛主席每天的生活标准也只有3钱盐、2钱油、8两米,他办公到深夜,都是以南瓜充饥。在苏区,谁也不准搞特殊,更不允许用公款吃喝。谢觉哉见到杨世珠、蓝文勋等一片慌乱神色,心中的疑点更多了。为了弄清真相,他趁午后休息时,走访了两位老干部,果然发现问题严重,于是马上派人向中执委做了口头汇报。

下午,谢觉哉在县苏维埃常委座谈会上突然宣布:延长检查时间。翌日,中执委便派来工作组通过突击查账,发现会计科科长唐仁达吞蚀各基层单位上交的节省款、群众退回的公债谷票款、变卖公共物件款,以及隐瞒对财主的罚款等,共有34项之多,合计大洋2 000余元。还顺藤摸瓜挖出了集体贪污款,数额高达4 000余元。

谢觉哉愤怒了。他平时慈眉善目、从不轻易发脾气,是大家公认的"好老头"。他在县常委会上声色俱厉地对杨世珠、蓝文勋等呵斥道:"你们称得上是共产党员、苏维埃干部吗?当前战争够残酷的了,大家都在千方百计节省每一个铜板、每一斤口粮支援前线,想不到瑞金县竟有用群众血汗养肥的贪污吏!"接着,谢觉哉代表工作组责令杨世珠、蓝文勋停职检查,并宣布将唐仁达逮捕法办。谢觉哉结束检查后,立即向毛主席做了汇报。毛泽东十分赞赏他的果敢措施,认为惩贪治腐就必须这样雷厉风行,当机立断。为了从根本上铲除丑恶,谢觉哉又对毛泽东建议:"必须立法建规,昭示天下,以便广大群众监督。"毛泽东听了,沉思片刻说:"好,你谢胡子敢于开刀,我毛泽东决不手软!"

几天后,谢觉哉便按照毛泽东的指示,与中华苏维埃共和国中央人民政府副主席项英、中华苏维埃共和国中央人民政府工农检察人民委员(部长)何叔衡等人讨论研究,起草了中央执行委员会《关于惩治贪污浪费行为的训令》。其主要内容有:凡贪污公款在 500 元以上者,处以死刑;在 300 元以上、500 元以下者,处以 3 年以上 8 年以下监禁;在 100 元以上 300 元以下者,处以半年以上、两年以下监禁;在 100 元以下者,处以半年以下的强迫劳动。执行单位必须同时追回其贪污之公款,并没收其本人家产之全部或一部分。苏维埃机关、国营企业及公共团体的工作人员,因玩忽职守而浪费公款,致使国家受到损失者,依其金额、程度、影响,处以警告、撤职以至 1 个月以上 3 年以下的监禁。

此项《训令》由中华苏维埃共和国中央人民政府主席毛泽东,副主席项英、张国焘签署,于 1933 年 12 月 15 日颁布实施。此后,全苏区开展了“执行《训令》、反贪倡廉”的群众性运动。在此威慑下,一些犯有贪污罪行的人纷纷投案自首,争取宽大处理。当时民间流行的歌谣,十分形象生动地记叙了这个情景:《训令》如霹雳,震得天地响。蛀虫再狡猾,休想走过场。

新中国成立后,谢觉哉曾担任最高人民法院院长。他还常常回忆起这段往事,称当时的《训令》尽管不完善,较粗浅,但却是共产党领导下的人民政权最早制定和颁布的法制条文。由此也表明,共产党从一开始执掌政权,便具有惩治腐败,与贪污行为斗争到底的决心和能力。

陕甘宁边区:公正执法的楷模

谢觉哉一生致力于司法制度的建立与完善,为新中国法典的制订倾注了大量心血,特别是在公正执法、严肃执法和科学执法方面颇有研究。在延安时期,谢觉哉经常亲自批复案件,纠正原判中的一些错误。然而,原判机关怕破坏司法机关的威信而常常不愿改判。谢觉哉便向判案人员讲述清朝的方法:前清判案时把批文挂在衙门上,上诉人抄着批文,就可以推翻原审衙门的判决,而原审衙门便管不着上诉人。谢觉哉严肃地指出,封建时代判案都能这样,何况我们现在!“司法威信的建立,在于断案的公正和程序的合法,不在于改判与否上。”

谢觉哉坚持在判案中要“敢碰要人”。1935 年 10 月中央红军长征到达陕北后,谢觉哉任中共中央西北办事处司法部长并代理陕甘宁边区高等法院院长,经常亲自审理案件,纠正了不少冤案、错案。在抗战时期,陕甘宁边区发生了一件要案,主犯是个有革命资历的人物。谢觉哉根据事实和法律,坚持要判刑事处分。

有些人以权势相威胁，但谢觉哉并不屈从，便把处理意见报告了毛泽东。毛泽东回信说：此等原则立场我们决不能放松，不管犯错误的是何等样的好朋友与好同志。谢觉哉便协同边区司法机关，判了那个主犯的徒刑。

谢觉哉在办案中十分注重保护妇女的权利。一次，有位妇女到延安告状，说丈夫待她不好，要求离婚。谢觉哉一面肯定了这位目不识丁的妇女能用法律维护自己的权利；一面又进行调解，劝她主动与丈夫和好。这个妇女经过开导，思想通了，当天就返回家中。可是其夫确实蛮不讲理，因她去延安告状，便更加粗暴地对她拳打脚踢。她忍无可忍，就到当地司法处请求批准离婚。然而工作人员思想还比较守旧，不愿及时解决，她只好二上延安。谢觉哉得知其丈夫对她肆意打骂，十分气恼，于是提笔指示司法处准予判离，这位妇女非常感动。

1937 年，陕甘宁边区政府总务科科长因"贪污"问题被关押起来，准备判刑。谢觉哉经过多方面调查，亲自讯问总务科长，让他平静下来，细细逐件回忆贪污的情形，然后帮他一宗一宗来计算，果然找出了案中的症结所在。原来，总务科长给边区政府大食堂买猪的一笔钱忘了上账，而猪又是大家见到的，肉也吃掉了，可账上没有这笔钱。真相大白，总务科长被无罪释放。谢觉哉感慨地说："我们少一个犯人，就多一份力量。"

即使是判了刑的犯人，谢觉哉也认为他们只是犯了罪的"人"。谢觉哉经常向司法人员讲"犯人也是人"，而且他们"是社会上不幸的人"，只是主观和客观的种种原因使他们成为犯人，其实这对犯人本人及其家属而言，都是不幸的。因此，人民政府对他们的关心应该多一些。一方面要剥夺他们的自由，另一方面要尊重他们的人格，改善他们的环境，以激发他们的上进心和羞愧心。在延安整风运动中，谢觉哉以他宽阔的胸怀和高尚的情操，为不少蒙冤的同志据理直言，顶风力争。他为所谓的"红旗党"冒险申辩，终于真相大白，许多人为此而得到平反。谢觉哉精于政务，勤于政务。他在土窑洞、油灯下，勤奋工作，经常写文章、日记，最后积劳成疾。毛泽东给谢觉哉的许多信件中，有一次恳切地写道："死者已矣，生者务宜注意。关于你及林老的工作及生活，亟宜调节，务不过劳。"但他还是日夜为边区的政权建设、经济发展和人民群众的疾苦，呕心沥血。正如延安的老同志为谢觉哉祝寿的赠诗所说："为党献身常汲汲，与民谋利更孜孜；岿然议席称前辈，万口腾传载道碑。"

76 岁高龄担任最高人民法院院长,决心鞠躬尽瘁,死而后已

新中国成立后,谢觉哉担任内务部部长。1958 年春,75 岁的谢觉哉以年老体弱多病、难以胜任现职为由,向中央递交了《请辞部长职务书》。党中央、国务院虽然考虑了他的请求,但从党和国家人事安排的总体考虑出发,仍在最高人民法院院长董必武担任国家副主席以后,准备推荐他担任最高人民法院院长。在 1959 年 4 月的中共八届七中全会上,谢觉哉非常诚恳地希望中央再次考虑他的请求,但他所在的分组组长贺龙却代表与会代表对他说:"您别推辞了,这是中央经过深思熟虑的,您老德高望重,一贯重视法制建设,推荐您担任这个职务最合适。"贺龙的话音刚落,与会人员报以热烈的掌声表示支持。谢觉哉看到这热烈场面,也不好再多说了。"能多做事则心安"是谢觉哉的一贯作风。1959 年 4 月,谢觉哉以高票当选为中华人民共和国最高人民法院院长。

5 月 5 日,谢觉哉与董必武来到最高人民法院。董必武讲话后,大家都认真倾听着谢觉哉的就职演说。谢觉哉说:"董老已经被选为中华人民共和国副主席,要去领导全国的工作,最高人民法院的事要我来接手。我对于这项工作,既缺乏学识,也缺乏经验,要重新学起。好在董老在这里已几年了,已经有规可循,还有在座的各位同志,都是在法院工作多年,积累了相当多的经验。我相信,今后的工作不仅可以做好,而且还可以开展,可以搞出一套适合我国情况的社会主义的司法工作经验来。"这是他上任的声明——重新学起。

谢觉哉虽不是科班出身,但他是从革命战争年代走过来的著名的法学家。早在 1927 年大革命前,他就是湖南省革命法庭的主要法官之一,在中央苏区,他与苏维埃最高法院院长何叔衡共同起草了土地法、选举法等一系列苏区法律,构建了新中国法制的雏形。新中国成立前夕,他是中央法委会的重要成员,兼任华北人民政府司法部长,并且是新民主主义宪法、民法、土地改革法、惩治反革命条例等一系列新中国有关法律草案的重要起草人之一,他也是我国人民司法制度的重要奠基人,现在由他来担任最高人民法院院长是党心所向,人心所向。同时,人们也深知谢觉哉担任这一职务并不轻松,当时应该说是刚刚建立起来的新中国法制秩序遭受重创的特殊历史阶段。

1958 年前后,党在指导思想上出现了违背经济规律而急于求成的倾向。而刚刚建立起来的法制秩序也随着生产关系的急于改变而被放弃,给法制建设和法

院工作带来了严重困难。当时政法机关刮起了一股"共产化"风,不少人认为现在既然"共产化"了,政法机关和政法人员及其束缚人的法律都可以不要了,由此带来的情况是:全国不少地方政法机关合并了,人员被抽调搞别的"中心"工作去了,司法工作中普遍出现了有法不依、执法不严,甚至以言代法等错误现象。法官们感到法院工作越来越难做了。谢觉哉同志到任后,懂得肩上担子有多重,但是他从大家期待的目光中获得了信心和勇气,他已下定决心,尽管高龄,但只要一息尚存,就要鞠躬尽瘁,死而后已。这是他对党无声的誓言。

新中国成立后,谢觉哉亲自平反了一系列冤假错案

最高人民法院院长,在人们的视线里,名高位显,工作则可松可紧,适合德高望重的老年人。有些医生和关心他健康的同志劝谢觉哉说:"谢老,你的年岁大了,法院的工作就挂个名算了,何必花那么多气力呀!"谢觉哉深知这是人民对他的信任和关照,尽管已年满76岁,但他还是满腔热情,不知疲倦地工作。他说:"最高人民法院是代表人民行使审判权的机关,是极其严肃的工作,杀一个人是容易的,而不错杀一个人就不容易了。所以只挂名是管不好的。在我们这样的国家,是不能靠'名'吃饭的,个人也不需要什么'名',而要多务实。挂名怎么行啊!杀人的批复都盖着我谢觉哉的印章,人杀错了,那些'冤死鬼'来找我'算账',我怎么得了呀!"逗得大家都笑了。

谢觉哉几十年司法工作的实践,使他深深体会到要不出现或少出现冤假错案,法院工作必须走出法院,多做调查研究,走群众路线。1958年以后,由于种种原因,国家事务中许多重大事项都不按规矩和程序办。在全国法院系统,当时的各地法院出现了用电报报案的做法。谢觉哉觉得这个问题不只是一个简单的程序性改变的问题,而是严重影响办案质量,以致发生冤假错案的问题,处理得不好,将严重影响人民群众对法院的信心和期望。针对这个问题,他指出:最高人民法院的院长、副院长等领导干部每年都要亲自办几个案件,并说:"批案一定要调案卷,否则,何必要设立最高人民法院呢?杀人一定要慎重,一个人只有一个脑袋,杀掉就不能再安上,我们一定要对人民负责。"他曾专门就这个问题向党中央写了报告,建议中央废除电报报案制度,恢复1956年以前的最高人民法院判决或核准死刑案必须同时报送案卷的做法,中央很快就接受了他的建议,改变了用电

报报案的审核程序。

废除电报审批后,全国各省、市法院大批大批的案卷送到最高人民法院,一捆捆地堆满卷柜。谢觉哉以身作则,许多大案、重案坚持亲自办理。有的案卷尺把厚,甚至连凶器、血衣都放在卷内,审阅的时候十分费神费目力,谢觉哉并不因为自己年老力衰而草率从事,他看案卷十分认真。由于白天办案劳累过度,他夜里常常失眠。他总是语重心长地提醒各级司法人员:"从冤案的数量来看只是少数,只占百分之几,但对一个被判冤刑的人来说却不是百分之几,而是百分之百。对于冤判者本人、家属以及对社会的影响该是多大啊!"

在谢觉哉担任最高人民法院院长4年多时间里,他视察了全国18个省、市、自治区的71所高级、中级和基层人民法院,亲自平反了一批冤假错案。1963年,谢觉哉已80岁高龄,还坚持到各地视察。这年3月初,他从北京出发,先后到了上海、杭州、苏州、无锡、宜兴、镇江、扬州、南京等地,行程3 000余里,历时46天。在视察过程中每到一地总要向各级法院抽调案卷亲自审阅。不管案卷多厚,总要看完。有一年他碰到湖南一个告状的,是湖南一位有名的烈士家属。她说,江西法院判她儿子是反革命,她不服。原判认定她儿子当过国民党长沙保安队的迫击炮连长。她说并没有这回事。谢觉哉看了材料后,发现这个人只有30岁,新中国成立时只有20岁,又是一个颇有名的共产党员的儿子,国民党怎么会要他当迫击炮连长呢?但是判决书上说,这是有档案可查的。谢觉哉对此表示怀疑,到底是什么档案?查清没有?他做了细微的调查,认真地查阅了档案,这才弄清原来是同名同姓引起的冤案。那个真的迫击炮连长,早在新中国成立初期已被镇压了。由此可见原审判员判案时,并没有查阅那个档案。

1961年,云南省高级人民法院送来了一起死刑案件请求核准。案情是:因连年遭灾,老百姓没有粮食吃,一个地主婆同社员一起上山拣蘑菇用以充饥。地主婆拣得最多,而且也交给了大食堂。当天,她在食堂帮着烧火。当蘑菇煮熟后,大家都抢着吃,她却不吃一口。结果,在吃蘑菇的社员中有几个人中毒了。大家一致怀疑是她搞的鬼,立即将其抓起来,移送司法机关。司法机关也认为这个地主婆是在搞阶级报复,毒害贫下中农。经过层层审批,同意判处其死刑,送最高人民法院核准。谢觉哉翻阅着厚厚的案卷,产生了一连串的疑问:蘑菇是她和社员们一起从山上拣来的,又一块下到锅里,怎么能证明有毒的蘑菇都是她拣来的呢?为什么有些人吃了没事,有些人就中毒了呢?这个地主婆是有意拣毒蘑菇,还是因为不认识而无意拣的呢？另外,她为什么只烧火,还敢当着众人的面不吃一口呢？谢觉哉觉得此案疑点太多,毅然决定,将案卷退回,重查重审！云南省法院经过重新调查核实,终于弄清了真相:这个地主婆的确不会辨认蘑菇有毒无毒,她在大食堂里只烧火不吃饭,是因为烧火前已经在家里吃饱了。最后,云南省法院撤销了此案,将无辜的地主婆释放。

1961年3月的一天,谢觉哉接到了"亲戚"寄来的一封信,里面装了12斤粮票、2元钱和一份上诉材料。信是从甘肃某劳改农场寄来的,发信人叫张志运,其实他并不是谢觉哉的亲戚,之所以冒充这一身份,是因为想澄清自己的冤案,而之前他写过多次申诉材料都没有下落。谢觉哉仔细地看过材料以后,觉得此案有疑点,于是叫秘书给张志运回信:"告诉他,我们一定重视他的申诉,把粮票和钱都给他退回去。"接着,谢觉哉请有关人员调卷,了解此案。听取了阅卷人员汇报后,谢觉哉说:"我看这个案子值得重视,最高人民法院要亲自派人再进行调查。"最高人民法院迅速派了法官,会同甘肃省高级人民法院的同志来到天祝藏族自治县做了深入调查。经过一个多月的努力,案情真相大白,这确实是一桩冤案。原来,张志运是一名医生。1952年7月,他随西北军政委员会卫生部医防第三队来到天祝进行性病普查与治疗。由于给一名13岁的藏族女孩进行妇产科检查时操作不当,而被诬陷为强奸,1953年3月被判处有期徒刑10年。张志运不服判决,两次提起上诉均被驳回。

最高人民法院调查组找到了"受害人"。这位当年的藏族女孩已经结婚,并且从卫校毕业,在一卫生所工作。调查时,她详细讲述了当时的情景和后来被人利用的经过。她悔恨地说:"现在我是医务工作者,也结了婚,据我的医学知识和生活经验来看,根本不是强奸。那时,因为我年幼无知,被坏人钻了空子,冤枉了好人。"1961年5月,甘肃省高级人民法院对这一错案平反,宣布张志运无罪释放。天祝县法院将张志运从劳改农场接回天祝,在县级机关干部大会上公开进行平反,并按照当时的标准补发工资。张志运提出家中有年迈的父母需要照顾,要求回原籍工作,经组织联系,由陕西省铜川市给他安排了工作。为了感谢谢觉哉,出狱后不久,张志运便千里迢迢拎着土特产来到北京的最高人民法院接待室。"谢院长帮我弄清了冤情,就让我见谢院长一面吧,我知道他忙,就一分钟好吗?"张志运说。接待室的同志被感动了,打电话告诉谢觉哉。谢觉哉说:"是我们法院让人家坐了8年的冤狱,道歉的该是我们啊！我无脸见人家。"接待室的同志劝了好久,才将张志运说服。

1962 年 5 月,谢觉哉到陕西视察工作。在抽查法院案卷时,他发现"王为业反革命案"有可疑之处。某县人民法院负责此案的一审,认为王为业趁我党整风之机,向毛主席、周总理和全国人大常委会写了十几封信,"谩骂领袖""攻击党的政策",因而判处其 10 年有期徒刑。王不服判决,上诉到中级人民法院,中院反而认为判决过轻,改判为 20 年。后由于王"抗拒改造"又加刑 4 年。王又向省高级人民法院写了控诉书,结果这回省高院将其改判为死刑。这种层层加码的判决,引起了谢觉哉的警觉,他将该案的全部案卷从头至尾看了又看,认定这里面肯定有问题。他说:"人民群众对公社化、大跃进有不同意见,向中央和毛主席、周总理写信,这有什么罪?"于是,谢觉哉建议,要各级有关法院对此案重新审判。当时"左"风日盛,有人怕重审这个案子犯右倾错误,谢觉哉说:"如果不重审,几十年以后,我们这些人都死了,后人翻阅案卷时,会说你们这个时代是什么社会?写信都有罪,上诉还要加刑,这可怎么得了!"经过反复调查研究,王为业终于被改为无罪释放。谢觉哉为了对此事负责,也为了不让有关同志受到连累,特地在案卷上注明:"此案是谢觉哉改的!"

何叔衡（1876—1935）

红色政权的首任"最高检察长"何叔衡

在 2009 年举办的评选"一百位为新中国成立做出突出贡献的英雄模范人物"活动中，有一位候选人，是红色政权政法工作的先驱和开拓者。他，就是何叔衡。何叔衡曾任中华苏维埃共和国中央执行委员会委员，临时中央政府工农检察部人民委员、内务部人民委员和中央政府临时法庭主席等职。在这期间，何叔衡深谋远虑，身体力行，创造性开展工作，在当时沉重地打击了贪污腐败分子，为巩固苏维埃政权立下了汗马功劳，被广大群众誉为"苏区包公""何青天"。作为苏区检察工作、审判工作的开拓者，何叔衡致力于苏维埃法制建设，为公正司法、依法治国奠定了基础。毛泽东高度赞扬道："叔翁办事，可当大局。"

毛泽东提名何叔衡担任工农检察人民委员

何叔衡，1876 年生于湖南省宁乡县一个农民家庭。1918 年，毛泽东等发起组织"五四"时期的著名青年团体"新民学会"，何叔衡作为年龄最大的成员加入，而且处事老练，毛泽东的评价是"叔翁办事，可当大局"。1921 年初，新民学会内部就"改造中国与世界"应用什么主义展开讨论，何叔衡明确反对无政府主义，表示应信仰马克思主义。同年 6 月，湖南军阀以"宣传过激主义"的罪名，撤销其教育馆馆长之职。7 月间，何叔衡与毛泽东在长沙同登一条轮船赴上海，参加中共建党的第一次全国代表大会。"一大"召开之后，毛泽东和何叔衡回到湖南，建立了中共湘区委员会。为掩护活动,二人又发起建立湖南自修大学,招收有志青年业余前来学习。这一学校被军阀封闭后,何叔衡又建立湘江学校并任校长,一度名满三湘,并在校内引导不少人秘密加入了党组织。北伐军占领湖南后,何叔衡公开了身份,一面担任《民报》馆长宣传革命,一面在惩治土豪劣绅特别法庭工作。

1927年大革命失败后,何叔衡化装去上海,翌年被组织派往莫斯科中山大学特别班。此时他年过五十,仍掌握了俄语,以此研修革命理论。1930年,何叔衡回国到上海,1931年又进入江西瑞金,任中华苏维埃共和国临时中央政府工农检察部人民委员(部长)。

中国共产党和苏维埃政府领导的反腐败斗争由来已久。早在1929年召开的古田会议就提出了反腐败,指出,必须纠正党内的各种非无产阶级思想,克服官僚主义等不良现象,密切党群关系。1930年3月,闽西第一次工农兵代表大会颁布了《政府工作人员惩办条例》,明文规定:"侵吞公款有据者""受贿有据者""借公报私为害他人者"撤职并被剥夺选举权和被选举权;"侵吞公款三百元以上者""受贿至五十元以上者"执行枪决。1931年11月,中华工农兵苏维埃第一次全国代表大会,选举产生了中央执行委员会和人民委员会,毛泽东当选人民委员会主席和中央执行委员会主席。11月27日,在中央执行委员会第一次全体会议上,毛泽东对何叔衡等中央执委们说了这么一番话:中国共产党建立10年了,发展了革命根据地,有了自己领导管辖的一块地盘。我们如何行使权力、如何建设红色政权,全国工农群众都在看。要得到人民群众的信任和支持,就要为人民群众说话办事,坚决与那些消极怠工、官僚主义、贪污浪费的行为作斗争。

中华苏维埃共和国临时中央政府建立了中央工农检察部(1934年2月改称工农检察委员会)。在选举中央政府各部部长时,毛泽东推举何叔衡担任工农检察部部长,何叔衡非常愉快地接受了这个任务。

当时工农检察部的具体任务,一是监督各级苏维埃机关站在雇农贫农的立场上,去没收、分配土地;二是监督各级苏维埃机关执行苏维埃政纲、政策的情况;三是监督苏维埃机关执行苏维埃经济政策的情况;四是向该级执行委员会建议撤换或处罚国家机关与国家企业的工作人员;五是向法院报告行贿、贪污、浪费等行为,以便法院实施法律制裁。与红色政权相伴生的中华苏维埃工农检察部,在何叔衡的领导下承担反腐败查办职务犯罪案件、组织检举运动、接受举报控告、侦查乃至起诉的"一条龙"职能,是当时检察机关的主体。1931年11月第一次全国苏维埃代表大会通过的《工农检察组织条例》规定：自中央执行委员会到区执行委员会及城市苏维埃，设工农检察部或科的组织，为同级政府的一部分。接受同级执行委员会及其主席团的指示，同时执行上级检察机关的命令。正是这种严密有序的组织，对党对人民高度负责、英勇无畏的精神，铸造了工农检察这支惩治腐败、铲除邪恶的红色利剑。在它的监督之下，苏维埃政府成为"空前的真正的廉洁政府"，而各级苏维埃工作人员，可以说是历史上最廉洁奉公的政府官员。

何叔衡的"三件宝"

工农检察部的工作，在人民委员何叔衡的领导下开展起来了。工农检察部的人员也发展到了七八十名，下设控告局和突击队。突击队可以公开突击检查任何苏维埃机关、国家企业和合作社，与贪污浪费及一切官僚腐化进行斗争，也可以扮作普通工农群众去机关请求解决某问题，测试该机关对工农的态度和工作效率。根据何叔衡的建议，共和国临时政府在一些主要机关单位和街道路口都设置了一种特制的木箱，它是中央工农检察部各级控告局为收集群众意见而设的控告箱。箱子上写着："苏维埃政府机关和经济机关，有违反苏维埃政纲、政条及目前任务，离开工农利益发生贪污、浪费、官僚腐化和消极怠工的现象，苏维埃公民无论任何人都有权向控告局控告！"控告局设有调查员，他们每天到各个控告箱去收取控告信，然后根据群众的控告，调查核实。

为扩大监督检查的工作影响，巩固成果，何叔衡决定检察工作与舆论监督相结合，把一些在群众中影响极坏的典型事例都在《红色中华》报《突击队》栏目中给予曝光，以告诫他人。如《红色中华》刊登的《用拉夫式来扩大红军的太拔乡苏》《鼓动红军归家的黄坑乡苏主席》《提倡迷信帮助封建的桃黄区三乡主席》《贪污与腐化》《两位乡苏主席的写真》《奇妙的罚款》《合伙瓜分公款》等新闻监督稿件发挥了很好的监督作用，探索了检察与舆论监督相结合的路子。

何叔衡身兼数职，举凡监察、民政、司法等问题，都由他主持，任务繁重。尽管如此，何叔衡对工作仍严肃认真，坚持身体力行的工作作风。有一次，苏区各机关的工农检查科召开科长联席会，会议通知在《红色中华》上登出，而且是由何叔衡署名通知，可见责任十分到位。

何叔衡身上随时背着三件物品——布袋子、手电筒和记事簿，号称"三件宝"。他的布袋子是自己设计请人缝制的。袋子中分成几个小袋子,叫"袋中袋",每个小袋子都有它特定的用场。他的记事簿上几乎无所不记,他说,人老了,脑子不管用,记在本子上忘不了。这"三件宝"伴随着他起早摸黑,走村串户。到了瑞金时,他的布袋子已满了,人证物证齐全,检察工作、司法工作、内务工作、干部教育情况,什么都有,东西虽多但条理清楚,杂而不乱。

中央工农检察部成立不久,何叔衡就召集全体工作人员开会,发动大家分头下去摸底。会后,他又背上他的"三件宝"出发了。他白天和群众在田间地头边干边谈,晚上召集部分干部群众座谈,没几天工夫就掌握了很多材料。不久,各路人马返回检察部,通过汇总整理,发现有相当一部分县、区政府,单靠行政命令去解决问题,有的甚至吞没公款,贪污腐化。何叔衡认为,这些问题如不及时克服,将直接威胁苏维埃政权的巩固。于是,他随即将这些情况向毛泽东、项英等领导做了汇报。

1932 年 2 月 1 日,中华苏维埃共和国人民委员会召开第八次常务会议。会上,何叔衡将了解到的情况做了全面汇报,有事实,有根据,使与会者不禁惊愕。他提议:中央政府要立即对那些执行上级命令和法律疏忽懈怠的现象及一切贪污腐化分子给予严厉打击。此建议得到了与会者的一致赞同。接着,人民委员会发布第五号命令。命令指出"这些工作的检查,刻不容缓,各级必须坚决执行","各级政府应绝对执行这一工作,不得稍有玩忽和怠工"。人民委员会的指令发出以后,何叔衡再次背上他的"三件宝",率领人马深入各省、县、区进行检查、督促、落实。1932 年 2 月 10 日,毛泽东来到中央工农检察部,表扬了该部出色的工作,并语重心长地对大家说:"我们苏维埃政府机关里仍有一些不顾党和根据地事业而唯利是图的不纯洁分子,有的手中有了点权就大手大脚,浪费公款公物毫不心痛,败坏了党的优良传统和声誉,破坏了党和人民群众的联系,损耗了根据地大量的资财,给革命带来严重的危害。"毛泽东要求,要下决心刹住苏区内出现的这股贪污浪费歪风,狠狠打击不法分子的犯罪活动。2 月 19 日,毛泽东主持召开人民委员会第七次常会,决定组织临时最高法庭,以审判重要政治犯,由何叔衡兼任临时最高法庭主席。

在当时,惩治腐败是中央政府的一项重要任务。1932 年春,红军第四次反"围剿"即将开始,军事形势十分严峻。就在此时,苏区内出现了一股贪污、浪费、官僚主义的歪风,严重损害了苏维埃政府同人民群众的联系,给党、红军和革命事业带来极大危害。1932年2月,中华苏维埃共和国临时中央政府发布通令,中央苏区反腐败斗争拉开帷幕。1932年3月初,临时中央政府副主席项英在《红色中华》上发表了题为《反对浪费,严惩贪污》的文章,指出,"这个时候,谁要是浪费一文钱,都是罪恶,若是随意浪费,那实际是破坏革命战争。至于吞没公款、营私舞弊等贪污行为,简直是反革命"。文章号召工农群众检举揭发,把各级政府中的贪污分子驱逐出苏维埃。1933年1月,《红色中华》专门出版了《检举运动专号》,以推动反贪污浪费运动的进一步深入。

自1933年下半年,苏维埃临时中央政府开始准备发动一场反腐败的斗争,来彻底清算不良现象,搞好廉政建设。为造成一股强大的群众舆论,1933年12月5日,中华苏维埃共和国临时中央政府机关报《红色中华》第10期发表了临时中央政府副主席项英的署名社论,号召苏区广大党员、干部、群众都起来,同贪污浪费、官僚腐败做无情的斗争,中央苏区反腐败斗争进入一个新阶段。

1933年12月15日,中华苏维埃共和国中央执行委员会下发了由主席毛泽东、副主席项英签发的《关于惩治贪污浪费行为》的第26号训令。这也是中国共产党成立以来颁布的第一个反腐法令。训令规定,凡苏维埃机关、国营企业及公共团体工作人员贪污公款在500元以上者,处以死刑;贪污公款300元以上500元以下者,处以2年以上5年以下监禁。这些法律的颁布,使苏区的反腐败斗争有法可依,健康发展。苏区对贪污分子的惩处是非常严厉的。一位代号为"江西老表"的红军干部,因倒卖两担红军急需的粮食而被红色法庭判处死刑。他的尸体被贴上一张醒目的宣判书:"腐败变质、倒卖军粮的可耻下场!"这些举措为巩固和建设中央苏区根据地发挥了重要作用。

1934年1月22日,第二次全国苏维埃代表大会在瑞金召开,毛泽东在作报告时指出:"应该使一切政府工作人员明白,贪污和浪费是极大的犯罪。"大会要求"各级工农检查委员会,必须经过各种团体,领导广大工农群众,来进行反官僚主义的以及反贪污浪费的斗争"。中央政府还正式发布训令,要在苏区内广泛开展一场反贪污、反浪费和反官僚主义的惩腐肃贪运动。至此,轰轰烈烈的中央苏区反腐败斗争逐渐进入了高潮。这场斗争直到1934年10月第五次反"围剿"失败,红军被迫实行长征后才暂告结束。

何叔衡不畏子弹威胁,果断处理陈景魁案

在中央苏区,随着反腐败斗争的步步深入,一些大案、要案被纷纷"曝光"。在政策和法令的威慑下,一些犯有贪污罪行的人纷纷投案自首,争取宽大处理。

按照临时中央政府规定,任何组织和个人,其犯罪事实一经查明,一概立案依法处理,在法律面前人人平等。当时根据地内民间流行的歌谣,十分生动地记述了这样的情景:"《训令》如霹雳,震得天地响。蛀虫再狡猾,休想走过场。"在红色政权两年多的反腐斗争中,揭露并处理了一批腐败犯罪分子。例如,仅江西乐安县增田、善和两区、乡,便查处 72 人,万安县、区各机关共查处 60 人,石城县查处 49 人,永丰县查处 43 人。

1932 年 5 月,有人向何叔衡举报瑞金县委组织部部长陈景魁滥用职权,向群众摊派索要财物,利用地痞流氓欺压群众。何叔衡不相信共产党内竟有这等组织部长,决定亲自带人到组织部驻地黄柏村进行调查。50 多岁的寡妇李秀梅向何叔衡哭诉道:"陈景魁驻进村后,见我儿媳长得漂亮,就进行调戏,还用酒灌醉,施行强奸。我儿知道后,去区里告状,竟在路上被陈景魁派来的一伙打手打成血人,手臂和腿骨均被打断。"何叔衡不禁非常生气,他决心深入调查。结果又发现陈景魁在村里还强奸了另外三名妇女,并与一位寡妇经常厮混。同时还查明陈景魁拉拢、交结一伙赌徒、打手、恶棍,经常在一起打牌、酗酒、强摊款物,对不服从者施以打击报复。

何叔衡以临时最高法庭主席名义签发了对陈景魁的逮捕令。然而此时,何叔衡收到一封装有子弹的恐吓信。面对这种情况,有人劝何叔衡说:"陈景魁有一帮黑势力,千万要小心!"何叔衡轻蔑地笑道:"共产党人生来就是与黑势力作斗争的! 这帮恶棍若不除掉,民众何以安宁?!"何叔衡毫不退缩,决意要将陈景魁法办枪决。就在这时,有人传出信息:"中央某领导人讲了,陈景魁不能杀。何叔衡不为所动,坚定地说:"我身为执法干部,要排除干扰! 没有胆气和硬劲儿,就难以主持公道! 没有公道,民众如何生存?! 革命如何发展?!"何叔衡速战速决,将陈景魁公审后枪决,其他恶棍与打手也分别受到了严惩。寡妇李秀梅一家人为感激何叔衡,特地酿了一壶香米酒送去。何叔衡婉言谢绝说:"我本是专门与那种向群众索要财物的坏人作斗争的,怎么能反过来收受你们的东西呢?"对此,李秀梅一家

和村民们深受感动,于是"何青天"的美名便在苏区传开了。

匿名信举报瑞金县苏维埃,何叔衡认为更应重视

瑞金贪污腐败案的查处,在当时引起很大轰动,推动了在苏区开展的反腐败斗争的深入。1933年夏的一天,中央工农检察部收到一封匿名举报信。何叔衡并没有因为是匿名信而不予重视,他认为,举报信没有署名盖章,更说明里面问题的复杂性和严重性,更应该引起重视:我们强调举报信要签名盖章,主要是为方便调查核实,不能因此随便轻易处理群众来信。何叔衡立即部署力量进行调查,先后派出两个调查组进行调查。在进展不大的情况下,何叔衡又派人到群众家里住下,进行明察暗访,初步查实瑞金县苏维埃浪费现象异常严重,可能还隐藏更多更为严重的问题,便以工农检察部的名义报告临时中央政府。临时中央政府指令加紧调查对瑞金县苏维埃的检举。

何叔衡带领工农检察部的轻骑队开展调查工作。轻骑队从12月15日开始工作,经过队员的努力,县苏维埃贪污浪费的事实大部分被检查出来。取得结果后,中央工农检察部在瑞金县城召开苏维埃工作人员大会,通报工作经过和检查结果,并在1933年12月26日《红色中华》第138期公布。1933年12月28日,毛泽东主持临时中央政府人民委员会会议,听取中央工农检察部关于瑞金县苏贪污案的汇报。会议决定,瑞金县财政部部长蓝文勋撤职查办,会计科科长唐达仁交法庭处以极刑,并给予县苏主席杨世珠以警告处分。

1934年1月4日《红色中华》第140期公布了这一处分决定,称唐达仁吞蚀各军政机关交来的余款,群众退回公债、谷票等款,变卖公家物件和谷子,及隐瞒地主罚款等共34项,合计大洋2 000余元,决定将唐仁达交法庭处以极刑,并没收其本人的财产;对于唐达仁的贪污,蓝文勋是知道的,但不检举,直至中央工农检察部审查时,才说出曾经出唐达仁贪污土豪刘绳仪罚款20余元。蓝文勋隐瞒唐达仁的贪污案件,有放纵犯罪的重大嫌疑,予以撤职查办。

不顾有人说情,果断判处贪污犯左祥云死刑

左祥云案是当时反腐大案的一个典型。左祥云是我党历史上对因贪污等腐败问题而判处死刑执行枪决的较高级别的干部。中央苏区时期,为筹建中央政府

大礼堂和修建红军烈士纪念塔、红军检阅台、博生堡、公略厅等纪念物设立了"全苏大会工程处"。中央政府总务厅任命左祥云为主任,这在当时是重大工程。中央政府为解决经费、材料等问题,采取发动群众购买公债、鼓励捐献、厉行节约、支援建设等一切措施,集中了 10 万元的资金和物资。工程于 1933 年 8 月动工,到 11 月,有人举报左祥云与总务厅事务股股长管永才联手贪污工程款,经常大吃大喝,还强迫群众拆房,随意砍伐群众树木。

何叔衡当即组织人员进行调查。结果发现左祥云在任职期间有勾结反动分子,贪污公款 246.7 元,并盗窃公章,企图逃跑等行为,犯有严重罪行。何叔衡查实后大吃一惊,气愤地说:"这些都是苏区人民的血汗钱呵!是老百姓勒紧裤带省下来的呀!竟被这些贪官肆意挥霍,天理难容!"毛泽东亲自下令总务厅扣押左祥云,听候处理。然而,总务厅管理处处长徐毅却私自放走了左祥云。事情发生后,毛泽东责令工农检察部一定要将民愤极大的左祥云一案查个水落石出。左祥云被捉回,中央总务厅的腐败问题暴露无遗。

1933 年 12 月 28 日,毛泽东亲自主持中华苏维埃共和国中央人民委员会会议,讨论了左祥云及总务厅腐败案件。1934 年 1 月 4 日,中央人民委员会公布了对"中央总务厅长赵宝成撤职,管理处长徐毅拘押讯办"的决定。然而此时却有人出来说情,进行干扰,致使审判大会迟迟无法召开。后呈请毛泽东批准,终于在 1934 年 2 月 18 日公审判决左祥云死刑,其他犯罪分子也分别受到惩处。

纠正肃反中过多判处死刑的倾向

当时党内斗争趋于激烈,王明的"左"倾错误路线在苏区强令推行。"左"倾错误领导相继剥夺了毛泽东在党和军队中的领导职务,对何叔衡主持的检察、司法等部门也产生了不良影响。在"左"倾的肃反政策影响下,一些司法机关的干部认为在肃反中要加大惩处,存在着多判死刑的倾向。

面对严峻形势,何叔衡毅然顶着压力,坚持实事求是的工作方针,对下面报批的案件,仔细审查,反复推敲,严把定刑关。

1932 年 2 月 26 日,临时最高法庭举行第一次公审,审判 3 个"AB 团"案件,何叔衡担任主审。在公审中,何叔衡根据临时中央政府中央执行委员会颁布的第六号训令精神,以事实为依据,对罪犯给予严惩或宽大的裁决,罪刑得当,使罪犯无言以辩,这是在"左"倾路线的控制下第一次有理有据的审判。

1932年5月,瑞金县上报一个案件,基层法院判处罪犯朱多坤死刑。在认真复审后,何叔衡批示:"朱多坤判死刑不能批准,朱多坤由枪毙改为监禁两年。根据口供和判决书所列举的事实……是普通的刑事案件,并非反革命罪。"

1932年7月,何叔衡在对江西省苏裁判部省字第二号关于温某、余某等六犯判决的批示中写道:"余某判死刑暂时不能批准,因余的罪状不很明白。……原判发还……暂作悬案,待接到你们详细报告之后再做决定。"同年10月,他给江西省会昌县苏裁判部写信,对此案再做指示,信中写道:"二号判决书主要是一些偷牛偷鱼的事,至于与反动土豪通信,到底通过什么信,发生了什么影响,未曾证明,不能处死,需再搜查反革命证据或发现反革命的新材料可以复审。不过,主审人要改换。"这里何叔衡提出要改换主审人,表明他在重视证据的同时,对司法人员的公正与否也很重视。

1932年10月15日,何叔衡以临时最高法庭名义给寻邬县苏维埃政府裁判部的指示信件中,批评县苏裁判部蓝昌绪案量刑不当。根据保卫局的控告审判记录及判决书所载,蓝昌绪对革命有重大危害,如:(1)组织暗杀队,吃血酒、发誓;(2)不要从红军要从白军;(3)开会要杀政府及共产党的人;(4)敌人进攻时鼓动群众不参战,做反宣传。何叔衡认为有两项事实,即应判处死刑,以镇压反革命活动。而当时寻邬县苏维埃政府裁判部只判处他半年苦工。他批准改判蓝昌绪为死刑,并请寻邬县裁判部坚决执行,用以坚决处置反革命分子。

红色政权成立之初,人员的组成比较复杂,在当时险恶的情况下,搞好监察工作,及时处理政府中的个别败类,对于维护红色政权意义极为重要。在顶着"左"倾逆流,防止过激行为的同时,何叔衡在检察、司法工作中,严肃处理了一批罪大恶极的反革命分子。

何叔衡在审判工作中力求罪证确实,量刑准确,重罪不轻判,轻罪不重判,对当时"左"的肃反政策进行抵制,因而导致了"左"倾错误领导和一些不明真相的人的指责,说他"拿法律观念代替了残酷的阶级斗争。……使反革命受不到应有的处罚",并且在各种会议和刊物上点名批评何叔衡是右倾机会主义。对于这些无理指责,何叔衡毫不退缩,公开声言:"在政治上我从来没有动摇过",坚持秉公断案、公正执法。"左"倾错误领导因为何叔衡坚持原则、不服"批评",对何叔衡进行接二连三的批判和打击。何叔衡所担任的中央工农检察部部长和临时最高法庭主席职务也被撤销。1934 年 1 月,中央工农检察部改为中央工农检察委员会,董必武兼任中央工农检察委员会副主席和苏维埃最高法庭主席。虽然领导苏区反贪肃腐斗争的重担,由何叔衡的肩上移到董必武的肩上,但是何叔衡那惩治腐败、为民除害的热情丝毫未减。2 月,在工农检察委员会的一次会议上,毛泽东说了这么一番话:"查办官僚主义和贪污浪费是中央政府决定的,如果不把官僚作风、贪污浪费,甚至欺压群众的坏作风清除掉,我们的根据地就保不住,我们党的事业就有夭折的危险。何叔衡同志开了一个好头,董必武同志也很坚决。反贪污浪费,你们两人都过硬。"

1934 年 10 月,主力红军撤离中央苏区,开始长征,何叔衡被安排留守苏区。1935 年 2 月 11 日,何叔衡在向福建突围转移途中,不幸被敌人包围,跳崖壮烈牺牲,时年 59 岁。

第六篇

巾帼英雄

★

为革命浴血奋战的巾帼英豪

红军中唯一的女司令胡筠

胡筠（1898—1934）

1927年2月，黄埔军校武汉分校开学后，开办了女生队，成为中国教育史上的创举，造就了中国现代第一代女军官。在这批女生中，胡筠、游曦、赵一曼、胡兰畦，被誉为"四大女杰"。胡筠文武双全，有"神枪手"的称号，令黄埔男生也为之钦佩。在土地革命战争时期，胡筠担任平江工农革命军司令员，成为红军中唯一的女司令。胡筠的一生，确实充满了传奇色彩。然而令人叹惋的是，就是这样一位功勋卓著的女英雄，却在1934年6月在"肃反"中被"左"倾路线执行者以"AB团"名义秘密杀害，时年36岁。

从"平江首富"太太到黄埔军校女生

胡筠，1898年2月出生于湖南平江县一户士绅家庭。由于是独生女，极受其父宠爱，从小便获名师启蒙，熟读四书五经。湘东一带农村，历来崇尚武术，每到冬闲时节，处处请师传艺。14岁的胡筠练起了武术，经过两年的勤学苦练，已经有些功夫了。

19岁时，胡筠已出落成一个标致的大姑娘。她身材颀长，肤色白皙，力强体健，精明洒脱，加上能文善武，已成远近闻名的才女。这年冬天，她由父母做主，嫁给了北乡红桥镇李采藻的儿子李积琦。胡筠将家里的藏书装满四大箱，作为嫁妆带到了李家。李家是平江首富，有良田千亩，青砖瓦房上百间。李积琦当时正在外读书。胡筠生性爱动，且有抱负，如今被关进深宅大院，无边的苦闷包围着她，真有度日如年之感。

胡筠自幼刚强好胜,爱读《岳飞传》《水浒传》,以古代女英雄自诩。当时正值"五四"运动期间,胡筠受《新青年》《向导》等革命杂志影响,决心以秋瑾为榜样,冲出樊笼。1924年秋,胡筠考入平江县城启明女子学校师范第五班。胡筠入学之时,学校里已有共产党的组织,中共平江县支部负责人余贲民,还担任了女校园艺主任。这里民主空气浓厚,学生们畅谈理想,宣传救国之道,思想极其活跃。胡筠带头放了小脚,还与同学徐纬文发起剪发运动。她剪去脑后的发髻,留着齐耳短发,显得英姿勃勃。在她的倡议下,女校学生纷纷响应,不几天,全剪成了短发,满城为之轰动。胡筠与共产党员余贲民、李宗白等为友,阅读进步书刊,接受新思想,撰文呼吁启蒙,抨击时弊,积极参加社会活动。1925年底,胡筠由余贲民介绍加入了中国共产党。

1926年8月,叶挺的北伐先遣团攻克平江县城。中共平江县委派胡筠到叶挺部队政治处担任宣传工作。接到通知,她爽快地说:"党的决定,我无条件地执行!"县委同志告诉她:"你是女同志,又是娃娃妈,困难很多,要有思想准备。"胡筠说:"困难再大,也比不得北伐军打军阀的事大。"她毅然放弃未修完的学业,随一支新组建的宣传队奔赴北伐前线。她写标语,办快报,教军歌,编快板,极大地鼓舞了指战员们的士气。胡筠有时还直接参加前线运输、救护和战斗。攻打天岳关时,她化装成农妇潜入敌后侦察,绘制了一张敌人兵力部署图,然后又领着一个排的兵力,向敌主峰发起进攻。

在北伐军胜利进军湖北汀泗桥后,叶挺在前线指挥所对胡筠说:"湖南省委来电,调你立刻回湘,另有任务。"胡筠回到平江,奉命组织农民自卫军。不久,北伐军收复武汉三镇,当时急需军事干部,县委推荐胡筠报考黄埔军校武汉分校。进军校,当女兵,学军事,练本领,胡筠按捺不住兴奋的心情。她想起县委的嘱咐:"党需要自己的军事人才,望你不负重托。"她忆起花木兰、秋瑾这些自己仰慕的女中豪杰。特别是北伐先遣团战士浴血奋战的事迹,也一幕幕闪现在她的脑际。胡筠思绪翻腾,恨不得一步就跨入武汉。

黄埔军校武汉分校的创办,是国民革命发展的产物。1926年10月,北伐军光复武汉,武汉逐渐取代广州成为国民革命的中心。为迎接革命的大发展,满足日益迫切的政治、军事人才需要,国民党中央在武汉开设了中央军事政治学校(黄埔军校),面向全国招生,其中包括女生。武汉分校在全国范围内招收女生的消息一出,立即得到了各地妇女的积极响应。武汉分校最后录取男生986人,女生195

人,他们成为黄埔六期学员。1927年1月19日,学校改名为中央军事政治学校（黄埔军校）武汉分校,邓演达任代校长,张治中任教导长兼训练部部长,共产党人恽代英任政治总教官。

1927年2月12日,武汉分校在两湖书院的大操场上举行开学典礼。邓演达、宋庆龄、吴玉章等出席大会。胡筠等195名女生穿着与男生一样的深灰色军装,紧束着皮腰带,戴着军帽,打着绑腿,与男生队并肩站立。女生学习的主要课程分政治和军事两种,即术科和学科。学科包括政治、军事、经济、社会科学以及三民主义、建国方略、建国大纲、阵中要务令、射击教范等。术科是根据步兵操典上的军事基本知识,进行基本训练。每天上午是学科,下午是术科。晚上的活动每天不同,有时上自习课,有时开政治讨论会,讨论的题目有"领袖与革命""革命与恋爱"等。恽代英曾对女生队学员说:"我们党下决心要在军校培训妇女骨干,毕业后参加领导中国妇女翻身解放的斗争。你们的责任重大,你们要努力呀!"恽代英赞扬她们是"中国妇女解放的先锋和榜样"。

军校为了使男女有所区别,决定让女生打黑色绑腿,军装双袖缀上红色字母"W"（Women）标记,并发短枪。结果却遭到了胡筠、赵一曼等许多女生的坚决反对,她们说:"我们都是革命战士,男女应该平等,如果连穿衣服都得不到平等,还要拿字母区别,这算什么革命?"校方最后只好取消了这一决定。这些和男儿一样穿上军装的女学员还不满足,还在为争取男女平等而斗争,有的女生竟然偷偷剃光头发,当她们脱下军帽,男教官看到女生和男生一样的光头时,大惊失色。胡筠在军校度过了一段艰苦却非常愉快的生活。

1927年4月12日,蒋介石在上海发动了"四·一二"反革命政变,革命形势急转直下。许多人宣布脱离共产党,军校里的学生中也有一部分出现了动摇。胡筠坚决地表示:"不,我决不回头,我要战斗下去,继续奋斗下去。"

此时,四川万县的杨森、湖北宜昌的夏斗寅,受到蒋介石的指使,调动他们的军队,联合进犯,偷袭武汉。夏斗寅的军队一直进逼到离武昌很近的纸坊火车站。共产党直接领导的革命武装成为平叛的主力。5月18日,奉武汉政府军事委员会之命,由驻在两湖书院的黄埔军校武汉分校学生,以及武昌农民运动讲习所学员组成中央独立师,配合其他部队,在武昌卫戍司令、二十四师师长叶挺的统一指挥下,由武昌出发西征。

武汉分校女生队学员被编为政治连,受叶挺指挥开赴前线,第一次经受战争炮火的洗礼。当时女生队的成员吕儒贞清楚地记得当时的情景:在出发的头天,发给了女生队行军时用的一切装备,干粮袋、草鞋、三色带、军毯等。三色带表示宣誓献出自己的生命,来保卫革命的大武汉,在和敌人战斗时,要有不怕死的牺牲精神。武汉各团体还给女生队送来很多面锦旗,上面写着:"革命的先锋""巾帼英雄""少年先锋"等。5 月 19 日早晨 5 点钟,女生队分两路出发,一路到金口,一路到纸坊。她们高举"中央独立师"军旗和多面锦旗,号兵吹着进行曲,向望山门车站前进。他们一路行军,经纸坊、咸宁、嘉鱼、蒲圻、新堤、沔阳等地,都是徒步行军,每天约走六十华里左右。

此次西征从出征到返校共 34 天。在这 34 天里,胡筠等女生队学员不畏艰险,经受了血与火的考验,真正完成了从女生到女兵的蜕变。女生队随军西征归来,当时的湖北省妇女协会向她们赠了一面锦旗,上书"开历史新纪元"六个大字。

1927 年 7 月,汪精卫在武汉召开"分共"会议,提出"宁可枉杀一千,不可使一人漏网"的口号。7 月 25 日,在汪精卫公开叛变革命不几天,张发奎来到武汉军校宣布,他接收了中央独立师,解散武汉军校,每个学员发了一张中央军事政治学校武汉分校的毕业文凭,五元国库券的遣散费。女生队的同学,一部分遣散,一部分派到贺龙、叶挺部队,四军军医处和教导团,还有少数人送往苏联学习。但大部分被迫脱去军服,换上了旗袍。恽代英和几百名分配到叶挺、贺龙部队的师生,包括 70 多名女兵,参加了南昌起义。

黄埔军校女生队从 1927 年 2 月 12 日分校开学到 7 月中旬女生队停办,共有 5 个月的时间。这短暂的 5 个月,在许多女兵的人生道路上却是不平常的一段。在革命浪潮中觉醒成长的女兵,在黄埔军校经受了严格的军事训练和革命思想熏陶,一部分中坚分子从这里起步,谱写了可歌可泣的人生篇章。她们有的成了为国捐躯的巾帼英烈,如郑梅仙、陈觉吾、廖德璋、盛业煌、邓苏、李蕴瑞、邱继文、王也华等;有的成为可歌可泣的抗日英雄,如赵一曼;有的成为智勇双全的红军女将,如胡筠等。许多人成长为中国妇女界的知名人物,如胡兰畦、曾宪植、危拱之、张瑞华、黄杰、黄静汶等,他们各自在抗日战争、解放战争中从事军事、政治、妇运等各方面工作,成绩卓著。

平江工农革命军的司令员

1927年"四·一二"政变后,黄埔军校武汉分校为了保存革命力量,决定自行撤销。恽代英要求胡筠回到家乡组织游击队,打击敌人的嚣张气焰。当时正值白色恐怖时期,地主武装到处杀人放火,甚至狂妄地称:宁可错杀三千,决不放走一个共产党员!胡筠购买了几十支步枪、上万发子弹,拉起了50多人的队伍。有一天,她被在区清乡委员会任大队长的叛徒李大文认出,并密告了她的真实面貌。胡筠一不做二不休,干脆与省保安司令部派来的缉捕队公开交火,打得缉捕队落荒而逃。胡筠带领队伍在幕阜山一带打土豪、分田地,建立区乡革命政权,并烧掉自家的房屋和田契,宣布与李积琦离婚,和地主家庭彻底决裂。省保安司令部向各地保安团、清乡队发出通令,联合围剿"女共匪"胡筠,并以10万大洋悬赏购买她的人头。

幕阜山南接罗霄山脉,北抵天堑长江,是一道巨大的天然屏障。胡筠采用了灵活机动的战略战术,善于发动群众,给敌人以重创。游击队不断壮大,正式建立了平(江)、湘(阴)、岳(阳)游击纵队。在不到3个月的时间里,便创立了从浏阳至平江的大片根据地。由平江特委报请中央军委批准,给平(江)、湘(阴)、岳(阳)游击纵队"平江工农革命军"的番号,由胡筠担任司令员。恽代英赶去祝贺,激动地对胡筠说:"你是红军队伍中唯一的女司令。敌人闻之丧胆,我们却为之欢欣鼓舞。"

1928年3月中旬攻打平江县城失败后,平江县委书记毛简清前往上海,县委代书记罗纳川牺牲,胡筠与张警吾、李宗白、毛贲民等重组了县委,胡筠任平江县委书记。1928年7月22日,彭德怀、滕代远领导的平江起义爆发。起义军攻克了平江县城,部队随即编为中国工农红军第五军。7月23日,胡筠腰别手枪,骑着白马,率县委机关及部队、四乡农民入城,与彭德怀、滕代远会师。平江人民心目中的传奇式人物胡筠留着短发,腰里掖着双枪,左臂佩戴鲜红的袖章,骑着一匹高大的白马,走在队伍的前头。后边紧跟着县委机关干部和游击队战士,以及沿途四乡闻讯赶来的工、农、青、妇数百名革命群众。平江县城的群众中,早就流传着胡筠这位游击队女将的才能,枪法如神,百发百中,甚至说她的坐骑能穿山越岭,腾云驾雾,是幕阜山里修炼了千年的"神驹"。这天,整个县城万人空巷,人们争相目睹这位具有传奇色彩的女英雄。

胡筠与彭德怀见面后,胡筠先自我介绍道:"我是胡筠,平江县委的。"陪同胡筠进城的平江县委秘书长张警吾向彭德怀介绍了胡筠的身世:出生在平江北乡,公爹是当地有名的大恶霸地主。1927 年,胡筠参加了秋收起义,将其公爹交农民协会处决,把家中房屋烧毁,财物分发给贫苦农民,赢得了群众的信任和爱戴。彭德怀对胡筠不由肃然起敬。彭德怀高兴地说:"反动派早说把你们剿掉了,怎么还有这么多人,这么多枪?"胡筠风趣地回答说:"刘作柱(按:平江县长)骂我们游击队是'草寇',我喜欢这个名字,野火春风沐劲草嘛!""好,好,真不愧为女中豪杰!"彭德怀伸出大拇指说。

在 7 月 24 日举行的庆祝起义胜利的群众大会上,胡筠与彭德怀、滕代远先后讲话。胡筠还当选平江县第一届工农兵苏维埃政府主席、红五军纵队党代表兼湘鄂赣特委常委。胡筠英勇善战,指挥作战大胆沉着,灵活多变,战前有周密的部署和充分的准备,战后有详尽的总结,在战斗实践中形成了一套行之有效的游击战术。她的部队终年转战于湘鄂赣三省的幕阜、连云山区,神出鬼没,令敌胆寒。当年国民党军阀何健的《清乡公报》称胡筠部队与彭德怀部队"互相呼应,声势浩大","赤焰所播如火燎原",即便"调集重兵围剿,仍然束手无策,防军亦疲于奔命"。

原红八军军长何长工后来称赞说:"胡筠很会打游击。她的部队是平江打得最好的,平江的敌人一听说胡筠的部队来了就害怕。"何长工曾回忆平江一次地方党政军联席会议时说:"胡筠在会上讲话,我怀着极大的兴趣来听她作报告。她的讲话很有吸引力,句句中肯,无一句废话,层次清楚,平易通俗,分析形势很准确。她讲的是'平江起义'的伟大意义和对湘鄂赣根据地的关系。后来我同胡筠的接触很多,也愿意与她交谈,常跟她谈农会与地方工作的情况。我很佩服她,她在群众中威信很高,很有基层工作经验。她是平江县主要领导人,是根据地的创始人。"

在艰苦的游击斗争环境中,胡筠带领的游击队逐步壮大。她也在斗争岁月中,与平江县委秘书长张警吾加深了了解。1929 年,胡筠与张警吾结婚,不久怀孕。在一次打退敌人向游击队驻地进攻的战斗中,胡筠临产了。她用牙齿撕破衣服,草草包裹婴儿,挣扎起来。在打退敌人几次冲锋的间隙中,战士用箩筐抬着母子,安全转移。胡筠的左肩负过伤,多年战斗中负过两次伤。负伤时,她仍坚持指挥,不下火线。

多才多艺,能歌善舞的胡筠

　　胡筠短暂一生的高峰,是1930年7月率领地方赤卫队12万人,随彭德怀的红三军团攻占湖南省会长沙。当时在长沙召开了万人大会,成立省苏维埃政府。在成立大会上,彭德怀、滕代远、王首道、何长工和胡筠都讲了话,胡筠被选为省苏维埃委员。

　　1930年9月,中共赣北特委成立,胡筠任省特委副书记兼赣北独立团团长。1931年春,赣北独立团与修水、铜鼓等县的游击队组成红八师,编入红十六军。不久,胡筠继任红八师师长,成为红军时期少有的女师长。据《通城人民革命史》载,胡筠曾率红八师及赤卫军1 000余人采用里应外合的战术,一举攻克了通城,缴枪1 370余支,长机枪5挺,手枪30余支,子弹10余担,其他军器无数。

　　1931年7月,原湘鄂赣特委和鄂东、赣北、湘北等特委,合并成立湘鄂赣省委,李宗白任省委书记,张警吾任省委宣传部长,胡筠任省委妇女部长。湘鄂赣边区20多个县,各级都有妇女组织。妇女干部除参加文化、学校、军械厂、金融、贸易等地方工作外,还有大批青年妇女参加红军,在后勤部门工作的最多。广大妇女动员鼓励自己的丈夫、儿子参加红军,妇女成为农村生产的主角,组织耕田队、抢收队、积肥队,以换工、帮工方式解决烈军属和孤寡户的劳力问题。支援前线战争的种种后勤重担,也都落在妇女肩上。这一期间,胡筠还负责办过党校,在这方面也施展了她的才能。

　　胡筠是湘鄂赣省委妇女部长,是一位出色的妇女领导干部。为了更有力地执行省委和省苏维埃的决议,湘鄂赣省委宣传部在万载县创建了一所列宁小学,成立了一支"赤色宣传队",由胡筠具体领导。宣传队常常夜以继日排练节目。胡筠既是编导又是演员,她和队员们一起,创作了大批深受苏区军民喜爱的歌舞节目,如九子鞭《十骂蒋介石》,莲花落《拥护苏联和拥护省苏大会》,歌舞《送郎当红军》《可怜的秋香》《摇篮曲》《劝白军投降》《葡萄仙子》,及小歌舞剧《李更探监》等。

　　胡筠多才多艺,能歌善舞。无论一件什么事,只要经过她的脑壳一转就会变成一出戏。有一天晚上,宣传队正在排练节目,突然得到一个特大喜讯,红军在宁都龙冈打了个大胜仗,活捉了前敌总指挥张辉瓒,大家高兴地抱在一起又唱又跳,胡筠眼泪都笑出来了,当时有一个小伙子说:"现在鲁涤平(时住江西省政府主席)要哭得冒得眼泪。"胡筠灵机一动说:"对,我来编个鲁涤平哭张辉瓒的舞。"于是她边想边跳,说:"我们把张辉瓒的'头'砍下来钉在一块木板上,放到河里,让其顺流而下,漂至南昌,鲁涤平拾到木板后,抱着'头'大哭,后来又被红军的大炮吓瘫在地,这个节目就叫《鲁胖子哭头》。"大家一听齐声叫好,几个男演员竟跟着跳了起来,就这样说干就干,连夜编排。第二天《鲁胖子哭头》就演出了,以后每逢开庆功会、动员会,这个节目最受欢迎。

胡筠还创作了《李更探监》,反映罗纳川夫人李更探监,感人至深。苏区歌舞使红军战士热血沸腾,也使白军坐卧不安。当时,胡筠几乎天天都要带着宣传队员对白军宣传,每次只要锣鼓一响,歌声一亮,白军长官就不准他的士兵们出来,怕他们听了红军的歌会变心。因为有几次胡筠带人演出后,晚上就有白军拖枪投诚。还有一次,白军悬赏:凡活捉傅秋涛、滕代远者每人赏光洋 50 块,而活捉"女匪"胡筠者,则每人赏光洋 100 块。由此可见敌人对胡筠的仇恨。

在肃反中被秘密杀害

湘鄂赣根据地和胡筠等一大批领导干部的厄运,是王明"左"倾路线的错误肃反政策所造成的。1932 年 3 月,以博古为首的临时中央认为,湘鄂赣省委肃反工作领导不力,"仍然没有转到四中全会和国际路线上来",于是一个中央代表团带着彻底改造原省委、坚决转变路线的任务,到达湘鄂赣省委驻地修水上杉,成员有来担任省委书记的林瑞笙,全总巡视员陈佑生,来担任省委少共书记的郭潜。以陈佑生、林瑞笙为首的中央代表团召开湘鄂赣省委第三次执委会。在王明"左"倾路线影响下,陈佑生、林瑞笙等人错误地指责湘鄂赣省委没有执行党的六届四中全会路线,全盘否定省委过去的成绩。会上,省委书记李宗白遭到批判。胡筠据理力争,也遭训斥。结果,李宗白被打倒了。胡筠也被撤销省委委员和妇女部长职务,调任省互济会副主任,不久又调任省党校教务主任。

当时,湘鄂赣省委常委直接抓肃反工作,由林瑞笙、陈佑生、孔荷宠、傅秋涛、张金楼等分工负责。陈佑生是全国总工会执行局的代表,他在湘鄂赣一手遮天,一切只有他说了算。省委书记林瑞笙是从湘赣边区调来的,把"左"的那一套也带来了。保卫局掌握在他们手里,大搞逼供信,谁不同意他们的做法,马上就挨整。

这一时期,原省委党政军和县主要领导干部,就有50人左右被逮捕,包括赖汝樵(省苏维埃政府主席兼保卫局局长)、张警吾、杨幼麟、胡筠等,红十六军政治部主任吴天骥、组织部长刘英杰、红九师政委李幼军、红三师政委叶金波等一批军、师、团级干部,平江、浏阳、万载、铜鼓、蒲圻、阳新等县县委书记等,都先后惨遭杀害。这些人都是湘鄂赣根据地的创建人,都是有丰富斗争经验的领导骨干。

1933年10月,胡筠在万载县小源参加湘鄂赣省第三次工农代表大会期间,被诬为"AB团"分子,突遭逮捕。胡筠在关押期间,写了数十页纸的《狱中自白》,回顾了自己在党的领导下由一个豪门闺秀成长为党的干部的整个历程,其中写道:"牺牲换人间幸福,奋斗是吾辈生涯。"这是她的崇高理想和信念,也是她留下的遗言。1934年6月,湘鄂赣省委驻地小源失守,胡筠在转移途中被秘密杀害,时年36岁。胡筠的丈夫、省反帝大同盟主席张警吾,也在肃反中被杀。

李琪洲回忆胡筠时,深情地说:想起她和我在一起时,有时饿着肚子,还要拼命打仗。一次她听说我负了伤,将自己攒下的零用钱一块光洋给了我。以林瑞笙、陈佑生为首的新省委,只会杀自己人,不会发动群众,也不会打仗。胡筠被枪毙的消息一传来,我痛哭流涕,许多人都哭了。这批老领导干部死后,部队人心惶惶,有些人丢枪不干了,回了家。有的干部乘机打击报复,造成基层内部互相倾轧。国民党更乘机煽动,说共产党、革命者没有好下场。有些人就跑到敌人那边去了。红十六军军长孔荷宠(是新省委中的人)、政委刘学昊先后叛变投敌,陈佑生、郭潜等人后来也叛变了。湘鄂赣根据地就这样垮掉了。

彭德怀听说胡筠的噩耗后,十分悲恸,长叹说:"天理难容呀!天理难容!"千秋功罪,自有定论。在1945年召开的党的"七大"上,胡筠的冤案终于获得了平反昭雪,并被追认为革命烈士。1958年彭德怀重返平江时,到了县人民医院,向陪同的县委书记谈到当年在这里开会,准备起义。彭德怀感慨地说:"胡筠是个了不起的人物,很有能力,打仗很勇敢,是个难得的女将。"

红军时期职务最高的女将领张琴秋

在红军高级将领中,张琴秋是唯一的女性。红军时期,革命队伍中的女性不少,像邓颖超、蔡畅、刘英、贺子珍、钟月林、邓六金等老大姐。但她们从事的工作大多为机要、秘书及党团妇女工作,没有在作战部队中担任高级职务。1955 年授衔时唯一的女将军李贞,在红军时代担任的最高职务为红二方面军政治部组织部副部长。而在红军时期,张琴秋曾担任过红四方面军总政治部主任,成为红四方面军的主要领导人之一。新中国成立后,张琴秋担任了纺织工业部副部长,成为共和国第一代女部长。

张琴秋(1904—1968)

早年的革命道路与初恋

张琴秋,1904 年 11 月 15 日出生于浙江桐乡县石门镇的一户小康人家。1912 年至 1920 年,张琴秋一直就读于石门振华女校。少女时代的她目睹了离家不远的小工场里的工人们的种种悲惨的生活境遇:有的无钱葬父,只能卖掉亲生儿女;有的年老体衰,被狠心的老板踢出厂门倒毙街头。她也曾经在乡间与贫苦的农家女孩一同割草、劳动,感受到勤劳淳朴的农民饥寒交迫的苦难生活。这不平等、不合理的社会现象,深深地触动了张琴秋年轻的心。在当时全校一千多名学生中,她率先剪短发,以此表明反封建的决心。

在石门振华女校,张琴秋结识了她的小学同学孔德沚。从振华女校毕业后,张琴秋先后到杭州女子师范学校(今天的杭州第十四中学)和蔡元培创办的上海爱国女校读书。在上海读书期间,张琴秋经常去看望也在上海的孔德沚,很自然地认识了孔德沚的丈夫沈雁冰（茅盾），接着也认识了沈雁冰的弟弟沈泽民。早在 1921 年 4 月，沈泽民就经沈雁冰介绍，加入了上海共产主义小组，是中国共产党最早的党员之一。

1923 年夏，张琴秋考取了南京美术专科学校。正巧，党派沈泽民去南京建立和发展党组织，两人于是同行。入学不久，张琴秋由于家庭困难，便辍学回到母校振华女校担任代课教师。在半年多的代课日子里，张琴秋开始真正接触到社会，在生活的道路上迈出了新的一步。她看到了军阀统治的腐败、社会的黑暗和人民的痛苦，感到非常茫然。张琴秋把自己郁积在心中的烦恼和苦闷，全盘写信告诉了沈泽民。

她的直率和富于反抗的见解使沈泽民深为感动，他发现年轻的张琴秋是一位有志向、有理想、善于思考的青年，便多次热情写信帮助，并先后寄去《社会科学概论》等许多进步书刊。在沈泽民的帮助下，张琴秋开始接触到革命思想，努力追求真理与光明。这一时期，他们通信频繁，感情也日渐升温。

1924 年初，张琴秋辞去母校的代课教师工作，来到上海，寄宿在沈雁冰家，后考取了上海大学社会学系。上海大学是一所进步的学校，瞿秋白、蔡和森、沈雁冰、俞平伯、张太雷、恽代英、萧楚女等人都是该校的教师。恰巧，沈泽民此时已担任了上海大学社会学系教授。张琴秋与时任社会学系主任瞿秋白的妻子杨之华同为社会学系的同学。1924 年 4 月，经杨之华等人的介绍，张琴秋加入了中国共产主义青年团，并于同年 11 月转为中共党员，成为中共最早的女党员之一。随后，张琴秋与杨之华、王一知（张太雷之妻）、王会悟（李达之妻）一起，在向警予领导下办起平民女校。

1925 年，党组织为了更好地开展工人运动，在任弼时等同志的领导下，以平民学校为掩护，在上海成立了 30 多个干部训练班，积极培养基层干部。不少党、团员受组织的派遣深入到工人群众中去宣传马列主义，开展工人运动，张琴秋就是其中一个。她先被派到杨树浦平民学校。在那里，她深入到女工中去和工人交朋友，给她们讲解革命道理。通过一段时间的工作，发展了一批新党员，壮大了党的队伍，把南洋烟草公司的罢工斗争搞得热火朝天。经过斗争的锻炼，张琴秋变得更加成熟坚定了。她亲眼看到了工人群众的力量，感到和他们战斗在一起，心更亮了，胆更壮了。不久，张琴秋由沪东调沪西工作，并积极参加了震惊中外的"五卅"反帝运动和罢工斗争。

在长期的革命斗争中，张琴秋与沈泽民结下了深厚的情谊。1925 年 11 月，张琴秋与沈泽民举行了新式文明的婚礼。婚后他们与沈雁冰夫妇、瞿秋白夫妇比邻而居，度过了一段非常愉快的生活。

1925 年 11 月，在党组织的安排下，张琴秋与张闻天、王稼祥、乌兰夫、伍修权、孙冶方等一百多人来到莫斯科中山大学留学。1926 年春，沈泽民随刘少奇率领的中国职工代表团来莫斯科出席国际职工大会，会后也留在莫斯科中山大学学习。1926 年 5 月，张琴秋生下了女儿张玛娅。由于生孩子，张琴秋留了一级，与博古、杨尚昆、李伯昭（杨尚昆的夫人）等成为同学。不久，沈泽民又考上红色教授学院。期间，党的"六大"在莫斯科召开，沈泽民曾以大会工作人员的身份参加了党的"六大"。

但中山大学内部矛盾重重，张琴秋不可避免地牵连其中。1929 年 6 月，王明宗派集团控制的校党支部局决定解散反对王明的团支部局。在表决时，五百多人中，有二十九个人举手赞成，被称为"二十八个半布尔什维克"。"二十八个半布尔什维克"无疑是他们的反对派加给他们的一顶帽子。当然，这不是政治帽子，而是一种蔑称和轻侮，表达了人们心中在当时对他们的反感。

张琴秋与沈泽民、陈昌浩、张闻天、王稼祥等都举手赞成。这是由于他们还不懂得中国革命的实际，对共产国际盲目服从，对王明还缺乏认识。"二十八个半布尔什维克"并没有形成系统的组织，其中的张闻天、王稼祥等后来都从"左"倾教条主义路线中分离出来，支持毛泽东的正确主张，还成为党的重要领导人。1966 年，"文化大革命"发动之初，康生便妄下断言："'二十八个半'没有一个好人。"于是，凡在大陆、还在世的"二十八个半布尔什维克"均遭到审查，有的甚至被关进监狱，受迫害而亡。这也成了张琴秋的一大"罪状"，被认为"历史上追随王明"。

1930 年春，莫斯科中山大学停办，学生回国分配工作。1930 年 4 月，周恩来同志应共产国际和斯大林的邀请，赴莫斯科。在周恩来的精心安排下，沈泽民和张琴秋绕道法国，乘法国邮船回上海。为了不影响工作，他们毅然决定把孩子留在莫斯科的国际儿童医院。

在 1931 年 1 月 7 日举行的中共六届四中全会上，沈泽民当选为中央委员。会后，沈泽民被刚取得中央实际领导权的王明任命为中央宣传部部长。不久，为贯彻六届四中全会精神，王明派沈泽民作为中央代表，并担任直接对中央政治局负责的中共中央鄂豫皖分局书记。但不久,在党内资历很深、见风使舵投靠王明的张国焘被王明任命为中央代表、鄂豫皖分局书记兼军委主席,沈泽民改任鄂豫皖分局常委兼鄂豫皖省委书记。

鄂豫皖苏区的张琴秋,是当地著名的女将

在去鄂豫皖根据地的路上,张琴秋和沈泽民化装成巨商夫妇。一个是西装革履的潇洒阔老板,一个是雍容华贵的阔太太。1931年5月上旬,他们来到鄂豫皖苏区的中心金家寨。

在鄂豫皖苏区,张琴秋任培养干部的彭(湃)杨(殷)军事政治学校政治部主任。张琴秋化装刚到鄂豫皖苏区时,大家都说沈泽民带来一位漂亮的夫人,对这个洋学生出身的女人能否当好军校政治部主任还有怀疑。但每天早上军号一响,张琴秋总是第一个来到操场,腰束皮带,斜挂短枪,英姿勃勃。当时红军女战士屈指可数,而女指挥员就更是凤毛麟角了。张琴秋非常标准的军人姿态和响亮的口令使大家感到惊叹。进行政治动员时,她丰富的政治理论知识和雄辩的口才更令人信服。早在莫斯科中山大学时,张琴秋便预见到回国可能带兵,她不仅在校内的队列训练中非常认真,还同男人一样在夏季去搞野战演练,从摸爬滚打一直学到连、营、团的战术指挥。

年仅27岁的女政治部主任张琴秋,显示出了文武全才。张琴秋组织宣传队时,亲自教姑娘们跳苏联海军舞、乌克兰舞。后来到了川陕革命根据地后,她又组建了四方面军剧团,给大都是童养媳出身的演员们上文化课,并编写剧本。在带剧团慰问部队和伤病员时,张琴秋自己也登台演出。

到了1932年秋,在蒋介石20万大军的"围剿"下,鄂豫皖苏区第四次反"围剿"失败。在决定红军的行动方针的黄柴畈会议上,张国焘、徐向前、陈昌浩等领导人都赞成红军主力跳出鄂豫皖根据地,越过平汉线,跳出敌人的包围圈,伺机歼敌后再返回根据地。但沈泽民却不愿走,主张分散打游击,表示要留下来坚持斗争。沈泽民说:"我是苏区的省委书记,我的岗位在苏区,我不能离开我的岗位。我的职责是和苏区人民在一起,坚持武装斗争,保卫苏区,保卫革命胜利果实。"

沈泽民受王明的影响,思想较"左",对工作满腔热情,却缺乏领导经验和军事斗争经验。徐向前后来在自己的回忆录《历史的回顾》中谈到沈泽民时说:"他

是沈雁冰同志的弟弟,在莫斯科中山大学学习过,工作热情积极,是个好同志,但在军事上一窍不通,又缺乏领导经验";"一些领导同志害了'左'派幼稚病。像沈泽民同志是好人,但'左'的很。"

在沈泽民的坚持下,张国焘最后同意他留在鄂豫皖根据地坚持斗争。此时已担任七十三师政治部主任(师长为后来成为共和国大将的王树声)的张琴秋随大部队转移。由于长期的劳累,加上营养不良,沈泽民的肺病复发了,经常吐血不止,这让张琴秋非常担心。大部队转移前,张琴秋与沈泽民依依惜别,成了他们一生中见的最后一面。

张琴秋要沈泽民先去上海治疗肺病,茅盾也这样说,但沈泽民不肯离开苏区。主力红军转移后,在敌人的严密"围剿"下,留守部队的处境十分艰难。1933年11月,为了向党中央汇报根据地工作和让战友治病,沈泽民含泪将患同样疾病的战友成仿吾扶上马送走,自己却在同年11月30日病逝于湖北省红安县天台山,年仅33岁。为了纪念沈泽民,当时由瞿秋白任校长,毛泽东、林伯渠等任校务委员的"苏维埃大学"改名为"国立沈泽民苏维埃大学"。1997年,沈泽民同志的家乡浙江文艺出版社出版了《沈泽民文集》,陈云同志生前为文集题了书名。

1963年4月15日,沈泽民的迁葬追悼仪式在湖北红安隆重举行。张琴秋携女儿玛娅参加了迁葬仪式。抱着沈泽民的墓碑,张琴秋不禁潸然泪下。

在回顾沈泽民时,张琴秋曾深情地说:"泽民同志是我一生中的良师益友。通过他,使我找到了党。从此,把我引上了革命道路,救出了我这条温柔的、又好似迷途的羔羊。否则,像我这样的人,至多不过当一名贤妻良母罢了。没有党的引导和帮助,决不会走上革命道路。这是我永远也忘怀不了的。"

临危之际出任红四方面军总政治部主任,是"文武都行,不怕天,不怕地的女杰"

1932年11月间,在红四方面军翻越巍巍秦岭,进入关中平原前夕,张琴秋被正式任命为红四方面军总政治部主任。这也是土地革命时期乃至整个战争年代,女战士在共产党军队中所担任的最高职务。从这个意义上说,称张琴秋为红军唯一的女将领毫不为过。而陈赓、陈再道、王宏坤、许世友、王建安、洪学智、王新亭、刘华清等这些威名赫赫的共和国大将、上将们,当时都曾是她的部属。徐向前在

《历史的回顾》中谈到张琴秋的政治工作时说:"张琴秋同志任方面军总政治部主任(原为七十三师政治部主任),沿途开展政治宣传工作认真积极,起了很大的作用。"

红四方面军主力撤离鄂豫皖长途西进转移,无疑是一个重大行动。张国焘却以保密为由,事先既不在领导层中研究商讨,进行中又不向指战员解释。他的这种家长式作风引起了广大指战员的极大不满。同时,指战员们都希望尽快结束这种无根据地的盲目流动。12月初,当部队西行至陕南城固县小河口镇停下来以后,各种意见都出来了。红四军政委余笃三和四方面军总部的干部王振华、朱光等私下酝酿着,要到中央告张国焘的状。一天,张琴秋与旷继勋、余笃三、刘杞、王振华、朱光等几个人就这些情况请教威信很高的鄂豫皖根据地领导人曾中生。曾中生很理智,说向中央反映情况固然好,可江西距此遥遥几千里,怎么个去法?况且,即使到了中央,中央会不会听,还是个未知数。鉴于此,曾中生建议不如写一份意见书,由他送张国焘。大家觉得这是个好办法。于是,曾中生根据大家的意见,写了份材料,准备交给张国焘。同时,大家又推举张琴秋去做红四方面军总政委陈昌浩的工作,以争取得到他的支持,毕竟他们是莫斯科中山大学的同学,关系较为密切。张琴秋将大家的意见向陈昌浩说了以后,陈昌浩立即报告了张国焘。

张国焘得知这一情况后,为了应付这些同志的要求并缓和部队的不满情绪,于12月8日在小河口召开了师以上干部会。会上,张琴秋和到会的其他同志,都对张国焘的军阀主义和家长式作风提出了严肃的批评,并要求立即停止向西转移,迅速在川陕鄂一带创建根据地,尽快把今后的行动方针告诉中央。张国焘对提意见的同志怀恨在心,伺机打击报复。

在广大指战员的浴血奋战下,红军以势如破竹之势挺进川北,建立了川陕革命根据地,革命形势有了很大的好转。张国焘对于在小河口会议上给他提过意见的人却一直怀恨在心,此时他认为打击报复的时机已经到来,开始大规模的"肃反"运动,陆续将曾中生、余笃三、旷继勋等人杀害。

一天,张国焘突然找张琴秋谈话,要她揭发曾中生等人的"右派"活动,并交代与他们的关系。张琴秋实事求是地谈了小河口给张国焘提意见一事的经过,在《我的声明书》中说:"我曾经同李特同志谈过,我们总觉得这样将部队开跑,领导上总是不正确的。"张国焘见她态度强硬,拒不认错,于1933年春撤了张琴秋红四方面军总政治部主任的职务,派她到红江县(今通江的涪阳坝)担任县委书记。

她也是川陕苏区的第一位女县委书记。当时,有不少人都为张琴秋的撤职而不平。但她却刚正不阿,对于张国焘的打击,从不屈服。她胸怀宽广,一切以大局为重,她认为只要是党的工作,干啥都行。她接到通知后,二话没说,打起背包就走上了新的岗位。

1933年夏,张琴秋从红江县委调任红四方面军总医院政治部主任。当部队离开通江、巴中、南江一带北上时,张琴秋带领五百名女战士,担任护送三百名红军伤员的任务。在苦草坝附近,她们遭到了军阀田颂尧一个团的袭击。在敌众我寡的情况下,她指挥战士们沉着应战,打得敌军晕头转向,敌人还误认为是遇上了红军主力。张琴秋抓住时机,向敌人展开强有力的政治攻势,组织大家向川军的士兵喊话。川军士兵们纷纷调转枪口,发生哗变,将川军营以上军官们捆了起来,投降了红军。捷报很快传遍了红四方面军和根据地。此事很快在全川传扬,《蜀笑通讯》和《中国论坛》都登载了"五百农妇缴一团"的奇闻。国民党的一些报纸还把张琴秋说成"精通五国文字""能文能武,不下马可以写文章"的能人。

1934年3月,在反敌人"六路围攻"胜利不久,张琴秋被正式调到红四方面军中著名的妇女独立团担任团长兼政委。这支"娘子军"从团长、政委一直到普通士兵,都是清一色的女子。她们都亲切地称张琴秋为"琴秋姐"。在红军三个方面军中,以四方面军中的女战士最多。妇女独立团全团上下的平均年龄不过20岁,连以上干部,都是"老革命",到了该结婚的年龄,红四方面军的高级指挥员于是成了她们青睐的对象。总指挥徐向前的妻子程训宣被张国焘在"肃反"中杀害了,此后便是孑然一身,而单身的高级领导人当时是很少的。有的女干部借汇报工作的机会,都喜欢在徐向前面前多待一会。但他总是一副严肃的面孔,只谈工作,不讲闲话,女干部们吃了闭门羹,只好悻悻离去,对徐向前敬而远之。妇女团中唯有一人敢和徐向前说笑几句,她就是川北人称为"张大脚"的张琴秋。

徐向前说张琴秋是一位"文武都行,不怕天,不怕地的女杰"。妇女团直属方面军总部指挥,张琴秋任团长兼政委期间,常常向总指挥徐向前汇报妇女独立团的工作、生活情况。有一次她汇报说:"有些干部爱往妇女团转,想是找老婆哩。"徐向前问她该怎么办?张琴秋无奈地说:"我没办法,婚姻自由嘛!"徐向前一听就急了:"没办法?你那团是战斗队,不是老婆预备队。妇女团应做个规定,不准谈情说爱,不准男同志去团里乱串,不准结婚,不准……"

徐向前接连说出几个"不准",但张琴秋却不怕这位女干部敬而远之的总指挥,与他辩论起来,说革命包括妇女彻底解放,女人最大的追求是婚姻自由,不准结婚可以说,不准谈情说爱不妥。徐向前说军人与老百姓、与地方工作的妇女不同,硬是没那么多的自由。从严治军,才有战斗力。张琴秋提出说士兵不准结婚,干部结婚可加年龄限制,大龄的可以,年小的不可以。徐向前没有听取张琴秋的意见,最后一锤定音:"妇女团内一律都不准结婚,凡要求结婚的,调出妇女团。"

在川陕革命根据地,张琴秋除了指挥过战斗,还主持了一些建设项目,如今仍留存在四川通江县的烈士陵园,其图案便是当年由她设计的。

抗战爆发后,中央军委决定不再建立妇女部队,于是妇女独立团成为红军战史上空前绝后的篇章。这个团是红军历史上规模最大、历时最长、战斗力量最强的一支娘子军。以往的组织形式虽然不再,然而当年张琴秋和她所率领的女战士们英勇战斗的无畏精神,却作为光荣的接力棒,传给那些立志为中华民族的强盛而奋斗的一代代有觉悟的女性。

西路军失败后张琴秋被俘,后经党中央营救出狱回到延安

1936年7月27日,在红二、四方面军会师后,根据中央的有关决议,组建了中共中央西北局,统一领导红二、四两个方面军。张琴秋与朱德、任弼时、张国焘、徐向前、陈昌浩、刘伯承、贺龙、关向应等20位红军高级领导人同为西北局委员,也是其中唯一的一位女性。而她的这一职务往往容易被人忽视。

1936年7月,在红四方面军第三次过草地之前,张琴秋与红四方面军总政委陈昌浩结婚。1936年10月,红四方面军一部两万余人组成西路军,进入甘肃河西走廊。已怀孕的张琴秋作为西路军组织部长,担负着繁重的干部调配工作。不久,担任西路军军政委员会主席的陈昌浩要西路军政治部主任李卓然把张琴秋送到西路军总医院去,以使她安全分娩。但在临泽守卫战失败后,西路军后勤单位等被迫撤离。在撤离途中,马匪的骑兵穷追不舍,张琴秋恰巧在这个危急时刻分娩了。由于战场的特殊环境,这个婴儿没有存活下来。这次分娩给张琴秋留下了严重的妇科病,使她此后再没有能够生育。

由于敌众我寡,西路军虽英勇杀敌,但仍难以摆脱失败的命运。1937年3月14日,陈昌浩在甘肃石窝山南麓主持召开了西路军军政委员会的最后一次会议,包括张琴秋在内的二十多位师团级干部参加。陈昌浩宣布:军政会决定西路军军

政委员会主席陈昌浩和西路军军政委员会副主席徐向前两位首长离开部队,突围回陕北延安,向党中央汇报,由李先念、李卓然等负责指挥西路军余部突围。当晚,陈昌浩和徐向前悄然离开了部队。临别时,鉴于西路军失败,陈昌浩心情十分沉重,他没有与张琴秋说什么话。

1937 年 4 月 27 日,国民党的《河西日报》报道说:"当陈昌浩匪逃窜时,将其妻张镜秋(张琴秋)弃乱军中,被我青海 100 师部队生擒,解送青海。张镜秋系俄国留学生,在伪四军总司令部任妇女部长兼组织部长,精通 5 国文字,现年 20 余岁,在倪家营子战役中曾产一小孩。"

张琴秋在分散突围中被俘。张琴秋沦为女俘后,在被押解途中,她身体极度虚弱,面黄肌瘦,常常遭到敌人的辱骂、鞭打。从张掖出发,一路上敌人不知道更名为苟秀英的张琴秋是西路军的领导人。她穿一身破烂的衣衫,蓬头散发,满脸污垢,以避人耳目。"马家军"审讯她时,战友怕她那南方口音暴露身份,抢着替她回答说叫苟秀英,四川人,45 岁,伙夫。就这样,张琴秋在战友的掩护下,暂时躲过了劫难,被押送到西宁羊毛厂做苦工。但不久,因叛徒告密,张琴秋的身份暴露了。当敌人知道她原来就是早已闻名的红军女将领张琴秋时,顿时欣喜若狂,感到"立大功"的时机已经到来,立即派人悄悄地把她和其他两位女战士一道押送南京邀赏。

1937 年 8 月,张琴秋被押解到南京,关在"首都反省院"。不久,参加国共谈判的周恩来经与敌人交涉,将张琴秋等一大批干部接出狱。10 月,经历劫难后的张琴秋回到了延安。回到延安,张琴秋犹如久离母亲的孩子回到母亲的怀抱,倍感党的亲切、组织的温暖。她看到延安蓬勃发展的革命形势,激动得热泪盈眶,迫不及待地向组织要求工作。

在张琴秋的多次请求下,她被安排到中央党校进行短期的学习。1938 年春学习结束后,她被分配到安吴堡青年训练班任生活指导处主任,后调抗大女生大队任大队长。在抗大女生大队期间,张琴秋管理着五个分队的七八百人的学习、训练和生活。当时延安经常遭日军飞机的轰炸。女生大队地处清凉山,山高目标显,时刻都有遭到敌人空袭的可能。张琴秋沉着果断,以她多年丰富的组织领导经验,在短时间内做出了巧妙而周密的安排。每天一大早,她就指挥各分队学员带上干粮,分散到事先划好的山沟中去上课。等到太阳落山时,响亮的号声又召唤她们回到学校住地。这么大一支队伍被她安排得有条不紊,保证了大家的安全和学习、训练的正常进行。1939 年"三八"妇女节纪念大会上,毛泽东倡导建立女子大学,并个人捐赠 300 元钱作为女大的筹建资金。不久,张琴秋又调到王明兼任校长的中国女子大学任教育长。

张琴秋不但是位身经沙场,带兵打仗的女将,而且也是我国妇女运动的老战士。解放战争时期,她曾多次担任中央妇委的工作,长期担任秘书长。新中国成立后,张琴秋连任全国妇联第一、二、三届执委、生产部长,为中国妇女的解放做出了积极的贡献。新中国成立伊始,张琴秋还担任了纺织工业部党组副书记、副部长。丈夫苏井观(陈昌浩去苏联治病并长期留滞苏联后,张琴秋与陈昌浩离婚。1943 年,张琴秋与红四方面军的老战友苏井观结婚)则担任卫生部副部长。夫妻两人都是部级领导,这在当时还是很罕见的。

1968 年 4 月 23 日,张琴秋在"文化大革命"中含冤去世。粉碎"四人帮"以后,张琴秋得以平反昭雪。1979 年 6 月 23 日,党中央为张琴秋举行了隆重的追悼大会。李先念、王震、余秋里、陈锡联、胡耀邦、徐向前等党和国家领导人参加了追悼会,徐向前元帅亲自主持了追悼会。在 2000 年出版并颇受党史界好评的《张国焘传》(姚金果、苏杭著,陕西人民出版社)中,将张琴秋与张国焘、徐向前、陈昌浩、曾中生、傅钟等人并列为红四方面军的主要领导人。由于新中国成立后张琴秋担任了纺织工业部副部长兼党组副书记,成为共和国第一代女部长,没有在部队工作,所以 1955 年没有给她授衔。否则,以张琴秋红军时代的资历,是完全可以授中将乃至中将以上的军衔的(张琴秋是红军时期军以上干部,完全符合授上将军衔条件)。在《星火燎原》编辑部编辑、由解放军出版社 1986 年出版的介绍人民解放军各个历史时期重要将领的《解放军将领传》中,张琴秋是其中唯一的女性。权威的《中国军事大百科全书》,认定张琴秋为红军唯一的女将领。

苏区与红军戏剧的先驱李伯钊

李伯钊是苏区和红军杰出的戏剧家,曾任中华苏维埃共和国教育部艺术局局长、中央苏维埃剧团团长、高尔基艺术学校校长、太行鲁艺校长等职,新中国成立后任北京人民艺术剧院院长,中央戏剧学院党委书记、副院长,中国戏剧家协会副主席。中央苏区和红军时期的李伯钊大名鼎鼎,与石联星、刘月华三人被誉为中央苏区"三个赤色舞蹈明星"和红色戏剧的"三大名旦"。尤其是李伯钊,更是出类拔萃,集编剧、导演和演员于一身,又有组织领导才能,是苏区红色戏剧运动中的主将。在艰苦的长征途中,李伯钊的文艺表演受到红军战士的热烈欢迎,成为红军中的"歌舞明星"。1951年建军节前夕,李伯钊创作的大型歌剧《长征》在首都公演,第一次将长征搬上舞台,在新中国成立后的文艺舞台上首次塑造了毛泽东的领袖形象,成为轰动一时的新闻。

李伯钊(1911—1985)

苏区红色戏剧运动组织者和领导人之一

李伯钊,1911年3月出生于四川重庆一个贫困的革命知识分子家庭。从小受父辈的熏陶,李伯钊在文艺上有特殊的才华。1924年,李伯钊考入四川省第二女子师范,受到著名共产党人萧楚女的影响,思想逐渐进步并向往革命。李伯钊喜爱戏剧,在女二师学习期间,参加演出反映妇女痛苦生活的话剧《可怜闺里月》。因参加学生运动,她被学校开除,便和几个志同道合的同学一起来到上海,原准备进上海大学读书,但党组织分配她去办平民夜校,从事工人运动。李伯钊接受组织的分派深入到工人、市民中。在平民夜校,她不但教文化,宣传革命主张,还教唱革命歌曲。当时的上海,还在北洋军阀奉系控制之下。由于从事革命活动,李伯钊曾一度被逮捕,经上海党组织多方营救才出狱。1926年冬,党组织派李伯钊去苏联学习,进入莫斯科中山大学深造。在那里,她阅读了许多文学名著,有机会观赏许多文艺演出;她也参加一些文娱活动,为她后来从事文艺工作及在戏剧方面有所成就打下了较为坚实的基础。

在莫斯科中山大学,李伯钊认识了中国留学生杨尚昆。1929年,李伯昭与杨尚昆结为夫妻。他们婚后的生活非常美满幸福,一起学习,一起研讨革命理论。1931年初,杨尚昆和李伯钊从苏联回国,杨尚昆任中华全国总工会宣传部长、上海工会联合会党团书记,李伯钊则在上海工会女工部工作。

1931年春,李伯钊奉命进入中央苏区工作,担任闽西军区政治部宣传科长兼彭杨学校政治教员,同年10月调瑞金红军学校任政治教员。李伯钊刚到瑞金不久,就被著名教育家徐特立看中,请她到列宁师范当音乐教师。1931年11月,中华苏维埃共和国临时中央政府成立后,中央决定创办《红色中华》报。李伯钊被毛泽东点名调到报社,负责编辑该报"苏维埃建设"专版,她工作很出色,受到中央领导的赞扬。

由上海来到中央苏区后,李伯钊一面授课,一面在当时中央苏区的文化中心——红军学校俱乐部积极组织和开展戏剧活动,成为中央苏区戏剧运动中的重要骨干。在1931年庆祝"五一"节时,李伯钊组织复排了曾在莫斯科演出过的剧本《明天》。在中央苏区有如此大型的话剧隆重演出,这是史无前例的,在当时引起很大的轰动。从此,李伯钊逐步成了苏区红色戏剧运动的组织者和领导人之一。李伯钊与石联星、刘月华三人,被誉为中央苏区"三个赤色舞蹈明星"和红色戏剧的"三大名旦"。

1931年11月初,以开展戏剧活动有成绩的红军学校俱乐部为基础,在瑞金成立了第一个专业文艺团体——红军学校八一剧团,赵品三任团长。1932年7月,李伯钊和赵品三等人以八一剧团为基础成立了工农剧社,成为中央苏区戏剧活动的指导部门。各省县区乡相继设立工农剧社分社。工农剧社的普遍建立,使苏区的文艺活动得到了更广泛的普及和提高。工农剧社成立后,李伯钊创作了《工农剧社社歌》。

　　1931 年秋,中央红军粉碎了国民党 30 万大军的第三次"围剿",群众政治热情空前高涨,文艺宣传活动空前活跃。1931 年 11 月 7 日,在中华苏维埃工农兵第一次全国代表大会上,宣告中华苏维埃共和国的成立。李伯钊在瑞金组织了 12 个村的"万人灯会"和文艺大汇演。在第一次全苏大会长达 14 天的演出活动中,李伯钊和钱壮飞、胡底等编演了大型话剧《最后的晚餐》和《黑人吁天录》,成为令人瞩目的重头戏。在四幕话剧《黑奴吁天录》中,李伯钊不仅是编剧,而且还担任剧中的女主角,饰演黑奴的妹妹。这个戏描写黑人奴隶与白人奴隶主斗争的故事,揭露了美洲买卖黑人和种族压迫的罪恶。李伯钊等人开始担心群众接受不了黑奴题材,但演出的效果热烈,观众被剧情深深地吸引。它表面上不关中国和红、白军的事,但由于李伯钊等人高水平的演出,一种为黑奴鸣不平的情感在大家胸中升腾,并由此而联想到当时中国穷苦百姓在帝国主义和封建势力的压迫下所受到的非人折磨,不少人被感动得流出了眼泪。李伯钊的组织宣传能力、非凡的编导能力与娴熟的演技,逐步得到大家的认可。湘赣军区代司令员王震当时观看了演出,他后来回忆说:"这些节目清新活泼,激奋人心,台上台下,气氛十分热烈,更使我感到革命文艺在整个革命斗争中的重要作用。这是一次令人难忘的演出。""没过几天,全国苏维埃机关报《红色中华》来了一位女编辑,她个头不高,热情活泼,操着四川口音自我介绍说:'我叫李伯钊,来采访你。'这时,我才第一次认识了这位在中央苏区颇有名气的文艺宣传工作者。""在那次交谈中,我向伯钊同志介绍了湘赣苏区在毛泽东的军事思想指导下开展对敌斗争、土地革命、群众工作等方面的情况。伯钊同志思路敏捷,边问边记。她的插话不多,但每个问题都抓住了关键。当时给我留下的深刻印象是:她多才多艺,是一位对革命事业无限忠诚的红军女战士。"

　　1931 年冬,在李伯钊的指导下,江西赣县田村东河剧团排演了现代赣南东河采茶戏《活捉张辉瓒》。首演以来,仅 1931 年就在瑞金等地演出了 50 多场,而后又深入前线巡回演出,慰问英勇杀敌的红军战士。毛泽东观看后说:"老戏班子唱文明戏,真有意思。"在我国戏曲舞台上,《活捉张辉瓒》是最早演出的革命现代戏。在中国革命戏剧史上,它第一次将毛泽东、朱德等红军领导人的形象搬上舞台,具有重要意义。

　　1931 年 12 月 14 日,国民党第二十六路军举行宁都起义后,被改编为红五军团。由于官兵多来自北方,在江西生活不习惯,部队情绪很不稳定。针对这一情况，毛泽东派李伯钊、胡底、钱壮飞等人带领文艺演出队去红五军团演出，以稳定他们的情绪。李伯钊在红军队伍中选调了17名演员，组成一支演出队伍，赶编了一出《为谁牺牲》的话剧。由李伯钊饰演一个受苦的农民，胡底饰演国民党兵，钱壮飞演蒋介石。钱壮飞长得很像蒋介石，他原在陈果夫手下当机要科长时出入南京政府，曾出现卫兵以为他是蒋介石，向他行礼的笑话，于是就让钱壮飞演蒋介石。戏的主题是反映白军的苦楚，揭示了穷人打穷人不对的道理。戏演完谢幕时，全场突然鸦雀无声。演员们以为戏演得不好，没想到刚过一两分钟，台下掌声雷动，群情鼎沸。"打倒蒋介石""红军万岁"的口号声一浪高过一浪。这出戏演完后，红五军团的官兵很受感动，普遍认清了为谁当兵的道理，全体官兵的士气高涨。毛泽东知道这一事后非常满意，要求李伯钊他们多待些时间，多给官兵们演戏，多做教育工作。

1934年1月中华苏维埃第二次全国代表大会在瑞金召开期间，李伯钊等人筹办了七八场文艺晚会。李伯钊等排演了大型话剧《我——红军》，赵品三饰演赤色游击队长，李伯钊饰演小妹，胡底饰靖卫团总，钱壮飞饰反动师长，李克农饰土豪，受到全场观众的热烈喝彩。苏区报纸报道："这几个要角是全苏有名的明星，表演极努力"，这次演出是"尽善尽美"的。这次演出受到中央领导同志的表扬，毛泽东专门招待李伯钊、赵品三等人吃饭。

这一时期，李伯钊创作了《扩大红军》《战斗的夏天》《志愿当红军》《拥军优属》《红军战斗史》《无论如何要胜利》《工农兵团结》《粉碎敌人五次"围剿"》等话剧，在中央苏区各地上演。当时，中央苏区戏剧演出异常活跃。赶集的时候有戏，开会时有戏，硝烟弥漫的战场也有戏。"扩红"运动有戏，节省运动支前有戏，文化卫生运动有戏。戏剧组织遍地开花，戏剧活动遍及每个角落。当时在中央苏区，戏剧成为根据地军民精神生活中的重要内容。戏剧活动简便易行，战士和人民群众喜闻乐见，具有反映现实迅速、深刻、直观的特点，收到很好的宣传效果。

李伯钊建立了我党第一个艺术学校——高尔基戏剧学校

李伯钊是中央苏区艺术教育事业的拓荒者。1933年4月，中央苏区成立了蓝衫剧团，李伯钊任团长。同时，还建立了蓝衫剧团学校，培养红军和地方的文艺骨干，李伯钊任校长。这样，李伯钊离开了《红色中华》报，专门负责剧团和学校的工作。

1931年1月,在中共六届四中全会之后,瞿秋白离开了党中央领导岗位,主持文化战线工作。瞿秋白与鲁迅并肩战斗,领导了中国左翼文艺运动。1934年2月9日,瞿秋白来到瑞金,担任中华苏维埃共和国的教育部长。李伯钊担任教育部艺术局长,在瞿秋白的领导下开展工作。1934年2月,为避免与国民党法西斯特务组织"蓝衣社"名称相混,瞿秋白建议将蓝衫剧团改为中央苏维埃剧团,成为全国各个根据地中最大的专业表演团体,李伯钊仍任团长。李伯昭创作了《春耕运动》《拥军优属》《工农团结》《志愿当红军》《粉碎敌人第五次"围剿"》等一大批剧目,受到了热烈欢迎。

瞿秋白还建议把蓝衫剧团学校改名为"高尔基戏剧学校"。他解释说:"高尔基的文艺是为大众的文艺,应该是我们戏剧学校的方向。"根据瞿秋白的提名,李伯钊担任高尔基艺术学校首任校长。瞿秋白给学校推荐高尔基的小说《母亲》和戏剧《下层》,他说:"那真正是表现劳动人民的小说和戏剧。"高尔基戏剧学校的创业是艰难的。校址设在瑞金叶坪的一个祠堂里,设备和校舍都十分简陋。没有教具,李伯钊就带领教职员工自己做。没有床位,学员就打地铺。有一次周恩来来到学校视察,见到此情此景后诙谐地说:"伯钊同志,你们真是无产阶级的学校呢!"瞿秋白用鲁迅的话来鼓励李伯钊:"路是走出来的。"他又说:"革命的戏剧学校在苏区还是初生的婴孩,慢慢抚育吧! 不要性急。"

高尔基学校分地方班和红军班。地方班为苏区各工农剧社培养人才,红军班为火线剧团培养干部。虽然叫戏剧学校,但艺术课程什么都有:音乐、舞蹈、戏剧、形体训练和艺术理论等。红军班里还有京剧。学校集中了瑞金的许多文艺人才,组成了强有力的教师队伍,李伯钊、石联星、王普青、刘月华、施月英、施月娥等任专职教员,沙可夫、赵品三、钱壮飞、李克农等来校兼课。

在高尔基戏剧学校从事教学的同时,李伯钊不断组织戏校师生外出巡回演出,在实践中锻炼和提高学员。常常是白天深入各红军连队或苏区农村,一面参加战斗训练或生产劳动,一面搜集创作素材和民歌及故事,很快编成反映现实生活的新节目在当地演出。在1934年的春耕巡回演出中,李伯钊和中华苏维埃剧团在1个月内就新创作并演出了3部新戏和几个歌舞活报。他们不仅演给苏区军民看,还演给白军士兵看,在前沿阵地上直接向对面的敌军唱歌、说书和数快板。这些白军士兵有的后来在战场起义,带枪投入了红军。

每次外出巡回演出,李伯钊既是组织者,又身兼编、导、演数职,还要亲自登台。与此同时,她还要检查了解各个分社和剧团的工作,为他们做业务指导,将自己的几个拿手节目,手把手地教给分社的同志。他们的演出鼓舞了部队,锻炼了自己,更到处播下了艺术的种子。李伯钊带领同志们在红一军团演出后又转去别的部队,红一军团政委聂荣臻还没看过瘾,遗憾地笑道:"怎么就放他们走了?派人把他们追回来吧!"后来得知他们已去了红三军团,才算作罢。这时杨尚昆也已回国进了苏区,担任红三军团政委的职务。他和李伯钊由于各自工作岗位不同,虽然有时近在咫尺,也难得相逢。只有巡回演出才使这对革命的牛郎织女在反"围剿"前线来一次"七夕相会"。

李伯钊创办的高尔基戏剧学校的办学成绩是显著的,它为地方和部队培养了一千多名学生。这些学生毕业后都成了各级苏维埃剧团的骨干,为中央苏区建设一支宏大的戏剧队伍做出了积极的贡献。同时,学校也推动了苏区戏剧运动的蓬勃发展,提高了苏区戏剧的演出水平。高尔基戏剧学校是共产党创办的第一个艺术院校,虽然办学时间短,但积累了宝贵的经验,以后在延安创办的鲁迅艺术学院就借鉴了高尔基戏剧学校的办学经验,发扬了革命传统。

李伯钊还是中央苏区舞蹈活动的拓荒者

李伯钊还是中央苏区舞蹈活动的主要领导者。"五四"运动以后,舞蹈在中国成为一门独立的舞台艺术。在追求新思想、新文化社会思潮的影响下,外国舞蹈文化也进一步传入中国。20世纪20年代中期,一批中国革命家赴苏学习,回国后把苏联十月革命后的舞蹈带回中国,为中国舞蹈事业的发展做出了努力。在中国共产党领导下的革命根据地传播苏联舞蹈的代表人物,正是李伯钊。

在1931年11月的中华苏维埃第一次全国代表大会期间的文艺演出中,李伯钊还登台演出,表演了自己在苏联学会的《乌克兰舞》《高加索舞》《水兵舞》等,让全场观众大开眼界,第一次看到了"国际艺术"。此后,苏联舞蹈等在中央苏区广为流传。

李伯钊在中央苏区演的舞蹈还有《海军舞》《团结舞》《送郎当红军》《军事演习舞》《庆祝红军胜利》《工农团结起来》《台湾草裙舞》《黑人舞》等。而《马刀舞》和《国际歌舞》,是李伯钊舞蹈作品中给人印象最深刻的。

李伯钊在莫斯科中山大学学习期间,深受美国现代舞蹈家伊莎多拉·邓肯的影响。来到中央苏区后,李伯钊编创了《国际歌舞》,几乎传遍了苏区各剧团和宣传队。他们每次演出都将该舞作为开场节目,其原因不仅仅是因为该舞蹈编排新颖,主要是它道出了苏区群众的心声,充满了"英特纳雄耐尔一定要实现"的坚强信念。

《马刀舞》是以男子集体舞为形式,表现军队杀敌练兵的战斗生活,展示了红军士兵英武、粗犷有力的形象。《马刀舞》威武、雄壮的气氛具有强烈的感染力,极大地鼓舞了红军士兵的斗志。因此,常作为晚会的压轴节目。

1934年初,李伯钊还创作了《纪念苏联十月革命歌舞活报》《五·一歌舞活报》《五·三歌舞活报》等,将歌舞活报(也称活报剧)这一新形式运用到苏区文艺宣传工作中。1934年1月22日,中华苏维埃共和国第二次苏维埃代表大会在瑞金召开时,李伯钊和石联星、刘月华共同创作了以农民播种、插秧、车水、收割为内容的《农民舞》,还根据打铁工人的劳动生活创作了《工人舞》,根据士兵操练生活创作了《红军舞》。这三个舞蹈均在庆典晚会上演出,观众看后拍手叫好。被誉为"三大赤色舞蹈明星"的李伯钊、刘月华、石联星同台演出,跳了《村女舞》,受到观众的热烈欢迎。1月24日的《红色中华》和1月28日的《青年实话》,分别以《一个精彩的晚会》和《苏维埃中国农民舞蹈,应该"再来一个!"》为题报道了李伯钊等人精彩的表演。第二次全苏大会特刊发表了一篇《一个精彩的晚会》的通讯:"二十二夜晚,工农剧社举行晚会","台上戏幕掀开,首先是工农剧社蓝衫团学生的国际歌舞,及团体唱歌,继后就是三大赤色跳舞明星李伯钊、刘月华、石联星的村女舞,他们为着庆祝二苏大会开幕,表演极为精彩,一拍一跳,谐和着悠扬的琴音,再加上美丽的背景更为出色。特别是李伯钊同志的表演纯熟,博得全场观众不少的掌声。"

中央苏区的舞蹈是在极困难的条件下诞生和发展的,它为我国舞蹈艺术走向革命现实主义的道路奠定了基础。李伯钊的创作和演出的成功,受到了中央领导的充分肯定。李伯钊作为苏区戏剧、舞蹈的开拓者、奠基人,为创建中央苏区的新戏剧、新舞蹈做出了重大贡献,因而获得苏区军民的高度赞扬。

三过草地,参加了三个方面军的长征,一路不忘演出

1934年10月,中央红军开始长征。中央苏区的文艺、戏剧工作者被分成了

两部分:一部分留中央苏区,在中共中央苏区分局宣传部部长瞿秋白的领导下,石联星、赵品三、刘月华等留守人员,分别组成"星火""红旗""战号"三个团,分赴各战区坚持革命斗争和继续开展戏剧活动。另一部分随红军主力长征,如李伯钊、胡底、钱壮飞、李克农、危拱之等,分别编入长征红军各部,在漫漫征程中继续进行文艺和戏剧活动,热情为长征部队和长征沿途群众服务。

杨尚昆和李伯钊都参加了长征。杨尚昆在 1933 年 6 月任红军总政治部副主任、红一方面军政治部主任,同年底任红三军团政委。1935 年 6 月,红一方面军与红四方面军在四川懋功会师。李伯钊与总政治部宣传部长陆定一合写了庆祝一、四方面军会合的歌:"一个英勇善战不怕困难多,一个战略战术很不错,我们一起来会合,真快乐……"这支歌在两个方面军联欢会上演出后,曾流传一时。在会师庆祝大会上,李伯钊亲自上台演唱了《两大主力会师歌》,还表演了《红军舞》等舞蹈。

1935 年 8 月,红一方面军在四川毛儿盖进行总结与国民党骑兵作战的经验教训。因为此前在卓克基遭遇敌人骑兵团的袭击,红军损失很大。为此,陆定一和李伯钊合写了一首《打骑兵歌》:"敌人的骑兵不可怕,沉着应战来打它,/目标又大又好打,排子枪快放齐射杀。/我们瞄准它,我们消灭它。/无敌红军是我们,打垮了敌人百万兵,/努力再学打骑兵,我们百战要百胜。"接着,李伯钊又创编了《打骑兵舞》,这个舞蹈为红军与敌骑兵作战,起到了积极配合作用。当时红一方面军政治部通知各单位宣传队,都要派人来毛儿盖,学习《打骑兵舞》。由于《打骑兵歌》和《打骑兵舞》的推广和普及,战士们不仅从此歌此舞中获得了战胜敌人的信心,而且在战斗中获得了直接的指导经验。当红军士兵再次遭遇敌人骑兵时能够沉着应战,临危不乱。按照歌词所唱的,四面八方一齐开火,把敌人打得人仰马翻。《打骑兵歌》这支歌风靡一时,一直唱到陕北,被称为"长征金曲"。

在第二次过草地后,张国焘另立"中央",搞分裂活动。李伯钊深入到基层连队,开展政治工作,启发大家认识张国焘的错误。她还利用自己的文艺特长,向广大战士进行文艺宣传活动,受到了红军广大指战员的欢迎。

1936 年 3 月,红四方面军长征到达西康甘孜藏族地区。由于历史上遗留下来的民族隔阂及敌人的反动宣传,致使藏族同胞对红军产生了敌对的情绪。经反复宣传加上红军的纪律严格才扭转了藏胞的态度。李伯钊和宣传队员们教藏族同胞跳《海军舞》《乌克兰舞》,藏胞教宣传队员们跳藏族的"锅庄""弦子"。李伯钊带领红军文艺战士在藏族舞蹈的基础上,编了《雅西雅舞》,舞蹈中红军与藏胞携手共舞。

1936 年 6 月底,红二、红六军团长征到达甘孜,与红四方面军会师。中央命令红二、红六军团和红三十二军组成红二方面军。在甘孜会师后的第三天,李伯钊组织四方面军火线剧社专场演出,欢迎慰问二、六军团指战员。贺龙、任弼时、关向应等领导人出席观看。贺龙尤为兴奋,晚会一结束他就对李伯钊说:"你是咱们红军里有名的艺术家,你要负责为二方面军培训一个剧社,歌、舞、剧全面发展,像你们这个工农剧社一样才行。"贺龙要求组建一个像红四方面军火线剧社一样的剧社,活跃部队文化生活。7 月中旬,红二方面军的战斗宣传队改编为战斗剧社。战斗剧社的成立后第四天,红二方面军政治部主任甘泗淇给红四方面军总政委兼政治部主任陈昌浩和副主任傅钟写了一封信,并派战斗剧社指导员罗洪标去联系帮助培训业务骨干问题。

陈昌浩听完罗洪标的汇报后,立即派人去请火线剧社负责人李伯钊到政治部来。罗洪标又向李伯钊具体汇报了战斗剧社的组建情况,并说:"我们什么都不会,没有人会编剧导演,跳舞更谈不上。我们看了火线剧社的演出,给我们部队的教育鼓舞很大,方面军首长指示我们,一定要很好地向你们学习。"李伯钊说:"咱们互相学习吧! 我谈两点意见:一、你们的人可以到我们这里来,我们帮助你们训练;二、可以给你们一个同志,帮助你们编剧兼导演。"在李伯钊的帮助下,战斗剧社学员进步很快。1937 年 9 月,红二方面军改编为八路军第一二〇师,开赴抗日前线,战斗剧社已发展到 180 多人,可以演出比较大型的歌剧和舞蹈,成为今天成都军区战旗歌舞团的前身。

在长征途中,李伯钊编演了十余部戏剧、歌舞,为长征的红军战士表演。她在长征中编写的《打骑兵舞》《扩大红军歌》《庆祝胜利歌表演》等,受到红军战士的热烈欢迎,鼓舞着红军战士英勇战斗。时任红六军团政委王震在回忆李伯钊时深情地说:"记得我们一道长征时,无论在云雾缭绕的崎岖山道上,还是在茫茫草地的宿营处,伯钊同志经常不顾疲劳,唱革命歌曲,增强大家克服困难的信心。那时,红军的物质生活极度匮乏,许多同志因伤病、劳累倒下去再也起不来了,但伯钊忍受着冻饿劳累,常常拿出自己的一点给养帮助别人,还为红军指战员教唱革命歌曲,表演舞蹈,她走到哪里,哪里就增添欢乐,就士气振奋。她在红军中是一位受尊重、受欢迎的人。就是在那时,在她的教唱下,我学会了《打骑兵歌》,这支歌,我至今还会唱。"

1939 年,红色戏剧家李伯钊在延安

中华人民共和国成立后,李伯钊先后担任北京市委文委书记,北京市教育局副局长,中国文联委员,北京人民艺术剧院院长,中央戏剧学院党委书记、副院长,中国戏剧家协会副主席,中华全国妇女联合会常委。1985 年 4 月 17 日,李伯钊病逝。李伯钊以她的整个生命,塑造了一个革命老文化战士、艺坛文将的不朽形象。她对中国戏剧、舞蹈事业的杰出贡献,及其顽强无私的奉献精神,永远值得后人学习和怀念。

新中国唯一的开国女将军李贞的情感世界

在新中国 1955 年第一次授衔中,少将李贞是唯一的女性。李贞在回顾自己的经历时感慨地说:"我从一个连自己姓名都不会写的童养媳,成长为一个革命战士,全靠党的培养教育,靠同志们的帮助,靠个人的磨炼。回首往事,我深深感到,我们今天的胜利是无数革命前辈用鲜血和生命换来的。对我这个幸存者来说,党的事业的胜利就是我的归宿。"对于李贞而言,她的婚姻也和革命事业紧紧联在一起,有过三次不平凡的婚姻。

李贞(1908—1990)

虽是童养媳,却不甘心听从"女人的命"

1908 年 12 月 23 日,李贞生于湖南省浏阳一个贫苦农民家庭。这是一个真正贫穷而且十分不幸的家庭:家里仅有两亩薄田,几间草房。李贞出生时,前面已经有了一个姐姐。父母很想要一个儿子,但是天不遂人愿,父母一连生了六个孩子,全部是女孩。当李贞最小的妹妹出生才两天,父亲便一病不起,没多久就撒手人寰。在那个战乱频繁、民不聊生的年代,孤儿寡母要想维持生计,难度是可想而知的。

李贞 6 岁那年,母亲被迫把她送出去做童养媳。母亲含着眼泪说:"有个姓古的人家,家里没有女孩,希望找一个养女。妈打算让你去,你愿意吗?"李贞看到家里穷得连饭都吃不上,便点头答应了。可是,她到古家之后,才发现自己不是来做养女的。古家已有三个女儿,古家的大女儿对李贞说:"嘻嘻!你还不知道哩,你是来给我弟弟做婆娘的。"李贞听后哭了。她万万没有想到,自己是来做童养媳的。

那时的童养媳,实际上也是变相的丫环。从此,许多繁重的体力劳动便落到了李贞那还十分弱小的身上。她要去打水,大盆的水端不起,倒掉了,就要挨打;她要去砍柴,砍了不会捆,捆了又背不起,回来迟了,也要挨打;她要负责背一个比自己还大一岁的孩子,背不起把孩子摔着了,就更要挨打。在婆家生活的那些日子里,李贞记不清挨了多少打、受了多少骂,不知不觉地,她熬到了十五六岁。

人长大了,胆子也随着大了起来。一次,倔强的李贞跟几个要好的童养媳悄悄商量,想偷偷离开婆家,到城里去做女工。李贞的这些想法被古家人察觉了,婆婆怕她真的要走,便决定马上让她跟儿子圆房。1924年正月,16岁的李贞与丈夫古天顺举行了旧式婚礼,正式开始了她的婚姻生活。然而,这段酝酿了整整十年的婚姻并没有给李贞带来幸福。古天顺比李贞大4岁,是个耿直忠厚但脾气暴躁的青年。由于长期受虐待,李贞对古家人怀有一种难以化解的敌意,对丈夫也是如此,虽然表面顺从,但内心却毫无爱情可言。古天顺对于这个从小被家里当作粗使丫环看待的妻子,也很难生出多少柔情蜜意。因此,婚后两人的感情并不怎么融洽。

有一次,李贞上山砍柴,遇到了倾盆大雨。等她把柴挑回家时,浑身已经湿透了,像从水里捞出来一样。这时候,古家人从田里干活回来,也被雨淋湿了。因为没有干衣服换,婆婆就指责李贞没有把衣服洗出来。李贞委屈地说:"我也上山砍柴去了,哪里有工夫洗衣呢?"古天顺见李贞竟跟母亲顶嘴,抄起一根棍子就朝她劈头盖脸地打来。

丈夫的粗暴行为,使李贞伤心透顶。她对自己的前途感到非常绝望,觉得天地虽大,却没有自己的一线生机。悲痛欲绝的她披头散发地跑出去准备投塘自杀。左邻右舍连忙把她追了回来,邻家的刘婆婆含着眼泪劝她说:"旦娃子啊(李贞的小名),女人生来就是受苦的呀!你看我,六十多岁的人了,还要上山砍柴,还要挨丈夫的打骂,这是命呐,女人的命啊!我们女人就要认命呐……"如果没有后来的变故,李贞也许会像刘婆婆所说的那样认了"女人的命",做一个任由丈夫打骂的所谓"贤妻良母"。但是,历史不是一潭死水,新的潮流的涌动,使李贞的生活翻开了全新的一页。

1926年,18岁的李贞参加了妇女协会,不久担任了乡妇女协会委员长。有趣的是,在办入会手续时,因为只有小名旦娃子,妇联负责人当即给她取了个新的名字李贞,表示对革命的忠贞不贰。从此,李贞走上了坚定的革命道路。这年10月,北伐军进入浏阳,各种群众组织由秘密状态转为公开活动。在革命的斗争中,李贞的组织活动能力得到了充分展现。她带领一批进步妇女搞宣传、做军鞋、为北伐军征兵筹粮,工作做得十分出色,成了永和地区颇有名气的女活动家。

1927年3月,经过女子职业学校学习之后,李贞担任区妇联委员长,并光荣地加入了中国共产党。在李贞不断成长的时候,丈夫古天顺的思想却依然停留在吃饭干活、不管国事的水平上。李贞好几次劝他参加革命,都被顽固的他回绝了,夫妻之间的裂痕越来越大。与外面火热的革命生活相比,沉闷压抑的婆家对于李贞来说已实在难以忍受。火热的革命生活,同志间的平等互助,都在召唤着她。为了更有利于革命工作,减少婆家的阻挠,她干脆住到了区上,常常二三十天不回家。这样一来,本来十分脆弱的夫妻关系变的名存实亡。

积极参加革命活动的李贞,虽然被思想落后的婆婆、丈夫百般刁难、威吓,但丝毫不能阻挠她干革命的决心。1927年,以蒋介石为首的国民党右派发动了"四·一二"政变,向共产党举起了屠刀。浏阳城中刀光剑影,一片白色恐怖。李贞被国民党反动政府列入黑名单,并在街上贴出了通缉她的布告。当时,李贞躲在娘家附近的深山里。一天深夜,她悄悄潜回婆家取一些生活用品。婆婆以为她要回家躲避,急得跪在地上求她:"旦娃子啊,求求你,你没做过好儿媳我不怪你,可现在你可千万别害了我们全家。"生性刚强的李贞听了婆婆的话,含着泪摇了摇头。她伸出手扶起婆婆说:"你老放心,不会连累你们,我拿一点东西就走。以后再也不会回来了。"

虽然李贞没有在婆家躲藏,但古家依然受到了牵连,反动派追古天顺交出妻子。古家又惊又怕,连忙托人送礼,证明李贞确实早已跟古家断绝了关系。几经周折,才总算平息了此事。事后,古家怕再有反复,正式给李家送去了一纸休书。当时的李贞正躲在娘家屋后的深山里。当送饭的母亲把这件事告诉她时,李贞欣慰地笑了,她庆幸自己终于彻底挣脱了封建婚姻的桎梏,可以完全自由自在地投身革命斗争了。

1957年,时任中国人民解放军军事检察院副检察长的李贞回乡省亲,在家乡住了两天。这期间她虽然没去古家,但对这个自己曾经生活过多年的家庭十分关心,多次问到古家的情况,并让人约古天顺来见见面。30年来,古天顺没有什么变化,一直在老家过着日出而作、日落而息的农耕生活。稍有变化的,是他娶了老婆,一个他理想中的"贤妻良母",给他生了两个儿子。古天顺听说当年的妻子李贞当了大官,并且要见他时,想到家里过去对李贞不好的态度,不好意思前来相见,只是派大儿子古南辉送来了一只母鸡。

当13岁的古南辉按照父亲的嘱咐,怯生生叫过一声"大妈妈"后,李贞亲切地拉他在身旁坐下,详细地询问了公公、婆婆和古天顺的情况,并勉励古南辉好好读书。最后,李贞还给了古南辉10元钱的见面礼,让他买些纸张文具。李贞的生活十分简朴,这次给娘家侄辈小孩的都只是1元钱,而给古南辉10元。毕竟,她对古家仍怀有一份特殊的感情。李贞回到北京后,又托人告诉古天顺:如果家庭困难,可让古南辉到北京上学。但老实本分的古天顺不敢将儿子送到遥远的京城,谢绝了李贞的好意。而李贞因为公事繁忙,也没有再过问此事。这是她和古家的最后一次联系。

"假戏真做":"新娘子"李贞智救张启龙

"马日事变"发生,李贞躲到浏阳城一个税务局职员家里当女工。不久回到家乡,担任党支部书记,并和王首道取得了联系。1927年10月,王首道、张启龙等老党员奉中共湖南省委的指示,先后回到浏阳东乡,着手重建这里的党组织。他们与李贞取得联系后,一起组建了中共浏东特别支部。年底,他们又组建了浏东游击队,李贞担任了游击队的士兵委员会委员长。带着摆脱封建婚姻羁绊后特有的轻松情绪,李贞全身心地投入了革命工作。然而,她毕竟还只有20岁,那是一个青春焕发的年龄,也是一个需要爱情滋润的年龄。不知不觉地,一个熟悉的身影闯进了她的感情世界。他就是时任中共浏阳县委宣传部部长兼浏东游击队政委的张启龙。其实,张启龙也早已注意到了身材矮小但充满青春活力的李贞,他对这个出身贫苦、革命信念坚定的女战友很有好感。

一次,李贞的母亲病重,由于家境贫寒无钱治病,生命垂危。张启龙得知这个消息后,毅然将自己的生活补贴拿了出来,请妇联的同志转送给了李家。由于救治及时,李贞的母亲很快就转危为安。为此,李贞心里深深感激这位领导,深深感到了革命家庭的无限温暖。随着革命低潮的到来,国民党反动派大开杀戒,张启龙的妻女、父亲、叔父及堂弟均惨遭杀害。为了安抚失去亲人的张启龙,同时也为了报答张启龙的关爱,李贞悄悄地为张启龙送去热饭热菜,帮他洗衣服,还特意做了双布鞋放在他的枕头下。渐渐地,张启龙与李贞之间深厚的革命友谊在不知不觉中升华成了真挚的爱情。张启龙比李贞整整大了8岁,又是她的领导,因而总觉得不好开口表白自己的感情。这时,一场特殊的战斗终于促成了他俩的婚姻。

1928年5月,张启龙带着一个游击队员去湘东特委开会。途经一个叫观音塘的地方时,被反动团防局的团丁抓住了。大家冷静下来后,开始商量营救张启龙的办法。正在大家踌躇之际,李贞提出了一个方案:"我们假扮迎亲队伍,混进观音塘,然后里应外合,打他们个措手不及,一定可以救出张启龙。"同志们一商量,觉得这个计策很好,大家便开始分头行动。这扮新娘一事,自然是非李贞莫属了。

第二天,观音塘附近出现了一支热闹的迎亲队伍,过卡后便径直往团防局走去。大家里应外合,很快就打跑了团防武装,从牢里救出了张启龙。张启龙对大家的全力相救十分感激,握着同志们的手连声道谢。战友们早就看出了他和李贞之间的感情,此时便开起了玩笑:"你这次得救,应该特别感谢我们的'新娘子'李贞啊!""要怎么样才算特别感谢呢?"张启龙问。有人便说:"最好的感谢就是让她做一次真正的新娘子?"张启龙望着披红戴绿、满脸通红的李贞,迟疑了一下,终于勇敢地说出了自己的心里话:"我同意,李贞同志你呢?"李贞羞涩地低下了头……几天后,张启龙和李贞在游击队里举行了简单的婚礼。他们这段富有传奇色彩的婚姻,至今仍在浏阳东乡一带传为佳话。

特殊的年代,特殊的环境,李贞被迫忍痛与张启龙分手

婚后不久,李贞怀孕了,这让张启龙和李贞都感到很高兴。可是,险恶的战争环境,却让他们的喜悦之情很快化为泡影。有一次,李贞带领一部分游击队员在一个叫十八折的地方与敌人发生了遭遇战,与敌人周旋了两天两夜,终因寡不敌众而损失惨重,最后只剩下了5个人。而大批敌人却像蚂蚁一样蜂拥而至,将他们逼上了一个叫祖师崖的山头。当他们打出最后一颗子弹之后,将他们团团围住的敌兵步步紧逼,而山后是几丈深的悬崖,无后退之路。眼看就要成为俘虏了,李贞把心一横,对战友们说:"我们不能让敌人抓活的,是共产党员,是革命者,跟我往下跳!"说完便不顾一切,率先往悬崖下跳去……

这次跳崖,5个游击队员有3个牺牲了。李贞和另一个队员正好跳到一棵大

树上才幸免于难,只是昏了过去。第二天早上,当寒冷的晨风将李贞吹醒时,她只觉得肚子很痛,一股热流顺着两腿往下流。她低头一看,只见整条裤子都被鲜血浸透了。原来,由于跳崖的激烈震动,她那刚刚4个月的胎儿流产了。

在战友的帮助下,孩子被草草地埋葬了。这次流产,给李贞和张启龙带来了一次不小的打击,但他们的革命斗志没有因此而有丝毫的减弱。他们决定在革命胜利前暂时不要孩子,专心从事革命工作。不久,李贞离开游击队去地方任职,先后担任浏阳县苏维埃政府妇女部长和中共平江县委军事部长兼妇委书记等职。张启龙则调任中共湘东特委书记。他们成了湘鄂赣苏区一对著名的革命夫妻。

1931年秋,湘赣省委成立,张启龙任中共湘赣省委常委兼湘赣省苏维埃政府副主席、省军事部部长。1932年1月,张启龙任湘赣军区总指挥,参加领导湘赣革命根据地的反"围剿"斗争。湘赣省委成立后,成立了湘赣红军妇女团,由李贞担任团政委。在一次安福附近的阳城阻击战中,李贞率领妇女团为主力,艰难击退敌人的反复进攻,坚持了4天,敌军终因伤亡惨重退兵而打了一场漂亮仗,而且妇女团仅有3人受伤。从此,男同志们见了李贞,都尊敬地称呼她为"李政委",再也不敢小看她们妇女团了。

然而,幸福并没有跟随这对革命夫妻走多远。1933年2月,在红军"肃反"时期,以省总工会负责人刘士杰(后叛变被处决)为首的"左"倾路线代表在苏区内大搞"肃反"扩大化。不久,他们就以"阶级异己分子"的罪名,撤销王首道省委书记和张启龙省委常委等一切职务,任命刘士杰为省委书记,由陈洪时代理。至此,王明路线执行者控制了湘赣省委。接着,袁德生和省委委员李梦弼,省委常委、西路分委书记刘其凡,省委常委、省军区政治部主任于兆龙等一批重要干部,都被打成"AB团",先后被捕和被杀害,使全省的"肃反"工作出现了严重的扩大化。这时,王首道、张启龙等不顾个人安危,实事求是地向上级反映情况,使王恩茂、胡耀邦、张平化、谭启龙等得到解救。

不久,王首道奉调中央苏区工作,张启龙留在湘赣苏区。湘赣苏区"左"倾领导者将一些无中生有的问题栽在张启龙的身上,逼迫他承认"错误",遭到张启龙的坚决回击。1933年6月,湘赣苏区"左"倾领导者给中共苏区中央局的《红五月报告》中称"张启龙对自己错误的承认是最差的一个"。随后,刘士杰多次召开党员大会批判张启龙,并于7月12日开除了张启龙的党籍。

在张启龙被关押后,刘士杰不肯善罢甘休,不愿意放过李贞。他们指使人乘李贞探视张启龙时对她冷嘲热讽,挑拨他们的夫妻关系,找她谈话,要她与张启龙"在政治上划清界限,在生活上也不能含糊",李贞表示坚决不离婚。于是刘士杰等人又逼迫张启龙,明确提出要他离婚。张启龙深深爱着自己的妻子,但他知道刘士杰一伙什么坏事都干得出。为了李贞的安全,张启龙经过反复考虑,终于在他们已经炮制好的离婚书上签了字。李贞得知此事后非常生气,痛骂了刘士杰一伙,并跑到张启龙关押处痛哭了一场。一对革命夫妻,就这样被"左"倾错误路线生生拆散了。

中央红军到达陕北后,红二方面军党委报请党中央,为张启龙恢复了党籍,为他彻底平了反。这年春节,毛泽东还特地邀请他和王首道等同志到他的窑洞里吃团圆饭,对他们坚持原则,坚持斗争,敢讲真话,不怕牺牲,顾全大局的精神,给予了很高的评价。"文化大革命"结束之后,张启龙出任中纪委副书记。1987年6月3日,87岁的张启龙在北京病逝。

贺龙给李贞和甘泗淇当"红娘"

在红军革命时期,李贞除了担任湘赣边区红军妇女团团政委外,1933年后还陆续担任了湘赣军区医务学校政委、安福县委副书记、红六军团政治部组织部部长、红二方面军政治部组织部部长。

在和张启龙离婚后,李贞一直一个人生活。首长和同志们都很关心她的个人问题。1934年11月的一天,风尘仆仆的李贞刚从外面回到家中,陈琮英就跟了进来。陈琮英是任弼时的爱人,和李贞是老相识。李贞一边请陈琮英坐下,一边忙着倒水。谈了一会儿工作,陈琮英突然话锋一转:"妹妹,瞧你一个人怪孤单的,我给你介绍个人怎么样?""谁?"李贞好奇地问。"甘主任,你认识的!"陈琮英微笑着说。"他?甘泗淇?"李贞感到有些意外。对于甘泗淇,李贞非但认识,还很熟悉。1930年前后,甘泗淇任湘赣省委宣传部长期间,她恰好也调到湘赣省委工作。李贞对甘泗淇印象一直很好,认为他是一位心胸开阔、平易近人、有知识有才华的战将,但要和他谈婚论嫁,自己却从来都没想过。

"恐怕不行吧。"李贞低着头,一下子没了刚才谈论工作时的兴奋劲儿:"人家是到苏联留过学的,我却是个童养媳出身的人,没文化,不般配。""那有什么,我当年不也是个童养媳?再说了,他文化高,你文化低,正好可以帮你嘛!"陈琮英说得很认真。进而她又透露说："我听弼时讲,甘泗淇对你印象不错,说你泼辣能干,作风扎实,是个了不起的女同志。"听到甘泗淇对自己有如此评价,李贞感到非常欣慰,脸也不由自主地红了。

早在一年前,甘泗淇就对李贞有很好的印象,而李贞也早就听说过甘泗淇。1931年,湘赣苏区迎来了一位刚从苏联莫斯科中山大学毕业回国的青年。他叫甘泗淇,原名姜凤威,又名姜炳坤,1903年12月21日出生于湖南省宁乡县楠竹山村的一个农民家庭。他从小饱尝疾苦,十岁时才入村小就读,后升入宁乡县云山高小,在此受到谢觉哉等人革命思想的熏陶。1919年夏,甘泗淇以优异的成绩考入长沙长郡中学,1923年转入湖南政法专科学校。1925年,甘泗淇加入中国共产主义青年团,1926年转为中国共产党党员。1927年,党组织派甘泗淇赴苏联莫斯科中山大学学习。从那时起,他将"姜凤威"更名为甘泗淇。4年后,甘泗淇学成回国,受党中央派遣来到湘赣苏区,任中国工农红军独立一师党代表。

不久,甘泗淇又从独立一师党代表调任湘赣省委宣传部长。到任后他才知道,组织上原拟调中共吉安县委军事部长李贞担任此职。后来,甘泗淇调到了红六军团任政治部主任兼代政委,与组织部长李贞在一起工作,互相接触的机会多了,增加了了解。有几次,甘泗淇还直接找到李贞谈话,从谈工作、谈理想起,一直谈到了爱情,他还帮助李贞写了一篇总结工作情况的报道。李贞见这位知识渊博的首长这么平易近人,这么关心她们的工作,极为感动。她特意做了一双布鞋送给他,用旁人的话说,也算是定情礼物吧。共同的工作,共同的目标,共同的语言,使两颗心靠得越来越近,最终结为革命伴侣。

1935年元旦,由任弼时主婚,李贞和甘泗淇举行了简朴而又热烈的结婚仪式。在婚礼上,贺龙风趣地说:"今天,甘泗淇和李贞结婚,完全是新式的,没有封建色彩。一不拜天地,二不拜祖宗,就是一心一意干革命,他们是很好的一对革命夫妇。"大伙全被逗乐了。

甘泗淇和李贞曾生过一个儿子,但由于长征中艰苦恶劣的环境,小生命仅存活了十几天便夭折了。长征征途漫长而艰难,战斗频繁,供应紧张,气候多变,加上人地生疏,这对每个红军指战员都是严峻的考验。而对于已经身怀有孕的李贞来说,困难就更大了。当时,组织上考虑到这些情况,曾动员她就地留下,等孩子生下再说。李贞坚决要求随部队继续前进,她含着泪说:"我感谢组织上的照顾,但我能经受任何考验,请组织上放心!"

　　李贞说到做到,长征途中,为精简机关,军团组织部只留下三个干部,人员少,工作量大,她一天到晚忙个不停。当时,李贞有一匹马,有一顶小帐篷,但她常将这些让给伤病员。有位女战士病了,她还将自己的一件较好的衣服送给她,而自己穿的是一件单薄的旧衣。由于过分劳累,加上饥寒交迫,李贞病倒了,但她瞒着,艰难地跟着部队。她的情况被战友们发现了,战友们纷纷来看她,那个伤员还流着泪将马还给她,可她坚决不要,最后大家不由分说,用一条长布带将她强行捆在了马背上。

　　很快,甘泗淇也赶来了。长征途中,由于战斗的需要,甘泗淇和李贞并不能常在一起行动。他除了参与军团的决策外,有时还要参加指挥战斗,沿途做部队的政治工作和群众工作。这时的他,身体消瘦,头痛病时常发作。当得知李贞病重时,他感到很愧疚。在贺龙和任弼时的"命令"下,他急速赶到了李贞身边。他发现李贞高烧不止,便请来医师诊断,确诊为伤寒病。部队缺医少药,甘泗淇把自己唯一的私产——莫斯科中山大学奖给他的一支金笔卖掉,买来了针剂,才把李贞的高烧退下来。

　　夜晚山风如刀割,衣着单薄的甘泗淇又将自己唯一的一件毛衣脱下给李贞穿上。由于大病一场,李贞的身体已经非常虚弱。红军过草地时,李贞已怀孕 7 个多月了。恰恰是在这最艰难困苦、最难行走的征途中,李贞不幸早产了。这可爱、无辜的小生命,可以说是生不逢时。战士们都没有吃的,在吃树皮、草根,甚至在吃战马、皮带,这红军的后代哪里能吃到好东西呢? 母亲没有了充饥之粮,自然缺少奶水,孩子就啼哭不止。热心的战友们为她送来了破衣服、尿布,送来了自己也舍不得吃的青稞面作营养品,但这毕竟非常有限,不能解决根本问题。还没等李贞走出草地,这可怜的小生命便夭折了。

　　这是李贞第二次失去孩子。从那以后,她再没有怀过孕。这是甘泗淇、李贞夫妇在革命战争年代的巨大牺牲。孩子的夭折,产后的虚弱,伤寒病的侵袭,让李贞病痛缠身,高烧不退,常常昏迷不醒。这时候,甘泗淇只要有机会,就想方设法来照顾她。李贞不宜骑马,甘泗淇就背着、扶着她走。战友们见这样下去不行,临时做了副担架硬要抬李贞。甘泗淇很受感动,坚持自己抬一头,尽量减少战友们的负担。就这样,夫妻二人患难与共,终于顺利地到达了陕北。贺龙高兴地称他们是"两个模范干部,一对革命夫妻"。

"神州夫妻两将星"

抗日战争时期,李贞先后担任八路军妇女学校校长、120师教导团组织科科长、师直属政治处主任、陕甘宁晋绥联防军政治部组织部组织科科长、晋绥军区政治部秘书长、西北野战军政治部秘书长、西北军区政治部秘书长。

1947年6月,甘泗淇任西北野战军政治部主任,李贞任政治部秘书长。甘泗淇怕李贞过度劳累,常将一些事情揽过来自己做,这让李贞很不高兴。一天傍晚,李贞对甘泗淇说:"我有一个意见,提给你参考。在部队你是首长,我是秘书,一切听你的。但我感到你要包办一切,把我分内的事情也剥夺了,不太好吧。"甘泗淇笑着说:"提得好,以后我注意就是啦。"李贞也笑了:"你都成了检讨专家了。"从此之后,夫妻两人都十分注意处理好工作关系。在机关工作中,李贞尊重甘泗淇,凡他交办的工作总是不折不扣地完成;一旦回到家里,李贞吩咐的家务活,甘泗淇也喜欢抢着干。

1951年,甘泗淇、李贞又同时参加了中国人民志愿军,赴朝工作。甘泗淇任志愿军副政委,李贞任志愿军政治部秘书长。回国后,李贞任防空军政治部干部部部长、中国人民解放军军事检察院副检察长。1955年9月,中国人民解放军实行军衔制。作为唯一的女性,李贞在那些叱咤风云的将帅之中尤为惹眼。待李贞行了一个标准的军礼后,周恩来亲手把少将军衔授予她,握住她的手说:"祝贺你,李贞同志,你是新中国第一位女将军!"

在李贞被授予将官军衔的同时,甘泗淇被授予上将。从此,在中国革命史上,有了第一对将军夫妇。作为解放军历史上的第一个女将军,李贞的英名传扬中外,而她的丈夫、被授予上将军衔的甘泗淇的威名同样是家喻户晓,人们纷纷称他俩为"神州夫妻两将星"。

1951年,李贞和甘泗淇从朝鲜战场归来,得知老战友王政柱夫妇要同去朝鲜参战,三个孩子无人照顾,李贞夫妇就把他们接到家中抚养。王政柱夫妇回国后,儿子王延周从学校还会回到李贞家居住。每到周末,李贞家中就热闹非凡,一群少男少女簇拥在李贞、甘泗淇夫妇周围。吃饭时要摆上两三张桌子,夫妇俩的薪金都花在孩子们的身上了。孩子们上学路远,她鼓励他们乘公共汽车上学,哪怕是刮风下雨也要求他们坚持。她说:"工人农民的孩子能做到的,你们这些烈士后代、干部子女都要做到。"有李贞、甘泗淇夫妇的言传身教,孩子们都努力勤奋学习,互相帮助,先后有近20人考入大专院校,成为国家的专业技术人才。

不少老同志见到甘泗淇都非常遗憾地说:"老甘啊,太遗憾了,你革命几十年,连个孩子也没有啊!"李贞也经常觉得内疚,觉得对不起丈夫,她对他说:"老甘,趁现在还来得及,你再娶个妻子吧,好给你生个孩子呀!"可甘泗淇回答得非常干脆:"我要的是爱人,不是孩子!""我要的是爱人!"这句话虽然看不出半点柔情蜜意,但谁又能说它没有完全表达甘泗淇对李贞的一片爱心呢?令人遗憾和悲痛的是,功勋卓著的甘泗淇将军却英年早逝。1964年2月5日,甘泗淇60岁刚过两个月就病逝了。临终之前,甘泗淇对李贞说:"我读的那些马列和毛主席的书你留下多看一看。至于那笔钱,是我多年积蓄下来的,就当我的党费,上交组织吧。"李贞含泪点了点头。留给李贞的,除他未竟的事业之外,便是难分难舍的夫妻感情。

年事已高的李贞退休后,组织决定给她配备汽车、护士和秘书,但她都婉言谢绝了,还多次向组织提出搬出北京到老区去住。她说:"北京增加一个老干部,就要增加几个服务员,我们这些人要为国家分忧。"1988年,李贞获一级红星功勋荣誉章。1990年3月11日,李贞因病在北京逝世,终年83岁。这位中外闻名的巾帼将军,始终过着艰苦朴素的生活。室内的四把藤椅是15年前从湖南搬家时带回北京的,年长日久已破烂不堪,李贞不让扔掉。两只皮箱从朝鲜战场一直跟随着她,用了整整40年,皮质老化开裂,但她总是不肯换新的。一台用了14年锈迹斑斑的"雪花"牌冰箱,是家中最高档的消费品。她和甘泗淇没有子女,她用自己的工资抚养了20多个烈士遗孤,还一次次地为教育、科研事业捐款。李贞在遗嘱中交代,将平时节省下来的工资一部分交党费,一部分捐献给宋庆龄儿童福利基金会,一部分捐献给甘泗淇的家乡湖南宁乡县作办学补助。

第七篇

并肩战斗

中国革命队伍中的外国人

武亭（1905—1952）

朝鲜籍的中国红军炮兵鼻祖武亭

在中国解放军炮兵史上，有一个外国革命者的名字是不能忘怀的，他就是武亭。他从1930年7月起就任红三军团炮兵团团长，1931年5月任军委直属炮兵团团长，筹建与领导了红军早期的炮兵部队，是中国红军炮兵的鼻祖。1938年1月，中央军委建立了第一个正规炮兵团——八路军总部炮兵团，武亭是首任团长，率领炮团官兵在华北战场浴血奋战，为人民炮兵事业做出了突出贡献。

武亭和彭德怀，是红三军团仅有的两个会使大炮的人

武亭，原名金武亭，1905年出生在朝鲜咸镜北道镜城郡。在汉城求学阶段，由于家境贫寒，武亭半工半读，以微薄的收入来维持学业和生活。1919年，14岁的武亭参加了著名的"三·一"反日爱国运动，成为他革命生涯的起点。

1923年，为了寻求复国的途径，18岁的武亭渡过鸭绿江来到中国，从此开始了他在中国的革命生涯。1924年，武亭进入北方军官学校（一说东北讲武堂）学习炮兵专业。1925年，武亭加入了中国共产党。毕业后，武亭参加了第一次国内革命和北伐战争。由于作战勇敢，1927年，年仅22岁的武亭晋升为炮兵中校。1927年大革命失败后，国民党反动派宣布通缉武亭。1929年，武亭参加了上海工人暴动。暴动被镇压后，他被英国巡捕逮捕，并被处以2个月的刑罚。获释后，武亭来到了香港。

1929年末，武亭回到内地，参加了中国工农红军，在彭德怀领导的红五军（1930年6月扩编为红三军团）工作。1930年7月4日，彭德怀率红三军团攻克

湖南岳州时,缴获敌人七五野炮4门和迫击炮6门。炮兵专业出身的武亭有了用武之地。占领长沙后,英、美、日帝国主义军舰欺红军没有重火力,十分猖狂,向城内打炮。红军刚刚拥有了大炮,却没有人会用。彭德怀在湖南讲武堂学过炮兵,他不顾左右的阻拦,冒着敌人猛烈的炮火,直奔野炮,和武亭一起调正炮位。当敌舰靠近,彭德怀和武亭连发数十炮。几发炮弹落在敌舰甲板上,吓得敌舰仓皇逃走。红军战士齐声欢呼,斗志大振。彭德怀望着逃逸的敌舰,感慨地说:"炮的威力真大哟,轰它几炮,敌人就逃之夭夭!"红军从此开始有了炮兵。根据《彭德怀自述》记载:"占领岳州后,英、美、日兵舰仍如黄石港一样,很猖獗,对城岸乱轰。我们隐蔽地架好了炮(当时,还只有我自己和一个朝鲜同志武亭会用炮),待敌舰逼近时,还击了几十炮,大概十发以上打中了兵舰,从此它们不敢抵岸射击了。"这是有关于武亭在中国红军里最早的作战经历。

在1930年7月下旬的红三军团攻打湖南省会长沙的战斗中,武亭凭借岳州缴获的大炮,轰开了长沙浏阳河西岸的防线,帮助红三军团于7月27日顺利攻下长沙。这次战役,是红军时期攻占的唯一省城,也是人民解放军初创历史上的著名战役。攻占长沙后,红军俘虏敌人一个山炮连,缴获大炮3门。7月31日,彭德怀在湖南平江成立了红三军团炮兵团,这是人民军队的第一个炮兵团,武亭任团长。在彭德怀1930年9月二次攻打长沙失利后,红三军团炮兵团缩编为炮兵营,武亭任营长。1931年5月13日第二次反"围剿"胜利后,中央军委以红三军团炮兵营为基础,在江西陂头成立了军委直属炮兵团,辖1个山炮连和2个迫击炮连,武亭任团长。但与其说是炮兵团,不如说它是炮兵营,因其只有3个连。武亭精湛的炮术,不仅博得了红三军团军团长彭德怀的赞扬,还被红军广大指战员誉为"红军炮兵的鼻祖"。

长征途中,武亭率领的炮兵营成为救火队

人民炮兵诞生后,即在极其艰苦、恶劣的战争环境下浴血奋战,损失较严重。由于损失严重,1931年7月,成立仅一个多月的军委炮兵团撤销,改编为红三军团炮兵教导大队,同年11月改为红军学校炮兵队,武亭先后担任大队长和队长。1933年10月,红军特科学校成立,按专业设置有机关枪、炮兵、工兵三个营。以红军学校炮兵队为基础,建立了特科学校炮兵营,武亭任炮兵营长,并任特科学校

第二任校长。

1933年10月，蒋介石开始对红军进行第五次"围剿"。为了粉碎敌人的"围剿"，1934年3月，从红军特科学校抽出一个山炮连配属红三军团作战。7月，这个山炮连和红三军团迫击炮连等合编为红三军团炮兵营，辖1个山炮连和1个辎重连。

1934年9月，中央苏区第五次反"围剿"战争在错误军事路线影响下连连失利，中央红军陷入了困境，情况十分危急。中央决定长征，进行战略转移。在红军长征前夕，中央军委将红三军团炮兵营改为红星炮兵营，下辖3个炮兵连，直接由军委指挥，武亭任营长，陈海涵任政委。军委四局局长叶剑英对陈海涵交代说："武亭是朝鲜同志，要好好支持他的工作，多负责任。"

在长征中，武亭作为红军炮兵部队指挥官，不论是在进攻还是在断后时，都成为典型的救火队员。在过第三道封锁线时，红星炮兵营单独作战，击溃了敌人一个保安团。血战湘江时，红星炮兵营配合红三军团第五师作战。在中央红军向贵州黎平开进、到达广西龙胜附近时，中央纵队遭到李宗仁部队的拦击。红三军团第四师负责阻击敌人，掩护主力通过，红星炮兵营配合第四师作战。四师师长彭雪枫在交代任务时对武亭和陈海涵说："情况不妙，你们哪怕打到一兵一卒，也要守住。你们的背后就是中央纵队，不能后退一步，一定要坚持到天黑。"红星炮兵营和敌军两个旅血战到天黑，完成了任务。

渡过湘江不久，武亭兼任军委纵队第三野战梯队司令员兼政委，指挥包括红星炮兵营、工兵营、运输第一大队和附属医院在内的技术兵种。其他三位野战梯队的司令员和政委，都是红军中赫赫有名的将领。第一梯队司令员兼政委为彭雪枫，第二梯队司令员兼政委为何长工，第四梯队司令员为陈赓，政委为宋任穷。

1934年12月14日，中央红军攻占了地处黔湘桂三省交界的贵州黎平县城。12月18日，在黎平召开了中央政治局会议，会议决定对部队进行整编。在长征途中，不仅要战胜难以言状的恶劣环境，而且面临强大敌人的围追堵截，条件异常艰苦，部队损失较大，炮兵行动尤其困难。由于红星炮兵营的弹药耗尽以及为了轻装行军的需要，武亭手中除迫击炮以外的所有平射炮，都被销毁或隐藏起来。黎平会议撤销了军委直属的红星炮兵营，炮兵营的一、二连分到红三军团，三连分到红一军团，武亭任红三军团炮兵营营长。在四渡赤水、巧渡金沙江、激战娄山关与突破腊子口等战斗中，武亭率领红三军团炮兵营浴血奋战，有力配合与掩护了部队挺进。

武亭是八路军中公认的炮兵最高权威

1935 年 11 月 3 日,中共中央决定成立西北革命军事委员会,毛泽东任主席,同时恢复红一方面军的番号,彭德怀任司令员,毛泽东任政治委员,叶剑英任参谋长,王稼祥任政治部主任,下辖红一、红十五军团,武亭任红一军团第四师司令部参谋。

长征开始时,约有 30 余名朝鲜志士,只有武亭和军委干部团参谋长杨林二人到达了陕北。1936 年 2 月,杨林在红军东征中牺牲了,武亭成为唯一的幸存者。彭德怀说:"太多的外国革命者为了中国的革命事业牺牲了,如果我们继续让他们在中国死去,还会剩下谁来为他们祖国的革命事业战斗呢?我们无法为那些已经死去的同志做些什么,但是我们不应该再浪费外国同志的生命了。"在彭德怀的呼吁下,中央军委给武亭下达了休息的命令。武亭后来回忆说:"我当时正被胃肠病的恶化折磨着,彭德怀的发言让我脱离了战场,也保护了我的性命,从此我们两人成为了终生的朋友和同志。"

军委下达了休息令后,武亭奉命到红军大学第一科学习。1937 年 8 月,红军改编为八路军。武亭从红大毕业后,任八路军总部作战科科长。

炮兵在历次事关我军生死存亡的紧要关头,屡建功勋,受到党中央的极大关注和重视。在中央红军长征到达陕北后,炮兵装备损失殆尽。利用东征和西征中缴获敌人的山炮,中央红军于 1936 年 3 月建立了一个山炮连,成为后来八路军炮兵团最早的基础。抗战爆发后,八路军总部决定在这个山炮连的基础上,筹建八路军总部炮兵团,并把这个光荣的任务交给了红军时期的炮兵权威武亭。1938 年 1 月 28 日,中国人民解放军历史上的第一个正规炮兵团——八路军总部炮兵团在山西临汾卧沟村宣告成立。武亭任炮兵团团长,邱创成任炮兵团政委,匡裕民任参谋长,袁光任政治处主任。他们都是经过长征的老红军,身经百战。

炮兵团成立后,武亭等团领导明确提出了"巩固部队,努力学习,遵守纪律,团结互助"的口号,部队进行了广泛深入的抗日教育、三大纪律八项注意教育和军事技术教育,为武亭即将开始的炮兵学教程创造了条件。武亭还非常重视激励指战员的士气,丰富大家的娱乐活动。武亭在炮兵团成立之前便组建了文艺宣传队——怒吼剧社,为炮兵团成立庆典举行了演出,炮兵团成立后经常下部队演出。一次,怒吼剧社参加了八路军总部为德国朋友米勒教授举行的参军仪式。武亭为米勒祝福,让剧社为他唱歌。看着这位"宣誓抗战到底"的德国朋友,武亭大声讲:"我们都是援华抗日的国际主义战友,我们要同中国军民团结起来,打倒我们的共同敌人——日本法西斯!"

1938年2月,日军占领太原后又开始向南进犯,企图占领临汾,当时情况十分危急,八路军总部命令炮兵团西渡黄河,到陕甘宁边区的后方洛川进行整训,2月25日,武亭、袁光率领炮兵团离开临汾向陕北进发。当炮兵团官兵途经延安时,朱德总司令、周恩来副主席、边区政府林伯渠主席等亲临炮兵团作报告和指示。

1938年8月,炮兵团在洛川整训期间,炮兵团一连奉命率先开赴山西抗日前线。炮兵团一连配合八路军一一五师在汾(阳)离(石)公路附近伏击日军。一连以准确、猛烈的火力支援步兵歼灭日军400多名,击毁汽车2辆,打死、缴获日军战马320余匹。炮兵团参加的战斗首战告捷,极大地鼓舞了炮团指战员的士气,大家感慨地说:"咱们的武团长就是能培养出色的炮手!"

1939年1月28日,炮兵团迎来了一周岁生日。毛泽东一直关注着炮兵团的建设和发展,这天他高兴地为炮兵团题词,勉励他们"造成抗日战争中的有力兵团,达到战无不胜攻无不克之目的,为民族争光荣,为八路军争模范!"朱德的题词是:"坚持抗战,胜利归于我们。"朱德还为炮兵团的报纸题写了"骨干"作为报头。毛泽东和朱德的题词,使八路军炮兵团及全体炮兵官兵深受鼓舞。不久,炮兵团结束了整训,第一营由袁光、匡裕民率领驻洛川,保卫陕甘宁边区;第二、三营和团直属队由团长武亭和政委邱创成率领开赴晋东南前线,积极参加了各次作战,立下了赫赫战功。

1939年9月,武亭和邱创成指挥七、九两连炮兵配合一一五师六八八团进攻河北磁县彭城,摧毁了敌军碉堡。接着,他们又指挥四连配合一一五师三五八旅攻打山西昔阳东冶镇,拔除了日军最坚固的据点。1940年二三月间,武亭和邱创成指挥四、五、九三个炮兵连,配合步兵反击顽固派石友三、朱怀冰、庞炳勋等部对太行山区根据地的进攻。战斗中,武亭和邱创成坚持在前方指挥所进行前沿指挥。一次敌机狂轰滥炸,炸弹将指挥所的房子炸得摇摇晃晃,团部参谋和警卫员要团长和政委去防空洞里躲一躲,但他们不肯离开前沿指挥所,直到战斗结束。

这次战役,由于炮兵紧密配合,全歼朱怀冰部3个师,粉碎了国民党反动当局的第一次反共高潮,炮兵团受到八路军总部的通令嘉奖。

1940年8月10日,武亭率炮兵团参加了著名的百团大战。在战斗间隙,武亭深入连队组织大家就地进行战评:评技术、评指挥、评勇敢,成为提高部队战斗力的有力措施。因此,炮兵团在百团大战中发挥了空前的威力,取得了惊人的战果。在狮脑山战斗和榆社战斗中,武亭用刚缴获来的大炮消灭了敌人。在关家垴歼灭战中,为了消灭百米内凭借坟丘顽抗的日军,武亭和神炮手赵章成配合,摧毁了敌人的机枪阵地。战后,彭德怀幽默地说:"我之所以敢把总部指挥所设在距敌军不到百米远的地方,就仗着武亭同志运用自如、百发百准的炮术。"在关家垴战斗中,炮兵团共发射山炮弹、迫击炮弹200余发,给敌人以重大杀伤,有力地支援了各部队的攻击,将冈崎大队大部歼灭。武亭率领的炮兵团立下了赫赫功勋,他也成为八路军中公认的炮兵最高权威。

1941年3月25日,中央军委命令炮兵团迅速返回延安,保卫陕甘宁边区。从太行前线返回延安,对于炮兵团来说是一项十分艰巨的任务。因为炮兵团的主要武器装备是山炮,还有野炮和重迫击炮,根本没有牵引车辆。每一门火炮需要数头高大的骡马驮运,途中跋山涉水不说,还要闯过敌人的封锁线,困难是难以想象的。接受命令后,武亭在全团大会上进行动员说:"同志们,国民党亲日反共顽固派已经发动了两次反共高潮,为了应付新的突然事变发生,击退国民党企图发动的第三次反共高潮,我们炮兵团要尽快赶回陕甘宁边区,以保卫党中央,保卫延安,保卫陕甘总后方。"

为了保证炮兵团安全通过敌占区,八路军总部分别电告太行、晋绥军区完成掩护接送任务,并指定晋绥军区第八军分区和太行军区第二军分区派出部队具体组织实施;同时也嘱托武亭团长做好一切准备,途中要随机应变。临行前,武亭、邱创成把所掌握到的敌情、路线、任务及预计随时会出现的突变向营、连干部做了交代。

1941年,陕甘宁边区遇到了极大的困难。为了克服困难,中共中央提出了"发展经济,保障供给"的方针。在一次座谈会上,朱德说:"要发展农业,不开荒是不行的。我听说延安南面有个南泥湾,是片好土地,可以开垦。"延安专区工程管理局的刘宗义奉命去南泥湾勘察。经过勘察,发现这里土质肥沃、水源充足,有近万亩土地可以开垦。刘宗义回去之后,向朱德做了详细汇报。在1941年6月武亭率炮兵团返回延安后,朱德命令武亭率领炮兵团的两个营开进延安南泥湾,武亭成为开发南泥湾的第一人。半年后,武亭在杂草丛生的南泥湾开出了一条6米宽的公路。以后,南泥湾的粮食、副食品、工业品,都是经过这条路,源源不断地运到抗日前线的。武亭率两个营克服了缺粮食、无房住等难以想象的困难,三四月份就在开出的荒地上种上了庄稼。此后不久,王震才率第三五九旅开进南泥湾,使垦荒队伍迅速扩大。以后,许多部队及边区政府、中央军委等单位也相继开进南泥湾,形成了开荒热潮。

在延安期间,武亭还促成一件好事,促成了朝鲜籍青年音乐家郑律成和中国女青年丁雪松的跨国姻缘。郑律成1937年9月来到延安,1939年1月加入了中国共产党。但在1941年的延安审干运动中,组织部门让郑律成认真向组织交代到延安之前的经历,尤其要交代在南京是怎样监听日本人、怎样送情报、送到什么地方、什么人手中等。为此,在异国他乡,在自己热爱着的革命圣地,郑律成感到格外的孤独无助。此时,武亭站出来为郑律成担保,说他"政治上没问题",使郑律成得以解脱。1941年底,郑律成与丁雪松举行了婚礼。周扬主持婚礼,宾客挤满了窑洞,郑律成是个好猎手,打了两只黄羊招待大伙,红红火火地热闹了半宿。丁雪松后来任中国驻荷兰、丹麦大使,成为新中国首位女大使。

1945年10月10日,尚在中国的武亭缺席当选为朝鲜共产党北朝鲜分局第二书记。1945年11月,武亭返回朝鲜。1948年2月,朝鲜人民军成立,武亭担任朝鲜人民军副总司令兼炮兵总司令,中将军衔。同年9月9日,朝鲜民主主义人民共和国成立,武亭任民族保卫省副相(相当于国防部副部长),仍兼任朝鲜人民军炮兵总司令。1952年10月,武亭病逝。

参加过长征的朝鲜籍红军指挥员
毕士悌

毕士悌是一位杰出的朝鲜籍红军指挥员,他是中华苏维埃共和国中央执行委员会执行委员,曾担任闽粤军区司令员,在长征途中是干部团参谋长,最后牺牲在师参谋长的岗位上。

毕士悌(1898—1936)

值日进犯,初任教官,重创日军

毕士悌,原名金勋,曾用名杨州平和杨林。1898 年生于朝鲜平安北道一个爱国人士家庭。毕士悌在上中学时,正值日本在 1910 年以"日韩合并"之名吞并朝鲜后的动荡岁月,他的全家都投入了民族运动,他自己在平壤也成为中学里有影响的学生领袖。1919 年,朝鲜爆发了争取独立的"三·一"起义,遭到日本军警的血腥镇压,毕士悌的父亲遇害,毕士悌本人也遭缉捕,被迫流亡中国延边。在那里,他进入朝鲜反日团体所办的新兴武官学校,学习几个月后又担任了教员。1920 年 2 月,毕士悌调任吉林省汪清县西大坡朝鲜族反日军事学校教官。

1920 年秋,驻朝日军万余人入侵中国延边,清剿当地朝鲜反日武装。面对气势汹汹的日军,毕士悌决心给敌以沉重打击。10 月 19 日,毕士悌奉命率领朝鲜族反日军事学校的学员开至和龙县青山白云坪,选择了日军必经之路的有利地形,预先设置了正面及左、右两侧的袋形阵地。

翌日上午,日军先头部队 1 000 余人大摇大摆地进入了伏击圈。根据统一的信号,反日武装突然一齐开火,经一个小时的激战,敌人大部被歼。毕士悌指挥所属部队抓住两翼迂回之敌尚未形成夹击之势的有利时机,迅速撤出阵地,转移兵力。左右两路敌军自相残杀,造成更为惨重的伤亡。青山里一仗击毙日本加纳联队长,轰动一时。此役是毕士悌来中国后打的第一个大胜仗,大大鼓舞了他反对日本侵略者的决心和信心,又进一步增长了他指挥作战的经验和才干。但因为敌我双方力量相差悬殊,反日武装领导人在危急关头离开中国,前往俄国远东地区避难,反日部队因此瓦解。数以千计的无辜群众惨遭日军的屠杀,许许多多的村庄遭到日军的毁灭。日军开始通缉毕士悌。为了复仇,毕士悌决心再认真学习军事知识。

初学讲武堂,转任黄埔军校建战功

1920 年底,毕士悌离开吉林来到上海。他认为云南讲武堂名气大,又距日本势力范围远,隐蔽安全,便决心投考。1921 年 4 月,毕士悌化名杨州平经上海、越南进入云南,徒步行走上千里,在 1921 年 6 月到达昆明。随后,毕士悌以"华侨"身份考入云南讲武堂第 16 期,攻读炮兵专业。

在讲武堂学习期间,毕士悌学习和训练非常刻苦。他每天早上都背着砖头跑十里路进行锻炼。他生活俭朴,沉默寡言,但待人热情,各门成绩在全校都获第一名,教务长认定他是"一个很有志气的青年"。1924 年,毕士悌从讲武堂毕业后,谢绝了校方留其任职的邀请,来到广州黄埔军校任学生队上尉队长、技术助教等职务。

在黄埔军校,毕士悌经常聆听军校政治部主任周恩来等共产党人的报告。在周恩来的影响下,他的思想觉悟有了较大的提高,从信仰三民主义转向信仰共产主义,并加入了以共产党员为核心的中国青年军人联合会。此间,他先后参加了平定广州商团军叛乱,讨伐陈炯明的第一次东征和平定滇桂军阀杨希闵、刘震寰叛乱的战斗,建立了战功。1925 年夏,毕士悌被秘密发展为中共党员。

同年 11 月,共产党领导的叶挺独立团在肇庆成立,毕士悌被党组织调去担任第 3 营营长。半年后,毕士悌调回黄埔军校工作,被任命为教授军事技术的军校主任教官。1927 年 8 月,他被党组织派往苏联,先后在中山大学和莫斯科步兵学校学习。

工农武装,一心服务中华岳苏维埃

1930 年夏,毕士悌从苏联回国。8 月,党中央派毕士悌到满洲省委工作,担任省委军委书记。1930 年冬,毕士悌在东北大地上首次打出"苏维埃"的旗帜。他在延边发动以朝鲜族农民为主的群众建立工农赤卫队,先后建立了三个大队的工农赤卫队,打击土豪和镇压日本走狗。同年 12 月,毕士悌在延边地区组织发动了 1.5 万余群众参加的反日大会,镇压了一家反动地主,并将没收来的粮食和财物分发给贫苦农民。这极大地震撼了当地的亲日势力,鼓舞了群众的斗志。"九·一八"事变爆发后,毕士悌赴吉林磐石县,组织中心县委以原来的"打狗队"为基础,创建了满洲工农义勇军第 4 军第 1 纵队,成为南满游击队、东北抗日联军第一军的前身。

1932 年夏,毕士悌回上海汇报情况。之后,临时中央安排他去中央苏区工作。在地下交通员的分段带领下,毕士悌经广州、汕头,又穿越粤东闽南山间小道到达瑞金。

周恩来高兴地接见了毕士悌,马上安排他担任中华苏维埃共和国劳动与战争动员委员会参谋长。此后一年多的时间内,毕士悌作为周恩来后方工作的助手,主要负责训练和补充新兵。他协助周恩来成立了 10 个补充团,并由他亲自负责组织训练,把经过训练的新战士输送到红军主力部队中去。他还协助苏维埃政府领导群众修桥修路,向前线运送粮食和军用品,并募集了 60 余万元,支援前线作战。

在中央苏区时期,毕士悌还陆续担任了红一方面军补充师师长、会(昌)寻(乌)安(远)军分区司令员、红军第 23 军军长、中央革命军事委员会总动员武装部参谋长等职。1933 年 4 月,江西军区第三、第五军分区合并组成粤赣军区,毕士悌任军区司令员,并负责指挥红 23 军、独立第 2、第 3 师和各独立团。

在 1934 年 1 月的中华苏维埃共和国第二次全国苏维埃代表大会上,朝鲜籍的毕士悌和越南籍的洪水以少数民族中的朝鲜族和京族代表的身份当选为中华苏维埃共和国中央执行委员会执行委员,成为中央苏区工农民主政府中仅有的两名外籍委员。

在瑞金,毛泽东有一次遇到毕士悌,关切地问起他的妻子李秋岳的情况。毕士悌回答说她还在满洲省委工作。毛泽东马上嘱咐中央交通机关要想办法把李秋岳从东北调到中央苏区来。1934 年春,军委拟考虑调毕士悌到红军大学担任总教官。有的同志私下讲,毕士悌是叶挺独立团创建者之一,在红军中算是老资格,又是中央政府的执行委员,安排到红大职务太低,而毕士悌却从不计较这些,默默地干好自己的工作。

长期的革命经历，让毕士悌越来越深刻地认识到了国民党反动派的本来面目以及国共两党斗争的实质。1934年7月22日，他在《红色中华》上发表文章——《拥护红军北上抗日宣言》，明确指出："亡国惨祸迫在眉睫，亡国的耻辱，降临到每个中国人的头上。"针对国民党反动派的种种谬论，毕士悌明确提出："只有苏维埃及其红军才是武装中国民众的统帅，抗日的唯一正确代表。"他热切地希望中国人民响应中国工农红军北上抗日的号召，紧急动员起来，投身于反对日本帝国主义的斗争之中。

随军长征，勇克危难，英华早逝炮火中

1934年10月中央红军长征时，红军大学改为干部团，陈赓任团长，宋任穷任政委，钟伟剑任参谋长，毕士悌随干部团行军。1935年1月28日，毕士悌参加了著名的土城战斗。2月下旬，在二次攻打遵义的战斗中，干部团参谋长钟伟剑牺牲，毕士悌被任命为干部团参谋长。毕士悌就任红军干部团参谋长不久，就参与指挥了三渡赤水的战役。1935年3月16日，朱德总司令签署了《三渡赤水河的行动部署》，明确规定："我野战军决于今16日晚和17日12时以前，由茅台附近全部渡过赤水河西岸，寻求新的机动。"为了确保渡河顺利进行，干部团团长陈赓、政委宋任穷分别担任全军渡河司令及政委，并对各军团的渡河顺序及其行动做了明确规定。毕士悌参与指挥的干部团在贵州茅台附近担任渡河两岸的警戒和掩护任务。工兵连迅速架好浮桥之后，干部团派出一个营的兵力进抵河西，掩护中央军委渡河之后的行动安全。随后，中央领导快速通过浮桥，他们对工兵连的工作给予了热情的赞扬。毛泽东说："工兵连有办法。"他同时指出："好！我们三渡赤水，把滇军调出来就是胜利！"

四渡赤水时，由于红军减员太大，全由干部组成、原准备尽量保护的干部团也参加了战斗，毕士悌又同基层指挥员一样亲自在火线拼杀。1935年4月末，党中央决定从皎北皎平渡抢渡金沙江。毛泽东、周恩来决定把夺取皎平渡的任务交给干部团，并派刘伯承亲自指挥。周恩来亲自向干部团下达任务，并着重强调：夺取皎平渡关系到全军的安危，一定要快速行动，出敌不意，确保成功。张闻天也前往干部团进行战斗动员，明确提出要在五一国际劳动节前完成奇袭占领皎平渡这一

有战略意义的任务。毕士悌等人亲自带前卫连一昼夜强行军 180 里,犹如神兵天降,不费一枪不损一人便占领了皎平渡渡口并缴到船只。为保护渡口安全,翌日晨,毕士悌又率一个排迅速北上通安镇,以伤亡 12 人的代价击溃敌一个团,俘敌数百,得到军委嘉奖。

干部团夺取了皎平渡后,中央军委命令他们马不停蹄,立即抢渡金沙江,过江后强行军 20 公里,奔袭通安州。从金沙江边到通安州,只有一条很陡很窄的山间小路,盘旋在悬崖峭壁的半山腰上,有一段路面仅能容一个人通过,小路一面临深谷,一面靠绝壁。敌人占据着山顶的有利地形,又是射击,又是从山顶上往下滚石头,负隅顽抗。在这个紧急关头,毕士悌率领干部团前卫营,担负起夺取通安州这一十分艰险的重大任务。毕士悌亲率侦察排冲杀在前卫营的最前面,他的表率作用激励着战士们的斗志,一举攻占由一个连的敌人扼守的火焰山隘口,继而乘胜直奔通安州。干部团以牺牲 4 人、伤 8 人的微小代价,消灭了敌之大部分兵力,生俘了敌之部分官兵,取得了占领通安州的重大胜利。干部团占领通安州,有效地巩固了金沙江皎平渡口,保障了整个中央红军北渡金沙江任务的胜利完成,受到中央军委的通令嘉奖。

1935 年 6 月,红一、红四方面军会师之后,中央军委决定将干部团同红四方面军的红军学校合并,改编成新的红军学校。由于张国焘不喜欢干部团团长陈赓,中央军委便调他到红一军团任师长,并由倪志亮担任新的红军学校校长。合并后,干部团被改编成红军学校的特科团,韦国清担任代理团长,毕士悌继续任参谋长。

1935 年 10 月,毕士悌随中央红军到达陕北。11 月 3 日,中华苏维埃中央政府发布命令,决定恢复红一方面军番号,将红十五军团编入红一方面军序列。徐海东指挥的红十五军团向中央要干部,毕士悌便被中央军委派到红十五军团第 75 师任参谋长。毕士悌一面把中央红军的训练和作战方法介绍到来自鄂豫皖的这支红军队伍,一面在战斗中身先士卒,深受官兵爱戴。

1936 年 2 月,红军东渡黄河,准备东征。毛泽东、周恩来冒着严寒,亲临前线,坐镇指挥。毕士悌率 75 师 224 团第 1 营为先锋营,1 营根据中央军委"先头绝对隐蔽,乘夜偷渡,偷渡被发觉,立即改为强渡"的指示,秘密化装到黄河岸边侦察地形,选择登船地点和前行的河道,并把船只暗中运往渡口。

2 月 22 日夜 10 时,毕士悌率 1 营乘船偷渡,驶向东岸。当渡船在激流汹涌的黄河中行进时,突然被敌军发现,遭到敌军集中火力的阻击。这时,毕士悌机智果敢,即下令强渡。全营指战员在他的指挥下,边划船疾驶,边还击敌人,迅速在贺家凹西北登岸。接着敌军依据河边的暗堡抵抗,用步枪、机枪、手榴弹、手雷等极力封锁红军先头营的前进道路。毕士悌指挥先头营攻下贺家凹路口的一个碉堡,占领了贺家凹村,消灭了守堡敌军一个连。

就在追击敌军的战斗中,毕士悌不幸腹部中弹,负了重伤。毕士悌强忍伤痛,一再催促大家不要耽搁时间,一定要消灭敌人。即使在昏迷之中,他也在喃喃自语:"前方情况如何? 毛主席过河了没有?"当得知大部队都胜利地渡过黄河之后,毕士悌的脸上露出了微笑。1936 年 2 月 22 日,毕士悌终因伤势过重牺牲,年仅 38 岁。

长征开始时,红军队伍中还有 30 余名朝鲜革命者。但是在到达陕北时,只剩下毕士悌和长征中曾先后担任中央军委炮兵营长、红三军团炮兵营长的武亭两个人,而毕士悌也在不久之后的战斗中牺牲了。因此,武亭成为唯一的幸存者,他曾对一个知心朋友说:"长征结束后,我们于 1936 年 2 月渡过了黄河。那时,杨林和我是仅有的两个朝鲜军官。杨被挑选出来担任一支强渡黄河的突击队长,这是一个敢死性的任务。突击队冲过了河并建立了滩头阵地,但是杨被子弹击中了,那时的医疗条件无法挽救他的生命。他忍受了整整一天后,在痛苦的折磨中死去了。"

鲜为人知的"铁夫路线"与朝鲜籍省委书记李铁夫

中国革命的成功,离不开国际共产主义者和国际友人的支持,例如白求恩、马海德等已为中国人民所耳熟能详的人物。在土地革命时期,有一位朝鲜共产党中央委员也来到中国参加革命,曾任中共河北省委宣传部长、天津市委书记,并被党中央任命为中共河北省委书记。由于李铁夫坚持整理,受到"左"倾路线统治的临时中央的打击,被批判为"铁夫路线"。李铁夫于1937年7月在延安病逝。他的一生,与中国革命结下不解之缘。

李铁夫(1901—1937)

从朝共中央委员到中共党员

李铁夫,原名韩伟键,另名云岗,1901年生于朝鲜咸镜南道洪原一个农民家庭。1917年,李铁夫毕业于朝鲜京城五星中学,考入京城医学专门学校。1919年3月,朝鲜爆发全国规模的反日独立运动(即著名的"三·一"运动),李铁夫积极投身这场运动。

"三·一"运动失败后,日本警察下令通缉李铁夫。为了躲避日本警察署的通缉,4月,李铁夫从朝鲜流亡到中国上海,在新大韩新闻社当编辑。在北洋军阀统治下的上海,李铁夫试图建立朝鲜独立运动基地的愿望难以实现,于是在1920年秘密赴日本求学,考入京都帝国大学医学科。1920年10月,李铁夫在日本组织秘密革命团体共产主义研究会,开展革命斗争。不久,李铁夫考入早稻田大学政治经济科,开始系统学习马克思主义的著作,掌握了马克思主义的基本理论。

1924 年毕业后,从早稻田大学毕业的李铁夫返回祖国朝鲜,在《东亚日报》担任记者,同时从事革命活动,参与创建朝鲜共产党。1925 年 4 月 17 日,在共产国际直接指导下,朝鲜共产主义者在汉城黄金町秘密召开代表大会,宣布成立朝鲜共产党。李铁夫当选为第一届朝共中央委员。1928 年秋,共产国际宣布解散朝鲜共产党,朝共党员多数加入中国共产党。

在朝共被解散前的 1928 年 2 月,由于朝共遭到大破坏,李铁夫在国内难以立足,于是再次来到上海。朝共解散后,李铁夫加入中国共产党,被分配到华北地区从事党的工作。1931 年秋,李铁夫任北平反帝同盟党团书记,1932 年 8 月任中共河北省委宣传部长。一个语言不通的外国人在白区从事革命工作,困难是可想而知的。为了克服困难,李铁夫刻苦学习汉语,进步很快,不久便能使用汉语写文章、作诗了。

1933 年 5 月 18 日,李铁夫在北平代表省委出席反帝党团同盟会议时不幸被捕,被投入北平第三看守所,失去党籍。尽管受到严刑拷打,但李铁夫始终没有暴露自己的身份。不久,李铁夫被警察押往南京国民党监狱。同年 7 月 15 日,李铁夫经党组织营救出狱,被派到天津工作。李铁夫出狱后,经党组织审查通过后,于 1934 年 1 月恢复了党籍。

为了便于掩护和开展秘密斗争,组织上决定由天津文化总同盟党团书记(公开身份是南开中学语文教员)张秀岩同李铁夫"住机关",组成名义上的"家庭"。张秀岩,1901 年生于河北霸县一个没落地主家庭。"五四"时期,张秀岩就读于天津女子师范、北京女子师院(后改为女高师),1926 年冬入党。"九·一八"事变后,她先后担任北平左联党团书记、天津文化总同盟党团书记。在革命斗争中,李铁夫与张秀岩结下了深厚的感情,"弄假成真"。1933 年底,经党组织批准,32 岁的李铁夫和同岁的张秀岩结婚了。因为李铁夫讲中文发音不准,便对外说自己是福建人,姓杨。他们住在英租界小白楼朱家胡同一家裁缝铺的楼上。

反对临时中央的冒险路线,被诬为"铁夫路线"

当时正值王明"左"倾错误路线时期,中共河北省委在临时中央驻北方代表的推动下,不顾客观条件,盲目发动武装暴动,一味要求采取行动,公开搞飞行集会,致使党组织和群众斗争屡遭破坏和损失,很多党员被捕牺牲。

　　李铁夫对此痛心万分,本着对党的事业负责的精神,从 1933 年底到 1934 年初,李铁夫在党的北方刊物《火线》上发表了十几篇文章,批评北方党组织,实际上也就是批评临时中央的"左"倾错误路线。他公开提出在白区党的工作不能蛮干,要利用合法形式,积蓄力量,及时纠正冒险主义和盲动主义。他说:"目前党和群众之间主要的障碍物之一,是暗藏在党内的'左'倾空谈和盲动主义。"李铁夫认为,而这种现象,绝不是只限于某几个人所犯的错误,绝不是局部的、一般性的问题,而是带有全党性的严重问题这一问题。对于"左"倾错误的表现,李铁夫做了详尽而透彻的剖析,他最后得出结论,"现在中国革命的危险不在客观条件如何,而在党的主观条件"。因此,需要整顿主观力量,"争取真正布尔什维克化"。李铁夫根据实际工作中的大量事实材料,对临时中央在白区工作中存在的严重问题所做的深刻分析和尖锐批判,即使是在今天看来,也不失为切中要害的精辟论述。正因为如此,毛泽东后来给予李铁夫高度评价,称赞说"华北党对于临时中央的冒险路线曾有尖锐的反对意见,其领袖是李铁夫同志"。

　　李铁夫对王明"左"倾冒险主义路线的尖锐批评,反映了河北省委一部分坚持正确路线的同志对王明错误的抵制。但在"左"倾错误路线盛行的 20 世纪 30年代初,李铁夫的观点难以被"左"倾冒险主义者和党内"左"倾路线执行者所接受。

　　1934 年 2 月,中共中央驻北方代表认为,李铁夫的意见是露骨的仇视党的言论,是反党反中央的号召,是新形势下的"右倾取消主义"。为此,他当即采取三条措施:第一,指示河北省委,不准在《火线》杂志上发表李铁夫的文章,已经编印出来的文章,也必须立即抽出;第二,立即向中央汇报这一情况,并将李铁夫的文章抄送中央审查;第三,与省委负责同志谈话,指示省委立即召开省委会议,讨论李铁夫的问题。

　　河北省委一些成员并不同意中央代表的看法,他们支持李铁夫的观点,并向党中央反映意见,要求党中央允许发表关于反对所谓"铁夫路线"的正反两方面的文章,遭到这位代表的斥责。中央代表严厉指责了河北省委个别领导同志,认为他们是"两面派态度",号召河北各级党组织集中火力反对新的"取消主义"的思想与反党行动。

　　在中央代表的压力下,河北省委在 1934 年 3 月 1 日通过决议,称李铁夫的意见书是"向党进行最恶毒的进攻","暴露了铁夫路线的阶级本质",号召开展反对

"取消主义"和反"铁夫路线"的斗争。以博古为首的中央表示支持,他们于3月30日来信指出:"中央以十二万分的坚决态度",同意对李铁夫的批判以及对李铁夫错误的"正确估计",认为李铁夫提出的政纲是目前革命斗争阶段上"右倾取消主义的标本",是反国际和反党的路线,必须给李铁夫以最后严重警告,停止其一切领导活动。同时,来信要求,必须对那些赞同李铁夫意见的同志,如河北省委书记孟坚、北平市委书记顾卓新等人进行坚决斗争和组织处理,在河北全党内开展"积极残酷的斗争"。这样,反"铁夫路线"就从河北省内扩展为全党性"反右倾"斗争的一个重要组成部分。

在"左"倾冒险主义路线统治下的党中央的压力下,河北省委和天津市委先后做出反"右倾取消主义"的《决议》,表示完全同意中央和中央代表的意见,决定给李铁夫以最严厉的警告,停止他的领导工作;并警告李铁夫,如果坚持错误,将要考虑他的党籍问题。《决议》认为河北省委和天津市委存在严重的"右倾机会主义",孟坚、北平市委书记顾卓新等几个负责同志在铁夫问题上采取了"调和主义和两面派"的态度,决定对"铁夫路线"忠实的拥护者与执行者开刀,对"整个的同意与拥护"铁夫意见的同志给予处分。《决议》最后要求,"立刻将这一斗争开展到全体党员中间去,不让一个党员站在斗争的外面",从而把反"铁夫路线"推到高潮。

这场反"铁夫路线"的错误斗争,使李铁夫和河北党内一大批有实际经验的干部受到严重打击,李铁夫被撤销了省委宣传部长的职务,割断了与党组织的联系。张秀岩也受到株连。这种"无情打击"和"残酷斗争"的党内斗争,整整持续了一年多的时间。

李铁夫夫妇被切断党的联系后,没有灰心丧气,而是继续坚持为党的事业艰苦奋斗。当时,他们组织领导着"中华民族武装自卫会""天津各界救国联合会"等抗日救亡团体,进行了大量的统战工作。每当他们把群众组织起来时,省委便派人来接过去。他们不失望,再继续开辟新领域,建立新关系。一直到1936年,河北省委派人一次次接过他们组织起来的群众,又一次次切断他们和群众的联系。

张秀岩的侄儿侄女来探望他们时,李铁夫总是细致、耐心地给他们讲什么是阶级,什么是阶级压迫和阶级斗争,什么是马列主义的革命理论,启发他们的革命觉悟。张秀岩的侄子杜文敏看到自己姑姑和姑父过着清贫的日子,感慨地说:"你们生活太苦了。"李铁夫说:"这算不了什么,我们现在既能吃得饱,又能穿得暖。现在中国和朝鲜不是还有千千万万的老百姓过着猪狗不如的生活,甚至会饿死人吗? 要革命就不能怕吃苦,你也要有这个思想准备,尤其是你小时候还是过的'少爷'式的生活,更要准备能吃苦。"

天津市委书记李铁夫

1935 年秋,彭真刑满释放出狱,北方局成立了以彭真为负责人的天津工作组(领导天津市委、冀东特委和冀南特委),并恢复了天津市委,结束了对李铁夫的组织隔离。1936 年 4 月,党中央派刘少奇作为中央代表来到北方局驻地天津,担任中共中央北方局书记。刘少奇到任后,开始着手肃清王明"左"倾路线的影响,代表北方局充分肯定了李铁夫的意见和他在恶劣环境下所从事的党的工作,纠正了所谓"铁夫路线"的错误结论。在刘少奇的主持下,重建了天津市委,李铁夫担任中共河北省委委员兼天津市委书记,原天津市委书记林枫改任刘少奇秘书,张秀岩担任市委妇女运动部部长。

1936 年 5 月,华北形势了发生了急剧的变化。日本向华北大举增兵,将"天津驻屯军"改为"华北驻屯军",司令部设在天津。日本帝国主义为了灭口,残杀了为其修建秘密工事的中国民工 300 多人,尸体投入海河,造成"海河浮尸案"。李铁夫组织揭露日本侵略者妄图灭亡中国的阴谋,宣传党的抗日统一战线政策。

按照刘少奇的部署,市委决定组织广大爱国学生、市民在 5 月 30 日(五卅纪念日)举行大规模的游行示威。为组织好这次活动,李铁夫召集天津地下党有关同志进行周密部署。游行前夕,李铁夫亲自去法商学院、北洋工学院找党员和"民先"(按:1936 年 2 月 1 日,在北平成立了中华民族解放先锋队,简称"民先")骨干具体安排。由于天津国民党当局察觉了计划,市委于是将这次游行示威提前到 5 月 28 日举行。这次游行示威取得了很大的效果,打击了日本帝国主义的嚣张气焰,产生了广泛的影响。

李铁夫主持天津市委工作后,充分利用大好形势,发展党员和基层支部工作。他具体帮助法商学院、南开大学筹建起党支部。此外,还建起"民众救国会""工人救国会""农民救国会",天津学联也改为"学生救国会",并在此基础上成立了"天津各界救国会",把教育界、新闻界、银行业及民族工商业的一些知名人士都争取过来。天津的抗日救亡运动又活跃起来。由于李铁夫深入群众,工作抓得紧,天津的党和民先组织都有明显的发展。到1936年底,党员由不足10人发展到400余人,民先队员达700人。为了加强全市的学生工作,市委还专门成立了学生区委会。

在工人群众中,在社会最底层发展党的组织,这是李铁夫在白区工作的一个重要指导思想。在总结察哈尔民众抗日同盟军失败的教训时,李铁夫就指出当时党的前委领导人只注意同盟军上层关系的工作而完全忽视下层士兵的基础工作。李铁夫认为,上层关系固然重要,但是下层士兵的基础工作更为重要。因此,李铁夫在城市工作中也就特别注意在工人群众和广大市民当中的基层组织的建设。为了开展工人运动,除了在一些工厂企业中建立基层组织外,李铁夫还在工人较多的塘沽建立了党的区委。

党中央为"铁夫路线"平反

1937年5月,李铁夫作为中共河北省委委员和天津市委书记、白区工作代表,赴参加在延安召开的中共中央白区工作会议。北方局领导刘少奇、彭真等人,天津市委副书记刘澜涛、组织部长李启华都先后赴延安参加这次会议。出发前,刘少奇对张秀岩说:"你要去,一块去也行。"但张秀岩考虑,这时天津市委只剩下她和姚依林等少数几位成员,她没有选择一同去延安,而是留在市委坚守岗位。

5月17日,中共中央白区工作会议在延安召开,张闻天、刘少奇主持会议。李铁夫进行了两次发言,批判了白区工作中的"左"倾关门主义,受到代表的高度评价。李铁夫还请求党中央对他的历史问题和所谓的"铁夫路线"做出结论。彭真为李铁夫写了证明材料,证明李铁夫没有问题。张闻天代表党中央说:"铁夫同志是忠于党的。"

会议期间,李铁夫受到毛泽东的亲切接见。在这次会议上,党中央彻底结束了王明在白区工作中的"左"倾教条主义路线统治,明确李铁夫的意见是正确的,并任命他为中共河北省委书记兼天津市委书记。但李铁夫并没有因为毛主席的表扬而骄傲起来,他对白区来的同志说:"我们在白区,学习条件很困难。现在来到延安,等于回到了家,要好好学习,把头脑武装起来好给劳动人民多做点事。"

由于李铁夫患上了严重的肺病,党中央决定让他暂时不去河北省委任职,而是留在陕甘宁西北局工作,边工作边治疗。不幸的是,由于李铁夫突患伤寒,医治无效,于1937年7月10日病逝,终年36岁,遗体安葬在延安的清凉山上。党中央为李铁夫召开了追悼大会,《新中华报》刊登了他的传略。

当李铁夫病危时,党中央曾急电张秀岩尽快赶来延安。张秀岩接到电报后,立即从天津赶到西安,找到八路军驻西安办事处主任林伯渠,搭上了一辆去延安拉货的卡车。由于天下大雨,道路泥泞,当她赶到延安时,李铁夫已经在三天前下葬了。这对忠贞坚强的共产主义战士、患难与共的夫妇,没能见最后的一面。

在1942年的整风运动中,党中央对李铁夫反对"左"倾教条主义的意见给出了实事求是的结论,肯定他的意见基本上是正确的。李富春对张秀岩说:"中央明确做了结论,铁夫同志的问题,只是个意见书,不是反党路线,意见书的主张基本上是正确的!"

毛泽东对李铁夫反对王明"左"倾错误路线的斗争给予高度评价。他说:"华北党对于临时中央的冒险路线曾有尖锐的反对意见,其领袖是李铁夫同志。"毛泽东还说,有两种人,"一种是夸夸其谈,随心所欲,无的放矢,不顾实际,这是主观主义的胡说";另一种人是"实事求是,不尚空谈,顾及时间、地点与条件,这是唯物的辩证的革命观","刘少奇同志,李铁夫同志,以及还有许多的同志是后者的代表"。刘少奇对张秀岩说:"铁夫是好同志。"

中共"七大"召开期间,党中央专门为李铁夫重新立碑并书写了碑文。墓碑的正面写着:"朝鲜共产党创始人之一,朝鲜共产党中央委员,中共河北省委书记李铁夫同志之墓。"落款是中共中央办公厅。

李铁夫去世后,中央任命张秀岩为中共陕西省委常委兼妇委书记。张秀岩很快投入到恢复和发展陕西地区党组织的工作中去,还负责国民党上层人士的工作。在此后十年的战斗岁月中,张秀岩始终保留着李铁夫的文稿、怀表、毯子等遗物,一直带在身边,可惜在"文化大革命"中被抄走并被没收,此后下落不明。北平解放后,党中央任命她为中共北平市委委员兼妇委书记。新中国成立后,张秀岩曾任政务院监察委员党组第一副书记、监察部部长助理、全国政协常委。1967年7月20日,张秀岩在"文化大革命"中被投入监狱,1968年12月13日含冤死于狱中,1979年12月得以平反和恢复名誉。

野坂参三（1892—1993）

日共领袖野坂参三的延安岁月

　　1940 年 10 月，中共中央在延安宝塔山创办了日本工农学校，教育对象是战场上被俘的日本俘虏和投诚过来的日军士兵，林哲任校长。林哲其实不是中国人，而是一位标准的日本人。他的日本名字叫野坂参三，到延安后取了中文名字林哲，后日文名字又改为冈野进。他曾在延安的窑洞里住了近六年的时间，和毛泽东等中共领导人结下了深厚的友谊。1959 年，野坂参三曾来到延安访问，两次参观了曾住过的窑洞，动情地说："这是我的第二故乡！"

从莫斯科来到延安，住了近六年窑洞

　　野坂参三是日本共产党创始人和主要领导人之一，国际共产主义运动著名活动家。1892 年 3 月 30 日，野坂参三生于山口县一商人家庭。学生时代开始，他接受社会主义思想和参加工人运动，毕业于庆应义塾大学。1917 年，野坂参三任"友爱会"（日本劳动总同盟前身）书记，并主编该组织刊物《劳动产业报》。1919 年，野坂参三赴英国了解和学习欧洲工人运动经验，次年加入英国共产党。1922 年回国后，野坂参三任日本劳动总同盟组织书记。他参与创建了同年 7 月成立的日本共产党，历任党纲起草委员会委员、中央监察委员和中央执行委员。1924 年，野坂参三创办日共合法机构"产业劳动调查所"，任所长。

　　此后到 1928 年，野坂参三主要担任工会党组织领导工作。1923 年和 1928 年，他曾两次被捕。1931 年，野坂参三当选为日共中央委员，1931—1940 年代表日共参加共产国际的工作，1935 年起任共产国际执行委员会主席团委员。

　　野坂参三在共产国际东方支部工作期间认识了中共代表任弼时、康生等人。

1940 年 2 月,在莫斯科治疗臂伤的周恩来决定回国。野坂参三获此消息后,经过共产国际执委会总书记季米特洛夫的同意,和周恩来一道回中国,再相机返回日本。

1940 年 3 月,野坂参三随周恩来、任弼时等人秘密来到延安。到延安后,野坂参三受到了毛泽东等中共领导人的热烈欢迎。出于安全和保密考虑,野坂参三脱下西装,换上厚实的八路军棉制服,取了个中国名字——林哲。而且,中方除了少数领导人知道他的真实身份外,一般人只知道他是个来历不明的重要人物。他住在王家坪,这里是八路军总部所在地。他被安顿在一个比毛泽东住的那个窑洞还要宽敞得多的窑洞里,这就更增添了他的神秘色彩。一天,周恩来来到野坂参三的住地,告诉他:鉴于险恶的形势,你一个受到日本法西斯当局多年通缉的日共领导人要秘密潜回日本,安全根本得不到保证。周恩来向野坂参三转达了毛泽东要他留在延安帮助八路军工作的愿望。至于回国的事,只能耐心等待时机了。

其后,周恩来和八路军总政治部主任王稼祥与野坂参三详细商谈工作安排。当时延安已成立了日本问题研究室,但周恩来认为研究人员的知识肤浅、陈旧,工作不能令人满意,希望野坂首先展开对日本的军事、政治、经济、社会情况的调查研究。对此,野坂认为"日本劳动人民的敌人是日本军阀,我们的任务就是打倒它以实现民主主义。因此与中共和八路军有着共同的目的,应该共同战斗"。这样,他愉快地接受了周恩来、王稼祥的提议。

中共中央非常重视具有日共中央委员和共产国际执委双重身份的野坂参三来华工作。毛泽东、王稼祥和野坂组成了日本共产党支援委员会,专门决定有关日本工作的问题。另外,中共中央海外工作委员会也吸收野坂为领导成员。不过,由于苏联与日本之间存在着正式的外交关系,考虑到不应该给外界以苏联派野坂参三到延安从事反日活动的印象,野坂便以"林哲"为名活动。1940 年 5 月,野坂参三被中央军委总政治部聘为顾问,特别指导敌军工作部。敌军工作部形成了以野坂参三为中心、以王学文部长和李初梨副部长为主要领导的体制,开始新的对日本军队工作。由此,野坂参三积极组织日本人反战同盟和日本工农学校,同时着手研究日本问题和培养中共的日本研究人才。

为了尽快培养出中共的日本研究班子,野坂参三组织了"日本问题研究会",并编辑介绍一般日本知识的《日本便览》,讲解日本的国体、天皇制、军部、军国主义、社会组织等情况。日本问题研究会在野坂的主持下,每周六下午开座谈会,基本上是由野坂参三做报告,然后会员提问并进行讨论。参加者有李初梨、赵安博、江右书、王晓云、庄涛、刘国霖等担任日本研究和敌军工作的干部。另一方面,为了迅速改变中共内部日本研究的薄弱状况,野坂亲自展开研究活动。经过王稼祥和曾经留学于京都帝国大学的王学文的努力,延安具备了收集日本资料的条件。能够收听日本广播和通过在北京、天津、太原等地活动的地下工作人员往延安传送日本报刊。同时,敌工部创办专刊《敌国汇报》。

经过野坂参三的努力,中共的日本研究终于打开了局面。据担任野坂翻译的赵安博回忆,野坂每天早晨四点起床阅读分析日本的报刊,在重要条目上做出标记,研究人员据此进行整理,撰写有关日本政局和军事方面动态的论文。从具体成果来看,1940年的《解放》杂志之第113期刊登了王学文、李初梨署名的论文《日本统治阶级内部的矛盾与近卫新内阁的成立》,第114期刊登了王学文、李初梨署名的论文《近卫内阁的特点及其对外政策》,第118期转载了《敌国汇报》第9期的时评《最近日本战时经济的恶化》,第121期转载了《敌国汇报》第12期的时评《日本的"新政治体制"是什么?》。可见,由于野坂参三卓有成效的工作,中共的日本研究迅速出现了较高水平的研究成果,并受到党中央的重视。1941年5月,中共中央出版正式的大型机关报《解放日报》,关于社论的写作,毛泽东在起草的通知中规定"由中央同志及重要干部执笔"。野坂参三受托写了许多有关日本问题的社论。特别是太平洋战争开始以后,毛泽东常常与野坂参三碰头,甚至让野坂参三住在毛泽东家所在果园的一座房子里,几乎每天都要见面。

1943年5月下旬,毛泽东和中共中央政治局的同志,邀野坂参三在一起,谈对刚解散共产国际一事的意义。毛泽东建议他结束隐蔽生活,因为进行公开的活动,在政治上会产生巨大的影响。于是,他便和"林哲"诀别,换成在苏联用过的化名"冈野进"。由于以往活动是秘密的,有必要发表一个他到达延安的消息,于是中共中央机关报——《解放日报》在1943年5月31日发表了题为《日共中央代表冈野进同志抵达延安,延安各界筹备欢迎大会》的消息,并在这个消息后介绍了冈野进的简历。

日本工农学校校长林哲

1937年平型关战役之后,战场上俘虏的日军官兵越来越多。在抗日战争时期,中国共产党领导的人民军队首次对外军战俘进行了改造。为了对日俘处理办法做出规范,1937年10月25日,八路军总司令朱德、副总司令彭德怀发布了处理俘虏的六条命令。这六项命令指明了抗日战争时期党的俘虏政策的基本精神。之后,中央军委发出《中央军委关于俘虏敌伪纪律的指示》、中央书记处发出《中央关于瓦解敌军工作的指示》、八路军总政治部发出《政治部关于对日俘虏工作的指示》,使对俘政策不断完善和发展。在党的俘虏政策的指导下,八路军、新四军在前线进行了大量的对敌政治宣传工作,日军俘虏逐渐增多,到1941年5月已达1 800多名。这些战俘除一部分释放或转交国民党统战部外,大部分仍留在八路军中。他们虽然来到八路军中,但在日本军国主义的长期毒害下,思想仍然十分顽固、反动,仍然继续站在与人民为敌的立场上,亟待加以教育改造。但因日俘大部分分散在八路军前线各部队中,缺乏一个比较安定的改造环境。八路军敌工干部相对不足,工作比较繁重,力不从心。同时,八路军中还有许多业已改造的日本士兵,他们绝大部分参加了在华日人的反战组织。这些日本士兵,虽然已经得到初步的改造,但从总体上看,他们的政治思想、理论水平都不是很高,不适应反战工作的需要。他们曾多次向八路军方面提出要求,希望有一个重新学习的机会。

野坂参三来到延安后,与中共中央、总政治部敌工部领导商谈了日军战俘的教育管理问题,并亲自找到在延安的日军俘虏中的反战进步分子谈话,了解俘虏的教育情况。他认为:"那些离开日本军队、放下武器、脱掉军装的日本工人和农民,只不过是帝国主义战争的牺牲品,只有唤醒他们的阶级觉悟,使他们认识到侵略战争的本质,他们迟早会成为反战的和平战士,这是他们的必由之路。"经过半年多的调查研究之后,1940年10月,野坂参三向毛泽东写了一封信,建议中共中央在延安成立一所专门学校教育改造日军俘虏。

这一建议与中共中央的想法完全一致。毛泽东对此非常重视,并亲自将这所学校定名为"日本工农学校"。延安日本工农学校,是中共中央、中央军委创办的一所正规的政治学校,具体工作由八路军总政治部负责领导。总政治部主任王稼祥、副主任谭政和敌工部长王学文等直接参与领导工作。

1941年5月15日,日本工农学校举行开学典礼。主席台上悬挂着毛泽东的肖像和日本共产党已故革命领袖片山潜的遗像,两旁挂满了延安各界送来的贺旗和毛泽东、朱德等领导人的题词。毛泽东亲自题词:"中国人民与日本人民是一致的,只有一个敌人,就是日本帝国主义和中国的民族败类。"参加者除了学校学员和工作人员外,还有八路军总司令朱德、总政治部副主任傅钟、西北青年救国会负责人冯文彬及延安各界代表共 2 000 多人。日军战俘、工农学校首批学员代表森健首先致辞。学校制定了"和平、友爱、正义、勤劳、实践"的十字校训。接着,八路军总司令朱德讲话指出:"日本人民和士兵现在多数还受着欺骗,但他们会觉悟过来的。他们和中国人民一样,只有一个敌人,就是日本帝国主义。"他希望在不久的将来,在华北、华中等中国各个战场上,在日本都设有日本工农学校。

学校位于著名的延安宝塔山下,与陕甘宁边区政府、马列学院、民族学院、新华社、解放日报社、抗日军政大学为邻,共有 16 个窑洞和一栋不大的平房。包括校长和炊事员在内,全体工作人员仅 20 来人。工农学校校长由野坂参三担任,八路军 120 师 359 旅政治部敌工科科长赵安博任副校长,分管行政和教务。1943 年 4 月后,改由总政敌工部副部长李初梨兼任副校长。王学文、何思敬、李初梨、廖体仁、江右书等担任各课教员。在教员中,除野坂参三外,均为曾留学日本的精通日语的中国人。学校从 1941 年 5 月正式开学到抗战胜利结束共存在 5 年左右,最初有学员 11 人,到 1945 年 8 月增至 300 多人。

日本工农学校的教员,大部分住在校外。校长野坂住在王家坪八路军总部机关,离校较远。但他一直风雨无阻,坚持来学校处理校务,给学员们上课,参加学员们的讨论会。学员们经常把自己想不明白的问题,提出来和他讨论。在一次讨论会上,有学员提出疑问:"现在我们都明白日本侵华战争是不正义的,为什么日本国内的工农群众不起来反对这场战争呢?"野坂思考几秒钟后说:"现在日本国内的工农群众,已经开始觉醒,起来反对战时的生活恶化。当然,日本人民的斗争,并不仅是为达到经济上的要求,还包含着反战的意义。1937 年 7 月 7 日,日军向北平西南卢沟桥附近的中国军队发动进攻以后,日本统治阶级对劳动人民在政治上进一步欺骗,经济上进一步剥削、压榨。日本工农大众从残酷的现实生活中,亲自体验到战争给他们带来的只有家破人亡,他们不甘心坐以待毙。他们看清日本统治阶级正在强化欺骗手法,加强剥削程度,驱使他们为掠夺他国人民的财富,侵占他国人民的土地,奴役他国人民而流血牺牲。他们开始把仇恨的目光集中到日本军阀、法西斯政府身上,为自己的生命和利益正进行着坚决的反抗。"

学员接着问:"连国内的人民都起来斗争了,那我们反对日本法西斯侵略的斗争,不是很快就能取得胜利吗?"野坂回答:"不,还不能很快地取得胜利。第一,现在日本统治阶级的欺骗宣传还能起一些作用，还能暂时模糊日本人民对战争本质的认识。第二，军部对日本人民的不满，采取残暴的高压政策，武力解散进步组织，逮捕进步分子。第三，日本国内的经济，还没有达到完全崩溃的程度，国内人民革命斗争总爆发的条件尚未成熟。第四，日本在军事上还没有遭到盟军和中国的致命打击，还没有濒临失败，所以，日本国内人民的反抗活动直到今天，发展还是不平衡的，没有形成真正统一的反战势力。因此，现在在华日本人反战同盟的全体盟员，日本工农学校的全体学员，就成了反对日本法西斯侵略战争的骨干和中流砥柱。你们要认识到肩负的重任。这是历史赋予你们的使命。"

每一次这样的讨论会，都使学员们得到新的收获。学校每隔一段时间，还要举行由全体师生甚至从前线归来的日本人反战组织成员也来参与的各类讨论会，通过自学、自讲，达到自悟、自省。延安日本工农学校，不只是一个简单的战俘学校，而且是培养在华日本人反战人才的一个摇篮。1944年春季后，人民解放军相当一部分对日军的工作都由这些人担负，他们与人民解放军对敌工作组织相互配合，协同作战，共谋胜敌之策，成为不可替代的力量。正如野坂参三所言："反战同盟本身的力量，也有了很大的发展，不但人数增加了很多，而且培养出许多干部。像日本工农学校的教务主任、教员，都是从学生中提拔出来的。在前方更有许多能写很好的传单、标语的宣传干部。"

1943年7月7日，继延安的日本工农学校之后，在晋绥抗日根据地晋西北地区，又建立了一间日本工农学校晋西北分校。还在该校筹备阶段，就已将几十名日本战俘集中在一块上课了。这期间，侵华日军在各据点增兵，晋西北地区处于备战的状态中，该校学员与现实斗争结合，分几批协助当地八路军部队宣传队奔赴各地写日文标语口号，夜间又忙于写对敌斗争的宣传品，给日本士兵写信宣传。正在这时，传来冈野进到延安的消息，该校师生深受鼓舞。校长茂田江说："听到冈野进同志来延，都觉得给自己增加了新的力量。对他不畏艰险化装来延，大家都表示无限的敬重。我们感到有这样一个伟大的日本革命领袖亲自来领导我们，是值得夸耀的一件大事。"

日本帝国主义对野坂参三领导的反战组织极为痛恨，派遣特务进行破坏。在一段时间内，在延安和敌后日本人反战组织中，曾陆续发现一批日本特务。仅在延安的日本工农学校，就发现有十几名负有暗杀野坂参三等"使命"的"日俘"。日本军部通常以奖金、勋章、职业和家庭生活保障等为诱饵，训练这些日本士兵，要求他们掌握密码的编制与破译、通信联络、用武器和毒药杀人的方法,然后假装从日军中逃出、行军中掉队或战斗中负伤等方法打入反战同盟组织。这些特务秘密地向日本报告反战同盟的内部情况,煽动反战同盟成员,或直接策划暗杀活动。

野坂参三是毛泽东在延安时期为数不多的外国朋友之一

1942 年 6 月,在中共中央的指导下,野坂参三选拔反战同盟中先进分子,在延安日本工农学校成立了在华日本共产主义者同盟。同盟的《章程》称这个同盟"是共产党的预备组织","通过共产主义教育与锻炼……培养真正的布尔什维克"。6 月 25 日,在由野坂参三主持的成立大会上,中共中央代表朱德发表了热情洋溢的讲话。会议还通过了向中国共产党中央委员会毛泽东同志的致敬信。毛泽东接信后十分高兴,在回信中指出:"所有同盟及大会的革命活动,都是在你领导之下的,中国共产党完全同意你及一切日本革命同志的革命活动,我们将尽一切可能援助你们,请以此意告诉同盟诸同志。"

延安日本工农学校和"日共盟"的成立,在无产阶级斗争史上写下了光辉的一页,它不仅鼓舞了中国军民抗战必胜的信心,更重要的是具有异常深远的国际影响,充分展示了中国共产党人高超的斗争艺术,在另一条战线上对日本帝国主义打响了一场没有硝烟的战斗。在这过程中,野坂参三功不可没,并且通过此与毛泽东建立了良好的关系,为以后工作的开展打下了良好的基础。

1943 年,共产国际宣布正式解散。中共中央决定借此机会将野坂参三在延安的身份公开。已经在延安工作了三年的野坂参三更名为冈野进后,正式以公开的日共领导人身份出现在公众的视野中。6 月 6 日晚,中共中央为这位特殊的兄弟党领导人举行了盛大欢迎会。毛泽东、朱德、任弼时、李富春等中央领导都出席了欢迎会。野坂参三作了讲话,并宣读了日共中央的信,同时还介绍了具有反战传统的日本共产党的历史和现状。

此前,野坂参三在延安期间对日本的军事、政治、经济、社会等情况进行了大量的调查,并在这个过程中与中共高层领导建立起了良好的关系。1943 年 3 月15 日,野坂参三用更名前的化名林哲在《解放日报》上发表了《在日本工农学校纪念三一五》一文。毛泽东看到这篇文章后十分高兴,当天便致信野坂参三,对他"对事物的客观分析态度"给予了高度评价。毛泽东在信中说:"林哲同志:今天,读了你纪念'三一五'的文章,颇受感动。我对日本革命史不甚清楚,但非常想了解。而且,对于中国党的干部和党员们,也有必要教他们一些日本革命的史实。所以,我建议你多写一点日本革命的史料,在《解放》(原文如此)上发表。希望你能考虑一下。"

毛泽东接着说:"我喜欢看你的所有文章。同时,我也劝同志们学习你对事物进行客观分析的态度。在我们当中,能够分析文章的人太少了。到处都泛滥着主观主义的豪言壮语。我们现在正在批判这样的由来已久的恶劣作风。希望得到你的支持。"

毛泽东这封信是用铅笔写在一种很薄的信笺上的。此信中所说的批判主观主义的恶劣作风,指的是当时中国共产党正在开展的党内整风运动。

1945 年 4 月 23 日至 6 月 21 日,中国共产党第七次全国代表大会在延安召开。野坂参三作为唯一的兄弟党代表参加了"七大",并在大会上作了《建设民主的日本》的书面发言。野坂参三对有幸能参加中国共产党的这次盛会十分重视,并为此做了充分的准备。他亲自动手写好了发言稿,脱稿后觉得还不太放心,又将发言稿交给毛泽东,请他予以修改。毛泽东十分高兴,认真地对他的发言稿进行了修改。为此,毛泽东于 5 月 28 日专门致信野坂参三,将自己的意见以详细的文字加以说明。毛泽东在信中说:"冈野进同志:此件看了(指野坂参三的文章《建设民主的日本》),觉得是一篇好文章。通过它,我了解了日本共产党的具体纲领。我认为,关于没收垄断资本(操纵国民生计者)一条,我认为是非常正确的。这一条,英国、法国的共产党都是如此,中国党也一样。如今,日本党也有了。只有美国的共产党人还没有接受这一条。关于这一点,他们没提出什么,可能有自己的理由,但是,我颇感怀疑,我想他们是找不到出路的。此点,正待研究。我想把你的意见也提供出来。去年出版的白劳德同志(指当时美国共产党总书记阿尔·白劳德)的《德黑兰》一书,你看过了吗? 希望你看一看。改日我们一起议论一下。"

接着,毛泽东还具体对野坂参三文章中一些文字不通顺的地方提出了修改意见。毛泽东还对野坂参三文章中所说野坂参三由人民投票废除天皇制提出了修改意见。"'尽速由一般人民','尽速'二字似可去掉。这个投票问题,那时究竟以速为有利,或者以缓为有利,要看情况才能决定。依我估计,日本人民不要天皇,恐怕不是短期所能做到的。"

这封信,是毛泽东针对野坂参三在中国共产党第七次代表大会上的发言稿提出的意见。其中,有关日本的天皇制的问题,是人们注意的一个焦点。当时,日本共产党内,德田球一、志贺义雄等领导人都主张"打倒天皇制",而野坂参三则主张由日本人民投票决定是否废除天皇制。野坂参三在发言稿中提出的观点是"天皇存废的问题,应当在战后尽快地通过一般人民投票来决定"。毛泽东是了解当时中国人民和世界人民要求废除天皇制的愿望的,但是,他考虑到战后日本可能出现的实际状况和日本共产党的实力尚不足等情况,认为如果仓促举行公民投票,恐怕大多数人仍会选择继续保留天皇制。因此,他建议野坂参三把"尽快"二字去掉。从那以后,60年来的历史发展证明,毛泽东的预见是完全正确的。

野坂参三对毛泽东的回信十分重视,在"七大"的发言中,他对中国共产党和毛泽东给予了高度的赞扬,说:"中国共产党不仅是中国民族解放的先锋,而且对于东方各民族的解放也起着重大的作用。中共在24年的斗争中,创造了中国的马克思主义,成功地将马克思主义中国化了。体现着这个中国化了的马克思列宁主义的,就是毛泽东同志。毛泽东同志的理论和方针,不仅指导着中国的解放,而且成为东方各民族解放的宝贵的指南针。"

历史问题严重,野坂参三百岁高龄被日共中央开除党籍

日本投降后,在延安的日本人民解放联盟会员和日本工农学校的学生或开赴前线或即将回国,就要离开延安了。1945年8月24日,准备归国的野坂参三代表日本共产党提议,由一切反战反军部势力组织日本民主联盟,以此为基础成立临时政府,实现民主政治。毛泽东在去重庆谈判之前,特意为野坂参三举办了欢送宴会,两人就两国的前途和中日关系交谈到深夜。赴重庆谈判之前,周恩来还来到工农学校为学员们送行。在毛泽东、周恩来去重庆后,日本人民解放联盟、工农学校和日本共产主义者同盟于8月30日举行出发纪念大会,会上通过了向毛主席、朱总司令致敬的信。其中写道:"……我们报答你们好意的方法,唯一的便是记取你们的教诲……在前线则教育新来的日本兄弟,回日本后,则克服一切困难,为建立民主的日本而努力奋斗。这是当我们离开延安时,对你们的立誓。"

1945年9月初,野坂参三在聂荣臻等的陪同下乘飞机前往张家口,后又换乘

苏联军用飞机飞赴莫斯科。不久,野坂参三回到中国东北,从朝鲜釜山乘船,于1946年1月12日返抵东京,受到日本民众如"凯旋将军"般的欢迎。野坂将毛泽东的理论结合日本实际加以阐述,在民众欢迎集会上讲,"日共必须做到成为人民爱戴的党,为人民服务的党",这句话成了日本朝野一时争相传述的话题。同时,对天皇的废存问题,野坂也一改日共原来主张打倒的立场,柔软地提出应由日本国民做最后决定的新论,赢得了民众的好感。

1946年2月,野坂参三在日共五大上当选为中央委员、政治局委员和书记处书记。4月被选为日本众议院议员,并任日共国会议员团团长。1950年,美国占领军对日共"肃整",野坂参三继续坚持地下斗争。1955年7月,野坂参三当选为日共中央委员、常任干部会委员、中央委员会第一书记。1956年后,多次当选为国会参议院议员。1958年日共"七大"上,野坂参三当选为中央委员会主席直到1982年。在1982年7月的日共"十六大"上,野坂参三由第一线引退,任中央委员会名誉主席。

1962年3月末,毛泽东电贺日共中央主席野坂参三七十寿辰。电报中特别对第二次世界大战期间野坂参三在延安的活动给予高度评价,称赞他当时的著作"教育了日本人民,也帮助了战斗的中国人民"。

1992年9月17日,日共第十九届七中全会决定解除野坂参三名誉主席职务。同年12月27日,日共第十九届八中全会将100岁的野坂参三开除出党。1993年11月14日,野坂参三病逝,终年101岁。那么,日共中央为什么开除野坂参三的党籍呢?

2002年8月26日到30日,日共中央主席不破哲三与江泽民总书记会谈后,与当时中共中央政治局委员、中国社会科学院院长李铁映会谈,谈到了在华日本人反战运动,特别谈到了日共中央为什么开除野坂参三党籍的问题。据不破哲三说:野坂参三,是有严重历史问题的。苏联解体后,开始发表过去的秘密文件。日本的杂志《周刊志》从莫斯科买到了关于野坂参三在共产国际活动时为了保护自己,把自己的同志(山本悬藏)当作日本警察局的特务向苏联当局告发,并且使该同志被害死的资料。日本共产党中央派人到莫斯科,购得了有关资料,进行了独立的调查。同时,野坂参三自己也承认诬告同志的事实。这样,日共中央于1992年12月决定开除野坂参三出党。此后,日共中央得知:从延安返回日本途中,野坂参三秘密去莫斯科,承领了担任苏联红军情报总局特别工作员的任务。后来回归日本后,他的行动,也证明了这一点。这件事,野坂参三也承认了。但不破哲三同时指出:野坂参三在归国途中变节事,没有使其反对侵华战争、在中国战斗的日本人反战同盟的活动失去耀眼的光辉。这表明日共中央对野坂参三领导的在华日本人反战运动是肯定的,并没有因开除野坂参三党籍,而使其遭到非议,失去光辉。

图书在版编目（CIP）数据

红色记忆：党史人物珍闻：1921～1949/何立波著．——北京：首都经济贸易大学出版社，2013.10

ISBN 978－7－5638－2134－1

Ⅰ.①红…　Ⅱ.①何…　Ⅲ.①中国共产党—历史人物—列传—1921～1949　Ⅳ.①K820.7

中国版本图书馆 CIP 数据核字（2013）第 166985 号

红色记忆（1921—1949）：党史人物珍闻

何立波　著

出版发行	首都经济贸易大学出版社	
地　　址	北京市朝阳区红庙（邮编 100026）	
电　　话	(010)65976483　65065761　65071505（传真）	
网　　址	http://www.sjmcb.com	
E－mail	publish@cueb.edu.cn	
经　　销	全国新华书店	
照　　排	北京砚祥志远激光照排技术有限公司	
印　　刷	香河利华文化发展有限公司	
开　　本	787 毫米×980 毫米　1/16	
字　　数	420 千字	
印　　张	23.5	
版　　次	2013 年 10 月第 1 版　2019 年 10 月第 2 次印刷	
书　　号	ISBN 978－7－5638－2134－1/K·17	
定　　价	38.00 元	